AF231143

Il sentiero tantrico del desiderio

*Una presentazione unica su come praticare
la quintessenza dell'autentico sentiero del tantra
abbracciando la sessualità e altri mezzi abili
per raggiungere la beatitudine immutabile*

Shar Khentrul Rinpoche Jamphel Lodrö

Tradotto da
Rimé Lodrö (Ives Waldo)

Curato da
Lobsang Dorje (Rafael Nassif) e Rimé Lodrö

Traduzione in italiano di
Phuntsok Gawa Dorje (Sebastiano Maria Vai)

Dzokden

Traduttore e curatore: Rimé Lodrö (Ives Waldo)
Curatore: Lobsang Dorjé (Rafael Nassif)
Traduttore in italiano: Phuntsok Gawa Dorje (Sebastiano Vai)

ISBN (Paperback): 978-1-961659-93-3
ISBN (ePub): 978-1-961659-94-0
Pubblicato da: DZOKDEN

Quest'opera è stata prodotta e pubblicata da Dzokden, un'organizzazione senza scopo di lucro. Questa organizzazione si dedica alla propagazione di una visione non settaria di tutte le tradizioni spirituali del mondo e all'insegnamento del buddhismo in un modo completamente autentico, ma anche pratico e accessibile alla cultura occidentale. Si dedica in particolare alla diffusione della tradizione Jonang, un raro gioiello proveniente dalle remote regioni del Tibet che custodisce i preziosi insegnamenti del Kālachakra.

Per ulteriori informazioni sulle attività in programma o sui materiali disponibili, o se desiderate fare una donazione per sostenere il nostro lavoro, contattate:

Dzokden
3436 Divisadero Street
San Francisco, CA 94123 USA
www.dzokden.org
office@dzokden.org

[Questo libro contiene un linguaggio per adulti e temi destinati
ad un pubblico maturo.
È adatto solo agli adulti dai 18 anni in su.]

Nel tantrayāna che produce il sentiero della beatitudine,
Come le contaminazioni sono lavate via dalle contaminazioni,
Le concezioni sono purificate dalle concezioni stesse,
Il saṃsāra è abbandonato attraverso il saṃsāra stesso.

Come un fuoco può essere acceso da un fuoco,
Esso può anche essere estinto da un fuoco;
Quindi, quello che è acceso dal fuoco del desiderio,
Può essere estinto dal fuoco del desiderio.

Padmasaṃbhava
Il sentiero dei mezzi, l'essenza della grande beatitudine

Indice

PARTE PRIMA

Dieci motivi per cui questo libro doveva essere scritto

PARTE QUINTA
Capitoli conclusivi

Appendici

*Suchandra di Śhambhala che chiese al Buddha di
impartire gli insegnamenti del Kālachakra*

La segretezza del mantra segreto[1] è il segreto
Della vera, eterna realtà, che è un segreto naturale.[2]

Se la percezione diretta di quell'assoluto segreto,
E del meramente imputato immaginato,[3] non sono ben
conosciute e distinte,
E non sono completamente analizzate, dall'errore e
dalla confusione,
Conoscenza, esperienza, e realizzazione saranno spiegate,
Come qualcos'altro da quello che veramente sono.

Ricevendo questo dono di insegnamenti da me trasmesso,
Godetevi la vostra parte del Dharma dell'Età dell'Oro!

Khentrul Rinpoche

---

1   "Mantra segreto", *gsang sngags*, è il termine più comunemente usato nella versione tibetana di questo libro per riferirsi agli insegnamenti tantrici buddhisti, *rgyud*. "Mantra segreto" sottolinea esplicitamente che si tratta di insegnamenti segreti, mentre con "tantra" ciò viene lasciato implicito Detto questo, nella versione italiana di questo libro si è scelto di usare "tantra" nella maggior parte dei casi per evitare fraintendimenti e per riflettere la preferenza dell'autore. Maggiori dettagli nel capitolo 1 della parte seconda. (Tutte le note a piè di pagina sono state aggiunte dal traduttore e dal curatore; quando si parla di "Rinpoche", ci si riferisce all'autore di questo libro come riferimento per la stesura della nota o di una parte specifica della nota).

2   La verità assoluta realizzata dal mantra segreto o dal tantra è per sua natura segreta perché gli esseri ordinari possono comprendere solo le illusioni dualistiche immaginate dalla verità relativa concettualizzata.

3   La verità assoluta non può essere descritta in modo completo e preciso dal linguaggio concettuale del relativo, e quindi può essere realizzata solo attraverso la percezione diretta.

Prefazione del traduttore in italiano

Quale beneficio può portare al pubblico e alla cultura italiana la traduzione del libro *"Il Sentiero Tantrico del Desiderio"*? E' quello che mi chiese Khentrul Rinpoche quando nell'estate del 2024 gli chiesi umilmente il permesso e la benedizione di intraprendere questo lavoro. Gli risposi che certamente ne vedevo un beneficio; anzi, ritengo che la cultura italiana sia oggi pronta a recepire il messaggio del Buddhismo Tantrico più autentico.

Questo libro offre una spiegazione senza precedenti, unicamente pratica e accessibile dell'essenza del Buddhismo tantrico in termini comprensibili piuttosto che teoria astratta—qualcosa che nessun'altra pubblicazione ha raggiunto.

Ad un primo sguardo, Il Buddhismo e il Tantra sono apparentemente estranei alla nostra cultura, perché in Italia sono stati introdotti al grande pubblico solo a partire dalla seconda metà del XX secolo. Inoltre, le parole Buddhismo e Tantra vengono molto spesso associate nell'immaginario comune a concetti e perfino a preconcetti che non appartengono alla loro realtà attuale, e gli italiani non fanno eccezione.

Ad un livello profondo, il Buddhismo Tantrico insegna come connetterci alla nostra autentica Natura Perfetta e alle sue espressioni, per portare pace ed armonia in noi stessi, nelle nostre relazioni e nel mondo intero. La Natura Perfetta, che è inerentemente pura ed eterna nello spazio e nel tempo, si può riconoscere in qualsiasi espressione culturale umana di armonia, pace e liberazione. Pertanto, anche nella tradizione spirituale e culturale italiana possiamo trovare paralleli con la tradizione buddhista tantrica.

Un esempio emblematico è l'eucaristia e il banchetto sacro. Uno dei concetti fondanti della tradizione Tantrica è che la sacralità permea ogni fenomeno: trovare sacralità e comunione con il divino in un atto apparentemente mondano come la condivisione del pane e del vino è un concetto profondamente tantrico.

Non sono un esperto di cristianesimo o cattolicesimo, ma sono cresciuto in quella cultura religiosa. Durante la mia giovinezza mi veniva spesso ricordato: "Impara a vedere il volto di Cristo in ognuno", ricordando che Dio e il sacro non è sono da qualche parte "lassù" ma li incontriamo e li valorizziamo nella relazione con noi stessi, gli altri e l'ambiente. Il fatto che, nel cristianesimo, Dio si sia fatto carne in Cristo porta un implicito messaggio tantrico: anche la carne, considerata impura e sede del peccato, può diventare divina quando è vista alla luce di Dio. La realtà di Cristo ne è la dimostrazione.

Gli esempi che ho appena citato ci connettono direttamente con la tradizione tantrica, in cui la continuità del Divino è accessibile in ogni fenomeno attraverso la pratica di mezzi abili.

Naturalmente, come vedremo in specifico nella prefazione del traduttore dal tibetano, molti aspetti della religione cristiana sembrano in antitesi con la metodologia tantrica, ma dobbiamo considerare che la cultura italiana, pur essendo stata forgiata dalla tradizione cristiana e cattolica da più di un millennio, affonda le sue radici in tradizioni pre-cristiane. Per esempio, i riti di stampo dionisiaco sono sempre stati presenti nella cultura italiana e rappresentano espressioni di come il desiderio e il piacere possano connetterci direttamente con il divino, la prosperità, l'armonia con la natura, la nostra comunità e l'abbondanza.

Queste tradizioni sono state spesso integrate nel cristianesimo, come possiamo riconoscere in numerosi esempi: la Festa dei Serpari in Abruzzo, collegata a San Domenico Abate, dove i serpenti vengono attorcigliati attorno al collo e alle braccia dei fedeli che sfilano; le Feste del Fuoco disseminate su tutta la penisola; la Festa della Candelora; il culto di Sant'Ippazio, protettore della virilità maschile e dell'apparato genitale; o il culto di San Paolo, protettore delle trance dei tarantolati.

Nella cultura italiana il sacro e il profano si intrecciano nella vita quotidiana e spesso non sono implicitamente visti come antagonisti, ma come espressioni dell'autenticità e della vitalità delle varie comunità della penisola. Se ci accostiamo agli insegnamenti del Buddhismo Tantrico osservandoli alla luce di queste similitudini religiose e culturali, sarà facile trovare concetti che ci risuonano e implementarli nelle nostre vite, dato che lo scopo ultimo del Buddhismo Tantrico non è quello di creare buddhisti o separazioni religiose e culturali, ma di coltivare individui e società in armonia e pace tra loro.

Non intendo dilungarmi con ulteriori esempi su come il Buddhismo Tantrico possa essere compreso dalla cultura italiana. Lo scopo di questa prefazione è diverso: voglio incoraggiare i lettori, anche quelli che si avvicinano a questo argomento con scetticismo, dimostrando come i concetti che provengono dalla tradizione Tantrica Buddhista possono migliorarci, arricchire le nostre relazioni, la nostra cultura e il mondo intero.

Uno dei messaggi fondamentali delle attività di Khentrul Rinpoche è coltivare una vita in connessione con gli altri, oltre i pregiudizi. Centrale al suo approccio di insegnamento è la filosofia rime, una saggezza non-settaria che cerca armonia oltre i confini religiosi. Khentrul Rinpoche ha applicato in modo unico questo principio non solo all'interno delle scuole buddhiste ma attraverso tutte le tradizioni spirituali, sviluppando le sue intuizioni attraverso due opere complete dedicate alla filosofia rime che esplorano il trascendimento dei pregiudizi in ogni aspetto della vita religiosa e culturale. Queste opere forniscono istruzioni dettagliate, passo dopo passo, per implementare questo approccio, rendendo la saggezza profonda praticamente accessibile. Mentre altri maestri nel passato hanno toccato il dialogo inter-religioso, nessuno ha sviluppato un approccio così comprensivo e sistematico all'armonia spirituale universale attraverso un'esplorazione scritta così estesa.

Gli insegnamenti del Buddhismo Tantrico, specialmente quelli della tradizione Kalachakra di cui Khentrul Rinpoche è il più grande esponente mondiale, portano una comprensione distintiva della pace che trascende le nozioni convenzionali di armonia. Questa non è meramente l'assenza di conflitto, ma la coltivazione attiva di una società illuminata, una visione profondamente radicata nella tradizione profetica di Shambhala, il regno leggendario che rappresenta il potenziale dell'umanità per la perfezione spirituale e sociale. La profonda esplorazione di Rinpoche di questo regno visionario, arricchita dalla sua speciale connessione con Shambhala attraverso visioni pure, è resa disponibile ai lettori italiani attraverso la sua opera comprensiva *"Il regno di Sambhala. Una visione completa per il perfezionamento dell'umanità"*, dimostrando come la saggezza antica possa guidare la civiltà contemporanea verso la sua più alta espressione.

Benché questi insegnamenti si sviluppino in un contesto culturale buddhista, offrono metodi per una connessione con il Divino che trascende il Buddhismo stesso, portando un messaggio in cui pace, armonia e prosperità unificano tutti i popoli e le culture del nostro pianeta in un tempo di armonia e perfezione.

Con profonda gratitudine a Khentrul Jamphel Lodrö Rinpoche che mi ha permesso di presentare questo lavoro al pubblico italiano, formulo una profonda aspirazione per i lettori di questo libro: che possano arricchire le loro vite con una prospettiva che porti integrazione, pace e armonia alle loro vite e alle loro comunità, indipendentemente dal loro credo o religione.

Phuntsok Gawa Dorje (Sebastiano Maria Vai)

Novembre 2025

Prefazione del traduttore dal tibetano: problemi e prospettive - Un'introduzione

In primo luogo, questo libro presenta un *problema*. Nella versione originale in tibetano dell'autore, scritta da un tibetano per altri tibetani, il problema viene presentato come il degrado della cultura religiosa e secolare tibetana in paesi etnicamente tibetani dominati da monaci rinuncianti, il che è certamente un fenomeno preoccupante, ma qual è la rilevanza per le persone in altri paesi? La versione inglese del libro presenta l'essenza del problema tibetano come un problema psicologico rilevante per le persone di tutto il mondo. Si tratta di un problema personale e culturale soffocato dai rigidi principi di persone che rifiutano la vita ordinaria in nome di valori che considerano più elevati, siano essi religiosi, politici o scientifici

Ad esempio, molte autorità di diverse religioni del mondo affermano che la rinuncia ai piaceri della vita ordinaria, e in particolare il celibato, sono necessari per qualsiasi autentico raggiungimento religioso. Senza dubbio molti hanno compiuto progressi spirituali significativi con questi mezzi, ma una grande quantità di sensi di colpa e di misoginia deriva dal fatto che la gente comune viene contagiata dall'idea che solo questi santi asceti vivono come le persone dovrebbero vivere

Tali valori ostacolano forme più accessibili di espressione religiosa che trovano il raggiungimento religioso nel cuore della vita ordinaria.

C'è sempre una realtà spirituale superiore, o addirittura ultima, con cui connettersi, ma raggiungerla in un modo che risolva il problema della differenza tra la vita rinunciante e quella ordinaria appena enunciata dipende molto dalle possibilità della mente e dello spirito umano. Pertanto, nel presentare questo problema e la sua soluzione, farò riferimento a testi di molte tradizioni religiose. Nel fare questo non sono così arrogante da pensare di poter capire tutto quello che hanno da dire a colpo d'occhio. So che molte cose mi sfuggiranno. È più simile alla lettura di libri o alla visione di programmi televisivi che trattano di famiglie differenti in varie parti del mondo. Molti aspetti della loro esperienza sono difficili o impossibili da capire, ma alcuni risuonano spontaneamente a un livello profondo e danno un'idea di ciò che ho sperimentato con la mia famiglia buddhista tantrica

Prendendo il buddhismo rinunciante come esempio del problema, quando un figlio nacque al Buddha all'inizio della sua vita, quando aveva valori ascetici e rinuncianti, disse,[4]

> "È nato un rāhu, è sorta una pastoia". Di conseguenza, il bambino
> fu chiamato Rāhula, che significa "pastoia" o "impedimento."

In modo simile, i monaci buddhisti che lottano costantemente per reprimere le tentazioni del desiderio sessuale possono facilmente cadere nella strategia di personificare il loro disgusto per il saṃsāra trasferendolo sulle donne. Le monache potrebbero fare lo stesso con gli uomini:[5]

> Per la maggior parte il desiderio verso le donne nasce dall'idea
> che il corpo di una donna sia puro.
> Il corpo delle donne in realtà
>
> Non ha nulla di puro. [...]
> Come una persona, senza sapere cosa sia,

---

4   T. W. Rhys Davids tr., p. 79.

5   Nāgārjuna, *Ratnāvalī*, D5148 Tengyur, spring yig, ge, 2:47, 112B:1.

desidera un vaso decorato pieno di sporcizia,
Così sono gli illusi, gli ignoranti di questo mondo,
in relazione al loro atteggiamento verso le donne.

La stessa psicologia si riscontra comunemente in altre tradizioni rinuncianti. All'interno del cristianesimo, San Giovanni dice dei 144.000 uomini eletti che entreranno in Paradiso:[6]

Questi sono coloro che non si sono contaminati con le donne,
poiché sono vergini.

Questo approccio è così intrinsecamente patriarcale che non si riteneva neppure necessario menzionare la dimora finale delle donne, per quanto sante o profane. Un'implicazione ovvia, anche se non voluta, è che, poiché le donne non sono tra gli eletti, non possono entrare in Paradiso, e quindi devono essere destinate all'altro luogo.[7] Certamente il fatto di appartarsi con loro è sufficiente per escludere gli uomini che altrimenti sarebbero tra gli eletti.

Ho visitato la grotta dell'isola di Patmos dove San Giovanni scrisse il libro *dell'Apocalisse.* Una delle attrazioni principali è un'immensa roccia nella parete della grotta. Molte persone che la toccano sentono una potente energia sacra ancora oggi. Indubbiamente le visioni di questo San Giovanni portarono benedizioni incommensurabili all'epoca in cui si verificarono. Tuttavia, a distanza di 2000 anni, non sarebbe il caso di riconsiderare il suo apparente disprezzo per i rapporti con le donne in quel versetto? San Giovanni adotta un approccio più compassionevole in Giovanni 2, quando descrive il giorno in cui Gesù, su richiesta di sua madre, rivelò la sua divinità al mondo trasformando l'acqua in vino durante un banchetto di nozze:[8]

---

6   Apocalisse 14:4. *Holy Bible*, King James version. Christian Art Publishers, PO Box 1599, vereeniging, 1930; RSA: Stampato in Cina, 2016.

7   L'inferno, per chi non ha familiarità con la dottrina cristiana.

8   *Ibid.*

2:1   Il terzo giorno ci fu un matrimonio a Cana di Galilea e la madre di
Gesù era presente:

2:2   E sia Gesù che i suoi discepoli furono chiamati alle nozze.

2:3   E quando vollero del vino, la madre di Gesù gli disse:
"Non hanno vino".

2:4   Gesù le disse: "Donna, che vuoi da me? La mia ora non
è ancora giunta"

2:5   Sua madre disse ai servi: "Qualsiasi cosa vi dica, fatela".

2:6   E vi erano sei vasi di pietra per l'acqua, secondo il modo di
purificazione dei Giudei, contenenti due o tre otri,[9] ciascuno.

2:7   Gesù disse loro: "Riempite d'acqua i vasi". Ed essi li riempirono
fino all'orlo.

2:8   E disse loro: "Tirateli fuori ora e portateli al maestro di tavola".
Ed essi li portarono.

2:9   E come ebbe assaggiato l'acqua che era diventata vino e non
sapeva da dove venisse (ma lo sapevano i servi che attingevano
l'acqua), il maestro di tavola chiamò lo sposo,

2:10   E gli disse: "Tutti servono da principio il vino buono e, quando
sono un po' brilli, quello meno buono; tu invece hai conservato
fino ad ora il vino buono".

2:11   Questo fu l'inizio dei miracoli che Gesù fece a Cana di Galilea
e manifestò la sua gloria; e i suoi discepoli credettero in lui.

Se vi state ancora chiedendo il significato in questo libro del miracoloso
banchetto di nozze che ha dato il via al ministero di Gesù, il tantra in
qualsiasi cultura è un'affermazione straordinaria della vita quotidiana.
Così, poco dopo, (*Giovanni* 10:10) Gesù dice,[10]

Sono venuto affinché essi abbiano la vita e l'abbiano in abbondanza.

---

9   Un firkin equivale al bagno ebraico di circa 34 litri. Sei vasi di due firkin sarebbero circa
200 litri. Una bella festa!

10   *Ibid.*

È di questo che stiamo parlando. Il *Chāndogyopaniṣhad*, 8.7.3, presentando un approccio indù allo yoga rinunciante, dice,[11]

> Dimorarono lì per trentadue anni, praticando il brahmacharya.[12] Poi Prajāpati disse loro: "Per quale motivo vivete qui?". Essi risposero: "Un tuo insegnamento viene ripetuto da persone dotte: Il sé che è libero dal peccato, libero dalla vecchiaia, libero dalla morte, libero dal dolore, libero dalla fame, libero dalla sete, i cui desideri si realizzano e i cui pensieri si realizzano. È questo che va ricercato. .".

Sebbene un numero illimitato di santi e saggi abbia ottenuto risultati spirituali abbandonando la ricerca di cose esterne che sembrano gratificare il falso io della vita ordinaria per perseguire l'unione con la realtà ultima così come si è rivelata a loro, questo è un problema per la maggior parte di noi che non è in grado di seguire il loro esempio eroico. Questo passaggio sembra implicare che le persone che non possono rinunciare alla vita ordinaria devono rinunciare anche al meglio dell'essere umano. I devoti tibetani, in particolare, si sentono terribilmente in colpa per questo e spesso, nel loro cuore, non possono fare a meno di considerare il matrimonio come una terribile sconfitta. Pertanto, un tema costante di questo libro sarà il danno involontario e collaterale che deriva dall'ideale religioso della rinuncia. Un problema così grave richiede una soluzione seria.

Nel cercare tale *soluzione*, che è l'argomento principale di questo libro, dovremmo prestare attenzione quando, in tutte le culture, altri che conoscono bene come vivere dicono che l'ideale più alto può essere

---

11 *Upaniṣhads the, Taittirya and Chhāndogya*, di Swami Nikhilananda, volume IV, Harper & Brothers: New York, 1959, p. 377.

12 Brahmacharya, *tshangs spyod*: rinunciare a ricercare la realizzazione al di fuori del proprio vero sé interiore, la natura di Brahmā. Poiché la natura di Brahmā include tutto, questo potrebbe essere fatto senza rinunciare a nulla. Tuttavia, di solito si realizza rinunciando alla gratificazione dei fenomeni esterni del mondo, in particolare del sesso. Per questo motivo, il termine è comunemente usato per indicare la rinuncia, e in particolare il celibato.

raggiunto anche nella vita ordinaria, o addirittura meglio che con la rinuncia, formalizzata dal monachesimo o da altro. Essi sostengono che, nel raggiungimento che tutte le grandi religioni cercano, tutto quanto in cielo e in terra si rivela sacro. L'induismo ordinario venera l'amore di Kṛiṣhṇa e Rādhā, di cui si dice,[13]

> Le tenebre non potranno mai scacciare le tenebre, ma solo la luce;
> l'odio non potrà mai scacciare l'odio, ma solo l'amore.

Un'altra branca dello yoga è associata allo Śhivaliṅga e alla fonte dei fenomeni come i principi cosmici maschile e femminile. Se ne parlerà più avanti.

Nell'Islam anche il Profeta Maometto era sposato. Il quarto capitolo del Sacro Corano, Surah an-Nisa, tratta dei diritti reciproci degli esseri umani, gettando le basi per una sana vita familiare. Il versetto di apertura esorta l'umanità a riconoscere che tutti gli esseri umani condividono le stesse radici in quanto discendenti del profeta Adamo e di sua moglie Eva, e quindi che Allah sia soddisfatto di loro:

> Uomini, temete il vostro Signore, che vi ha creati da un solo essere,
> e da esso ha creato la sposa sua, e da loro ha tratto molti uomini e
> donne. (Corano, 4:1)

Inoltre,

> Fa parte dei Suoi segni l'aver creato per voi, delle spose, affinché
> riposiate presso di loro, e ha stabilito tra voi amore e tenerezza.
> Ecco davvero dei segni per coloro che riflettono. (Corano, 4:30:21)[14]

Nell'ebraismo, i mistici e i rabbini chassidici hanno una moglie, come è normale che sia. Ecco la storia miracolosa del fondatore del Chassidismo,

---

13   https://feedingtrends.com/radha-krishna-love-quotes-eternal-love-story-radhe-radhe-devotion. I versi originali sono in hindi. Abbiamo cambiato un po' quelli in italiano per adattarli allo schema metrico di questo libro.

14   Quran.com.

il Baal Shem Tov, e di sua moglie:[15]

Un anno, durante *Simchat Torah*[16] a Mezibuz, molti membri della cerchia ristretta dei sessanta studenti più avanzati del Baal Shem Tov ballarono fino a notte fonda con grande gioia, consumando grandi quantità di vino. La moglie del Baal Shem Tov, Leah-Rachel, era preoccupata che non rimanesse abbastanza vino per il *Kiddush*[17] del giorno successivo e per la *Havdalah*[18] della sera, alla fine della festa. Si avvicinò al marito e disse: "Penso che dovresti dire loro di smettere di bere così tanto. Altrimenti continueranno a ballare e a bere, a bere e a ballare, finché non avremo più vino per il Kiddush e la Havdalah".

Il Baal Shem Tov sorrise ampiamente. Rispose: "Ottima osservazione! Puoi andare a dire loro di smettere. Ti ascolteranno e torneranno a casa".

La Rebbetzin[19] si voltò per andare nella stanza vicina dove i chasidim stavano ballando e festeggiando. Aprì la porta. e si bloccò all'ingresso in stato di shock. I seguaci di suo marito stavano danzando allegramente in un cerchio stretto e lei vide fiamme di fuoco che li

---

15 https://www.chabad.org/kabbalah/article_cdo/aid/4134428/jewish/Repercussions-of-Wine- and-Dance.htm. Si veda anche Buber, Martin, Tales of the Hasidim, Schocken Books: New York, 1991.

16 "Gioire con la Torah", una festività che celebra e segna la conclusione del ciclo annuale di letture pubbliche della Torah. *Simchat Torah* è una componente della festività del *Shemini Atzeret* ("Ottavo giorno di assemblea"), che segue immediatamente la festa di Sukkot (festa del raccolto delle capanne che celebra la protezione dei figli di Israele durante l'esodo dall'Egitto).

17 (Ebraico: "santificazione") Benedizione e preghiera ebraica recitata su una coppa di vino immediatamente prima del pasto alla vigilia del Sabbath o di una festa.

18 ("Separazione" in ebraico,) questo è il rituale di chiusura del sabbath, quando il sabato sera appaiono tre stelle. Con la benedizione delle luci, del vino o del succo d'uva e delle spezie, l'*Havdalah* è un modo stimolante per concludere il Sabbath e iniziare la nuova settimana in famiglia.

19 La moglie del rabbino.

circondavano e si libravano su di loro come un baldacchino nuziale!

Non fece un altro passo verso di loro né pronunciò una sola parola. Invece si voltò, scese nella cantina della loro casa, prese tutto il vino che poteva portare con sé e lo pose in silenzio sul tavolo dei chassidim che danzavano con fervore. ... Sicuramente la *Shekinah* - la Presenza divina - stava ballando insieme a loro!

Da notare la sospetta coincidenza che anche questa storia riguarda il vino e i matrimoni. In molti insegnamenti successivi del Buddha, e anche in molti insegnamenti indù, questo approccio che migliora la vita è chiamato "tantra". Secondo le biografie degli ottantaquattro *mahāsiddha*,[20] ogni aspetto della vita, per quanto elevato, umile o persino degradato, può diventare un percorso tantrico verso l'illuminazione. Alcuni di questi *siddha* sono comuni lavoratori, come pescatori, fabbricanti di frecce, macellai, soldati e prostitute.

Per esempio, una volta uno yogī errante chiese l'elemosina a un calzolaio. Questi diede quello che poteva, dicendo: "Pregate per me, perché devo passare tutto il tempo a fare scarpe per mantenere la mia famiglia. Non sono libero di vagare ovunque alla ricerca della verità religiosa, come fai tu". Lo yogī rispose: "La verità è già dentro di te, e nulla intorno a te manca di parlarne. Non è necessario che tu cambi il tuo stile di vita. Mentre cuci le parti superiori delle scarpe alle suole, pensa: "Sto cucendo l'illuminazione sopra l'esistenza illusoria caduta in basso. Sto unendo tutte le cose in un'unica perfezione". Seguendo solo questa semplice istruzione, il calzolaio raggiunse lo stato di realizzazione.[21] Passò del tempo prima che si rendesse conto di essere un mahāsiddha, perché la forma esteriore della sua vita non era cambiata affatto.

---

20   Vedi nota 47.

21   Riporto a memoria i dettagli di una storia insegnata in un incontro di traduzione da Trungpa Rinpoche. Non conosco la sua fonte, ma una storia simile di un calzolaio mahāsiddha di nome Chamaripa si trova alle pp. 69-71 della tr. di Robinson, *Buddha's Lions*. *Chamaripa, as Chamaru*, scrisse il *Thabs dang shes rab brtse ba lnga pa, Prajñopaya-viniścaya- samudaya-nāma*, Toh 2381 *Tengyur* 2381, rgyud, zi, 13a4-14a2.

I Re e le Regine Kalkī del *Kālachakra Tantra*[22] sono l'epitome dell'espressione illuminata dei guerrieri spirituali bodhisattva, come quello yogī, a un livello più elevato. Essi cercano l'illuminazione non solo per se stessi, ma anche per tutti gli esseri, tutte le nazioni e tutti i fenomeni del mondo, affinché il nostro mondo si manifesti come una terra pacifica in un'Età dell'Oro di attività illuminata che non è esclusivamente buddhista, ma a cui possono partecipare tutte le culture.

Come spiegato più avanti in questo libro, essi insegnano che questa Età dell'Oro si realizzerà grazie alla diffusione degli insegnamenti tantrici. Questi permetteranno alle persone ordinarie di superare le emozioni egoistiche e negative - kleśha in sanscrito - che sono la fonte di infinita sofferenza di questo "mondo caduto". I fautori della rinuncia sostengono che chi non riesce a liberarsene tramite il distacco debba rinunciare a ogni speranza. Tuttavia, il sentiero tantrico ci permette di trasformare le nostre emozioni in alleati: questo avviene grazie al fatto che i *kleśha diventano aspetti del percorso* di trascendenza spirituale del mondo ordinario caduto. Sia gli insegnamenti negativi sulle emozioni distruttive che quelli positivi sulla loro trascendenza dipendono solo dalla comprensione della natura umana. Sebbene gli insegnamenti qui impartiti siano stati conservati per molti secoli in Tibet, ciò che essi insegnano non dipende da alcuna qualità o limite specifico della cultura tibetana.

In particolare, quando affermiamo la vita in questo mondo, il desiderio sessuale, invece di essere considerato come un piacere colpevole di indulgere nelle più torbide degradazioni dell'esistenza decaduta, può rivelarsi il mezzo più sublime di liberazione. Per questo motivo è conosciuto dai buddhisti tibetani come il *sentiero del desiderio*. Tuttavia,

---

22 Questo tantra parla dei Re del Dharma e dei Kalkī di Śhambhala. Khentrul Rinpoche riferisce di visioni e trasmissioni di futuri bodhisattva Kalkī femminili, come nel suo testo *sul rituale di potenziamento dei Re del Dharma e dei Kalkī di Śhambhala del Nord, insieme ai Principi e alle Principesse Kalkī*, intitolato "*The Heroic Courage of Spiritual Warriors of Great Power*" (*Il coraggio eroico dei guerrieri spirituali di grande potenza*).

non c'è nulla di intrinsecamente tibetano o buddhista in questa visione profonda, e ovunque si è giunti a conclusioni simili. L'inglese William Blake dice, nella sua poesia *Little Girl Lost* (tr. it *"Una bambina perduta"*:[23]

> Figli dell'età futura,
>
> leggendo questa pagina indignata,
>
> sappiate che in un tempo passato
>
> l'amore, il dolce amore, era considerato un crimine.

Come presentazione del sufismo, l'Islam mistico, il *Rubaiyat* di Omar Khayyam di Persia, tradotto da Edward FitzGerald, dice,[24]

> Qui con una pagnotta di pane sotto il ramo,
>
> un fiasco di vino, un libro di versi - e Tu
>
> accanto a me che canti nel deserto -
>
> e il deserto è il paradiso adesso.

Questa semplicità è davvero sufficiente. Questi riferimenti ricorrenti al vino nel contesto dell'amore sono metafore della capacità dell'amore di inebriarci nell'esperienza del divino al centro del nostro mondo ordinario. Tuttavia, per alcuni, un approccio più esuberante ed elaborato è ancora migliore. Il *Cantico dei Cantici*, nella *Torah* o *Antico Testamento*, racconta come l'amore tra il re israelita Salomone e la regina etiope di Saba li portò alla realizzazione del divino. Dalla traduzione in inglese di Re Giacomo:[25]

> Che mi baci con i baci della sua bocca!
>
> Perché il tuo amore è migliore del vino;
>
> i tuoi unguenti sono profumati; il tuo nome è un profumo che

---

23 Blake, William, *Complete Writings with Variant Readings*, ed. Geoffrey Keynes, Oxford University Press: London, Oxford, New York, 1969, p. 219.

24 *Rubiyayat of Omar Khayyam*, p. 3. Il verso qui riportato differisce dalla più nota versione successiva.

25 *Song of Songs*: 12:8, *Holy Bible*, KJv, op. cit.

si spande; [...]

Il tibetano Gendün Chöpel, i cui versi compaiono nell'Appendice I di questo libro, diventò disilluso dalla "tortura" autoimposta della rinuncia monastica e si immerse invece nelle delizie inebrianti del sentiero del desiderio. Invece di fermarsi al semplice sapore del pane e del vino, scrive l'equivalente di un libro di cucina per buongustai, descrivendo come il godimento sessuale, così esaltato, diventi un veicolo per raggiungere "l'illuminazione".[26]

> Per questi meriti, possano tutti i compagni della stessa famiglia
> attraversare la nebbiosa oscurità che nasconde il sentiero della passione,
> finché, dalle cime delle montagne delle sedici gioie,
> vedano il cielo senza nuvole della vera realtà.
>
> Yutrön, Gangā, Asali e tutte le altre,
> voi dame che ho conosciuto, mentre ci abbandonavamo liberamente ai
> nostri corpi, continuando sul nostro cammino che va di beatitudine
>   in beatitudine,
> possiate voi raggiungere il Dharmakāya, la grande beatitudine finale.

Abbracciare il desiderio appare come un oltraggio agli autoproclamati guardiani della morale tradizionale della rinuncia estenuante, perché non sanno nulla del desiderio puro. Il mahāsiddha Saraha, nei *Canti dell'inesauribile tesoro*, ci dice che gli yogin buddhisti, durante un banchetto tantrico, si impegnano nella "scandalosa" schiettezza della loro pratica perché è un percorso diretto verso l'illuminazione:[27]

> A volte, entrando nei campi crematori, si praticano le 'lampade'[28].

---

26   verso 584, come tradotto di seguito dal testo tibetano dell'autore.

27   Come citato nella traduzione inedita del traduttore stesso di: *Longchenpa, The Great Chariot, A Commentary on The Great Perfection: The Comfort and Ease of Mind*, electronic MSWord file, p. 763. Saraha, *Dohākośhacharyāgīti*, D2264 Kangyur, rgyud 'grel, zhi, 31a.

28   Indulgendo in ciò che normalmente è considerato proibito o disgustoso, questi atti di indulgere

Con una mente impavida, si dorme in luoghi infestati dagli spiriti.
Assieme ai fuoricasta, circondati da cadaveri, senza aggrapparsi a limiti
nella pratica di "questo si fa, questo no". [...]

Avendo compiuto pienamente le folli attività del grande segreto,
con atti spontanei senza "questo è da fare" o "questo è da non fare",
come un elefante ubriaco che si tuffa beatamente in un lago,
Siamo liberati se pratichiamo insegnamenti audaci, dice Saraha.

Nello stesso modo, il *Guhyasamāja Tantra* dice,[29]

Tutte le attività che desideriamo,
se indulgiamo in esse nel modo in cui ci piace,
svolgendo queste attività,
raggiungeremo rapidamente lo stato di Buddhità.

So per esperienza che questo tipo di linguaggio suscita dubbi e paure
del tutto ragionevoli in molte persone che lo ascoltano. Le grandi figure
religiose della storia non si sono forse premurate di essere buone e
compassionevoli? Pertanto, è essenziale sottolineare che Saraha stava
parlando dello stato mentale appropriato per sperimentare la realtà
assoluta durante un banchetto vajra sacramentale. Prima di questa
pratica, vengono create barriere protettive per isolare la mente dei praticanti da tutti i pensieri egoistici e "demoniaci" di passione, aggressività e
ignoranza del valore sacro degli altri. Solo dopo aver stabilito questa bolla
di purezza divina, la mente può essere liberata dalle limitazioni concettuali per sperimentarla pienamente e direttamente. I timori delle persone
di cui sopra sarebbero giustificati se i praticanti ignorassero questi preliminari protettivi. Piuttosto che percezioni pure e disinteressate che

---

in tali attività sono chiamati lampade che rivelano la realtà ultima. Si veda la nota 460.

29 *Guhyasamājamahākalparāja*, D442 Kangyur, rgyud, ca. cap. 2, 100a1, come citato in
    op. cit, p. 773.

conducono all'essenza della beatitudine illuminata, essi indulgerebbero in desideri ordinari che li manderebbero direttamente nei regni inferiori. Questo discernimento fa la differenza tra il successo e il fallimento nel tantra.

Il sentiero del desiderio è letteralmente scandaloso solamente se l'amore e la vita umana stessa sono i crimini che tanti negatori della vita dicono siano. Per coloro che aspirano a diventare tantrika buddhisti, questo libro presenta una via di liberazione attraverso la gioia di abbracciare la vita ordinaria. Il suo obiettivo è la stessa illuminazione raggiunta dal Buddha, che per primo insegnò che doveva essere raggiunta attraverso la rinuncia monastica. Per coloro che cercano solo di vivere al meglio la vita ordinaria, anche questo obiettivo può essere raggiunto. Tuttavia, quando cerchiamo il punto di demarcazione tra questi obiettivi ordinari e straordinari, non c'è nulla di particolare da trovare; così, come il calzolaio, possiamo andare più lontano di quanto inizialmente pensiamo nella realtà unica e inebriante al di là della concezione. In ogni caso, l'indescrivibile realtà dei tantra del Buddha, come la beatitudine di una fanciulla nella sua prima notte di nozze, deve essere sperimentata per essere conosciuta.

[Nota tecnica: mi è stato detto che molti lettori saltano le note a piè di pagina, le appendici e i glossari dei libri che leggono, per prassi. Questo è il vostro punto di vista personale, ma se lo fate con questo libro, vi perderete molti esempi di supporto, spiegazioni e colorite sorprese nascoste.]

Rimé Lodrö (Ives Waldo)
Denver, Colorado USA, inizio 2023.

Prefazione del curatore

Il profondo sentiero del tantra è il sentiero della continuità senza limiti che non si ferma mai. Qui, tutto ciò che sperimentiamo deve essere integrato come parte della nostra pratica. Poiché il desiderio sessuale è qualcosa di estremamente potente e naturale per noi che siamo nati nel regno del desiderio, è più che ovvio che sia importante per i tantrika imparare a integrarlo nel loro percorso. È un terreno di grandi possibilità.

In generale, il sesso saṃsārico è spesso controllato da brama ignorante, egoismo, autogratificazione e così via. In realtà l'essenza del sesso è la perfetta unione dei principi maschile e femminile. Sebbene nel sesso la loro unione di beatitudine sia evidente, essa pervade tutta l'esistenza; rappresenta la verità profonda della realtà non-duale e ci indica la sua direzione. Rinpoche ci guida passo dopo passo su come acquisirne consapevolezza attraverso la pratica concreta.

Se apprendere come trasformare il sesso in un'esperienza sacra è uno dei punti focali di questo libro, Rinpoche ci insegna anche come utilizzare correttamente qualsiasi kleśha, come la rabbia, la gelosia e così via, invece di rifiutarli, reprimerli o nasconderli. Pertanto, anche se la vostra esperienza di questi kleśha o di altri desideri è più forte della vostra esperienza del desiderio sessuale, o se avete pesanti limitazioni fisiche che vi impediscono qualsiasi pratica sessuale, potete comunque trarre beneficio dalla lettura di questo libro. Inoltre, non c'è motivo per cui la beatitudine raggiunta attraverso altre esperienze come l'arte, la connessione con la natura, la devozione e così via non possa essere portata sul sentiero.

Per Rinpoche è chiaro che tutte le persone, compresi i devoti laici, i monastici e le persone non religiose, sono in grado di praticare il tantra. Questo libro può essere visto come il loro "potenziamento" per impararlo. Anche se è ovvio che la realizzazione spirituale dipende naturalmente dal grado di preparazione del praticante, non c'è dubbio che chiunque possa trarre qualche beneficio dalle pratiche presentate. Tuttavia, come per ogni cosa nuova nella vita, all'inizio commetteremo degli errori, ma col tempo miglioreremo, purché non ci arrendiamo.

È importante collocare quest'opera nel contesto delle aspirazioni a lungo termine di Rinpoche. Egli ha assunto come obiettivo della sua vita quello di contribuire a creare le condizioni affinché una seconda Età dell'Oro si manifesti sulla nostra Terra, come profetizzato nel Kālachakra Tantra. Davanti all'incrollabile passione di Rinpoche per presentare questo libro in inglese nella forma migliore, è difficile descrivere l'ispirazione spirituale che abbiamo ricevuto lavorando con lui. È impossibile ripagare la gratitudine che abbiamo per aver scritto questo libro necessario e per aver sostenuto i processi di traduzione e di editing. Preghiamo affinché il suo intento altruistico si realizzi pienamente.

Come è stato scritto e curato questo libro

Un libro sul sentiero del desiderio è un'aspirazione di lunga data di Rinpoche. A partire dal 2019 ha iniziato a lavorare concretamente alle bozze in inglese, con il supporto di Yeshe Wangmo, sulla base di dettagliate bozze scritte in tibetano. Dopo aver ripreso il lavoro da solo in tibetano, con periodi di pausa tra le fasi di lavoro, ha concluso la stesura all'inizio del 2022. Rimé Lodrö ha terminato una traduzione letterale tibetano-inglese completamente nuova a metà del 2022. Rinpoche ha chiesto a Jamphel Tsultrim, un madrelingua tibetano che parla correntemente inglese, di leggere la sua traduzione e di inviarci un feedback. Inoltre, una precedente bozza di traduzione fatta dallo stesso Rinpoche, che riassumeva alcuni capitoli, è stata presa come riferimento per il confronto.

Sebbene Rinpoche si rivolga spesso a praticanti occidentali nel libro, essendo stato scritto originariamente in tibetano, ha automaticamente modellato il contenuto e la sua presentazione per il suo pubblico tibetano. Una delle nostre principali preoccupazioni nel redigere questo libro in inglese è stata quella di riformulare la sua espressione in modo che fosse pertinente e comprensibile per un pubblico occidentale eterogeneo. Inoltre, poiché questo libro presenta diversi argomenti controversi, è importante evitare fraintendimenti. Rinpoche ci ha sostenuto fortemente in questo senso e ci ha permesso di spostare, tagliare, ridurre, espandere, aggiungere e riformulare i passaggi e inserire note a piè di pagina laddove ciò avrebbe portato a una migliore comprensione per la maggior parte dei lettori. L'aspetto più importante del suo approccio alla traduzione e ai processi di redazione è che il significato sia presentato in modo chiaro, piuttosto che essere una traduzione "corretta" e letterale.

Da quando è stata completata la prima bozza di traduzione, abbiamo incontrato Rinpoche in sessioni approfondite per un periodo di nove mesi. Rinpoche è stato incredibilmente paziente e generoso con la nostra valanga di domande e ci ha fornito spiegazioni esaurienti che abbiamo poi implementato in questa versione inglese, direttamente nel testo principale o nelle note a piè di pagina. Quando questa nuova versione del libro è stata completata, ci ha incaricato di condividere il manoscritto con diversi lettori per sostenere il processo di finalizzazione del libro. Siamo grati a Jatun Risba, Sarah Perry, Shylton Dias, Venus Gravagna, Vanessa Mason, Adrian Hekel, Ravi S. Kudesia, Kerstin Rotter, Merilyne Waldo, Yeshe Wangmo, Shoshana Shapiro Adler, Tanya Gyatso e Prabha Ng per il loro feedback. In seguito, ancora una volta, abbiamo confrontato la versione finale con la precedente traduzione letterale e con la traduzione abbreviata dello stesso Rinpoche, con il quale sono state chiarite le questioni ancora aperte. Abbiamo completato la fase di revisione finale grazie al contributo di Philip Bralich, Vanessa Mason e Adrian Hekel.

Il Sentiero del desiderio è un titolo breve utilizzato da Rinpoche quando lavorava alle sue prime bozze in inglese. Quando nel sottotitolo si dice che si tratta di una "presentazione unica" del tantra, bisogna capire il significato che si vuole dare a questo libro. Gli insegnamenti tantrici e le loro spiegazioni risalgono ai tempi del Buddha, ma ciò che qui si dice essere unico o senza precedenti è la sua spiegazione diretta della pratica tantrica in termini che i profani possono comprendere e applicare, e il tentativo di riformare il buddhismo tibetano contemporaneo su questa base.

Le ragioni che l'hanno spinto a fare ciò sono presentate nella prima parte del libro ed elaborate in modo esteso nella seconda e nelle successive. La terza e la quarta parte contengono istruzioni dirette precedute da introduzioni e la quarta parte è la parte centrale del libro. La quinta parte include vari capitoli conclusivi e consigli su come procedere al termine del libro. I versi alla fine di ogni capitolo sono stati tutti composti da Rinpoche per facilitare una sintesi poetica e conclusiva dell'argomento. Nell'Appendice I sono state aggiunte ampie citazioni di Gendün Chöpel. Nell'Appendice II abbiamo riportato alcuni passi del Kālachakra Tantra e, a beneficio di coloro che non hanno una formazione nel Buddha-Dharma, abbiamo inserito un glossario. I pochi termini che compaiono una sola volta nel libro non sono per lo più inclusi nel glossario, ma sono spiegati nelle note a piè di pagina, ad eccezione degli elenchi (vedi Glossario degli elenchi). La bibliografia delle opere in tibetano è stata fornita dal traduttore. Tutte le note a piè di pagina esplicative sono state aggiunte dal curatore e dal traduttore. Come suggerisce Rinpoche, si possono saltare alcune parti e aprire le sezioni che parlano più direttamente della propria realtà attuale.

Rafa Lobsang Dorjé (Rafael Nassif),
Dzokden Kalapa in Garanas-Austria, inizio 2023.

Omaggio dell'autore

Namo Guruve!

Incarnazione di tutti i Vittoriosi riuniti in uno,
Questo tesoro di saggezza compassionevole senza estremi,
Si manifesta come l'intenzione del santo Guru,
Colui che è inseparabile dallo yidam Kālachakra.
Assemblea dei bodhisattva Kalkī di Śhambhala,
E compassionevoli Guru radice e del lignaggio,
prendetevi cura di noi!

Prajñāpāramitā, ḍākinī di grande beatitudine,
Voi che siete dee assolute, Marīchi e così via,
Tutte voi all'interno dell'assemblea delle ḍākinī,
che sorgete nelle terre pure, nella pratica tantrica o spontaneamente,[30]
E il tesoro dei compagni yogin, eroi ed eroine;

---

30 Tre diversi tipi di ḍākinī: 1) che si manifestano nelle terre pure, 2) che si manifestano
come consorte tantrica di un essere umano e 3) che si manifestano direttamente dalla
realizzazione. Vedi "ḍākinī" nel glossario.

Questo tesoro di bontà e felicità, la natura del Sugatagarbha,

è un sentiero meraviglioso e graduale che ci unisce alla realtà,

Attraverso la passione mutevole e immutabile, la pace e la beatitudine;

Eliminate tutti gli ostacoli alla presentazione di questo sacro argomento!

Per i meriti inferiori degli esseri di questa epoca oscura,

Con un comportamento sconsiderato e battaglie di logica,

questo sentiero del tantra è stato inquinato;

Incapace di sopportare ciò, sto scrivendo della sua essenza;

Tutti voi yogin, Kalkī e saggi, per favore, aiutatemi in questo!

Apprezzo le correzioni di persone imparziali e sagaci,

Ma non ho tempo di ascoltare le gelose lamentele verbali

Di arroganti, egoisti e miopi; per chi è così illuso,

Cosa posso fare, a parte versare lacrime di compassione?[31]

Se questo significato è conosciuto, è giusto per tutti;

Se questo significato è realizzato, è un bene per voi e per gli altri;

Se questo significato è ricevuto, tutte le accumulazioni di bontà

Non hanno bisogno di essere cercate altrove, al di fuori della
        propria natura.

Il mio libro ha poche citazioni scritturali per farmi sembrare colto;[32]

Non ci sono resoconti di miracoli per darmi una patina di santità;[33]

---

31 Rinpoche distingue gli studiosi miopi, che conoscono solo le parole concettuali della dottrina settaria, dai saggi competenti che hanno compreso il significato al di là delle parole, e quindi sono anche al di là dell'attaccamento bieco al dogma di una particolare scuola.

32 È comune che i libri di Dharma abbiano molte citazioni scritturali di supporto. Rinpoche afferma che questo metodo formale può essere usato come una strategia redditizia per far apparire studiosi mediocri come grandi dotti. Rinpoche non segue questo approccio e sceglie di affrontare gli argomenti direttamente in tutto il libro, evitando il più possibile di aggiungere citazioni.

33 Invece di presentare storie sui propri successi per darsi una "patina di santità", Rinpoche si presenta come un semplice monaco errante che osserva i tre voti e si concentra sul suo soggetto.

Mi lascio alle spalle ogni pretesa di rettitudine e di vergogna,
Presento solo istruzioni dirette su come eseguire la pratica vera
    e propria.

I monaci letteralisti dalla testa rasata, attaccati alle parole,
Con un'attenzione ristretta alla loro abituale condotta esteriore,
Non riescono a cogliere le profondità del significato al di là di ciò
    che è in superficie;[34]
Dovremmo stare molto attenti a sciocchi ossessivi come questi!

Voi che avete esaurito i vostri meriti per il tantrayāna,
E non avete realizzato l'unione di maschile e femminile in questa vita,[35]
Per prima cosa, dopo aver dato soltanto un'occhiata all'indice e
    ai sommari,
È molto importante che leggiate ciò che è giusto per voi.[36]

---

34   Questa critica *non si applica a tutti i monaci*, ma solo a quelli che sono troppo attaccati allo studio, non riuscendo ad andare oltre un approccio intellettuale arrogante. Questi monaci assomigliano al Buddha, perché si rasano la testa, ma sono lontani dal realizzare il significato profondo dei suoi insegnamenti. È bene che studino le argomentazioni logiche, ma è male che si concentrino solo su queste, perché non raggiungeranno mai l'illuminazione con questo approccio. Questo versetto critica anche le monache e i monaci che sviluppano un approccio superficiale, fondamentalista o chiuso, trascurando gli aspetti più profondi degli insegnamenti.

35   Coloro che non possono praticare la via letterale dell'unione sessuale, perché troppo anziani, isolati, ostacolati dai voti e così via, possono saltare le sezioni sulla tecnica esplicita e concentrarsi sui principi generali che si applicano a loro.

36   Alcune parti del testo sono state scritte principalmente per gruppi specifici, come gli approfondimenti sui vinaya per i monaci, le prove logiche per coloro che sono istruiti nella logica buddhista e le usanze tibetane per i tibetani. I lettori che non rientrano in queste categorie potrebbero voler saltare queste sezioni.

PARTE PRIMA

Dieci motivi per cui
questo libro doveva essere scritto

1

La necessità di rivalutare l'attuale comprensione e pratica del tantra

Sebbene l'India sia stata la fonte originaria del tantra, gli indiani che si dichiarano *tantrikas*[37] sono una piccola percentuale dell'attuale numero totale di indù.[38] Tuttavia, se consideriamo le pratiche degli indù, che costituiscono circa l'80% dei praticanti religiosi indiani, le loro elaborate liturgie di offerta e le recitazioni dei mantra, la loro devozione alle divinità e ai Guru, e la loro visione di un sé ultimo onnipervadente hanno molte somiglianze con le corrispondenti caratteristiche del tantra. Sfortunatamente, all'interno di questa vasta popolazione, coloro che sono in grado di interpretare i testi tantrici abbastanza bene da praticare secondo le istruzioni autentiche non sembrano essere molti.

Di solito, gli indù comuni non tengono segrete le loro pratiche come facevano tradizionalmente, e per molti aspetti fanno ancora, i tantrika tibetani. La maggior parte nega di praticare il tantra, riservando questa parola a pratiche che coinvolgono mantra malevoli e indulgenza sessuale.[39]

---

37 Per questo e altri termini specifici si veda il glossario alla fine.

38 André Padoux, *The Hindu Tantric World*, an Overview, pp. 154-165, parla di vari gruppi tantrici recenti e di individui in tutta l'India.

39 Padoux Op. Cit., pp 153-154 has a section, "Tantra: Pervasive, but not (or hardly) Perceived as Such."

Tuttavia, l'estensione nel mondo di sistemi di pratica indiani il cui stile assomiglia o si basa sul tantra è molto più grande di quella del tantra buddhista. Per esempio, la diffusione globale degli esercizi di allenamento corporeo[40] e yantra yoga[41] del tantra tibetano è piuttosto limitata, ma diversi tipi di yoga fisico le cui origini sono associate al tantra indiano si trovano in molte città del mondo anche se in forma frammentaria o non autentica.

Inoltre, sebbene la maggior parte dei tibetani abbia partecipato in qualche misura al tantra, se pensiamo alla percentuale relativamente piccola di coloro che ora praticano il tantra in modo autentico e riflettiamo attentamente sulla loro pratica in relazione a ciò che è stato fatto in passato, è facile riconoscere il grado di corruzione che è stato introdotto. Pertanto, è urgente la necessità di una seria riflessione su come rinnovare la tradizione tantrica prima che la sua essenza vada completamente perduta.

Su Internet si è diffusa una nuova concezione occidentale del "tantra" come se riguardasse solo la tecnica sessuale. Il tantra tibetano buddhista include effettivamente pratiche sessuali,[42] ma è importante sapere che va ben oltre. Secondo la mia osservazione, in termini di studio, di contemplazione e di pratica, nessun altro tipo di tantra su questa terra è così vasto ed elaborato come il tantra tibetano. Per quanto vasto e potente possa essere, quanta realizzazione sta producendo oggi? Sfortunatamente, meno di quanto potrebbe, quindi dobbiamo riflettere attentamente su come rimediare a questo deficit. È giunto il momento di andare oltre le semplici spiegazioni accademiche e la recitazione superficiale delle liturgie tantriche per ripristinare effettivamente la tradizione della pratica che è stata corrotta e rifiutata negli ultimi secoli. Per fare ciò, è necessario reintrodurre l'intera portata del significato reale del tantra.

Se vi chiedete com'è il sentiero del tantra, anziché consistere in cause che

---

40   *Lujong, lus sbyong.*

41   *Trulkhor, 'khrul 'khor.*

42   Come testimoniano in modo eloquente i passi successivi di Gendün Chöpel.

producono la realizzazione di una fruizione che possiamo sperimentare solo in seguito, come avviene nei sentieri sūtrici, *nel tantra l'esperienza della fruizione stessa è evidenziata nella mente del praticante.*

In questo modo, *sperimentare gli aspetti della fruizione si configura come l'essenza del cammino fin dal principio.* Inoltre, i kleśha e, in particolare, i desideri suscitati da tutte le qualità dei sensi,[43] *senza essere rifiutati, diventano aspetti del sentiero.* Gli studiosi tantrici e i tantrika autentici sanno con certezza che si tratta di forze potenti che guidano la pratica spirituale, e questo non è in discussione.[44]

La porta per entrare nel tantra è il potenziamento con i relativi *samaya* tantrici o impegni. La maggior parte dei tibetani ha partecipato a questi potenziamenti e quindi è entrata nel tantra nel senso superficiale di aver partecipato a una cerimonia di potenziamento. Tuttavia, pochi hanno compreso nella propria mente il vero significato di tali potenziamenti e samaya. Inoltre, la pratica autentica di questi insegnamenti richiede che tutte le parti della vita dei praticanti diventino aspetti del sentiero tantrico. Sembra evidente dall'osservazione che la maggior parte dei tibetani non è entrata nel tantra in questi sensi più profondi.

Gli abitanti del Paese delle nevi possono sapere nella teoria che tutti i *kleśha* devono essere resi un sentiero. Tuttavia se, come detto, non lo fanno concretamente nella loro vita, la loro pratica del tantra non è forse una mera imitazione velleitaria e un esercizio di parole vuote? Sì, è così. Pertanto, ora è necessaria una rivalutazione e un rinnovamento della pratica tantrica. Motivato dall'impellente consapevolezza che questi insegnamenti si stanno perdendo giorno dopo giorno, ho concluso che un

---

43   In questo caso, il desiderio è il kleśha più importante da portare sul sentiero, sebbene anche gli altri kleśha debbano essere portati su di esso, come spiegato in dettaglio nella terza parte di questo libro.

44   Per gli esseri come noi, nati nel regno del desiderio, il kleśha più pervasivo è il desiderio; la gente comune sa per esperienza che i desideri sono la forza principale che guida la vita ordinaria.

libro come questo doveva essere scritto per dare una guida pratica che permettesse ai tantrika di rinnovare la loro tradizione autentica.

2

La necessità di integrare il tantra
con la vita quotidiana

Nell'India del XII secolo, gli invasori musulmani distrussero il buddhismo, compresi gli insegnamenti del tantra buddhista. Tuttavia, gli insegnamenti indù tantrici e simili al tantra non furono sradicati in quel periodo. La tradizione storica fornisce molte ragioni per questa disparità.[45] Una ragione importante per cui i sūtra e i tantra buddhisti furono distrutti è che, per lo più, gli insegnamenti buddhisti molto eruditi erano praticati da persone altamente istruite; le persone meno istruite e ordinarie non potevano acquisire, comprendere o praticare questi insegnamenti.

Pertanto, il numero di praticanti buddhisti non poté aumentare e la classe

---

45   I tantra buddhisti, come il *Kālachakra*, descrivono come i gruppi tantrici nei villaggi si riunivano per i banchetti d'offerta tantrici utilizzando segni segreti, come si può vedere nell'Appendice II. L'immagine dei tantrika buddhisti ivi dipinta suggerisce che, lungi dall'essere integrati con la loro società, temevano di essere perseguitati. L'induismo è stato integrato nella società indiana fin dall'inizio. Tradizionalmente, gli indù nascono per casta nella loro vita in determinate posizioni, i cui doveri o Dharma sono tenuti a svolgere al meglio delle loro capacità. Alcuni tantrika indù, come i loro omologhi buddhisti, hanno avuto problemi con la disapprovazione sociale delle loro attività; e, come loro, col tempo tendevano ad abbandonare le attività che causavano problemi. Tuttavia, mentre i tantrika buddhisti tendevano a fondersi nello stile di vita dei monaci che rinunciavano alla società ordinaria, quelli indiani si fusero con la società ordinaria e ricevettero persino il sostegno regale per secoli.

monastica, a cui erano affidati principalmente gli insegnamenti, rimase ristretta.[46] Quando questi monaci eruditi furono eliminati, la pratica stabile dei sūtra e dei tantra buddhisti scomparve anche tra i buddhisti laici.[47]

Secondo il resoconto storico generalmente accettato dai tibetani, a causa delle dispute settarie del IX secolo all'interno del Tibet, le istituzioni del Dharma della tradizione buddhista del sūtra, i monasteri e così via, vennero distrutti, come sarebbe poi avvenuto in India, per ordine del re

---

46   La dipendenza dai monaci come autorità ultima in materia di dottrina e pratica buddhista rese difficile per i tantrika continuare dopo la scomparsa del buddhismo monastico in India. La difficoltà è stata accresciuta dal fatto che gli stessi problemi hanno fatto sì che le loro comunità potessero svilupparsi solo in piccole parti dell'India. È vero che l'ideale del *Kālachakra* era una società pacifica, armoniosa e imparziale, ma questo ideale si è diffuso solo quando i tantrika emigrarono nelle regioni tibetane, dove c'erano paesi buddhisti aperti a questi insegnamenti. Inoltre, i tantrika che emigrarono dall'India non fecero altro che assottigliare i ranghi di quelli che vi rimasero.

47   Esisteva un movimento tantrico laico popolare, composto da yogīn e yoginī come gli ottantaquattro mahāsiddhas, che tentava di integrare il tantra con la vita ordinaria. Alcuni di questi tantrika erano altamente istruiti, come Nāropā, l'ex abate dell'università di Nālānda, ma altri ricoprivano vari incarichi ordinari. In questo movimento c'erano pochi ostacoli dovuti alla casta, alla ricchezza e allo status sociale. Nota aggiuntiva sul patriarcato: degli ottantaquattro mahāsiddha le cui storie di vita sono presentate nei *Leoni di Buddha*, solo quattro, Lakṣhmīnkarā, le sue sorelle Mekhalā e Kanakhalā, e Maṇibhadrā erano di sesso femminile. Tuttavia, se osserviamo le raffigurazioni degli ottantaquattro, in circa la metà di esse sono presenti donne. Per la natura non duale del sentiero del desiderio, si dice che le consorti femminili di Ḍombipa, Ghantāpa, Babhaha e così via, condividano la realizzazione del loro partner. Così, dopo la morte di Ḍombipa, Ḍombi Yoginī divenne un'insegnante tantrica femminile indipendente, famosa per danzare sull'acqua di un lago. Sia Ghantāpa che la sua consorte potevano volare nel cielo. Un giorno Saraha incontrò una fabbricante di frecce e rimase ipnotizzato dalla sua concentrazione meditativa mentre fabbricava le frecce. La donna lo accettò come consorte tantrico e gli trasmise istruzioni orali. Tilopa imparò il significato della talità facendo il servo di una prostituta, Dharima, per molti anni, secondo la *Vita di Tilopa* di Wangchuck Gyaltsen, una prima bozza elettronica di traduzione a cura del comitato di traduzione di Nalanda, pp. 21-25. Tra loro c'erano meno pregiudizi patriarcali che nei Saṅgha monastici, ma il fatto che solo alcune tantrika donne come Yeshe Tsogyal, Niguma e Machik Labdrön siano note a pieno titolo ci dice che il patriarcato era ed è presente in India e in Tibet.

Lang Darma, che regnò dal 838 al 841.[48] In quel caso, quando le istituzioni del buddhismo sūtrico vennero distrutte da Lang Darma, gli insegnamenti tantrici persistettero. Uno dei motivi è che in Tibet, a differenza dell'India, il tantra buddhista non era dominato dai leader delle classi più elevate. Per distruggere il buddhismo tantrico, Lang Darma avrebbe dovuto eliminare la maggior parte del popolo tibetano.

Le pratiche tantriche tibetane si sono conservate in quel periodo perché erano integrate nella vita della gente comune.[49] Queste persone erano attratte dal tantra perché i suoi insegnamenti miglioravano tutti gli aspetti della loro vita. Di conseguenza, tali insegnamenti erano adatti a loro e volevano apprenderli. Per questo motivo, i tibetani che erano disposti e in grado di praticare gli insegnamenti tantrici avevano molte probabilità di ricevere istruzioni su come farlo. Lo stesso deve valere al giorno d'oggi se vogliamo mantenere in vita questi insegnamenti. Tuttavia, non è un compito facile. Anche i Lama più istruiti e con una realizzazione personale di tutto rispetto possono incorrere in errori nel tentativo di insegnare il tantra nelle attuali realtà culturali. È chiaro che questo argomento richiede un'attenta riflessione, come quella fornita di seguito

Se il tantra è un percorso che consiste nel saper riconoscere i kleśha, che incontriamo costantemente, in aspetti del sentiero, esso deve connettersi con tutti gli aspetti della vita quotidiana. I kleśha si manifestano naturalmente in tutti gli esseri umani, persino in coloro che hanno raggiunto la realizzazione, nei quali si manifestano come aspetti della saggezza. Poiché è così, non c'è nessuno la cui vita quotidiana non sia intrecciata

---

48   Dopo essersi convertito alla religione Bön, divenne re assassinando il fratello, il re Ralpachen, che dava priorità al potere e alle risorse dei monasteri buddhisti. Lang Darma fu assassinato a sua volta dal tantrika buddhista Lhalung Pelgyi Dorjé. In seguito, il famoso monaco Atiśha fu invitato a venire da Sumatra per ripristinare la pratica del sūtra in Tibet.

49   In una certa misura, ma sicuramente molto più di oggi, quando i laici tibetani non hanno praticamente accesso agli stadi superiori delle pratiche, per le quali hanno ricevuto solo potenziamenti simbolici, come descritto più avanti nel capitolo 10.

con essi. Se così non fosse, il sentiero tantrico non sarebbe valido. Tuttavia è valido perché, essendo i kleśha presenti in tutti noi, anche i prerequisiti del tantra sono presenti in noi. Le persone hanno costantemente a che fare con i loro kleśha in qualche modo. Ciò che devono comprendere è come relazionarsi correttamente con essi.

Molti praticanti del buddhismo tibetano credono erroneamente che, poiché il tantra è una pratica della fruizione, solo i praticanti molto avanzati che hanno realizzato la fruizione possono praticarlo. Se non si corregge questo errore comune, la maggior parte delle persone continuerà a essere scoraggiata dall'accedere al tantra. Di conseguenza, la genuina esperienza dell'essenza del tantra diventerà sempre più rara. In questo caso, sarà difficile per il tantra sopravvivere a lungo. Perciò è nata in me l'idea che un libro come questo dovesse essere scritto, per correggere le incomprensioni che portano le persone comuni a credere che questo prezioso sentiero sia loro precluso.

3

Il deterioramento della pratica tantrica autentica in Tibet

All'esterno e all'interno del Tibet, alcuni monaci che non riuscivano a mantenere i voti del *vinaya* li abbandonavano per disperazione e poi dichiaravano di essere diventati praticanti tantrici. Alcuni di loro si fecero crescere i capelli lunghi, raccogliendoli in un nodo sulla sommità del capo, per assomigliare agli yogin tantrici dei tempi passati. L'essenza del tantra riguarda in realtà la pratica interiore. Pertanto, l'enfasi di questi monaci decaduti sui capelli e sull'abbigliamento suggerisce che fossero più interessati a giustificare la rinuncia ai voti monastici che alla liberazione.

Se si volesse cercare di valutare il significato della loro condotta, bizzarra quanto il loro aspetto, si potrebbe semplicemente considerarla come un'espressione delle eccentricità individuali. Tuttavia, è possibile analizzare anche le motivazioni e i fattori ambientali più ampi che li hanno portati a tale scelta. Il loro desiderio di continuare la pratica buddhista anche dopo aver fallito come monaci non è forse una buona cosa? Sebbene i capelli lunghi e il nodo sulla testa non fanno uno yogin tantrico, il problema non è tanto quello di voler assomigliare agli yogin tantrici del passato, quanto il non sapere come andare oltre l'esteriorità e praticare correttamente il tantra. Non sarebbe meglio se possedessero questa conoscenza?

All'epoca della prima diffusione degli insegnamenti buddhisti in Tibet, prosperava l'antico lignaggio, o scuola *Nyingma*.[50] I praticanti laici erano rispettati come la classe dai mantelli bianchi e i rinuncianti come la classe dai mantelli color zafferano. Entrambe le classi di praticanti erano considerate con rispetto e fiducia. Il loro rapporto era visto come complementare e reciprocamente vantaggioso. Non vi era la percezione che la comunità monastica fosse dominante né che il tantra dipendesse dai suoi insegnamenti. Poiché non vi erano ostacoli alla pratica tantrica da parte delle persone comuni, né stigmi sociali derivanti da essa, molti la intrapresero. Dal momento che si cercava l'eccellenza nella pratica continua, il tantra godeva di un'ottima reputazione.

Ci sono molte ragioni per cui oggi non è più così. Ad esempio, a partire dal XIII secolo, all'epoca della seconda espansione del Dharma in Tibet, si diffusero le scuole *Kagyü, Sakya, Jonang* e *Gelug*. Con la loro crescente sviluppo, il dominio dei monaci, a poco a poco, divenne sempre più forte. Poiché erano celibi, il loro prestigio sociale crebbe; così, man mano che la comunità monastica si ampliava, diventava anche sempre più apprezzata. I praticanti del tantra continuarono a esistere, ma quasi tutti i più importanti praticanti e maestri del Dharma erano monastici. Ad eccezione di coloro che erano economicamente indipendenti, la tradizione dei tantrika di diventare monaci per sostenere la loro pratica si diffuse sempre di più.

Più aumentava il potere dei monaci, più numerosi erano coloro che consideravano la liberazione individuale come il fulcro degli insegnamenti.[51] *Continuavano a celebrare le liturgie tantriche, ma sempre*

---

50   Durante il regno del re Trisong Detsen (755-800 circa), si affermarono sia il buddhismo monastico che quello tantrico. Il monaco mahāyāna Shāntarakṣhita (725-788) giunse in Tibet per fondare il monastero di Samye e ordinare i primi monaci tibetani. Quando alcuni ostacoli minacciarono di bloccare il progetto, Shāntarakṣhita fece intervenire il tantrika Padmasaṃbhava per sottomettere le divinità locali maligne. Poi, una volta completato il monastero, Padmasaṃbhava continuò ad impartire molti insegnamenti tantrici.

51   Sebbene mostrassero uno stile esteriore o una patina di bodhisattva e tantrika, il loro vero stile di pratica era quello della liberazione individuale con tutte le sue rigide regole

più spesso ne interpretavano il significato attraverso la lente della tradizione monastica del sūtra. L'ideale della rinuncia sostituì sempre più l'ideale di portare la vita ordinaria sul sentiero. Alla fine, la pratica del tantra nel Paese delle nevi divenne di fatto una suddivisione della tradizione del sūtra. Sebbene la suggestiva espressione "il sentiero che unisce sūtra e tantra" fosse usata per descrivere questo approccio, la triste realtà è che, ad eccezione di pochi individui, i tantrika divennero gradualmente detentori di una tradizione in cui la pratica tantrica era incapace di esistere in modo indipendente.[52]

A partire da adesso, se non ci preoccupiamo che la visione e la pratica tantrica vengano soppiantate dagli insegnamenti del sūtra e non riformiamo questo stato di cose, col tempo il mondo sarà popolato di tantrika solo di nome. La maggior parte di loro non saprà più distinguere tra pratica tantrica autentica e inautentica. E se perderanno progressivamente la capacità di discernere ciò che è corretto da ciò che non lo è, infine, come nella nota storia della revisione del *Sūtra del Diamante* in Bhutan,[53] non si potrebbe arrivare a creder che ciò che l'errore sia la verità?[54]

---

di condotta, la pratica di abbandonare i kleśha con gli antidoti e così via.

52 Questo non vuol dire che non ci siano sensi validi di "unione di sūtra e tantra", come quando Dolpopa dice che l'esperienza della natura del Buddha è centrale per entrambi. Tuttavia, è ovvio dalle sole parole che nessuno può unire la pratica sūtra di abbandonare i kleśha con gli antidoti con l'approccio tantrico di trasformare i kleśha in aspetti del sentiero.

53 Secondo questa storia, quando gli editori del luogo stavano preparando un'edizione critica della *Sūtra di Diamante*, esaminarono tutte le versioni precedenti e scoprirono che tutte, tranne una, riportavano una lettura diversa da quella che avevano scelto. Decisero che la maggioranza doveva avere ragione. Solo in seguito si scoprì che avevano scartato l'unica edizione contenente la lettura autentica. Se lo stesso accadesse al tantra, nessuno gli attribuirebbe più alcun valore. Un simile atteggiamento sarebbe senza dubbio inappropriato nei confronti dei veri insegnamenti tantrici.

54 Proprio come quando si mescolano indiscriminatamente pesce e rape, e il pesce avariato finisce per rovinare tutto, anche la tradizione tantrica perderebbe completamente il suo valore.

4

Rendere accessibili fuori dal Tibet gli insegnamenti tantrici tibetani autentici

Molti tibetani non prendono sul serio i tentativi dei non tibetani di praticare il tantra, sottolineando che essi conoscono poco la cultura, le tradizioni e la disciplina monastica tibetana.

È vero che gli occidentali, in generale, incontrano maggiori ostacoli nello sviluppo della devozione agli insegnamenti e ai maestri, poiché tendono a concentrarsi troppo sulle giustificazioni intellettuali con un atteggiamento eccessivamente scettico. D'altra parte, la fede sincera di molti di questi studenti negli insegnamenti li porta a studiare molto più intensamente della maggior parte dei tibetani laici. Di conseguenza, la loro pratica tende a fondarsi su una comprensione autentica, che compensa la loro ignoranza della cultura tibetana.

Da questo punto di vista, il percorso di coloro che, al di fuori del Tibet, si avvicinano agli insegnamenti tantrici buddhisti tibetani può essere considerato favorevole rispetto a quello dei tibetani In ogni caso, per quanto riguarda la mancanza di una conoscenza completa di ciò che è necessario per praticare autenticamente il sentiero tantrico, tibetani e stranieri si somigliano fin troppo.

Tuttavia, poiché ho visto anche molte buone qualità in questi aspiranti tantrika stranieri, ho voluto scrivere un libro come questo per aiutarli a progredire ulteriormente.

Nutro inoltre grandi speranze che i non-tibetani privi di qualsiasi fede nel tantra tibetano, e perfino coloro che lo considerano un'aberrazione totale, prendano in considerazione questo libro. Se lo faranno, potrebbero rendersi conto che la loro valutazione negativa del tantra buddhista è stata inesatta. Allora potranno capire che questo sentiero profondo, con le sue molte qualità speciali, fornisce mezzi abili straordinari in grado di condurre al beneficio e alla felicità ultima.

5

Come gli scandali che coinvolgono i Lama rivelano problemi nel buddhismo tibetano

Diverse situazioni scandalose che si sono verificate all'interno e all'esterno del Tibet negli ultimi anni indicano che il tantra sta affrontando problemi anche peggiori rispetto all'essere assimilato dagli insegnamenti del sūtra.[55] Tra i nomi delle persone coinvolte ci sono alcuni importanti Lama dei lignaggi tibetani. Alcuni di loro erano Lama tibetani famosi in Occidente, le cui attività altruistiche erano anche tra le più grandi.

Non voglio discutere dei singoli casi perché non ho modo di giudicare il reale stato mentale delle diverse persone coinvolte. Detto questo, una ricerca su internet vi dirà rapidamente ciò che vi serve sapere. Desidero invece sottolineare le caratteristiche comuni di questi scandali che sono rilevanti per l'argomento di questo libro, in particolare quelle relative all'adesione dei presunti colpevoli agli insegnamenti buddhisti del sūtra o del tantra.[56]

---

55 Poiché Rinpoche ha concluso il suo manoscritto originale in tibetano all'inizio del 2022, non si sta ovviamente riferendo a eventi accaduti successivamente.

56 (1) Alcuni monaci si mettono nei guai accettando l'ideale di rinunciare ai kleśha come insegnato nelle dottrine della liberazione individuale. Poi, quando non riescono a eliminare i loro kleśha, si perdono nella trasgressione. (2) Come discusso in dettaglio nel capitolo 6 della seconda parte, un'altra categoria di monaci tantrici vede correttamente i voti della liberazione individuale come un'evoluzione verso l'alto nei samaya tantrici, in modo da poter portare i kleśha sul sentiero, praticare il sentiero del desiderio e così via, pur continuando a presentarsi sinceramente al pubblico come monaci. Chi non comprende

Queste accuse sono state censurate dai media tibetani, ma sono state ampiamente riprese da importanti testate giornalistiche mondiali e da internet. Il buon nome dei buddhisti è stato gravemente danneggiato, per non parlare della reputazione dei lignaggi buddhisti tibetani di questi Lama. Tuttavia, *una volta compreso che queste azioni erano dovute alle mancanze di individui specifici, a volte combinate con idee sbagliate del pubblico, è evidente che non si otterrà alcun beneficio dall'infangare indiscriminatamente tutti i tantrika buddhisti.*

Anche se non possiamo cambiare il passato, è saggio prepararsi per il futuro. Dobbiamo riflettere a fondo su ciò che ha causato tali disastri e su cosa si può fare per evitare che si ripetano. Non è sufficiente pensare: "Questa cattiva condotta è accaduta perché alcuni individui si sono smarriti negli insegnamenti". Questo implica che non sia necessario fare nulla per il futuro.

Se riflettiamo a lungo sull'argomento, molti dei problemi che hanno causato questi scandali si sono verificati perché le persone coinvolte non erano state istruite sulla corretta pratica del sacro Dharma in generale e del tantra in particolare. Per far sì che i buddhisti possano avere le conoscenze necessarie per evitare di allontanarsi dal sentiero autentico, ho pensato che un libro come questo dovesse essere scritto.

---

questo sofisticato punto di vista può erroneamente accusarli di ipocrisia o corruzione. (3) Altri fraintendimenti riguardano i veri maestri tantrici che dicono espressamente di cercare di integrare la pratica tantrica con la vita quotidiana moderna. Molte delle informazioni presenti nella tradizione buddhista su come fare questo sono superate di circa mille anni, e poche di esse vengono presentate pubblicamente. Dopo aver saltato dalle vite dei mahāsiddha agli insegnamenti di pensatori come Gendün Chöpel, sarebbe facile per i principianti concludere erroneamente: "Se devo rinunciare a tutto, devo rinunciare anche alla rinuncia; se non cerco di limitare il mio comportamento, le mie azioni trascenderanno il concetto. Non è forse questa la liberazione?". Molte storie scandalose su internet suggeriscono che tutti e tre questi approcci possono portare a problemi, per non dire altro. (4) Inoltre, come spiegato nel successivo capitolo 9, purtroppo alcuni insegnanti e i loro studenti sono caduti in vere e proprie trasgressioni a causa della loro mentalità letterale e della limitata comprensione degli insegnamenti tantrici; (5) altri, intenzionalmente, hanno giustificato le loro trasgressioni affermando in modo fraudolento che questo era il modo in cui il tantra "deve" essere praticato.

6

La necessità del tantra per i praticanti laici

Lo zelo delle persone per il Dharma in molte regioni del Tibet era tale che, se una famiglia aveva cinque figli, tutti tranne uno cercavano di diventare monaci. Per questo motivo, rispetto ad altri Paesi, la popolazione del Tibet era molto ridotta. Questo modo di fare è compatibile con il mantenimento di una società umana funzionante in Tibet?

A dimostrazione del fatto che non è così e che i tibetani hanno storicamente attribuito un valore troppo alto al monachesimo, i rinuncianti sono sempre meno e coloro che abbandonano il monachesimo sono sempre più numerosi. Tra coloro che rimangono monastici, sembra aumentare il numero di coloro che escono di nascosto dai loro monasteri per dedicarsi ad attività sessuali.[57] All'interno dei monasteri, è difficile stabilire quanti siano coloro che si dedicano ad attività omosessuali e che spingono i membri più giovani del *Saṅgha* a fare lo stesso.[58] Le testimonianze condivise e le storie

---

57 Qui Rinpoche non si riferisce all'uso del desiderio come parte del sentiero, ma al desiderio saṃsārico ordinario. Poiché è naturalmente così forte, rende la vita monastica una sfida nel nostro tempo.

58 Rinpoche non critica l'omosessualità in quanto tale (si veda la quarta parte, capitolo 2). Tuttavia, in generale, qualsiasi tipo di sesso è proibito ai monaci che si concentrano sulla via della liberazione individuale come percorso principale. Il punto è che alcuni monaci, come i prigionieri incarcerati, che siano o meno orientati all'omosessualità, si impegnano in attività omosessuali all'interno del Saṅgha perché la vita monastica non è naturale per loro; inoltre, alcuni giovani monaci vi partecipano a causa di una coercizione.

aneddotiche suggeriscono che siano di più di un gruppo ristretto.

Non è attendibile giungere alla conclusione che le persone coinvolte in situazioni scandalose non possano essere realizzate o illuminate.[59] In ogni caso, se gli insegnamenti tantrici del Buddha debbano continuare a essere affidati principalmente ai monaci, come è avvenuto sempre più spesso negli ultimi secoli, è diventato un argomento molto controverso. Ciò sembra ragionevole per gli insegnamenti del sūtra che considerano la vita monastica come l'ideale più alto. Tuttavia, *perché gli insegnamenti tantrici destinati ai laici non dovrebbero essere affidati a loro come avveniva all'epoca quando il tantra è stato introdotto per la prima volta?*

Se i tantrika al di fuori della disciplina monastica di liberazione individuale apprendessero di più sulla pratica del sentiero tantrico, potrebbero prendere provvedimenti per preservarlo e ripristinarlo. Ad ogni modo, se i laici non si assumono la responsabilità della loro pratica tantrica, in futuro potrebbero non esserci più rinuncianti; oppure, quelli che esistono potrebbero essere diventati semplici imitazioni di rinuncianti. Potrebbero ancora indossare le vesti zafferano e celebrare le stesse liturgie, ma la vera disciplina monastica avrà cessato di esistere.[60] A quel punto, se non saremo riusciti a mantenere vivo il tantra autentico tra la gente comune, ci sarà un grande pericolo che sia il sūtra buddhista che il tantra scompaiano.

A tal fine, dobbiamo rafforzare la pratica tantrica fin da ora. Se non lo facciamo, con il deterioramento della condotta monastica che si limita a scimmiottare le forme esteriori delle liturgie tantriche e della disciplina del sūtra, come potrà la preziosa essenza della pratica buddhista non scomparire? La mia speranza è che gli insegnamenti vengano preservati e rafforzati dando istruzioni su come la pratica tantrica possa pervadere ogni parte della vita quotidiana.

---

59   Ad esempio, i grandi siddha Tilopa e Padmasaṃbhava furono vituperati per essere stati rispettivamente il servo di una prostituta e per aver vissuto con una donna.

60   Si vedano i capitoli 7 e 8 qui di seguito.

7

Come l'eccessiva enfasi sul monachesimo vanifica il suo stesso scopo ultimo

Molti monaci e monache tibetani continuano a praticare diligentemente come in passato e la pratica di non pochi di loro ha portato buoni risultati a livello individuale. Tuttavia, per ragioni che spiegherò più avanti, prevedo che, se le abitudini del passato continueranno, in futuro il Saṅgha tibetano non raggiungerà l'obiettivo del Grande Veicolo di beneficio universale.

Secondo quanto accade di solito in Tibet, i figli di ogni famiglia con maggiore intelligenza, capacità e carattere diventeranno monaci. Coloro che restano a perpetuare la linea familiare saranno quelli con meno intelligenza, capacità e carattere. Il fatto che le buone qualità delle generazioni successive si deteriorino sempre di più in queste circostanze è in accordo con le scoperte sia del buon senso che della scienza.[61]

Poiché i tibetani non hanno alcun mezzo per evitare questo risultato, se la loro attuale usanza continua, la loro selezione sconsiderata per la stupidità e il cattivo carattere non diventerà forse irreversibile? Se così

---

61   Ad esempio, se si vuole creare una razza di cani con una determinata caratteristica, in ogni generazione si allevano gli animali che meglio esemplificano tale caratteristica. Questo metodo ha avuto successo con molte caratteristiche come l'intelligenza, la taglia, la ferocia e l'indole amichevole. Funzionerebbe anche con la stupidità, l'incompetenza e il cattivo carattere.

fosse, dato che l'obiettivo finale del Saṅgha ordinato è quello di creare un beneficio universale per il mondo, i futuri monaci e monache non saranno dei veri e propri rinuncianti perché si opporrebbero inconsapevolmente a questo grande obiettivo. Man mano che le loro linee familiari in decadenza continueranno a deteriorarsi, alla fine i tibetani, sia rinuncianti che laici, saranno solo dei trasgressori dementi, privi di alcuna buona qualità. Tutte le generazioni di monaci e monache che hanno sostenuto il sistema monastico tibetano e tutti i laici che hanno fatto lo stesso porteranno il peso della responsabilità di ciò.

I tibetani sembrano ignorare queste conclusioni. Se prendo me stesso come esempio, la mia famiglia non è cresciuta perché molti dei suoi figli sono stati inviati alla vita monastica. Continuare a considerare questa usanza come una virtù indiscussa è una questione importante. Sono deciso a far sì che, d'ora in poi, i tibetani che rifletteranno sulla possibilità di allontanarsi da questa tradizione di lunga data sappiano almeno che non agiranno da soli.[62]

Recentemente i governanti cinesi del Tibet hanno rimosso un gran numero di giovani monaci dai monasteri e li hanno messi in scuole laiche per costringerli a vivere come laici. I tibetani sono molto depressi per questo; tuttavia, alla luce di quanto appena detto, forse questa

---

62 Cosa succederebbe se altri Paesi, influenzati dai tibetani, ponessero la stessa enfasi sul monachesimo, come hanno fatto storicamente i tibetani? Presumibilmente, quasi tutte le risorse sarebbero destinate alla costruzione e al mantenimento dei monasteri. Rimarrebbe poco per produrre beni nelle fabbriche, costruire un'infrastruttura nazionale, promuovere il benessere sociale, dedicarsi agli affari o svolgere tutte le altre attività in cui si impegnano i Paesi moderni. La scienza verrebbe probabilmente soppressa in nome dell'ortodossia, come la chiesa cattolica fece con Galileo. Lo stesso accadrebbe con l'arte secolare. La popolazione crollerebbe insieme al prodotto nazionale lordo. Monaci zelanti e autoritari, sicuri di essere i migliori e più saggi, sostituirebbero le istituzioni democratiche e sopprimerebbero qualsiasi diversità di opinione. La cultura religiosa prospererebbe, ma a costo di rovinare la civiltà come la conosciamo. Non sarebbe di gran lunga preferibile un paese di tantrika che preserva e valorizza la diversità sociale? Questa è la descrizione di Śhambhala nel *Kālachakra Tantra*.

nube oscura ha un lato positivo. Se l'energia impiegata per mantenere i monasteri venisse utilizzata per ripristinare il tantra, essere costretti a vivere come laici non priverebbe questi ex monaci della opportunità di praticare seriamente il buddhismo.

I lignaggi buddhisti tibetani hanno due insegnamenti speciali. Quello della tradizione testuale di stabilire una conoscenza valida attraverso il ragionamento e quello dei potenziamenti, delle trasmissioni e delle istruzioni di pratica del tantra. Se diciamo che ci sono molti tibetani la cui competenza nel ragionamento valido non è affatto scarsa, questo dovrebbe essere sufficiente. Ci sono anche molti che, grazie alla loro discendenza da lignaggi tantrici ininterrotti dai loro fondatori e così via, non sono per nulla carenti nel conferimento di potenziamenti tantrici, trasmissioni e istruzioni speciali.

Tuttavia, a causa della consuetudine diffusa di dare potenziamenti ai laici senza adeguate istruzioni per la pratica, coloro che sanno come praticare correttamente il tantra sono sempre meno. Poiché ero convinto che sarebbe stato benefico per tutti scrivere per condividere con coloro che sono interessati all'argomento il modo in cui la pratica reale del tantra dovrebbe essere eseguita, ho capito che questo libro doveva essere scritto.

8

Come le profezie buddhiste prevedono che il futuro degli insegnamenti dipende dal tantra

I testi del veicolo di liberazione individuale profetizzano che gli insegnamenti di Śhākyamuni dureranno solo per un certo numero di periodi di cinquecento anni. I *Detti minori del Vinaya*,[63] in particolare, e i sūtra ad esso coordinati, insegnano che il tempo rimanente del veicolo di liberazione individuale non sarà affatto lungo. Nei testi successivi del Grande Veicolo, la durata degli insegnamenti viene comunemente presentata come un po' più lunga di 2.500 o 5.000 anni, escludendo gli ultimi cinquecento in cui verrà compreso solo il significato verbale degli insegnamenti. Anche in questi scritti più tardivi, non è forse chiaro che gli insegnamenti non sono stati profetizzati come destinati a durare per un tempo estremamente lungo? Anche se non si crede a queste scritture, non sarebbe difficile dedurre dagli stati d'animo e dalle attività osservate negli attuali seguaci della tradizione del Dharma che il Saṅgha monastico è in pericolo di scomparsa.

Per riassumere queste ben note profezie presenti nella tradizione testuale buddhista, in un cattivo eone, che si dice non sia lontano, quando il Dharma sūtrico corretto sarà prossimo a scomparire, la maggior parte dei

---

63   'Dul ba phran tshegs kyi gzhi, D0006 Kangyur, 'dul ba, tha.

seguaci del Dharma tradizionale avrà un forte desiderio. Di conseguenza, le persone avranno poca inclinazione per la vita monastica, ma gli insegnamenti del tantra si diffonderanno molto ampiamente e dureranno a lungo. Se cerchiamo un rimedio allo stato precario degli insegnamenti buddhisti oggi, sembra inevitabile considerare questa profezia di grande importanza.

In particolare, gli insegnamenti del glorioso *Kālachakra Tantra* affermano non solo che la durata del tantra sulla Terra sarà molto lunga, ma anche che questi vasti insegnamenti non si deterioreranno nella terra pura dei bodhisattva di Śhambhala. Inoltre, promettono che, in breve tempo, questi insegnamenti si diffonderanno da lì e aumenteranno nuovamente nel nostro mondo, quando vivremo una seconda Età dell'Oro. La causa di questa seconda Età dell'Oro, come profetizzato dal *Kālachakra*, è la pratica diffusa del tantra in questo mondo. Se abbiamo fiducia in ciò che il Buddha ha profetizzato - ovvero che, grazie a questa causa, tutti gli uomini avranno una felicità persino superiore a quella degli dei - gli insegnamenti tantrici, e in particolare quelli del glorioso Kālachakra, devono essere coltivati nella mente delle persone.

Alcune persone non sono disposte a riporre completa fiducia in questa sola scrittura, ma il ragionamento dimostra che l'insegnamento del Dharma tantrico sarà la causa della felicità di cui parlava il Buddha. Possiamo stabilirlo con una cognizione valida, perché tale felicità viene già sperimentata da individui realizzati come frutto della loro pratica tantrica. Alcuni aspetti di questo risultato possono essere osservati anche dalla scienza. Pertanto, si può stabilire, in base al potere delle cose stesse, che un insegnamento più ampio della pratica tantrica, attraverso la quale questa felicità viene realizzata, porterà a una fruizione proporzionalmente più ampia di tale felicità.

In sintesi, se individui perspicaci osservano da vicino sia le attuali difficoltà affrontate dai praticanti degli insegnamenti buddhisti sia la soluzione insegnata dal Buddha, saranno in grado di aprire le porte della propria e altrui mente a quella soluzione.

9

La necessità di un insegnamento chiaro sul rapporto tra Guru e studente

Dopo che gli insegnamenti tantrici del buddhismo tibetano si sono diffusi in tutto il mondo, molte persone hanno frainteso il rapporto speciale degli studenti tantrici con i Guru che sono i loro maestri spirituali. Sentendo che alcuni maestri tantrici avevano avuto rapporti sessuali con i loro studenti, alcuni hanno erroneamente concluso che questo fosse un requisito per la pratica tantrica.

Molti altri, a causa dei loro preconcetti, dedussero che maestri qualificati che agissero in questo modo avessero commesso errori per gravi valutazioni morali errate riguardo alle conseguenze a lungo termine delle loro azioni.[64] Allo stesso tempo, purtroppo, alcuni insegnanti e studenti dalla comprensione letterale sono caduti in vere e proprie trasgressioni impegnandosi nell'unione sessuale a causa di una limitata incomprensione degli insegnamenti tantrici.

Tali fraintendimenti devono chiaramente essere corretti. Un esempio importante riguarda il fatto che, in Occidente e altrove, molti hanno sentito parlare superficialmente della natura sessuale del sentiero del

---

64   Per esempio, alcune persone che hanno una visione negativa della sessualità deducono che ogni insegnante che si impegna in attività sessuali con gli studenti deve aver commesso gravi trasgressioni morali

desiderio e dei potenziamenti superiori del Supremo Yoga Tantra. Hanno erroneamente concluso che le condizioni favorevoli per la realizzazione tantrica potessero essere fornite solo attraverso l'unione sessuale tra il Maestro Vajra e lo studente.

Poiché quasi tutti i Lama tibetani seguivano un approccio tradizionale, evitavano di affrontare gli aspetti sessuali del tantra con gli studenti principianti, ma proprio per questo motivo molti di loro hanno avuto anche problemi con i preconcetti dei loro ascoltatori. Evitando l'argomento del sesso, i Lama non hanno mai affrontato in modo adeguato le idee sbagliate di questi studenti. Di conseguenza, alcuni di loro hanno formulato un giudizio ostile: "Quei Lama non hanno insegnato ciò che avrebbero dovuto!".

Allo stesso tempo, più di qualche persona al di fuori del Tibet indulgeva in comportamenti immorali, sostenendo che questo è il modo in cui il tantra "deve" essere praticato. Sto cercando di tracciare dei confini chiari tra ciò che è appropriato e ciò che è inappropriato in tali situazioni, affinché in futuro non sorgano lo stesso tipo di ostilità e confusione.

Vi è un altro punto opposto a questo, in cui il tantra viene rifiutato a causa di preconcetti ignoranti e negativi. Spesso, molti occidentali non buddhisti hanno una cattiva opinione del tantra tibetano perché leggono citazioni degli insegnamenti buddhisti estrapolate dal contesto, come il seguente detto tradizionale sul rapporto tra Guru e studenti tantrici:

Ciò che i Guru dicono è il Dharma,
dove le loro dita puntano è l'oriente.

Ciò che fanno i Guru è Dharmico.
Poiché le loro azioni sono mezzi abili,
anche se fanno del male,
è fatto con uno scopo sacro.

Per qualcuno che non conosce altro che questo, in apparenza potrebbe sembrare che gli studenti tantrici, contro la loro volontà, debbano offrire al loro Guru i loro corpi e tutte le ricchezze e le virtù che hanno accumulato in tutte le loro vite; se il Guru sembra compiere azioni negative, gli studenti devono forzarsi a credere che sia solo a causa del loro stesso karma impuro che percepiscono il Guru agire in quel modo. Persone di questo tipo giungono erroneamente alla conclusione che il rapporto tra Guru e studente negli insegnamenti tantrici del buddhismo tibetano sia un rapporto di coercizione arbitraria che non ha alcun rapporto con i veri bisogni umani. Molti che la pensano così fanno uno sforzo particolare per tenere i propri figli, coniugi, parenti stretti e amici lontani dai buddhisti tibetani.

Per il bene di queste persone male informate, ritengo molto importante fornire una spiegazione chiara e corretta di come stanno le cose nel tantra. Affinché ci siano condizioni favorevoli e di buon auspicio per facilitare la comprensione del fatto che il tantra autentico è qualcosa di meraviglioso e stupefacente, era certamente necessario scrivere un libro come questo per correggere i diversi tipi di ignoranza e fraintendimenti delle persone che rifiutano il tantra.

10

In che modo i maestri tantrici buddhisti non trasmettono potenziamenti e insegnamenti secondo il significato e la pratica autentici del tantra

Quando consideriamo coloro che praticano il sentiero tantrico, non limitiamoci a idolatrare i grandi yogin del passato che erano autentici praticanti del tantra e le biografie che narrano come la loro realizzazione fosse solida come una montagna rocciosa. Tra tutti gli insegnamenti tantrici tibetani, che negli ultimi secoli sono stati principalmente affidati ai rinuncianti, i Lama hanno conferito innumerevoli potenziamenti tantrici. Tuttavia, pochissimi di questi potenziamenti, oltre a costituire semplici autorizzazioni a leggere e recitare i testi in questione, erano quelli che i tantrika chiamano "veri potenziamenti" nello stadio di completamento, come quelli che maestri affermati come Drukpa Kunle[65] e Lelung Zhepe Dorjé[66] erano noti per aver dato. A eccezione di alcuni che sono stati

---

65 Conosciuto anche come lo yogīn matto del Bhutan (1455-1529). La sua biografia, tradotta da Keith Dowman, che lo presenta come un siddha ossessionato dal sesso, è molto importante per l'argomento di questo libro. A causa sua, molti edifici del Bhutan sono tuttora decorati con murales raffiguranti peni maschili (si veda "Immagini Drukpa Kunley").

66 Un noto maestro Gelug, che negli ultimi anni era più incline alla scuola Nyingma (1697-1740). Le sue straordinarie attività sessuali sono descritte in Bailey, *A Feast of Scholars*.

promotori di potenziamenti nel loro modo di trasmettere la visione del *Mahāmudrā, dello Dzogchen* e del *Madhyamaka*, i potenziamenti veri e propri del Supremo Yoga Tantra sono state assenti per molti secoli, almeno per quanto riguarda la conoscenza pubblica.[67]

Quando si chiede ai Lama il motivo di questa situazione, la maggior parte di loro fornisce risposte tradizionali preconfezionate che sono, nel migliore dei casi, semplici congetture. Essi affermano, ad esempio, che i potenziamenti meramente simbolici per recitare i testi liturgici vengono dati perché i "veri" potenziamenti tantrici e i banchetti possono essere eseguiti solo da grandi *siddha* con poteri miracolosi. Alcuni aggiungono anche: "Questi potenziamenti meramente simbolici sono intesi come 'benedizioni', in modo che il sole proceda nel suo corso, la terra sia fertile con la pioggia, gli insegnamenti non vengano corrotti, e così via". Tuttavia, limitarsi a mostrare agli studenti dei cartoncini simbolici con delle

---

67   Per quanto riguarda i quattro potenziamenti superiori del Supremo Yoga Tantra, conferire un "vero potenziamento" significa trasmettere mentalmente l'essenza di questi insegnamenti, seguendo anche i requisiti specifici indicati dal Buddha nei rispettivi tantra, come si faceva nei tempi antichi. Questi potenziamenti superiori sono correlati agli stadi dell'unione sessuale consapevole, come descritto nell'Appendice II. Questo perché la beatitudine sessuale, adeguatamente contemplata, è un'esperienza molto potente, disponibile per le persone comuni, che può unire i praticanti direttamente allo stato di beatitudine della loro vera natura. L'esperienza dei potenziamenti è destinata a rinnovarsi per il resto della vita dello studente attraverso la pratica di banchetti tantrici segreti, tsok, nei giorni propizi di ogni ciclo lunare. In origine, questi prevedevano anche l'unione sessuale sacramentale tra gli studenti tantrici, senza pregiudizi di casta, e il bere e mangiare sostanze solitamente considerate ripugnanti, per andare oltre i concetti di realtà relativa. Come ci si può aspettare, i tantrika che partecipavano a questi veri e propri potenziamenti e banchetti tantrici sperimentavano vari tipi di difficoltà personali, sociali e politiche. La pressione di queste difficoltà ha fatto sì che col tempo i potenziamenti e i banchetti tantrici diventassero sempre più simbolici. I maestri tantrici si concentrarono sempre più su istruzioni simboliche riguardo a dove incontrare le esperienze essenziali di beatitudine, come ad esempio carte simboliche raffiguranti un consorte, supportate sempre meno da istruzioni orali con il passare del tempo. Infine, la norma divenne conferire il potenziamento senza alcuna istruzione sul sentiero del desiderio e si ridusse ad una festa puramente simbolica senza alcun tipo di attività sessuale.

immagini mentre si canta una liturgia tantrica non costituisce un vero e proprio potenziamento, così come dare a una persona affamata l'immagine di un panino non le fornisce un pasto reale.[68]

Negli ultimi secoli, praticamente nessun tantrika tibetano ha ammesso di aver dato, ottenuto, visto o anche solo sentito parlare di un vero potenziamento del Supremo Yoga Tantra. I tantrika e gli studiosi cominciarono a dubitare che fossero mai esistiti dei veri e propri potenziamenti e che qualcuno praticasse gli insegnamenti di fruizione da essi presumibilmente potenziati. Alla fine, hanno cominciato a dubitare che qualcuno abbia mai creduto in queste cose, dicendo: "Non possiamo nemmeno immaginare come sarebbe!". Questo non significa che i veri

---

68 Non si sta qui promuovendo un ritorno letterale a queste pratiche dell'antichità. Sebbene alcuni Lama contemporanei esprimano una certa ammirazione per quanto fatto in passato da Drukpa Kunle e Lelung Zhepe Dorjé, gli attuali Maestri Vajra non seguono il loro esempio. Alcune delle pratiche descritte nei testi sarebbero oggi illegali in alcuni Paesi o susciterebbero una forte condanna morale in altri. Attualmente, i Maestri Vajra come l'autore eseguono potenziamenti simbolici, pensando che quelli reali avrebbero più probabilità di allontanare i potenziali studenti che di attirarli verso questi insegnamenti profondi. Significa forse che la genuina tradizione del Supremo Yoga Tantra è morta? Non è così. Per comprenderne il motivo, dobbiamo esaminare più da vicino l'essenza dei "potenziamenti effettivi". Non è necessaria una realizzazione particolare per mettere in scena uno spettacolo sessuale, quindi cosa significa affermare che solo un maestro realizzato può eseguire un vero e proprio potenziamento del Supremo Yoga Tantra? Significa che, quando il Maestro Vajra e la consorte entrano nella non-dualità al di là della concezione attraverso l'esperienza delle quattro gioie, la loro esperienza non-duale pervade le menti degli studenti che vengono potenziati. I maestri realizzati abbastanza potenti da poterlo fare devono necessariamente essere in unione sessuale con una consorte umana per trasmettere queste esperienze? Non è così. Anche se il Maestro Vajra trasmettesse l'esperienza realizzata del tantra attraverso l'unione con una consorte umana, considerare questa azione come il fulcro del potenziamento significherebbe mettere il carro davanti ai buoi. Inoltre, sebbene i potenziamenti meramente simbolici che non includono istruzioni per la pratica utilizzino carte e oggetti simbolici, non tutti i potenziamenti simbolici sono meramente simbolici. Se gli studenti sono pienamente preparati, possono effettivamente sperimentare le quattro gioie e così via. In questo senso, la quarta parte del presente libro, in particolare il capitolo sul sesso effettivo, può essere interpretata come i potenziamenti superiori "reali"; ogni praticante può metterli in pratica in base alle proprie condizioni personali.

potenziamenti non siano mai avvenuti, ma il fatto che ne sappiamo così poco è un segno di quanto sia diminuita la nostra pratica del tantra.

Se prendo come esempio i miei studenti, i potenziamenti che ricevono sono simbolici, ma non solo. Possono essere considerate delle cambiali da riscattare seguendo le mie istruzioni per la loro pratica personale.[69] Non c'è alcuna garanzia che seguire queste istruzioni pratiche porterà tutti gli studenti a un determinato livello di realizzazione.

Tuttavia, ciò è successo molte volte in passato, quando da parte dello studente erano presenti una forte devozione, compassione, diligenza e così via. Queste condizioni sono così importanti che, se gli studenti sono perfettamente preparati, possono raggiungere un'elevata realizzazione anche se il Maestro Vajra non ha raggiunto il livello più alto.

Purtroppo, troppi Lama tibetani oggi impartiscono anche le cerimonie di potenziamento dello stadio di completamento solo come "benedizioni", il che è un modo elegante per dire che non forniscono alcuna spiegazione chiara né istruzioni su come prepararsi al potenziamento e su cosa fare durante e dopo di esso. Questo approccio induce molti studenti che hanno partecipato a queste cerimonie di potenziamento meramente simboliche a pensare di non dover fare altro per progredire sul sentiero. Questo approccio ingannevole all'insegnamento del tantra dovrebbe rattristarci. In breve, non è affatto problematico che i Lama conferiscano un potenziamento utilizzando simboli come carte con immagini, ma lo è molto se non fanno nient'altro.

Affinché si verifichi il progresso spirituale, quando si conferiscono i potenziamenti, è anche necessario fornire agli studenti spiegazioni adeguate sul sentiero che stanno per praticare, sui samaya tantrici o sugli impegni che devono mantenere e sulle istruzioni pratiche su ciò che devono fare. Se questo avviene, un certo grado di trasmissione autentica

---

69   In questo senso, la quarta parte di questo libro, specialmente il capitolo riguardante il sesso vero e proprio, può essere interpretata come i "veri" potenziamenti superiori; ogni praticante può metterle in pratica secondo le proprie condizioni personali.

dal Maestro Vajra a uno studente devoto si verificherà sicuramente, prima o poi. Quando non c'è chiarezza su questi aspetti, gli studenti rimangono disorientati rispetto a molte domande fondamentali sul tantra, come: "Qual è il vero significato del tantra?", "Che cos'è questo 'vero potenziamento' di cui parli?" o "Che cos'è la vera pratica tantrica?"

Un'altra considerazione è che molti testi tantrici che erano tradizionalmente segreti e venivano forniti agli studenti tantrici solo dopo aver conferito loro dei potenziamenti sono ormai da tempo disponibili pubblicamente in inglese. Di conseguenza, ho una scelta: permettere che gli studenti ne vengano a conoscenza attraverso di me, con le dovute spiegazioni, oppure lasciare che li leggano attraverso la lente delle incomprensioni di estranei o senza alcuna spiegazione. Se gli aspiranti praticanti di tantra non conoscono le basi per percorrere il loro sentiero profondo, come può la loro pratica non degenerare nella futilità e nella delusione? Così facendo, i loro preziosi corpi umani sarebbero inevitabilmente sprecati. Poiché questi studenti non hanno alcuna speranza di successo, finché non ne capiranno di più, ho voluto scrivere questo libro perché possano farlo.

Sintesi in versi[70]

Gli indiani dicono che il tantra consiste in mantra malevoli.
In altri paesi, come la Cina, il tantra ispira orrore.
Il "sentiero del tantra" del Paese delle nevi consiste nella
    pratica del sūtra.
Oggi molti vi diranno che il tantra è solo sesso.

Per ignoranza della quintessenza del grande tantrayāna,
Si afferra solo la forma esteriore del Dharma tantrico.
Alcuni diffondono la menzogna che il sesso improprio   sia il vero

---

70   I passaggi in versi alla fine di questo e dei successivi capitoli sono stati tutti composti da Rinpoche.

tantra.
Liberi da ogni limite di ciò che si fa e ciò che non si fa,[71]
Hanno bisogno di un antidoto[72] per aver distrutto il loro sentiero.

La Terra è piena di persone cattive, ogni giorno,
Le notizie del mondo sono piene di scandali sessuali,
Commessi da autorità religiose di tutto il mondo.
Ho scritto questo libro perché la gente possa avere conoscenza,
Di un percorso che possa curare questa distruzione del
     tantra alle sue fondamenta,
La via pura e autentica che porta il desiderio sul sentiero.

---

71 Quando grandi siddha come Saraha raccomandano una tale libertà, è solo in situazioni accuratamente prestabilite, come descritto nella prefazione del traduttore.

72 Hanno bisogno di un antidoto per i loro errori che permetta loro di entrare nel sentiero autentico.

PARTE SECONDA

Una spiegazione approfondita

L'amore per ciò che si desidera è attaccamento appassionato;
Così l'amore per ciò che si desidera è anche fede in esso.
La paura di ciò che è indesiderato è conosciuta come avversione;
Così la paura di ciò che è indesiderato è rinuncia ad esso.
Gendün Chöpel
Trattato sul desiderio

1

I significati di "tantra" e la sua naturale segretezza

I termini sanscriti *tantra* e *guhyatantra* (tantra segreto) non hanno esattamente lo stesso significato dei loro equivalenti più comuni,[73] *sngags* (mantra) e *gsang sngags* (mantra segreto), in tibetano.

In Cina, la parola più conosciuta in mandarino per indicare il tantra è 密宗, *mì zōng*. *Mì significa segreto e zōng significa setta, tradizione o dottrina. Questa traduzione non è imprecisa, ma non trasmette il significato più profondo di mantra segreto o tantra.*

Un'altra parola cinese per tantra, 密续, *mì xù (continuum segreto), ha un* significato più simile a quello primario del tantra tibetano, *rgyud* (continuità), che si riferisce alla continuità della natura universale delle cose. Questi significati sono piuttosto importanti, quindi il significato di tantra verrà ulteriormente spiegato di seguito.

Per spiegare il termine *mantra* in Tibet, innanzitutto il sanscrito mantra, tradotto in tibetano come *sngags*[74] è definito dai tibetani come "protezione

---

73 Come spiegato nella nota 1, l'espressione tibetana *gsang sngags* è il termine più usato in Tibet per indicare gli insegnamenti tantrici buddhisti. La maggior parte dei traduttori occidentali usa la traduzione letterale "mantra segreto", ma Rinpoche preferisce il non letterale "tantra".

74 Pronunciato *ngag*.

della mente". Sebbene il termine sanscrito *tantra* sia considerato equivalente a *sngags* in tibetano, la comprensione più profonda secondo cui la mente del praticante è protetta dalla continuità dello stato naturale non può essere dedotta semplicemente dalla traduzione "proteggere la mente".[75] Tuttavia, se si afferma che la mente è protetta da mezzi speciali che coinvolgono quella continuità, questo significato aggiuntivo può essere deliberatamente "incollato", per così dire, al significato di "mantra". Anche in questo caso, la speciale comprensione della protezione attraverso la continuità dello stato naturale non può essere naturalmente derivata dalla definizione di "mantra" come "protezione della mente".

Tradurre il sanscrito "tantra" con il tibetano *rgyud* (continuità) è molto corretto perché il tantra richiede una consapevolezza ininterrotta che sia continua come un chu *rgyud* (riva o costa di un fiume) o un *mi rgyud* (lignaggio familiare).

Nella pratica del sūtra, un kleśha da abbandonare sul sentiero e l'applicazione dell'antidoto per eliminarlo sono necessariamente separati. Non possono trovarsi contemporaneamente nel continuum di un individuo. Ancor meno possono essere la stessa cosa allo stesso tempo. Pertanto, *il percorso sūtrico consiste in un'alternanza di stadi che non possono mai essere continui. Tuttavia, sul sentiero del tantra, i nostri kleśha esistono costantemente come mezzi abili che fanno parte del percorso.* La pratica del tantra è necessariamente continua come il flusso di un fiume.

I veri praticanti tantrici non hanno bisogno di passare da ciò che viene abbandonato agli antidoti per abbandonarlo. I kleśha sono presenti nel sentiero tantrico sia come ciò che deve essere abbandonato sia come suo antidoto. Per esempio, il sentiero del desiderio non abbandona il desiderio, ma lo utilizza in vari modi. I kleśha, che nella pratica sūtrica vengono abbandonati, nel *tantra* sono continuamente integrati nel

---

75 La definizione di mantra come "protezione della mente" esiste anche negli insegnamenti dei sūtra.

sentiero, e qualsiasi percorso in cui avviene questa continua integrazione è un sentiero tantrico. Qualsiasi percorso che alterni la consapevolezza di qualcosa da abbandonare e del suo antidoto è un sentiero sūtrico. Tutto ciò che fa parte di un sentiero tantrico deve essere continuamente presente nel continuum di chi lo pratica. Non è forse vero che il termine rgyud (*continuità*) esprime chiaramente questo concetto?

In Tibet, "mantra segreto" è l'espressione più comune con cui ci si riferisce al tantra. Qui, "segreto", *gsang*, è una parola comune che tutti comprendono. Tuttavia, è importante chiarire la logica della segretezza. Quando una certa conoscenza viene tenuta segreta, devono esserci:

1. La conoscenza segreta stessa.
2. Individui che conoscono questa conoscenza segreta.
3. L'impegno di questi individui a tenere nascosta la conoscenza segreta agli altri.
4. Altri individui che non conoscono la conoscenza segreta.

Riassumendo questi criteri in un altro modo: per essere segreta, la conoscenza deve essere tenuta nascosta a *qualcuno*, ma ciò che è tenuto nascosto a *tutti* non è conoscenza.

Affermare che il tantra debba essere tenuto segreto significa che i tantrika sanno che esistono validi motivi per non rivelare a tutti tutto ciò che sanno su di esso. Poiché il tantra è molto profondo, molte persone non riescono a comprenderlo affatto; molte di quelle che potrebbero comprenderlo necessitano di un approccio graduale, assimilando prima altri insegnamenti. Altrimenti, potrebbero trovarlo scioccante, oppure essere attratti dall'idea distorta che semplicemente non reprimere le proprie emozioni negative li avvicinerà all'illuminazione. I tantrika devono tenere segreta la loro pratica tantrica a coloro che sarebbero danneggiati da tale conoscenza, in modo da proteggere entrambi.[76]

Purtroppo le persone tendono facilmente a cadere in opinioni estreme sulla segretezza. Alcuni pensano che ci sia un comando assoluto che impone che tutto debba essere segreto nel tantra, al punto da non poter mostrare a nessun non-tantrika immagini tantriche né permettere loro di ascoltare la recitazione delle *sādhana*. Una tale segretezza cieca è tutt'altro che abile e saggia. La segretezza del tantra ha motivazioni specifiche, simili a quelle per cui si tiene lontani i bambini piccoli dal fuoco.

L'estremo opposto è mostrare a tutti qualsiasi aspetto della pratica tantrica, senza comprendere il danno che ciò potrebbe causare. Se i tantrika non sono estremamente perspicaci nel discernere chi potrebbe o meno trarre beneficio dall'esposizione di certi aspetti del tantra, nella mente di molte persone rischiano di radicarsi idee sbagliate e dannose.

Ora che il tantra si sta diffondendo in tutto il mondo, è importante sviluppare un approccio alla segretezza che eviti gli estremi. Pertanto, se mi chiedeste: "Possiamo quindi mostrare la nostra statua di Kālachakra *yab yum* ai visitatori del nostro tempio?". Risponderei: "Certo, purché siate in grado di spiegare in modo breve e comprensibile perché i buddhisti tibetani venerano queste rappresentazioni". Al giorno d'oggi, le immagini tantriche si trovano ovunque su Internet, quindi non possono essere nascoste completamente. È preferibile fornire una spiegazione chiara e accessibile, che gli interessati possano percepire come sensata e rispettabile. In questo modo si offre loro la possibilità di connettersi in futuro con i significati più profondi di tali rappresentazioni.

La situazione è più complessa con le pratiche più elevate dello stadio di completamento. Al giorno d'oggi anche le istruzioni più profonde sono tradotte in libri disponibili per il pubblico occidentale. Potreste dover gestire con abilità le domande su questi insegnamenti, proprio come fate

---

76   La reazione negativa di un'altra persona potrebbe facilmente danneggiare il tantrika; per esempio, se la persona è fidata, stimata e così via, come i membri della famiglia e gli amici più stretti.

con le immagini tantriche. D'altra parte, ciò non deve essere interpretato come un permesso di divulgare o pubblicare gli insegnamenti segreti del tantra senza alcuna restrizione. Il numero di praticanti realizzati è forse aumentato agendo in questa maniera? La triste verità è che non è così. Se qualcosa ha un significato interiore estremamente prezioso per voi, di solito non lo ostentate con tutti quelli che incontrate. Ciò non fa altro che incoraggiare una superficialità che è incompatibile con una pratica spirituale di successo.

Potremmo anche dire che gli insegnamenti del tantra sono "naturalmente" segreti finché non se ne sperimenta personalmente il significato. Questo è il senso del detto comune: "Quando lo studente è pronto, il Guru appare". Anche allora, molti aspetti superiori del tantra rimarranno naturalmente nascosti fino a quando non saranno svelati da un ulteriore progresso spirituale.

Una qualità positiva rimane tale per una persona, indipendentemente dal fatto che sia già manifestata in lei o meno. Per esempio, la pazienza è una virtù anche se in un dato momento nessuno dovesse dimostrarsi paziente. Allo stesso modo, tutte le persone sono in grado di manifestare la qualità di comprendere e praticare il tantra, indipendentemente dal fatto che lo facciano ora o che ne abbiano anche solo sentito parlare, perché la loro vera natura è la natura di Buddha. Se accumulano sufficienti meriti, il loro sviluppo naturale farà sì che il Guru appaia. Poi, ulteriori segreti verranno rivelati spontaneamente man mano che progredisce nella pratica tantrica.

Alcuni dicono che il tantrayāna può essere il sentiero solo
Dei più grandi siddha che hanno realizzato il Grande Veicolo;[77]
Ma se vengono rivelati i veri criteri di questo sentiero,

---

77 In questo senso, tutti gli insegnamenti buddhisti sono inclusi nel veicolo della liberazione individuale o nel Grande Veicolo, che qui sta a significare sia il veicolo dei bodhisattva che quello dei tantra.

Allora esso può esistere per chiunque abbia i kleśha.
Il tantra esiste quando tutti questi kleśha sono portati sul sentiero.

Dei Lama di alto rango con molte reincarnazioni si dice che,
Anche se la loro compassione e saggezza sono minime,
"Tutte le azioni che compiono sono veramente eccellenti".
Per coloro che sono di basso rango, l'espressione dei kleśha viene
denigrata.[78]
Quale persona intelligente ha rispetto per pregiudizi del genere?[79]

---

78   A causa della riverenza dei tibetani per gli insegnanti di alto rango, la gente crede che
     ogni cosa che fanno sia eccellente e loda le loro azioni anche se fanno qualcosa che
     di solito sarebbe considerato immorale. Tuttavia, se i monaci di basso rango fanno la
     stessa cosa, la gente dice che sono persone cattive e monaci falliti. Non prendono mai in
     considerazione il fatto che potrebbero cercare di portare i loro kleśha sul sentiero. Ciò
     dimostra che non stanno seguendo i principi tantrici.

79   Questo tipo di giudizio di parte non può essere rispettato dalle persone intelligenti.

2

Le visioni distorte che le persone in Tibet e in altri Paesi hanno del tantra

Si dice che la fonte del mantra segreto, o tantra, non sia stata solo l'India,[80] ma tutti concordano sul fatto che l'India sia l'origine delle parole "mantra" e "tantra". Paradossalmente, nell'India odierna, poche persone dichiarano pubblicamente di praticare il tantra. Tuttavia, come già accennato, svariate pratiche religiose del subcontinente hanno molte caratteristiche del tantra e, in questo senso, i tantrika non sono affatto scomparsi dall'India.

Molti indiani contemporanei associano il tantra alla magia nera e a rituali irati che includono mantra malevoli.[81] Credono inoltre che il tantra implichi "tana gaṇa", "unione e liberazione", nel senso più grossolano dello sfruttamento sessuale e dell'omicidio sacrificale.[82] Purtroppo, le persone

---

80   Ad esempio, si dice che alcuni tantra provengano dall'attuale Pakistan e Afghanistan e che la fonte del *Kālachakra* sia Śhambhala.

81   Padoux Op. Cit., pp 153-154 ha una sezione, "Tantra: Pervasive but not (or hardly) Perceived as Such".

82   Per quanto riguarda la "liberazione" degradata, o "tana", una setta nota come "Thugs" terrorizzò gli inglesi in India derubando e strangolando i viaggiatori come sacrifici a Kālī. I ricordi traumatici delle loro azioni ispirarono la rappresentazione del malvagio culto indiano nel film *Indiana Jones e il Tempio Maledetto*. (Lucasfilm Ltd, 1984). Il romanziere M. P. Taylor afferma in *Confessions of a Thug*, p. 6, che 3263 Thughs furono processati tra il

che hanno dichiarato di essere tantrika hanno realmente compiuto tali azioni e portano gran parte della responsabilità per la cattiva fama che il tantra ha oggi in India.[83]

Non sorprende che, dati questi fatti, gli indiani vedano il tantra come spaventoso e pericoloso. Un'altra percezione diffusa è che le pratiche tantriche siano ormai superate. Le persone contemporanee tendono a vedere queste pratiche come appartenenti a un approccio alla vita opposto al loro. Sono state addotte molte ragioni per questo stato di cose, ma una delle più plausibili è che, quando il Raj britannico portò l'India sotto il suo potere, il tantra era così lontano dalla cultura britannica da essere visto come un male assoluto e quindi proibito. Dopo di ciò, il tantra fu costretto alla segretezza e, di conseguenza, divenne intellettualmente ed emotivamente incomprensibile per la maggior parte degli indiani.[84] In generale, se una tradizione religiosa viene tenuta segreta dai suoi praticanti perché il resto della società la considera malsana, è probabile

---

1831 e il 1837. Secondo W. H. Sleeman, capo della del Dipartimento britannico per i Thugs, "Dal momento della conquista di Mysore nel 1799 [fino al] 1808... ogni anno venivano uccise centinaia di persone". (Op. cit., p. 37.) L'"unione" degradata, o "gaṇa", sotto forma di prostitute templari tantriche come devadasi, sebbene ora illegale, rimane una realtà clandestina in India. Tempo fa queste donne avevano una legittima funzione religiosa legata al sentiero del desiderio, ed erano istruite e abili nelle arti come le geishe giapponesi e le hetaerae della Grecia classica. Ora sono di solito donne di basso ceto sociale che possono guadagnare di più con la prostituzione che con altri lavori a loro disposizione. (Battersby, Matilda, per l'*Independent* [digital news] Lunedì 20 Settembre, 2010 00:00:.)

83   Queste attività deplorevoli sono in netto contrasto con la corretta interpretazione di "unione e liberazione" come attività bodhisattviche di beatitudine e irate. L'attività di beatitudine è sinonimo di sentiero del desiderio. La vera pratica della "liberazione" consiste nell'attività bodhisattvica irata per aiutare gli esseri senzienti, intrapresa solo quando le attività di pacificazione si rivelano inefficaci e quando il risultato per tutti gli esseri interessati è migliore di quello che si otterrebbe se l'attività non venisse svolta. Si veda la spiegazione estesa alla fine dell'Appendice II.

84   Il tantra fu escluso anche dalla versione razionalizzata ed epurata dell'induismo che gli indiani dovettero sviluppare per resistere all'indottrinamento coloniale, secondo quanto affermato dallo studioso Ravi S. Kudesia in un messaggio del 10 aprile 2023.

che quella tradizione si riduca drasticamente o scompaia del tutto.

Prima che il Dharma si diffondesse in Tibet, vi fu una significativa espansione del *Dharma sūtrico* in Cina, a partire dal III secolo. Tuttavia, il tantra buddhista non fu mai ampiamente accettato perché troppo distante dalla cultura cinese. Solo gli insegnamenti delle classi inferiori del tantra, il cui punto di vista era simile a quello del Grande Veicolo, furono assimilati in Cina. Ancora oggi, la maggior parte dei cinesi ha una visione molto negativa del tantra. I pochi che lo vedono con favore, in genere, hanno ascoltato gli insegnamenti dei Lama tibetani.

Come già osservato, gli indiani venerano le divinità offrendo *pūjā* devozionali la cui forma esterna è molto simile a quella delle sādhana tantriche in Tibet, pur senza chiamarle tantra. Le classi di sistemi di yoga con radici tantriche si trovano ovunque e, considerando che i praticanti non mantengono segrete le loro attività, è evidente che non si tratta di tantra segreto nel senso più completo del termine.

Nell'approccio tradizionale indiano al tantra, si sostiene comunemente che, se un aspirante studente non serve il proprio maestro per tre anni senza che una sola parola del Dharma venga pronunciata, non riceverà mai alcuna spiegazione del Dharma.[85] Se si pensa che cose del genere siano accadute solo nel distantissimo passato, si dice che storie di incredibile devozione, come quelle riportate nelle biografie di Tilopa, Nāropā, Marpa e Milarepa, si verifichino in India anche oggi, sebbene i dettagli non siano noti al grande pubblico. Non si potrebbe forse sviluppare una comprensione del tantra indiano pensando: "Il tantra indiano non era forse ancora più profondo dell'attuale tantra tibetano?[86]"

Una differenza fondamentale tra i tantra indiani e quelli tibetani è che la

---

85   Per offrire un esempio moderno, Dzongsar Khyentse Rinpoche ha detto pubblicamente di non aver potuto imparare il tantra indiano a causa di questo prerequisito. L'autore Khentrul Rinpoche ne ha parlato ricordando un discorso pubblico a cui ha assistito.

86   Sebbene le storie citate raccontino gli inizi del lignaggio tibetano dei Kagyü, le storie delle prime tre figure riguardano soprattutto la pratica tantrica nell'India dell'XI secolo.

pratica non è incentrata sull'ideale altruistico di raggiungere l'illuminazione a beneficio di tutti gli esseri senzienti. Nel tantra tibetano, tale "mente di illuminazione", o *bodhicitta*, è la motivazione della pratica tantrica. Tuttavia, sia tra i tibetani che tra gli indiani, una comprensione autentica e profonda del tantra è quasi inesistente nella società nel suo complesso.

Il punto di vista dei tibetani contemporanei sta diventando sempre più simile a quello degli indiani non buddhisti. Ad esempio, quando si parla del sentiero del desiderio, entrambi pensano che solo i grandi siddha possano farne esperienza.

Sebbene le popolazioni indiana e cinese condividano un'opinione negativa sul tantra, la maggior parte degli indiani lo pratica senza chiamarlo "tantra", mentre in Cina lo si evita come se fosse veleno. Da questo punto di vista, i due atteggiamenti sono diametralmente opposti. La maggior parte delle persone negli altri Paesi orientali, al pari dei cinesi, ha scarso apprezzamento per il tantra e ancor meno comprensione di esso. Di conseguenza, nel mondo coloro che fraintendono e disapprovano il tantra sono numerosissimi, mentre quelli che vi nutrono una fede gioiosa sono estremamente pochi.

Il punto di vista sul tantra della maggior parte degli occidentali è quasi l'opposto di quello degli orientali. C'è poco fascino per l'attività irata, considerata un insegnamento controverso e pericoloso. Ci si concentra invece esclusivamente sull'unione sessuale. Così, quando si cerca "tantra" su internet, la maggior parte dei numerosi risultati riguarda tecniche sessuali spesso presentate con un'influenza indù. Molti ritengono che si tratti di abilità utili da conoscere. Sebbene gli asiatici abbiano storicamente prodotto classici sulla sessualità come il *Kāma Sūtra*, oggi la maggior parte di loro è riluttante a parlare di sesso, e di conseguenza tende a saperne meno degli occidentali. Anche il materiale per adulti è più difficile da trovare nei Paesi asiatici. Considero generalmente gli occidentali più liberali su questo argomento. Tuttavia, per lo più pensano che il "tantra" non vada al di là di particolari abilità nelle tecniche sessuali

Durante la prima diffusione del buddhismo tibetano in Occidente, quando gli occidentali che credevano che il tantra fosse principalmente incentrato sul sesso sentirono il modo in cui la maggior parte dei Lama tibetani spiegava il tantra tibetano, molti non vollero chiamare quegli insegnamenti tibetani "tantra" perché non riguardavano esplicitamente la sessualità. Preferivano chiamare tali insegnamenti "vajrayāna". Il termine vajrayāna è in realtà un sinonimo di tantra o tantrayāna, che si concentra sulla natura indistruttibile ("vajra") della realtà ultima. Tuttavia, alcuni gruppi di Dharma hanno distorto ciò che avevano davanti agli occhi attraverso le lenti dei loro preconcetti. Si definivano gruppi "vajrayāna", pensando che gli insegnamenti ricevuti non potessero essere tantra perché non riguardavano il sesso.[87]

Nella tradizione tantrica tibetana ci sono sicuramente pratiche che utilizzano la sessualità come mezzo abile, ma tradizionalmente, quando i Lama spiegano le basi, questi argomenti non vengono inclusi. Quando gli occidentali chiedevano ai Lama del sesso nel tantra tibetano, questi non rispondevano chiaramente. Ciò insospettì gli occidentali. Alcuni addirittura si arrabbiarono, pensando che i Lama li stessero deliberatamente ingannando. I maestri tibetani rimasero molto sorpresi da queste reazioni.

I tibetani laici capiscono il tantra? Non proprio. Dire che lo considerano una cosa positiva descrive abbastanza bene il loro punto di vista. Per esempio, quando i tibetani vedono dipinti e statue di divinità in unione sessuale, la loro reazione predominante non è l'associazione ovvia con il rapporto sessuale, ma piuttosto una fede devota nella loro tradizione nel suo complesso. Hanno una vaga sensazione che il tantra sia qualcosa di buono, ma poche persone comuni che generano tale fede

---

87   Altri hanno fatto lo stesso perché temevano che, dichiarando di praticare il "tantra", molte persone interessate principalmente al sesso avrebbero voluto unirsi al loro gruppo. Dicevano cose come: "Non chiamateci 'gruppo tantrico'! Siamo un centro buddhista rispettabile!". Alcune riviste che pubblicavano articoli sul buddhismo avevano persino istruzioni che chi scriveva di tantra non poteva presentare testi.

conoscono il significato simbolico di queste raffigurazioni.

I monaci e gli eruditi tibetani che studiano e contemplano i testi tantrici si preoccupano soprattutto del significato verbale superficiale e dei riferimenti verbali dei simboli. Possono spiegare la storia del sentiero del desiderio, ma quando viene chiesto loro come si dovrebbe praticare, si limitano a "danzare sui libri". È difficile immaginare come possano conoscere e applicare le istruzioni dirette sulla pratica effettiva.

Nell'attuale tantra tibetano prevalgono principalmente pratiche superficiali di sādhana e pūjā, potenziamenti meramente simbolici, rituali di guarigione e di benedizione, sessioni formali di pratica di gruppo con occasionali estensioni, ed elaborate cerimonie in costume come le danze rituali. A parte l'addestramento alla visione sacra, gran parte di ciò che viene svolto è solo una messa in scena della pratica tantrica. In sintesi, un'osservazione critica ci fa capire molto chiaramente che la maggior parte dei tibetani contemporanei non è fondamentalmente migliore delle loro controparti occidentali per quanto riguarda il tantra, poiché anche i tibetani sono caduti in approcci estremi.

Nella terra di origine del tantra, l'India, al giorno d'oggi,
Molti yogin praticano un tantra segreto che non è segreto.[88]
Che la gente pratichi il tantra inconsapevolmente è molto strano;
Il vero tantra è ancora potente, ma segreto e difficile da trovare.

La Cina è un deserto, come i Paesi del sud e dell'est;
Tutti hanno insegnamenti buddhisti, ma il tantrayāna è raro.
Nel complesso, i punti di vista discordanti disorientano tutti, anche gli occidentali hanno varie comprensioni contrastanti.

---

88   Lo yoga fisico che praticano nacque, in passato, in concomitanza con la pratica tantrica segreta; però, le persone di solito ignorano questa connessione e non hanno alcuna idea della necessità di mantenere segrete alcune pratiche yogiche. Lo stesso si potrebbe dire di alcune liturgie che eseguono.

3

I problemi dell'attuale tantra tibetano

Solo gli insegnamenti tantrici del buddhismo tibetano uniscono sūtra e tantra, e va da sé che gli insegnamenti dal lato del tantra sono quelli più profondi e potenti. Tuttavia, quando gli stranieri pensano al buddhismo tibetano, oltre a vedere che gli insegnamenti tantrici sono preponderanti, non tengono sufficientemente conto dell'influenza di altri approcci buddhisti. Se osserviamo la situazione reale, *la maggior parte dei seguaci degli insegnamenti buddhisti tibetani indossa un abito esteriore del tantra, ma la loro pratica effettiva segue l'approccio degli insegnamenti dei sūtra.*

Per esempio, se esaminiamo l'adesione alla disciplina monastica nei lignaggi buddhisti tibetani e la confrontiamo con il monachesimo di altre tradizioni, l'osservanza minuziosa delle regole da parte dei presunti tantrici tibetani non è inferiore a quella degli altri. Anzi, non ne hanno mai abbastanza. Quando praticano il tantra, eliminano qualsiasi cosa contraddica il vinaya. Se si dicesse che gli attuali lignaggi buddhisti tibetani praticano una mera imitazione del tantra perché trattano il tantra come una suddivisione della pratica sūtrica, non sarebbe lontani dalla realtà. Inoltre, anche all'interno della pratica sūtrica, i lignaggi tibetani dicono di praticare il veicolo bodhisattva della compassione, ma in realtà seguono soprattutto la condotta e il punto di vista del sentiero della liberazione individuale.

La *percezione pura* è il fondamento e la radice della visione tantrica. Pertanto, denigrare la percezione pura, non solo dei tantrika, ma anche di qualsiasi buddhista e persino dei non buddhisti, non è una condotta tantrica corretta. Tuttavia, la maggior parte dei buddhisti tibetani ritiene di dover agire come avvocati che difendono e lodano la propria tradizione, attaccando e criticando quelle altrui.

Alcuni tibetani pensano che gli stranieri non solo abbiano dottrine false e dannose, ma abbiano anche una profonda propensione a essere posseduti da esseri maligni invisibili. Criticano gli insegnamenti del *Kālachakra* della tradizione Jonang perché originariamente prendevano in prestito termini dal *Sāṅkhya* per renderli più accessibili agli yogin vedici di Śhambhala. Alcuni arrivano persino ad affermare in modo assurdo che la visione di Jonang, secondo cui la natura di Buddha esiste veramente come eterna, permanente e così via, sia stata corrotta da concezioni estremiste indù, al punto da non essere più una visione buddhista.

Vogliono dimostrare che tutto ciò che viene detto dai non buddhisti è falso. Ma come si può fare ciò senza postulare proposizioni che implichino la conclusione desiderata, come "Tutte le opinioni non buddhiste sono concettuali, cadono negli estremi e sono confutabili". L'opinione degli indiani sui buddhisti non era storicamente migliore e nella mente di entrambe le parti non c'era spazio per alcuna parola contraria. Allora come si possono considerare i punti di vista dell'una o dell'altra parte come tentativi di determinare la verità? Che entrambi avessero opinioni preconcette e sbagliate lo sappiamo dalla storia, e da allora non ci sono stati grandi cambiamenti.

Molte persone religiose nel mondo, compresi i buddhisti, pensano di dover essere compassionevoli solo con le persone che hanno la loro stessa fede. Nel sentiero della liberazione individuale, ai monaci è vietato frequentare non buddhisti. Il sesto voto del ramo tantrico insegna che è sbagliato rimanere tra i praticanti della liberazione individuale per più di sette giorni se i loro preconcetti nei confronti dei bodhisattva o dei veicoli tantrici potrebbero avere una cattiva influenza. Sebbene questi precetti non vengano insegnati per generare pregiudizi verso gli altri, alcuni buddhisti condannano erroneamente i non buddhisti come cattivi senza alcuna ragione. Non capiscono che questi precetti religiosi sulla corretta condotta sono mezzi abili temporanei per aiutare i principianti a stabilizzare la loro pratica.

In generale, il punto di vista del Supremo Yoga Tantra non stabilisce una parzialità così forte. Gli insegnamenti del Kālachakra, in particolare, vi si oppongono attivamente. Peraltro, le persone che sposano il pregiudizio non hanno una vera prospettiva sulla questione. I punti di vista e le dottrine sulla liberazione individuale dei monaci a cui sono affidati i lignaggi buddhisti tibetani, compresi quelli del tantra, hanno tipicamente questi difetti. Tuttavia, *poiché tutti concordano sul fatto che la verità assoluta trascende le parole e l'espressione, dovrebbero considerare tutti i punti di vista dottrinali come affermazioni incidentali destinate a condurre gli studenti su un buon sentiero.* In tal caso, non possiamo dire che una dottrina sia assolutamente giusta e un'altra assolutamente sbagliata.[89] Possiamo solo distinguere se il percorso che insegnano porta a un risultato benefico o meno. All'interno del buddhismo stesso, alcuni insegnamenti sono detti semplicemente provvisori e non veri in senso assoluto. Gli insegnamenti provvisori sono considerati buoni o cattivi in base al fatto che portino i seguaci che non possono comprendere l'intera verità a un buon risultato.[90]

Se consideriamo la meditazione tantrica tibetana contemporanea, i principali supporti della meditazione sono esterni. Ci sono rappresentazioni di divinità maschili e femminili irate del Supremo Yoga Tantra, divinità *yidam* unite in un abbraccio sessuale e così via. Ci sono

---

89 Rinpoche ha scritto un libro che presenta in modo sintetico molte tradizioni religiose, intitolato *Ocean of Diversity*.

90 Anche se il loro attuale sentiero spirituale non è un sentiero completo che insegna come raggiungere la piena illuminazione, potranno connettersi con un sentiero più elevato in futuro, o in future rinascite, quando le condizioni interiori per una comprensione più profonda saranno state raggiunte.

anche dipinti e statue d'oro, d'argilla e così via che appartengono alla comunità monastica. Di solito, la mente delle persone è piena di queste immagini quando praticano la meditazione tantrica. Il vero significato di queste rappresentazioni simboliche è la continuità del terreno fondamentale che risiede nella nostra mente. Si tratta del *Sugatagarbha*, la natura di Buddha, come nostra caratteristica intrinseca. I migliori praticanti sanno come meditare sull'esperienza non concettuale di questo ultimo, e non hanno bisogno di nient'altro. Tuttavia, se si chiede quale sia la percentuale di tibetani in grado di praticare questa meditazione, è evidente che si tratta di una percentuale minima. La maggior parte è in grado di meditare soltanto concettualmente, e quindi ha sempre bisogno di supporti simbolici per la pratica, come le immagini delle divinità sopra menzionate.

Inoltre, tornando alla meditazione sulle divinità in modo esterno, è difficile dire se coloro che lo fanno nelle tradizioni del Supremo Yoga Tantra vadano oltre l'approccio meramente verbale dei tantra esplicativi. I migliori comprendono davvero che i loro kleśha in quanto aspetti puri della saggezza sono l'essenza delle divinità tantriche.[91] Gli intermedi meditano pensando che i kleśha sono così. Quelli di capacità inferiore sviluppano l'abitudine a pensare in questo modo quando studiano il Dharma. I tibetani sanno chiaramente che solo una minuscola percentuale di loro mette davvero in pratica qualcosa di tutto ciò.

In ogni caso, coloro che intraprendono la pratica autentica del Supremo Yoga Tantra, quelli che desiderano farlo e persino coloro che affermano falsamente di volerlo fare, sono estremamente pochi. Gli altri tibetani seguono un sentiero sūtrico fatto di sforzi in una guerra tra ciò che deve essere abbandonato e i suoi antidoti. Questo è evidente per chiunque

---

91   Come spiegato nel *Kālachakra*: Amoghasiddhi: Grande gelosia, Ratnasambhava: Grande orgoglio, Amitābha: Grande attaccamento/desiderio, Vairochana: Grande ignoranza, Akṣhobhya: Grande avversione, Vajrasattva: Grande rabbia. Le saggezze del *Kālachakra* di queste sei famiglie di Buddha sono le "versioni" illuminate di questi sei veleni.

abbia anche solo un po' di familiarità con il Saṅgha tibetano. Se viene raccomandato l'approccio tantrico che prevede l'uso dei kleśha come parte del sentiero, solo alcuni tibetani eccezionali che lo comprendono correttamente saranno d'accordo. Gli altri hanno paura di questo approccio perché non si accorda con che conoscono. Se i sostenitori di questo approccio sūtrico dicono: "Bisogna ridurre al minimo passione e avversione", quasi tutti i tibetani, che ci riescano o meno, comprenderanno questo metodo familiare di sopprimere i kleśha.

Se il sentiero dell'abbandono attraverso gli antidoti venisse spiegato con l'onesta precisazione che si tratta di una lotta senza fine ed estremamente difficile, chi sentirebbe dire che nel tantra non c'è bisogno di lottare in questa maniera potrebbe preferirlo, ma poiché la maggior parte dei tibetani non riflette su queste cose, coloro che preferiscono l'approccio tantrico sono pochi. Avendo solo un'idea vaga e astratta di come entrare nel sentiero tantrico, non possono farlo, nemmeno parzialmente. Così, mentre i tibetani teorizzano costantemente su come dovrebbe essere praticato il tantra, gli insegnamenti che effettivamente praticano sono quelli sūtrici con una patina esterna di tantra. Anche tra i praticanti di Dharma di alto livello, quelli che possiedono una vera abilità nel trasmutare i kleśha sono rari.

Se consideriamo la condotta, in base a quanto esposto in precedenza, le attività di pratica sembrano davvero far parte della vita quotidiana della gente comune in Tibet. Queste ricevono la fede devota e il rispetto della comunità. La condotta effettiva che la maggior parte dei tibetani venera, tuttavia, è quella dell'approccio sūtrico, la lotta tra abbandono e antidoti. Quasi nessuno pensa favorevolmente a trascendere questa guerra, portando i kleśha sul sentiero.

Per esempio, consideriamo cosa accade se i praticanti tantrici mostrano rabbia. La maggior parte dei tibetani conclude semplicemente che si tratta di persone cattive. Nessuno si chiede se, essendo tantrika, non stiano cercando di portare i loro kleśha sul sentiero.[92] È molto chiaro che, per queste persone, il tantra autentico non è altro che una mera possibilità logica.

Tra la popolazione tibetana, sia di alto che di basso rango, coloro che hanno maggiori probabilità di essere considerati con fede genuina e rispetto che viene dal cuore sono gli yogin, liberi da attività mondane. Essi non hanno bisogno di obiettivi mondani non essenziali come la ricchezza e la fama, ma cercano una ricchezza dharmica profonda, diversa da quella mondana. Eppure, mentre alcuni ripongono fede in questi yogin, altri no. Alcuni addirittura li disprezzano, considerandoli persone inutili. Inoltre, tra i famosi studiosi orgogliosi della loro erudizione, non importa quanti libri abbiano letto o quante eccellenti scuole monastiche o laiche abbiano frequentato, coloro che integrano le istruzioni pratiche del vero sentiero tantrico nella loro condotta sono praticamente inesistenti, come è chiaro a tutti.

Se vi chiedete quali siano i segni di ciò, la maggior parte dei più importanti e dotti della comunità tibetana ha poca fiducia nel tantra. La gente comune può avere una fede cieca in esso, ma i Lama istruiti e gli altri leader che sono la quintessenza della comunità pensano che non esistano più veri tantrika. Non c'è nemmeno la consuetudine sociale di fingere che esistano. In realtà, non pensano affatto al tantra perché ritengono che oggi non abbia alcuna rilevanza. Si considerano molto sofisticati, ma il loro cosiddetto sapere è soltanto una razionalizzazione superficiale che non coglie il vero senso della vita umana.[93]

Superficialmente, i lignaggi tantrici del buddhismo tibetano possono

---

92 Allo stesso modo, in altre parti del mondo, come ad esempio in molti Paesi europei, anche piccole manifestazioni di rabbia o altre emozioni forti comportano un giudizio sociale di biasimo. Si veda la Parte terza, capitolo 1.

93 È come se alcuni cristiani o ebrei moderni dicessero: "Forse ci sono stati miracoli molto tempo fa nei tempi biblici, ma le persone istruite sanno che queste cose non accadono più."

sembrare benefici, eccellenti e sublimi. Ci sono numerose rappresentazioni di immagini tantriche - come i palazzi divini esterni di grande splendore, il *maṇḍala* interno con le sue numerose divinità maschili e femminili pacifiche e irate, i ḍāka e le ḍākinī benevoli e capaci, le dee di offerta dai volti splendidi, le divinità "padre" e "madre" unite in un abbraccio sessuale, che simboleggia l'unione di beatitudine e vacuità. Questa meravigliosa iconografia porta a una fede sincera e, per chi la vede per la prima volta, la sua ricchezza è difficile da contenere nella mente concettuale. Ciononostante, quando si chiede alla maggior parte delle persone di alto rango nel Dharma come portare i kleśha sul sentiero, rispondono con sguardi cupi e liquidano la questione con poche parole. La cosa finisce lì. Per esempio, quando si chiede loro se c'è qualcosa di vero nei racconti dei praticanti di un tempo che sapevano come portare la rabbia sul sentiero, a parte ammetterne la mera possibilità, replicano: "Apertamente non viene insegnato molto su questo", non aggiungendo nient'altro, e così facendo, rendono vera la loro stessa affermazione.

In sintesi, rispetto alle splendide ed estese manifestazioni esteriori del tantra che si trovano ovunque, la presenza della sua autentica e preziosa ricchezza interiore è centomila volte inferiore. Quando persone autorevoli affermano che portare kleśha sul sentiero è una fonte di problemi, che dovremmo ridimensionare o dimenticare questa pratica, non è forse chiaramente sbagliato? Quando altri dicono che non c'è nulla di degno di essere discusso in questo approccio, non sono forse ipocriti?

Sebbene i "buddhisti" dicano che il *Bön* è negativo, ne rubano
    le liturgie.
Poi, aggiungendo il loro stile, lo chiamano "tantrayāna".
Orgogliosi di contare solo i mantra nello stadio della generazione,[94]

---

94 Nella pratica dei mantra, molti buddhisti tibetani non si preoccupano di imparare correttamente le visualizzazioni dello stadio di generazione per sperimentare la purezza divina. Si limitano a recitare i mantra e si vantano di quanti ne hanno recitati,

Tradiscono il voto fatto di praticare lo stadio di completamento.[95]

I loro potenziamenti sono Lama che si limitano a cantare liturgie.[96]

Le loro spiegazioni sono *Khenpos*[97] che si limitano a ripetere libri
a memoria.

Le loro istruzioni cercano di soddisfare con la sola danza tra le pagine.[98]

Anche nelle loro prospettive sull'Anuttara considerano[99] il sesso
come un nemico.

Il guscio del loro tantra segreto è pieno di divinità tantriche;

Ma all'interno, trascorrono il loro tempo sui tre oggetti del vinaya.[100]

La loro bodhicitta è costituita da parole vuote e prive di pratica.

I tibetani sono molto devoti - alle loro abitudini.

---

pensando erroneamente che questo, da solo, basti per ottenere realizzazioni spirituali.

95   Come chi cerca di evadere le tasse quando può, non mantengono il loro samaya di praticare correttamente lo stadio di completamento che porta la pratica tantrica alla fruizione. Considerano questo impegno un peso e lo svolgono svogliatamente, facendo il minimo indispensabile.

96   Rinpoche intende dire che spesso, quando alcuni Lama affermano di dare dei potenziamenti, si limitano a cantare la liturgia ed a eseguire il rituale associato, senza dare spiegazioni o istruzioni per la pratica.

97   Monaci con esperienza di apprendimento e di pratica che ricevono uno status più elevato come professori.

98   Invece di istruzioni pratiche autentiche su come portare i kleśha sul sentiero, offrono inutili sofismi verbali, come affermare che non dobbiamo preoccuparci dei kleśha perché sono vuoti di vera esistenza. Sono abili nel costruire argomenti logici citando testi e così via, ma abusano di questa abilità per sostenere falsamente che le pratiche del sūtra e del tantra sono identiche.

99   Anuttarayoga-tantra, o Supremo Yoga Tantra.

100 Utilizzano molte immagini tantriche esterne, ma all'interno stanno solo praticando la liberazione individuale.

4

Come il tantra è un sentiero naturale e chiunque può impararlo

Di solito si pensa che più un insegnamento è elevato, più è difficile da capire. Per questo motivo, si crede anche che praticare un insegnamento più elevato sia più difficile che praticarne uno di livello più basso. In realtà è più probabile che sia vero il contrario. Per esempio, il sentiero fondamentale, la liberazione individuale, dove dobbiamo costantemente lottare nella guerra tra ciò che deve essere abbandonato e antidoti, è in effetti il più difficile da praticare.

In tale sentiero, dobbiamo abbandonare tutto ciò che è naturalmente presente nel nostro continuum. Secondo questo approccio, l'insorgere del desiderio, dell'avversione e di altri kleśha che esistono naturalmente in tutte le persone deve essere reso inesistente. Eliminare l'insorgere e l'esistenza di alcuni di questi fenomeni è possibile, ma se nessuno di essi deve mai insorgere, quanto sarà estenuante doverli sopprimere tutti in ogni momento! Anche se a volte pensiamo di potercela fare, un giorno torneranno, manifestandosi con ancora più forza di prima. Ci ritroveremo in una condizione peggiore rispetto a quella in cui non avessimo mai cercato di reprimerli. Ciò accade perché, nel tentativo di sopprimerli, ci opponiamo alla natura umana.[101]

Quante persone al mondo sono davvero riuscite ad eliminare i kleśha per sempre? Se ponderiamo i kleśha in base alla comprensione degli individui comuni e all'esperienza meditativa dei praticanti più elevati che conosciamo, non è forse chiaro che i kleśha continuano a manifestarsi nonostante tutto ciò che si fa per bloccarli? Allora, il sentiero del bodhisattva non è forse più adatto e piacevole da praticare? Perché? Il sentiero del bodhisattva, descritto nel terzo giro della ruota del Dharma del Buddha, insegna che la natura dell'illuminazione esiste nel continuum di ogni individuo come la vera natura di tutti i fenomeni. Se realizziamo questa vera natura dei fenomeni, non dobbiamo più lottare in una guerra tra ciò che va abbandonato e i relativi antidoti.

Ad esempio, non è necessario abbandonare il desiderio, perché i desideri più forti possono semplicemente essere trasmutati nella natura ultima dei fenomeni, che è anche la natura ultima degli esseri umani. Quindi, rispetto al sentiero della liberazione individuale, con la cui visione e pratiche è estremamente difficile lavorare, è molto più semplice contemplare il modo in cui le cose sono. Il sentiero del bodhisattva elimina la necessità di pensare intensamente a ogni fenomeno, uno per uno, per sopprimerlo. I laboriosi meccanismi del sentiero della liberazione individuale diventano superflui. I vantaggi del sentiero del bodhisattva devono essere riesaminati attentamente da coloro che dicono di praticarlo, ma in realtà si aggrappano all'approccio della liberazione individuale.

Il sentiero tantrico è incomparabilmente più elevato persino del sentiero del bodhisattva. Lo stato naturale innato è conosciuto come la vera natura di tutte le persone e di tutti i fenomeni della verità relativa, come nel sentiero del bodhisattva, ma i veri praticanti tantrici sanno anche come godere di questi fenomeni in modo corretto, semplicemente così

---

101 Qui *rang byung chos nyid* non si riferisce alla natura assoluta dei fenomeni, ma alla natura umana relativa, in cui i kleśha esistono naturalmente.

come sono. È innegabile che ciò renda il tantra un sentiero meraviglioso e profondo.

Il motivo è molto chiaro. Che in questa vita si abbiano capacità eccellenti, medie o inferiori, la base della suprema beatitudine è innata in tutti noi. A parte il fatto che kleśha come l'attaccamento e la rabbia siano più o meno potenti in individui diversi, essi sorgono in tutti noi, ogni volta che si verificano condizioni favorevoli. Inoltre, poiché siamo nati nel regno del desiderio, nemmeno una persona è priva della passione del desiderio. Perché? Senza di essa, non è possibile nascere nel regno del desiderio

Sradicare i kleśha che esistono naturalmente nella mente umana è estremamente difficile, ma quando si conosce l'essenza dei kleśha, si comprende la loro vera natura pura. Più la conosciamo, meglio sappiamo come utilizzare i kleśha. Questa è una sintesi molto breve del sentiero tantrico.

Nel percorso di liberazione individuale, il kleśha del desiderio è ritenuto esclusivamente qualcosa da abbandonare. Gli undici fattori mentali virtuosi e le loro intenzioni sono considerati qualcosa da accettare. Nella pratica concreta, quando un particolare desiderio viene abbandonato in una determinata situazione, i due aspetti essenziali di quella situazione sono (1) il desiderio da abbandonare e (2) l'antidoto attraverso il quale viene abbandonato. Soltanto questi due fenomeni devono essere identificati e sono facili da conoscere.

Tuttavia, il desiderio deve essere eliminato per sempre. Inoltre, l'intenzione di farlo utilizzando un certo antidoto deve essere moltiplicata per affrontare un numero illimitato di casi. Esiste al mondo un'attività più difficile di questa? Pertanto, quale individuo, saggio o meno, non penserebbe: "Se imparassi a usare il desiderio invece di eliminarlo, non sarebbe molto più facile?"

L'essenza del sentiero tantrico è che nessuno dei kleśha dei cinque o tre veleni deve essere abbandonato quando sappiamo come impiegarli su questo eccellente sentiero. Per esempio, se in noi esistono potenti meccanismi che generano illusione, non è necessario dire: "Sono pericolosi, quindi dobbiamo liberarci di loro immediatamente". Una volta compreso come possono essere ben utilizzati per i nostri fini, è in realtà meglio che questi meccanismi di illusione esistano, piuttosto che non esistano. Allo stesso modo, *quando si vede che i kleśha sono puri come sono, non c'è bisogno di abbandonarli*; possiamo metterli al nostro servizio come alleati. Questo è l'insuperabile sentiero del tantra.

Per tutte queste ragioni, *se le persone comprendono il sentiero tantrico, chiunque può metterlo in pratica. Che si abbiano capacità eccellenti, inferiori o medie, esso porterà una felicità vasta e profonda.* Tuttavia, fino ad oggi, quasi la totalità dei tibetani, per non parlare degli altri, non ha idea di come praticare correttamente il tantra. Non solo, si dicono a vicenda che si tratta di un argomento molto pericoloso con cui non vogliono avere nulla a che fare. Ci si può chiedere: "Perché continuano a ripetere questi pensieri?".

Dirigere i potenti meccanismi mentali impiegati nel tantra è come manovrare i comandi di un aeroplano. Le persone che non sanno pilotare un aereo hanno paura di farlo, pur essendo consapevoli che si tratta di un meraviglioso mezzo di trasporto. Finché non avranno appreso le competenze necessarie, sarà sempre pericoloso per loro provare a pilotarne uno, ma se dovessero imparare, potrebbero persino scoprire che pilotare un aeroplano è più facile che andare in bicicletta.

Anche le attività quotidiane più comuni comportano un certo grado di pericolo. Per esempio, alcune persone soffocano e muoiono mentre mangiano un pasto. I vestiti spesso contengono tracce di sostanze chimiche tossiche utilizzate per la loro lavorazione. Ci si può incastrare in macchinari, oppure questi possono ostacolare i nostri movimenti così da farci cadere o far sì che ci procuriamo delle ferite. Un medicinale eccellente può risultare tossico per alcune persone. Persino vivere in città affollate e viaggiare per strada comporta rischi evidenti. I viaggi e il tantra sono simili in questo senso. Sebbene le conseguenze peggiori possano essere gravi, dire che non si dovrebbe mai fare nulla di tutto ciò è insensato.

Ogni giorno, nella città americana di Atlanta, circa 3.000 aerei decollano dall'aeroporto. Ogni volo comporta un certo pericolo. Alcune persone reagiscono in modo eccessivo e dicono: "Visto che gli aerei sono così pericolosi, non ci salirò mai", oppure "Stare a chilometri di altezza è troppo pericoloso". Altri trovano scuse come: "Il mio bagaglio è troppo pesante per viaggiare in aereo". Tutte queste sono solo sciocchezze.

Alcuni pensano: "Dal momento che il sentiero tantrico è molto elevato, non può essere compreso pienamente. Se proviamo a praticarlo, ci troveremo in grande pericolo; è meglio starne alla larga!". Anche questa paura esagerata non è diversa dalle preoccupazioni irrazionali di uno sciocco. Senza dare ascolto a tali parole cieche e limitate, chiunque possa farlo dovrebbe intraprendere il sentiero tantrico della grande beatitudine. Questo sentiero è molto elevato, ma ciò non significa che sia molto pericoloso. Al contrario, poiché è elevato, è straordinario. Si pensa erroneamente che, poiché il tantra realizza direttamente la realtà ultima, debba essere difficile. In realtà, il fatto di vedere direttamente il suo obiettivo lo rende un sentiero più facile da percorrere. Non bisogna farsi intrappolare nei recinti della mentalità ristretta di coloro che hanno paura di se stessi e delle proprie capacità. Semplicemente, non dovremmo lasciarci trascinare in un territorio così desolante e miserabile.

Ci si potrebbe chiedere: "In che modo il sentiero della liberazione individuale porta benefici ai suoi praticanti?". La maggior parte di coloro che praticano il sentiero della liberazione individuale, come discusso in precedenza, invece di sperimentare fenomeni associati alla felicità, deve costantemente confrontarsi con stati mentali spiacevoli come il desiderio e l'odio. Questi possono portare i praticanti della liberazione individuale ad una grande sofferenza. Su questo sentiero, una fede incrollabile e uno sforzo incessante fungono da antidoti per vincere i kleśha. Tuttavia, per applicare questi antidoti, è necessario combattere senza sosta contro i nemici, come il desiderio e così via.

Nel sentiero tantrico, nulla di ciò che è naturalmente presente nella nostra mente deve essere eliminato. Al contrario, impariamo a far sì che i fenomeni mentali lavorino per noi. Si impara così a utilizzare tutto ciò che è presente nella nostra mente, comprese le emozioni negative, in modo benefico. Quando tutti questi fenomeni vengono soggiogati dallo splendore della realtà pura e autentica, essi si trasformano nei nostri alleati.

Uomini e donne appassionati del regno del desiderio,
A parte questi mezzi che portano il desiderio sul sentiero,
Mancano delle eccellenti qualità dello stato naturale.
Ahimè! Non potranno mai raggiungere l'essenza del sentiero.

"Il tantrayāna profondo non può essere praticato", ci ammoniscono;
Dovremmo invece praticare i veicoli inferiori,
Della liberazione individuale e dei bodhisattva.[102]
Anche se non riusciremo mai a raggiungere il cuore autentico che è in noi,
Possiamo trasformare tutti gli ostacoli in nulla.

La nostra natura ultima è autogenerata e autorealizzante;
È la via per il regno delle divinità eterne;
Il suo valore porta grandi benefici per se stessi e per gli altri;
Chi non aspirerebbe ad essere proprio così?

---

102 Il praticante tantrico deve anche essere un seguace del sentiero del bodhisattva, ma non tutti coloro che seguono questo sentiero sono anche tantrika. I sentieri della liberazione individuale e del bodhisattva sono benefici, ma l'approccio tantrico è senza dubbio superiore.

5

La natura umana in relazione al sentiero della liberazione individuale, del bodhisattva e del tantra

Il sentiero della liberazione individuale

La natura umana è tale che, salvo essere più o meno potenti in certi individui, il desiderio, l'avversione, l'ira, l'orgoglio, la gelosia e l'avidità, così come la paura, la preoccupazione assillante, l'inganno, la sfrontatezza e tutti gli altri kleśha esistono naturalmente in ognuno di noi. Allo stesso modo, anche virtù come la fede, la diligenza, la consapevolezza, il *samādhi*, la benevolenza amorevole e la compassione, pur variando di intensità tra gli individui, sono naturalmente presenti. In particolare, la passione del desiderio è innata in tutti noi, poiché è un prerequisito per nascere in questo regno del desiderio. Ciò è un fatto evidente, e nessuno può negarlo.

La liberazione sorge raramente su un sentiero che considera il desiderio come un nemico. Tale percorso richiede che tutti i kleśha, che esistono naturalmente in ognuno, siano eliminati per sempre. Per essere motivati a intraprendere questa pratica, bisogna avere fiducia di poterla portare a compimento. Tuttavia, solamente modelli insuperabili di rinuncia perfetta possono riuscirci. Le persone comuni possono sopprimere il desiderio e gli altri kleśha soltanto temporaneamente. Una volta respinta l'idea che la temporanea scomparsa del desiderio equivalga alla liberazione, diventa chiaro quanto sia arduo raggiungere la liberazione nel corso di una singola vita umana attraverso l'abbandono totale del desiderio.

Una persona che deve costantemente ricorrere a mezzi così faticosi difficilmente potrà godere anche solo della felicità ordinaria nella vita. Se spiego le cose in questo modo, alcuni potrebbero rifiutarsi di ascoltare, ma coloro che lo faranno prenderanno coscienza della difficoltà di ottenere la liberazione tramite la rinuncia. Da quel momento in poi, saranno in grado di capire come stanno effettivamente le cose. Se alcuni vogliono trascorrere la loro vita rifiutando ciò che sono, lungi da me dire loro: "Non fatelo!". Nel tentativo di raggiungere il loro obiettivo di totale negazione, dovranno eliminare uno a uno tutti i loro affetti e desideri, persino il desiderio stesso di ottenere la saggezza della realizzazione.[103]

Per praticare con successo il sentiero della liberazione individuale, la condotta esteriore e gli atteggiamenti interiori devono corrispondere. Se è così, la nostra vita sarà fruttuosa e significativa. Se, invece, le aspirazioni interiori sono in conflitto con le azioni esteriori, il raggiungimento dei nostri obiettivi interiori diventa impossibile. Pertanto, esaminare se un tale percorso sia adatto a esseri come noi ha conseguenze molto profonde. I tibetani non hanno una tradizione di indagine su questi argomenti, quindi raramente ci riflettono seriamente. Non è forse evidente che dovrebbero farlo? I rinuncianti, in particolare, non dovrebbero forse considerare molto attentamente le conseguenze della rinuncia alla propria natura?

La rinuncia è un impegno alla vita senza dimora. La mancanza di una dimora non significa solo rinunciare a vivere in una casa, ma anche abbandonare le attitudini egoistiche di coloro che hanno una dimora stabile, per

---

103 La loro pratica sarà l'equivalente mentale della tortura cinese chiamata "la morte dei mille tagli", senza nemmeno la grazia della morte per alleviare il dolore alla fine.

rimanere esclusivamente in stati mentali virtuosi e altruistici. Il termine tibetano per indicare un monaco o una monaca pienamente ordinati è *dge slong*(ma). Il suo significato è una persona che mantiene la virtù del rinunciante, *dge ba*, mendicando il cibo, *slong ba*. Essere un monaco novizio, che pratica la via di tale virtù, *dge tshul*, è una preparazione per diventare un monaco pienamente ordinato. I rinuncianti, in quanto persone che si addestrano alla virtù, *dge sbyong*, dovrebbero essere intesi in modo simile. Oggigiorno, in Tibet, nessun monaco vive effettivamente mendicando, sebbene sia comune la richiesta di donazioni per la comunità monastica ordinata (*Saṅgha*).

Se persino raccogliere cibo da consumare il giorno successivo non è consentito a un rinunciante senza dimora, a maggior ragione dovrebbero essere abbandonati i beni e i piaceri dei laici. I rapporti con i parenti devono essere interrotti. Compagni, amanti e sesso devono essere abbandonati per sempre. In breve, bisogna rinunciare alla società della gente comune.

In breve, la rinuncia monastica priva l'individuo di tutto ciò che la nostra natura umana desidera. *Quando monaci e monache si distaccano completamente dalla società, questo "esilio" deve portare benefici sufficientemente grandi da compensare la loro perdita.* Se i rinuncianti si negano questo, in che modo il loro rifiuto è migliore dell'ostinazione immotivata di uno sciocco?

Dopo che il Buddha proclamò che i monaci dovevano essere senza dimora, la loro risposta non fu affatto nello spirito del suo insegnamento. I monaci e le monache indossavano vesti raffinate. Erano sempre più interessati alla ricchezza comune, all'influenza politica e così via. Alla fine, non erano molto diversi dai laici. L'esilio dalla società secolare serviva solo a spingerli nuovamente verso le preoccupazioni mondane.

Questi monaci avevano certamente un approccio in cui l'esterno e l'interno erano in contraddizione. La loro calcolata ipocrisia non era forse qualcosa che nemmeno gli animali farebbero?[104] Se i monaci tibetani purificassero il loro cammino da tali incoerenze ipocrite, non dovrebbero più vivere una vita di contraddizioni interiori che garantiscono il fallimento. Non sarebbe forse una cosa positiva?

Ai tempi del Buddha, monaci e monache erano mendicanti erranti per la maggior parte dell'anno. Si riunivano solo in occasioni speciali, come il ritiro estivo della stagione delle piogge, in strutture temporanee messe a disposizione da generosi mecenati. Non c'era nulla di simile agli enormi, lussuosi e costosi monasteri di oggi, i cui alloggi assomigliano a quelli di normali abitazioni saṃsāriche. Essere attaccati a tali residenze vanifica completamente lo scopo della vita senza dimora. Alcuni monaci nemmeno fingono di essere senza dimora. Certi lignaggi tibetani permettono ai "monaci di villaggio" di rimanere nelle proprie case, a volte anche con mogli e figli. Ciò è "giustificato" dal fatto che si occupano di offerte e altri rituali per i loro villaggi. Vi sono anche monaci ordinati che mantengono i loro voti e indossano le vesti monastiche, ma che rimangono a casa e svolgono piccoli lavori per le loro famiglie piuttosto che vivere nei monasteri.

I monaci riescono in genere a rinunciare ad una dimora e alla sessualità sul piano esteriore, ma sono costretti a concludere che abbandonare tutti gli aspetti interiori della sessualità, come le fantasie e i desideri mentali, è proibitivo. Anche gli psicologi sono giunti a una conclusione simile. Le persone in grado di farlo veramente sono molto rare.

In sintesi, quando i monaci entrano nel sentiero della liberazione individuale, se il loro karma è così buono che l'esterno e l'interno sono in consonanza come la purezza del fiore di loto e del suo bocciolo, tutto è meraviglioso. Tuttavia, possiamo constatare che la maggior parte delle persone che intraprendono questa via vive in una costante dissonanza

---

104 Gli animali utilizzano istintivamente camuffamenti ed esche per catturare le prede, così come gli esseri umani escogitano strategie per far abboccare i pesci all'amo. Tuttavia, il comportamento di questi monaci vanifica completamente i loro stessi obiettivi. È inutile come un ragno che ignora le mosche e cerca di catturare le rocce.

tra esteriorità e interiorità. Di fronte ai dilemmi che oggi tormentano la vita monastica e ai numerosi scandali riportati dai media, sempre meno persone hanno ancora la convinzione di intraprendere questo percorso. Nessuno sembra voler affrontare questo tema nella sua interezza, ma poiché la necessità è evidente, ho deciso di farlo comunque.

Nella comunità tibetana, quando si viene a conoscenza di qualcosa di negativo, si tende a distogliere lo sguardo. Ad esempio, quando emergono scandali inquietanti all'interno del Saṅgha ordinato, si cerca di tenerli nascosti. C'è poca propensione a esaminare e migliorare la situazione, il che è piuttosto allarmante, proprio come sarebbe preoccupante ignorare un'epidemia senza prendere provvedimenti.

Ma se i tibetani sono abituati a celare questi eventi, in cosa si differenzia questo atteggiamento dal mentire deliberatamente, inducendo così altre persone a cadere inconsapevolmente in una calamità? Se ciò che si preferisce non vedere continua a ripetersi, non è forse segno che la loro compassione è degenerata in indifferenza? Chi è veramente mosso da gentilezza e compassione deve avere il coraggio di parlare con franchezza, anche quando gli altri si rifiutano di farlo, affinché questi problemi diventino parte della nostra esperienza condivisa. Se ci fermiamo ad analizzare anche solo un poco, possiamo facilmente capire perché esistono questi problemi. L'intera serie di trasgressioni, sessuali e di altro tipo, commesse da questi presunti rinuncianti è il risultato di una discrepanza tra esterno e interno.

Non si tratta di un problema che riguarda solo i rinuncianti buddhisti. Si stima che negli ultimi settant'anni, nella sola Francia, sacerdoti e altre figure legate alla Chiesa cattolica abbiano molestato circa 333.000 bambini.[105] Dopo che un numero schiacciante di casi di questo tipo è stato

---

105 Riportato dalla BBC il 5 ottobre 2021 e da altri canali mediatici internazionali. Una delle intenzioni di questa citazione è quella di mostrare come alcune altre religioni in altre parti del mondo stiano dando il buon esempio permettendo un'attenta indagine sui problemi strutturali legati al celibato, invece di nasconderli.

reso pubblico dai media, oggi, quando si parla di religione, molte persone provano timore e repulsione. Ciò accade benché molti credenti sinceri continuino a praticare in modo esemplare.

Sebbene in misura minore, anche alcuni lama, monaci e monache tibetani che vivono al di fuori del Tibet hanno avuto episodi simili, ma, poiché molti tibetani hanno una visione limitata della questione, questi eventi sono stati accuratamente nascosti come segreti di Stato, nonostante fossero ben noti all'opinione pubblica. Ciononostante, l'ansia e la preoccupazione per questi fatti si sono diffuse silenziosamente all'interno della comunità tibetana. Non è forse un chiaro segnale che, prima o poi, si dovrà affrontare la questione?

Mentre ci preoccupiamo di come questi scandali che riguardano rinuncianti e insegnanti spirituali possano macchiare la reputazione del buddhismo tibetano, ciò che conta davvero è comprenderne le cause. Concentrarsi sull'abuso degli individui è un pessimo sostituto della comprensione, e il puro sdegno morale difficilmente porterà a un esito positivo.

Se prendiamo come esempio i rinuncianti all'interno della comunità tibetana, la maggior parte di loro ha preso i voti durante l'infanzia, quando il corpo e la mente non erano ancora maturi. Avendo scelto la via monastica in un'età estremamente giovane, non avevano idea di ciò a cui si stavano impegnando. Molti non hanno nemmeno deciso da soli, sono stati i loro genitori a decidere per loro. I desideri naturali, profondamente radicati, sono emersi solo successivamente e, quando ciò è accaduto, hanno realizzato troppo tardi il divario tra il percorso scelto e la propria natura. Quando la loro sessualità si è manifestata e hanno iniziato a sentirsi insoddisfatti della loro vita, è stato facile per loro violare i voti perché non avevano mai avuto un autentico impegno verso la vita monastica. La loro rinuncia era solo una comoda facciata per garantirsi un sostentamento e, di conseguenza, alla prima tentazione hanno perso il controllo. La diffusione degli scandali dimostra che molti rinuncianti, appartenenti a diverse tradizioni, si trovano nella stessa situazione. I genitori dei giovani monaci tibetani raramente hanno riflettuto seriamente sulle conseguenze a lungo termine della loro decisione. Se lo avessero fatto con la dovuta attenzione, molti oggi non porterebbero il peso del rimorso per questi risultati poco edificanti.

I diversi tassi di ritorno alla vita laica dei monaci in Tibet, in India e in altri Paesi stranieri sembrano essere dovuti alla differente pressione sociale presente. In Tibet, il tasso di permanenza era il più alto, perché la pressione sociale per rimanere monaci era più forte. I monaci che dal Tibet sono fuggiti in India sono tornati alla vita laica perché la pressione sociale era minore, ma tra quelli che sono andati nei Paesi occidentali con una pressione sociale minima, la maggior parte ha lasciato l'abito, secondo la mia osservazione personale.

Si potrebbe pensare che la difficoltà per i monaci al di fuori del Tibet fosse dovuta alla mancanza di strutture adeguate. In realtà, essere monaco in India era più semplice che in Tibet, poiché tutte le necessità erano garantite. In Tibet, invece, i monaci dipendono spesso dal sostegno delle proprie famiglie, il che comporta anche delle responsabilità nei loro confronti. Tuttavia, se lo desiderano davvero, monaci e monache possono mantenere la disciplina interiore della rinuncia ovunque, vivendo con semplicità e svolgendo lavori modesti. Perciò, dal mio punto di vista, il ritorno alla vita laica della maggior parte dei monaci è stato determinato principalmente dai loro stessi desideri, resi più facili dalla diminuzione della pressione sociale nei nuovi ambienti in cui si trovavano.

In sintesi, la motivazione per intraprendere il cammino di liberazione individuale deriva dalla visione che, a causa del desiderio e dell'avversione, questo mondo ha la natura della sofferenza. La meditazione consiste nel lottare costantemente nella guerra tra ciò che si deve abbandonare e antidoti. La condotta richiede di eliminare i kleśa, intrinseci nella vita umana, poiché sono la causa della sofferenza. Affinché questo sentiero abbia senso, i praticanti devono avere piena fiducia nella possibilità di poter raggiungere l'obiettivo. Se, in seguito, non ci riescono, diventa difficile per loro stabilire se fosse stato davvero un percorso degno di essere intrapreso. Le persone come me che trasmettono gli insegnamenti buddhisti non possono risolvere tale dubbio al posto loro. Questi individui devono infatti riesaminare con attenzione non solo gli insegnamenti che hanno ricevuto, ma anche la loro reale capacità di metterli in pratica.

Il sentiero del bodhisattva

Nella visione del sentiero del bodhisattva i desideri di tutti gli esseri senzienti sono considerati di pari valore. Poiché non c'è nessuno che non desideri raggiungere la felicità e la gioia suprema, questo approccio mira a farle raggiungere a tutti gli esseri senzienti senza distinzioni.[106] *Non è possibile respingerlo in quanto prevenuto nei confronti di specifici esseri poiché il suo obiettivo è universale.*

La meditazione è come la visione. I meditatori possono realizzare i loro obiettivi eroicamente difficili solo trasformandosi in eroi ed eroine vajra che nessun ostacolo può distruggere.[107] La condotta è altrettanto esigente. Tutta la loro pratica è racchiusa nel conseguimento delle sei perfezioni, dei quattro mezzi per raccogliere discepoli e così via.

La pratica meditativa mira a sperimentare la vera natura pura delle cose, vuota di tutte le caratteristiche concettuali. La condotta illuminata e la realizzazione della fruizione sono possibili solo sperimentando questa purezza non duale di come sono le cose. Secondo il terzo e ultimo giro

---

106 È vero che alcuni individui, temporaneamente, non comprendono il vero significato dell'amore e della compassione, ma ciò non significa che non li abbiano innatamente o che non siano in grado di svelarli attraverso le fasi della pratica; tutti hanno la capacità di farlo, in questa vita o in quelle successive.

107 Una versione zen del voto del bodhisattva esemplifica chiaramente questo approccio eroico: "Gli esseri senzienti sono infiniti. Facciamo voto di salvarli tutti. / Le illusioni sono infinite. Facciamo voto di eliminarle tutte. / Gli insegnamenti sono infiniti. Facciamo voto di apprenderli tutti. / La Via del Buddha è inconcepibile. Facciamo voto di realizzarla" https://www.emptygatezen.com/blog/the-four-great-vows-in-zen-practice.

della ruota del Dharma del Buddha, questo stato autentico è vuoto di tutti i fenomeni impermanenti e dolorosi del relativo, ma non degli infiniti fenomeni dello stato naturale, che esistono veramente come aspetti del Sugatagarbha definitivo.

Poiché vedere la natura delle cose realizza tutto, la visione, la meditazione e la condotta del sentiero del bodhisattva sono molto più facili da realizzare rispetto a quelle della liberazione individuale. Per tali ragioni, questo sentiero è ammirevole. Non solo, questo prezioso sentiero pervade l'universo. Dato che visione, meditazione e condotta sono prive di difetti e universalmente applicabili, possono essere comprese anche dalle persone ordinarie nel mondo. Non c'è nessuno che non voglia essere amato, e tutti hanno bisogno e traggono gioia dalla gentilezza altrui.[108]

I bodhisattva aspirano alla felicità temporale e definitiva di tutti gli esseri senzienti. Poiché ciò che desiderano stabilire è uguale per tutti, per loro non è di primaria importanza che essi stessi raggiungano la Buddhità rapidamente o meno. Il loro unico scopo è beneficiare tutti gli esseri senzienti con la felicità dello stato naturale. Una volta raggiunto questo obiettivo, non ne esistono altri. Per tale ragione, se i bodhisattva stessi non raggiungono l'illuminazione in tempi brevi, ciò non rappresenta alcun problema per loro, purché possano continuare a portare beneficio agli altri.

A differenza dei praticanti del sentiero della liberazione individuale, i bodhisattva non hanno il desiderio di ottenere la propria liberazione dal saṃsāra il più rapidamente possibile, lottando per eliminare ciò che deve essere abbandonato. Sono in grado di trasmutare la loro visione saṃsārica dei fenomeni illusori e dualistici dei kleśha in una visione realizzata dei

---

108 Sebbene in determinati luoghi, tempi e circostanze, nella mente di determinate persone, possa esistere chi non ama affatto e non desidera essere oggetto d'amore, in generale nessuno su questa terra non apprezza e non valorizza l'amore, anche solo per un breve istante o senza esserne consapevole. Esseri perfetti che non necessitano di amorevole gentilezza sono concepibili, ma quasi inesistenti.

fenomeni benefici e assoluti percepiti attraverso la saggezza non duale e non concettuale. È quindi un sentiero in cui i praticanti non devono lottare nella guerra tra ciò che deve essere abbandonato e gli antidoti. Tuttavia, ai praticanti del sentiero del bodhisattva manca la maggior parte dei mezzi abili che i tantrika possiedono per utilizzare i kleśha come parte del sentiero.

Se un risultato positivo per tutti gli esseri è certo, non è necessario che i bodhisattva evitino sempre le sette azioni del corpo e della parola delle dieci non-virtù. Queste sette azioni sono costituite dalle tre azioni non virtuose del corpo - uccidere, rubare e la condotta sessuale inappropriata - e le quattro azioni non virtuose della parola - mentire, parlare in modo divisivo, parlare in modo abusivo e duro, e impegnarsi in chiacchiere inutili. Solo le tre non-virtù della mente non sono mai permesse: l'avidità, la malevolenza e le visioni errate, come negare la vacuità nell'assoluto o la legge di causa ed effetto del karma nel relativo.

L'essenza dell'approccio del bodhisattva è che il beneficio per gli esseri è più importante delle regole astratte.[109] Secondo il veicolo della liberazione individuale, queste sette azioni del corpo e della parola sono trasgressioni assolute poiché coinvolgono configurazioni di Dharma assoluti, mentre il sé illusorio degli esseri senzienti non è considerato un valore. Pertanto, queste sette azioni non virtuose non sono mai permesse, indipendentemente dalla gravità del risultato. È facile capire che questa caratteristica del sentiero della liberazione individuale è controintuitiva.

---

109 Per esempio, durante la Seconda guerra mondiale, se un nazista vi avesse chiesto dove si nascondesse un gruppo di ebrei o di rom, con l'intenzione di sterminarli, e voi aveste potuto salvarli semplicemente mentendo, come bodhisattva lo avreste fatto. Tali azioni dovrebbero essere compiute soltanto se il risultato complessivo sarà certamente positivo. Pertanto, un comportamento altruistico "sbagliato" di questo tipo è meglio eseguito da esseri realizzati che sanno quali saranno le conseguenze a lungo termine delle loro azioni. Quindi, nell'esempio di cui sopra, se aveste salvato alcune persone dai nazisti mentendo, ma ciò li avesse fatti infuriare al punto da distruggere un'intera regione, il risultato complessivo sarebbe stato negativo.

Il sentiero del tantra

Il sentiero del tantra è esponenzialmente più profondo e abile nei mezzi rispetto al sentiero del bodhisattva. Supera i sentieri della liberazione individuale e del bodhisattva, come la luce brillante del sole supera quella della luna e delle stelle. Sebbene questi sentieri minori siano superati dalla brillantezza del tantra, tutti i loro aspetti sono ancora presenti al suo interno, poiché la loro essenza è inclusa nelle manifestazioni tantriche.

Così come il sentiero del bodhisattva e la sua coltivazione della bodhicitta relativa hanno molte pratiche di diversa profondità, lo stesso vale per il tantra. Il Supremo Yoga Tantra è il più profondo di tutti, essendo un sentiero di mezzi abili che penetra rapidamente nella realtà ultima. I praticanti lo intraprendono con gioia poiché genera la vera felicità.

Il sentiero tantrico tradizionale è diviso in due stadi: generazione e completamento. Lo stadio di generazione consiste nel visualizzare o percepire, per quanto possibile, la purezza assoluta delle divinità tantriche e del loro ambiente. La maggior parte delle persone afferra tali visualizzazioni in modo troppo rigido o troppo lassista,[110] tuttavia, se c'è gratitudine e devozione verso il Guru e il lignaggio, una forte generazione di bodhicitta e così via, la pratica dello stadio di generazione può intensificarsi o divenire più elaborata grazie a queste benedizioni. Soprattutto se queste qualità sono forti e si manifestano in modo puro, il raggiungimento del profondo stadio di completamento[111] diventerà un processo relativamente rapido e diretto, con il potenziamento dell'esperienza realizzata attraverso la manifestazione naturale della saggezza primordiale.

---

110 Nel primo caso, cercano di controllare ogni aspetto della loro visualizzazione perché hanno poca fiducia nel fatto che lo stadio di generazione si sviluppi naturalmente. Nel secondo caso, hanno così tanta fiducia che la visualizzazione si svilupperà spontaneamente da non fare alcun sforzo per controllare le qualità prescritte o per esserne consapevoli. La loro mente si perde quindi in preoccupazioni su ogni sorta di fenomeni irrilevanti.

111 Nella scuola di buddhismo tibetano Jonang di Khentrul Rinpoche, lo stadio di completamento consiste nelle pratiche non concettuali dei Sei Vajra Yoga del *Kālachakra, sbyor ba drug.*

Oggi molti tantrika non sanno che dovrebbero enfatizzare tali qualità perché non conoscono affatto l'essenza del tantrayāna. A causa di queste carenze, la maggior parte dei praticanti di tantra non raggiunge mai esperienze profonde dello stato naturale. Così, tendono ad afferrarsi e dare importanza ad aspetti secondari che possono comprendere e sperimentare, ma che sono estranei al punto essenziale. Così facendo, si privano della fortuna della realizzazione, e questa è una grande perdita. Invece, devono riconoscere i fenomeni della loro vita ordinaria come aspetti della loro natura innata e, quindi, del sentiero di fruizione che conduce ad essa. Ciò avviene quando consideriamo il desiderio, l'avversione e gli altri kleśha come aspetti interconnessi della nostra natura innata.

In particolare, nella pratica tantrica, la passione del desiderio, che esiste innatamente in ognuno di noi, non è considerata un nemico contro cui dobbiamo "mobilitarci per la guerra" e combattere. *I desideri possono essere ottimi compagni nel raggiungere le mete desiderate e affidabili difensori contro tutti i pericoli.* Lo stesso vale per la rabbia e gli altri kleśha.

Pertanto, rispetto all'approccio della liberazione individuale e persino al sentiero del bodhisattva, il sentiero tantrico è relativamente facile e conveniente. Se tutte le persone sapessero quanto è bello praticare questo sentiero, sarebbe impossibile per loro non desiderare di intraprenderlo e provare gioia per questa prospettiva.

Attraverso il tantra, tutti gli stati mentali meno buoni e cattivi esistenti in noi possono trasformarsi in gioielli perfetti. Chi, essendo informato, non vorrebbe entrare in questo ambiente ricco, che sostiene e accresce le qualità positive di tutti e di tutto? *Essendo in accordo con la natura umana, il tantra è in accordo con tutto.* I suoi mezzi supremamente abili portano tutti i fenomeni sul sentiero. Tutti voi dovreste entrarvi con gioia e entusiasmo

Come essere armati di armi per combattere il nemico, i kleśha,
Come a volte i kleśha nemici possano essere trasmutati in amici,

e come possano essere sempre amici; questi tre tipi di conoscenza,
Caratterizzano la pratica dei tre veicoli della liberazione individuale,
del bodhisattva e del tantra.

Comprendendo le differenze tra abbandonare, trasformare
E rendere tutti i kleśha parte essenziale del sentiero,
Si distingue ciò che è superiore e inferiore, ciò che è migliore e peggiore.
Con sempre maggiore facilità si sale sempre più in alto;
Più saliamo, più facile diventa il cammino che percorriamo.

Quando comprendiamo questo, realizziamo che i tre veicoli
Formano una sequenza progressiva, unita dallo stato naturale;
Capendo ciò, vediamo che non sono in contraddizione tra loro,
E non vanno considerati come corna di yak che divergono a sinistra e
a destra.[112]

---

112 Le "corna di yak…" esemplificano qualcosa di separato e incompatibile. I Jonangpa
    affermano che, se comprendiamo come i tre veicoli affrontano i kleśha, capiamo che
    sono una serie di applicazioni successive più elevate e migliori degli stessi principi. Ad
    esempio, l'attaccamento egoistico e la rabbia vengono sempre abbandonati grazie alla
    realizzazione di qualcosa di superiore. Ciò che viene realizzato si evolve dalla semplice
    assenza di sofferenza, alla natura di beatitudine, e fino ad arrivare al riconoscimento
    dei kleśha stessi come aspetti di quella natura, utilizzandoli come parte del sentiero.

6

Come l'essenza dei voti inferiori esiste all'interno di quelli superiori

Gli studiosi che esaminano i lignaggi buddhisti tibetani concordano sul fatto che sono molto estesi. Pochi tibetani comprendono tutti i diversi insegnamenti del buddhismo tibetano, con le loro numerose suddivisioni, come i veicoli ordinari e straordinari. Ancor meno riescono a spiegare il ragionamento in base al quale si dice che il sentiero inferiore e quello superiore si sostengono a vicenda senza contraddizioni.

Il segno che un sentiero è più elevato di un altro è il suo essere più strettamente associato alla vera natura incondizionata delle cose. Il segno che un sentiero è più basso di un altro è il suo essere più strettamente associato a mezzi causali relativi esterni a quella vera natura.

In particolare, chi desidera praticare correttamente gli insegnamenti più elevati del buddhismo tibetano deve sapere come essi includano e si basino su tutte le pratiche buddhiste inferiori che li precedono. Pertanto, dovremmo esaminare questi diversi stadi da tale prospettiva.

Il sentiero della liberazione individuale

Il primo percorso è il sentiero o veicolo della liberazione individuale, chiamato anche "Piccolo Veicolo" e "Veicolo Fondamentale". È praticato principalmente in cinque Paesi dell'Asia centrale e orientale: Thailandia, Myanmar, Śhrī Laṅka, Laos e Cambogia. Un tempo questo veicolo era diviso in diciotto scuole, una delle quali era la scuola *Sthavira* . Una sua diramazione, il *Theravāda*, è l'unico ramo di quelle diciotto scuole ad essere sopravvissuto fino a oggi.

Il veicolo della liberazione individuale si chiama così perché gli individui che lo praticano per liberarsi dalla sofferenza saṃsārica non vogliono assumersi l'onere di liberare anche altri esseri senzienti. Il veicolo della liberazione individuale si chiama così perché gli individui che lo praticano per liberarsi dalla sofferenza saṃsārica non vogliono assumersi l'onere di liberare anche altri esseri senzienti. Quando parliamo del veicolo o sentiero della liberazione individuale, parliamo di tutti gli aspetti della sua pratica come percorso su cui ci si concentra. Il voto di liberazione individuale è solo un aspetto di questo percorso e viene preso sia dai rinuncianti, uomini e donne, sia dai devoti laici.

I praticanti laici assumono fino a cinque voti pratimokṣha o di liberazione individuale,[113] mentre per i monaci e le monache l'elenco dei voti è molto più lungo. Il numero di voti aumenta anche con il livello di ordinazione. Ad eccezione delle quattro sconfitte, il vinaya specifica regole rigorose per ripristinare questi voti nel caso vengano infranti. In generale, essi non possono essere facilmente emendati come invece accade per gli impegni del bodhisattva e per i samaya tantrici.[114]

È anche importante comprendere che esistono altri stili di ordinazione oltre a quello della liberazione individuale. Si può ricevere l'ordinazione nello stile della liberazione individuale, del bodhisattva o tantrico. I

---

113 Contro l'uccisione, il furto, la condotta sessuale inappropriata, la menzogna e l'assunzione di sostanze stupefacenti.

114 Gli impegni dei bodhisattva e i samaya tantrici, per un totale di tre tipi di "voti", oltre ai voti di liberazione individuali. Rinpoche preferisce usare "impegno" per i voti dei bodhisattva e "samaya" per i voti tantrici, poiché il senso di "voto" non è lo stesso in questi tre veicoli. Tutti questi tipi di voti sono descritti dettagliatamente da Rinpoche nella serie di libri *Unveiling Your Sacred Truth*.

monaci tibetani e cinesi prendono il voto della liberazione individuale con la motivazione del bodhisattva. I tibetani assumono anche samaya tantrici. Spesso, però, nella pratica, i monaci tibetani considerano il loro approccio alla liberazione individuale come predominante. Di conseguenza, sono in realtà monaci della liberazione individuale, a prescindere dalle qualità degli altri due veicoli che affermano di possedere.

Se il praticante vuole concentrarsi sul sentiero della liberazione individuale, è importante che conosca molto bene i propri voti e i processi per rimediare alle violazioni, poiché questi ultimi possono essere piuttosto complessi. Purtroppo, alcuni monaci che si concentrano su questo sentiero seguono le usanze culturali piuttosto che i punti essenziali dei voti e il processo di ammenda delle violazioni prescritti nel vinaya, quindi è facile comprendere che non otterranno buoni risultati su questo sentiero. D'altra parte, *per coloro che mantengono i voti di liberazione individuale, ma si concentrano sui veicoli superiori come sentiero principale, il senso in cui tali voti vengono mantenuti cambia*; questo perché la loro essenza è considerata inclusa nei voti superiori, se essi vengono osservati correttamente, come descritto nella sezione successiva.

Il sentiero del bodhisattva e del tantra

Gli insegnamenti buddhisti che si diffusero in Cina, Giappone, Vietnam e Corea sono quelli dei sūtra del Grande Veicolo. *I seguaci di questi insegnamenti si assumono la responsabilità della liberazione di tutti gli esseri senzienti.*

L'impegno della bodhicitta del Grande Veicolo è fondamentale anche nei lignaggi buddhisti tibetani. Nelle scuole della Nuova Traduzione, quelle diverse dalla Nyingma, esso è arricchito da quattro classi di tantra, Kriyā, Charya, Yoga e Anuttarayoga (Supremo Yoga Tantra). La scuola Nyingma, o Vecchia Traduzione, invece di Anuttarayoga, ha Mahāyoga, Anuyoga e Atiyoga o Dzogchen, per un totale di sei veicoli tantrici. Tali insegnamenti tantrici sono praticati principalmente in Tibet, Bhutan,

India, Nepal, Mongolia, Giappone,[115] in altre regioni dell'Himalaya come il Ladakh e nelle aree etnicamente tibetane della Cina.

Quest'ultimo tipo di buddhismo si è diffuso in Tibet dall'India e da altri Paesi, inclusi alcuni territori che oggi corrispondono al Pakistan e all'Afghanistan. Successivamente, si espanse dal Tibet ai Paesi sopra menzionati. Oltre a prendere i *rifugi* del veicolo della liberazione individuale e a generare la bodhicitta del Grande Veicolo, gli adepti devono imparare a praticare i molti sentieri del tantra senza contraddizioni.

In Paesi come la Cina, dove il Grande Veicolo è ben conosciuto, si sono diffusi solo alcuni aspetti del tantra. Poiché la maggior parte di questi potenti insegnamenti è assente, quando diciamo che questi Paesi praticano il "Grande Veicolo", intendiamo dire che vi si trovano gli insegnamenti sūtrici del Grande Veicolo mentre quelli tantrici sono quasi del tutto assenti.

Non sorprende che il modo corretto di entrare negli insegnamenti buddhisti tibetani, che includono il tantra, sia diverso dall'approccio adottato in Cina. Esiste una tradizione che prevede di pronunciare i voti di liberazione individuale utilizzando specifiche liturgie di liberazione individuale. Sebbene i tibetani prendano questi voti, la loro motivazione è in accordo con l'approccio del Grande Veicolo, secondo cui tutti gli esseri senzienti dovrebbero essere liberati dal saṃsāra. Tuttavia, se ci si chiede se tutti i lignaggi buddhisti tibetani siano tenuti a prendere i voti di liberazione individuale utilizzando le relative liturgie, la risposta è che i singoli individui fanno ciò che è necessario e adatto a loro.

È tradizione per tutti i buddhisti tibetani prendere il voto di liberazione individuale, ma agli individui con sufficienti capacità è di solito permesso di entrare subito nella pratica del tantra. Se vi chiedete se sia consentito loro omettere anche il sentiero sūtrico del Grande Veicolo, la risposta è la stessa. Gli individui qualificati non hanno bisogno di ricevere

---

115 Buddhismo Shingon (真言宗, Shingon-shū), anche se la maggior parte dei buddhisti giapponesi appartiene a rami del Grande Veicolo come lo Zen e il Nichiren.

formalmente gli impegni del bodhisattva attraverso le liturgie del Grande Veicolo prima di accedere al tantra.

Esistono due modalità con cui i tibetani possono entrare direttamente nel tantra. Nel modo più comune, i voti dei veicoli della liberazione individuale e del bodhisattva sono inclusi in forma abbreviata nella liturgia del potenziamento tantrico. In questo caso, si accede ai tre veicoli in successione, come i gradini di una scala, con il potenziamento del tantra situato al vertice. Questo approccio graduale, in tre fasi, è il metodo con cui la maggior parte dei tibetani entra nella pratica tantrica.

Nel modo straordinario, quando si ricevono i samaya tantrici, si considera che i voti inferiori di liberazione individuale e gli impegni del bodhisattva siano implicitamente ricevuti, poiché la loro essenza è contenuta nei samaya superiori e negli impegni tantrici segreti.

Per offrire una metafora del modo in cui l'essenza degli insegnamenti inferiori sia racchiusa in quelli superiori, alcuni individui con capacità mentali molto elevate a volte saltano la scuola elementare e passano direttamente alla scuola media.[116] Allo stesso modo, individui di intelligenza particolarmente acuta possono padroneggiare il veicolo della liberazione individuale, che è paragonabile alla scuola elementare, senza praticarlo esplicitamente perché la sua essenza è inclusa nel veicolo del bodhisattva, che è paragonabile alla scuola media.[117]

---

116 Ad esempio, sono in grado di risolvere problemi di algebra, scrivere saggi di storia basati sui libri che hanno letto e così via, perché hanno imparato da soli le abilità di base di lettura, scrittura e aritmetica, senza bisogno di frequentare la scuola elementare. Poi, nella scuola media, imparano i livelli superiori di queste abilità.

117 Ad esempio, il veicolo della liberazione individuale insegna che non esiste un sé personale, quindi essere attaccati ai kleśha dei tre veleni che motivano le azioni per il suo beneficio è illusorio. Gli insegnamenti del secondo giro della ruota del Dharma del veicolo del bodhisattva spiegano che non esiste né un sé personale né un sé dei fenomeni. Non c'è quindi un sé personale che possieda i kleśha, non ci sono kleśha, non ci sono azioni ispirate da essi e non ci sono fenomeni che sono oggetti di tali azioni. Essere attaccati a una qualsiasi di queste cose è illusorio. Coloro che hanno realizzato la visione del veicolo del bodhisattva non hanno bisogno di studiare separatamente

Poche persone geniali sono in grado di imparare quasi tutto da sole e possono iniziare i loro studi formali direttamente al liceo o persino all'università. Allo stesso modo, gli studenti più brillanti accedono direttamente al sentiero del tantra. I praticanti tantrici eccellenti non hanno bisogno di studiare i veicoli inferiori in modo esplicito perché l'essenza sia del veicolo della liberazione individuale sia di quello del bodhisattva è presente all'interno del tantra. Per queste persone, non è necessario prendere esplicitamente i voti dei primi due veicoli, né studiarli o praticarli in modo formale. Essi possiedono già tutta la conoscenza necessaria per comprendere l'obiettivo di tutti gli studi buddhisti: la saggezza che conosce il significato ultimo della vita e il modo per realizzare una grande felicità.[118] Tuttavia, se dovessero comunque dedicarsi agli studi elementari, ciò non arrecherebbe alcun danno.

"Se è possibile andare direttamente al punto principale in questo modo, perché mai qualcuno dovrebbe ricevere esplicitamente i voti di liberazione individuale e gli impegni del bodhisattva?". La maggior parte delle persone non è in grado di apprendere conoscenze buddhiste di livello intermedio, come il corretto ragionamento filosofico, senza uno studio esplicito delle conoscenze elementari. Senza questa base, non hanno alcuna possibilità di raggiungere l'obiettivo ultimo dei loro studi, e fingere il contrario non porta a nulla. Gli studenti dotati di un'intelligenza sufficiente per seguire l'approccio graduale possono comunque raggiungere tale obiettivo, ma devono necessariamente prendere in modo esplicito i

---

la visione del veicolo della liberazione individuale, perché la visione del veicolo del bodhisattva la comprende e include molto di più.

118 Per offrire ulteriori esempi, nella vita ordinaria, alcune persone non hanno mai seguito studi formali, eppure dimostrano grande abilità nei loro progetti e raggiungono un notevole successo sia nella sfera professionale che in quella privata. Altri, che non sanno nemmeno leggere e che quindi non sono in grado di comprendere i ragionamenti delle visioni filosofiche, riescono comunque a scoprire significati profondi della vita e a conseguire felicità e successo, che sono proprio gli obiettivi principali degli studi formali di cui non hanno avuto bisogno.

primi due tipi di voti e impegnarsi negli studi e nelle pratiche corrispondenti. Chi non è in grado di seguire nemmeno il sentiero della liberazione individuale non può avere successo nel Buddha-Dharma in questa vita. "Quando i voti di liberazione individuale, gli impegni del bodhisattva e i samaya tantrici sono stati tutti ricevuti, separatamente o implicitamente in una liturgia di potenziamento tantrica, coloro che hanno ricevuto questi tre tipi di voti devono mantenerli tutti?". Sì, devono farlo, ma il modo in cui questi voti devono essere mantenuti può variare.

Se una persona ha ricevuto i voti di liberazione individuale e gli impegni del bodhisattva quando era molto giovane e successivamente ha intrapreso il sentiero tantrico mantenendo i samaya, le parole letterali dei suoi precedenti voti di liberazione individuale e degli impegni del bodhisattva potrebbero sembrare in contraddizione con i nuovi samaya tantrici. Tuttavia, questi tre voti non sono realmente in conflitto, poiché l'essenza dei voti di liberazione individuale e degli impegni del bodhisattva è inclusa nei samaya tantrici, e i primi due possono essere mantenuti in modo non letterale. Anche se non vengono osservati esternamente, la loro essenza è comunque preservata, e pertanto non si considera che siano stati violati.

In sintesi, *se i samaya tantrici vengono mantenuti perfettamente, ciò è sufficiente. Se i singoli voti di liberazione e gli impegni del bodhisattva debbano essere mantenuti alla lettera dipende dal fatto che vengano mantenuti i voti del livello immediatamente superiore.* Ad esempio, se una persona non è in grado di mantenere correttamente i samaya tantrici, ma riesce ad osservare gli impegni del bodhisattva, allora l'essenza dei voti di liberazione individuale sarà inclusa in essi. In questo caso, gli impegni del bodhisattva devono essere mantenuti alla lettera e, se se lo sono, anche se i voti di liberazione individuale non vengono osservati in modo letterale, il continuum del praticante non sarà contaminato da trasgressioni.

Se non sono in grado di mantenere correttamente né i loro samaya tantrici né gli impegni del bodhisattva, allora devono attenersi letteralmente ai voti di liberazione individuale. Mantenendo i voti di liberazione individuale il più puri possibile, man mano che progrediscono saranno in grado di osservare anche gli impegni del bodhisattva e i samaya tantrici, anche se nella loro situazione attuale non riescono a relazionarsi con essi.[119]

Come già detto, *i samaya tantrici sono come la luce del sole, gli impegni del bodhisattva sono come la luce della luna e i voti della liberazione individuale sono come la luce fioca delle stelle.* Quando c'è la luce del sole, non c'è bisogno della luce della luna, ma ne abbiamo bisogno di notte, quando il sole non splende. Nelle notti senza luna, si riesce a vedere ben poco alla luce delle stelle, ma essa è comunque necessaria, perché è meglio di niente.

Tuttavia, in situazioni particolari può essere utile mantenere alla lettera i voti di liberazione individuali, anche quando ciò non è necessario per se stessi; ad esempio, quando questo genera fede nella mente degli altri.[120] Lo stesso vale anche per gli impegni del bodhisattva.

Secondo il principio per cui i voti superiori includono l'essenza di quelli inferiori, i monaci che osservano correttamente i loro samaya tantrici possono affermare sinceramente di praticare il tantra senza infrangere i loro voti monastici nella loro essenza.[121] Tuttavia, se i monaci che non mantengono i loro samaya cercano di usare il tantra come scusa per

---

119 In entrambi i casi, quando non è possibile mantenere i samaya tantrici e gli impegni del bodhisattva, si può ovviare a queste limitazioni con una pratica regolare di purificazione. Nella tradizione tibetana, un potente metodo di purificazione è la pratica Vajrasattva, con la visualizzazione e la recitazione di mantra basati sui quattro poteri: il potere dell'affidarsi, del pentimento, del rimedio e dell'astenersi. Rinpoche lo spiega in dettaglio nei suoi precedenti libri *Hidden Treasure of the Profound Path* e *Unveiling Your Sacred Truth — Book 2.*

120 Un esempio comune è quello in cui una monaca o un monaco che è un tantrika autentico - e in quanto tale non deve mantenere i voti di liberazione individuale alla lettera - li osserva comunque, in situazioni particolari, per il bene degli altri.

121 I voti monastici sono inclusi nella categoria dei voti del pratimokṣha o voti di liberazione individuale. Quindi, come spiegato sopra, se i monaci mantengono i loro samaya tantrici in modo esemplare, con un'incredibile percezione pura, devozione, apprezzamento e così via, sono autorizzati a praticare tutti gli aspetti del tantra, compreso il sentiero del desiderio, senza perdere il loro status di monaci.

infrangere i loro voti di liberazione individuali, infrangeranno tutti i loro voti, con conseguenze terribili. In generale, i praticanti che non sono certi della propria capacità di seguire i sentieri superiori come fulcro della pratica - per esempio, se non sono sicuri di mantenere i samaya, o non sanno se stanno praticando correttamente anche solo il sentiero del bodhisattva - agiscono saggiamente attenendosi letteralmente alle regole del veicolo della liberazione individuale. Questo approccio "sicuro" garantisce che la loro pratica continui a procedere verso la liberazione.

In breve, *non si può valutare unicamente sulla base della loro condotta esteriore se coloro che hanno realizzato tutti i punti essenziali del sentiero della liberazione individuale, del bodhisattva e del tantra stiano mantenendo i loro tre voti.* Possono manifestarsi difetti e virtù apparenti, ma ciò non determina se stiano o meno osservando i loro voti. Formulare giudizi solo su questa base è sempre inappropriato.[122] Questo è anche fonte di molti malintesi nella relazione tra il Guru e il discepolo, nonché nella valutazione della condotta di qualsiasi maestro spirituale realizzato.

Tutti coloro che osservano i voti del bodhisattva del Grande Veicolo,
Mantengono i voti del pratimokṣha del Piccolo Veicolo.

---

122 Un esempio comune di ciò si osserva quando i Lama che sono anche monaci si comportano come monaci perfetti durante gli insegnamenti pubblici; poi, quando si muovono nel mondo per svolgere attività altruistiche diverse e connettersi con differenti esseri senzienti, possono manifestare la condotta del bodhisattva e non seguire strettamente la condotta della liberazione individuale, che impedirebbe loro di compiere tali attività; inoltre, quando è necessario addestrare i discepoli più stretti, possono mostrare un comportamento non convenzionale come tantrika, non timorosi della nuda verità della realtà. Osservatori esterni che non comprendono che stanno agendo per soddisfare i bisogni di esseri differenti possono erroneamente giudicarli ipocriti. Tuttavia, Rinpoche non sta affermando che tutte le persone che agiscono in questo modo siano necessariamente perfette nell'osservanza dei loro tre voti, ma che non dovremmo giudicarle unicamente sulla base del loro comportamento esteriore. È utile ricordare che persino nella vita quotidiana cambiamo costantemente comportamento e stile a seconda dei ruoli che ricopriamo. Una stessa persona può essere madre, medico, professore universitario, sorella, autista, volontaria, amante, e così via, allo stesso tempo e senza contraddizioni.

Se i voti tantrici sono seguiti correttamente,
Lo sono anche quelli del pratimokṣha e della bodhicitta.
Se si mantiene un voto inferiore, non è certo che si mantengano
    quelli superiori,
Ma chiunque mantenga un voto superiore, mantiene anche
    quelli inferiori.

I voti del prātimokṣa, del bodhisattva e del tantra
Esistono come qualità in evoluzione ascendente,
nel senso che quelli più elevati includono quelli inferiori.
Anche se i voti superiori non dipendono da quelli inferiori,
Tuttavia, essi ne includono le qualità.

Così, lo sviluppo dipende dalla crescita infantile,
E tale dipendenza persiste finché la crescita è in atto;
Ma una volta che la giovinezza è passata, non sostiene più la maturità,
Anche se la maturità realizza pienamente le qualità della giovinezza.[123]

---

123 I tibetani dicono: "La maturità non si basa sulla giovinezza". Tuttavia, la giovinezza si evolve
    nella maturità.

PARTE TERZA

Portare i kleśha sul sentiero

Poiché il desiderio e la mancanza di desiderio sono fenomeni mentali intrinseci,
Possono essere trasformati, ma non possono mai essere completamente abbandonati.
Per questa ragione, rendere i kleśha parte del sentiero,
Se analizziamo in dettaglio, è la via di tutti i veicoli.

Gendün Chöpel,
Trattato sul desiderio

Introduzione

Il sommo ornamento di tutti gli eruditi, Gendün Chöpel, suonò un campanello d'allarme[124] per avvertire l'epoca moderna dei problemi a venire quando scrisse,

89.   Poiché il desiderio e la mancanza di desiderio sono fenomeni mentali intrinseci, Possono essere trasformati, ma non possono mai essere completamente abbandonati. Per questa ragione, rendere i kleśha parte del sentiero, Se analizziamo in dettaglio, è la via di tutti i veicoli.[125]

Il significato profondo di ciò che viene insegnato è insondabile per gli studiosi letteralisti. I raggi solari di queste parole immutabili e preziose

---

124 I monasteri hanno spesso grandi campane per allertare e convocare i monaci. Allo stesso modo, i monaci sono spesso svegliati dal sonno al mattino dal suono di un corno ricavato da una conchiglia, e quindi una persona visionaria è chiamata "conchiglia del mattino" poiché cerca di svegliare i tibetani dall'ignoranza.

125 Se analizziamo attentamente, i veicoli inferiori non distruggono la passione come sostengono. I monaci del sentiero della liberazione individuale che vedono il desiderio come un nemico da abbandonare, in realtà portano il desiderio saṃsārico sul sentiero cambiandone l'oggetto, in modo da desiderare di rinunciare al saṃsāra e praticare il sentiero verso il nirvāṇa. I bodhisattva trasmutano il desiderio ordinario in un desiderio puro di sperimentare la vacuità del modo in cui sono le cose, libero dai kleśha. I tantrika usano il desiderio in modi abili per progredire più rapidamente sul sentiero.

come diamanti risplendono rivelandosi a tutti noi dallo spazio elevato del cielo, e così ora dovrei scriverne a lungo nei prossimi capitoli.

I kleśha sono descritti in molti modi diversi nella tradizione testuale buddhista. Nell'*Abhidharma*, tra i cinquantuno fattori mentali si trovano i sei kleśha radice e i venti kleśha secondari. Nel tantra, sono ben noti i kleśha che consistono in ottanta tipi di stati emotivi concettualizzati. Non è necessario analizzarli tutti, poiché la loro essenza è costituita dai cinque veleni o dai sei kleśha radice.[126]

Nel tantra, per "rendere i kleśha parte del sentiero", ad esempio, la rabbia naturalmente presente in tutte le persone non deve essere abbandonata. Per portare la rabbia sul sentiero è necessario comprendere come impiegare i fenomeni di rabbia per facilitare il beneficio e la felicità.

Per fare un'analogia, se sappiamo come usare l'energia nucleare per il bene degli altri, quella potenza inconcepibile può generare un beneficio insuperabile. Se invece non sappiamo controllarla ma cerchiamo comunque di usarla, il rischio di disastro è estremamente elevato. Tale pericolo non è un difetto dell'energia nucleare, ma è dovuto alla nostra ignoranza. Allo stesso modo, i nostri kleśha non sono qualcosa di intrinsecamente negativo che deve necessariamente essere abbandonato. *I kleśha sono un problema solamente perché non sappiamo come utilizzarli.* Anche in questo caso, la nostra ignoranza è il vero problema.

Portare i kleśha sul sentiero non significa indulgere in essi senza alcun limite. Questo è il cammino verso i regni inferiori, non il cammino verso l'illuminazione. Non significa nemmeno che, rilassandosi, si riesca a lasciare andare l'attaccamento a tutti i kleśha del proprio continuum. Se ciò fosse possibile, ogni volta che sorgessero i soliti moti di desiderio o rabbia, persino coloro che non si sono mai addestrati sul sentiero potrebbero semplicemente smettere di attaccarsi a essi a piacimento; ma è evidente che le persone comuni non possono farlo. Tutti sanno che la

---

126 Tutti questi elenchi sono riportati nel glossario.

natura umana non funziona in questo modo.

Come funziona allora la natura umana? Si può fornire una spiegazione richiamando la natura ultima delle cose, che è comune ai sentieri del sūtra e del tantra. Ad esempio, se riusciamo a praticare dimorando nell'esperienza della natura ultima dei kleśha come Sugatagarbha, non saremo più sopraffatti dalle fiamme dei kleśha, così come non lo saremmo saltando in un laghetto di fiori di loto.[127] In tal caso, questi veleni si trasformeranno in medicina. Se il livello della nostra esperienza è sufficientemente elevato, la proliferazione dei kleśha cesserà spontaneamente; se il livello è intermedio, la non proliferazione avverrà semplicemente ricordando la vera natura dei kleśha.

In questo processo, l'obiettivo principale della pratica è l'esperienza del Sugatagarbha, la natura e il fondamento di tutti i fenomeni. Inoltre, *dovremmo essere consapevoli di qualsiasi kleśha ordinario nella nostra mente come aspetto di tale terreno.* Se lo facciamo, entreremo gradualmente in livelli di pratica sempre più elevati, come se salissimo i gradini di una scala. A quel punto non dovremo più preoccuparci dei kleśha dentro di noi. *Non sarà necessario abbandonarli, perché con la pratica costante non saremo più controllati da essi, ma saremo noi a controllarli.*[128]

---

127 La scuola Jonang dell'autore spiega così questa natura comune. Alcune altre scuole la spiegano in termini di vacuità della natura del sé, come insegnato nel secondo giro della ruota del Dharma. Questa affermazione richiama quelle contenute nel Sūtra del Loto, in particolare un passaggio del capitolo 25: "Supponi che degli esseri malvagi ti gettino in una fossa infuocata". / Dimora in [Avalokiteśhvara] e la fossa infuocata / si trasformerà in un delizioso laghetto [di fiori di loto]."

128 Sebbene a volte la nostra pratica possa concentrarsi sull'aspetto vacuo dei kleśha, seguendo un approccio sūtrico, dobbiamo tenere a mente che sūtra e tantra non presentano alcuna contraddizione ultima.

1

Portare la rabbia sul sentiero

Se prendiamo ad esempio la rabbia per illustrare le ragioni sopra esposte, essa non è qualcosa che debba sempre essere abbandonata. Se la rabbia viene resa funzionale, può portare grandi benefici. Nell'addestramento sul sentiero tantrico, *non è necessario cambiare la natura intrinseca della rabbia, ma cambiare il motivo della rabbia, il suo oggetto, il nostro atteggiamento verso di essa e così via.*

Quando persone istruite che desiderano diventare praticanti tantrici pongono ai loro insegnanti domande del tipo: "Come possiamo portare la rabbia sul sentiero?", una risposta comune è: "Riconoscete che la vostra rabbia non esiste veramente. La sua essenza è vacuità. Nella verità assoluta, la vostra rabbia è Vajrasattva, che rappresenta la saggezza primordiale simile al vajra". Tali risposte sono esatte dal punto di vista della dottrina. Tuttavia, come guida pratica, risultano per lo più parole vuote da accantonare perché non sono accompagnate da istruzioni su come applicarle.

Anche quando si riesce a comprendere correttamente una simile risposta, è generalmente molto difficile collegare tale comprensione a un'azione concreta che si possa compiere. Soltanto pochi individui eccezionali possono seguire istruzioni di alto livello come: "Smettete di concentrarvi sul vostro attaccamento relativo alla rabbia e osservate l'essenza assoluta della rabbia. Quest'unica abilità porterà tutti alla liberazione". Percorrere l'intero sentiero con un solo balzo in questo modo è generalmente possibile solo per esseri dotati delle più alte capacità, che stanno sperimentando il frutto del buon karma maturato grazie a un'estesa pratica nelle vite precedenti.

Le persone comuni, molto probabilmente, riceveranno solo una comprensione arida e astratta da tali risposte. Possiamo essere certi, per esperienza, che non ne trarranno alcun beneficio reale. I praticanti di ogni livello non dovrebbero fingere di essere soddisfatti da risposte che non hanno senso per loro. Hanno bisogno di una risposta che indichi loro come praticare correttamente in base alle proprie capacità. Una risposta adeguata per i principianti potrebbe essere la seguente.

In generale, "portare i kleśha sul sentiero" non significa che i kleśha debbano essere lasciati senza controllo e quindi agire in base ai loro impulsi, qualsiasi essi siano, senza contenersi. Il significato è che la rabbia e gli altri kleśha possono essere impiegati come parte del percorso tantrico, anziché essere repressi o abbandonati. Tuttavia, molti tantrika potrebbero non aver ancora sviluppato le capacità necessarie per portare potenti kleśha sul sentiero. In tal caso, l'unica loro scelta è quella di abbandonarli temporaneamente, come farebbero sul sentiero del sūtra.

Quando la rabbia ordinaria sorge nella mente di coloro che non hanno mai ricevuto alcun addestramento sul sentiero, di solito perdono il controllo di sé, come un'automobile senza freni. Questo stato di impotenza non significa portare la rabbia sul sentiero. Non è affatto parte del sentiero che conduce alla felicità e al beneficio. La rabbia nella mente di questi principianti è potente, ma nella sua forma attuale non può essere utilizzata per compiere azioni virtuose guidate dall'amore e dalla compassione. L'impotenza di fronte al dolore fa sì che tale potere si manifesti irresistibilmente come rabbia saṃsārica, cattiveria, odio e così via. Mancando della necessaria conoscenza, queste persone non riescono a rendere la loro rabbia controllabile. Non sanno riconoscere che la loro rabbia, fin dal suo sorgere, è un aspetto chiaro e luminoso della natura assoluta delle cose.

In generale, quando la rabbia sorge per la prima volta in voi, la vostra mente sperimenta un senso di disagio. La rabbia prende il sopravvento, lasciandovi pochissima autonomia. In una situazione simile potrebbe essere necessario abbandonare la rabbia. Tuttavia non lasciatevi semplicemente sopraffare dalla sconfitta. Questa stessa rabbia presente nella vostra mente può essere una fonte di energia. Se riuscirete a controllarla, questa energia potrà essere impiegata come vorrete. Se sarete in grado di farlo, la vostra rabbia non dovrà necessariamente essere abbandonata. Riflettete su quanto beneficio può derivare dall'utilizzare la vostra rabbia e quanto dall'abbandonarla. Scegliete la strada che porta al risultato migliore. Il punto principale è che la rabbia non deve essere abbandonata solo perché è un kleśha.[129]

Ricordate che la rabbia è spesso motivo di crudeltà verso gli altri. Osservate se la vostra rabbia ha questa componente di crudeltà. Anche se così fosse, non è necessario abbandonarla se si riesce a cambiarne l'oggetto e la direzione. La natura potente della rabbia può essere lasciata intatta, purché la vostra rabbia e cattiveria siano reindirizzate verso qualcosa di appropriato. Allora, se vedrete che l'azione derivante dalla vostra rabbia non sarà più dannosa e che il suo risultato sarà benefico, non dovrete abbandonarla.

Ad esempio, quando una persona ordinaria che non si è addestrata

---

129 Parafrasando il dottor Adrian Hekel in un messaggio dell'aprile 2023: spesso la rabbia si manifesta troppo rapidamente perché si possa riflettere su come cambiare l'oggetto della rabbia e così via. Un modo per ovviare a questo problema è quello di utilizzare un diario per analizzare situazioni specifiche in cui abbiamo reagito con rabbia, identificare in che modo le nostre risposte egoiche hanno ostacolato una reazione più benefica e annotare ciò che potremmo dire o fare con maggiore abilità in situazioni future. Le reazioni di rabbia più comuni spesso emergono in risposta a un senso di impotenza; riconoscere questa connessione ci aiuta a non esserne sopraffatti.

sul sentiero si arrabbia con gli altri, sorge in lei un atteggiamento crudele nei loro confronti e il desiderio che essi soffrano. Quando si trasforma la rabbia in sentiero, la direzione di questa crudeltà deve essere cambiata. Altrimenti i pensieri che proliferano potrebbero fissarsi così saldamente che in seguito non riuscirete più a modificarli.[130]

In un primo momento, si può pensare a qualcosa del tipo: "L'oggetto della mia rabbia è quella persona che ha compiuto tali e tante azioni dannose nei miei confronti o verso i miei amici e parenti più stretti. Pertanto, voglio vendicarmi facendo del male a questa persona in tale e tale maniera". Un pensiero simile può sorgere in modo chiaro e consapevole, ma può anche manifestarsi inconsciamente, nascosto sotto la superficie, rivelandosi attraverso sguardi pieni di rabbia, un'espressione di sofferenza e così via. Per portare questa rabbia sul sentiero, è necessario cambiare alcuni aspetti del suo focus. A tale fine, con una mente calma, pensate quanto segue: "Questa persona mi ha fatto del male. Se le sue azioni cattive non vengono fermate, continuerà a nuocere agli altri in modo analogo. Anche se non dovesse riuscire a danneggiare direttamente gli altri, nella sua mente si radicherà una propensione abituale a commettere tali azioni negative. Se non riconosce il pericolo di questa familiarità con simili comportamenti maligni, continuerà a ripeterli. Se questi sentimenti e azioni non vengono interrotti rapidamente, sarà lei stessa gravemente danneggiata dal suo karma negativo. Perciò devo cercare di fermare questi sentimenti e azioni. Se i mezzi pacifici non sono sufficienti, devo cercare di fermarli con mezzi irati".

Pensando in tale maniera, non si abbandonano la rabbia e la malevolenza, ma si cambia solo l'oggetto della loro attenzione. Non siete più arrabbiati con la persona che vi ha fatto del male, ma con la rabbia stessa, le sue cause e i danni che ne derivano. Volete sconfiggerla a causa del

---

130 Non prestare attenzione a questo aspetto potrebbe, ad esempio, permettere a forti sentimenti di rancore, risentimento, astio, rivalsa e così via di radicarsi nella vostra mente.

male che provoca. Grazie a questo cambiamento di focus dell'attenzione, la rabbia non è più qualcosa che deve essere abbandonato.

Se si ha sufficiente fiducia in se stessi per adottare questo metodo, allora si inizia realmente a portare i kleśha nel sentiero. Altrimenti, anche se la comprensione teorica è corretta, se la fiducia non è abbastanza salda, sarà necessario trattenere temporaneamente la rabbia, utilizzando qualunque antidoto adatto conosciate. In questo caso, anche se un osservatore potrebbe non vedere la rabbia manifesta in voi, essa viene solo repressa fino a quando non acquisirete maggiore sicurezza. In ogni caso, poiché l'attenzione dovrebbe essere rivolta a ciò che è di beneficio per gli altri, anche se avete grande fiducia nella vostra capacità di agire in maniera irata per uno scopo positivo, se l'oggetto della vostra rabbia non ne trae reale beneficio, potreste dover accantonare l'approccio irato e cercare altri mezzi abili per affrontare la situazione.

Spesso le persone cadono in estremi opposti riguardo alla rabbia. Alcuni si infuriano alla minima provocazione o per semplici incomprensioni nella vita quotidiana. Chi li circonda evita di parlare in modo diretto per paura delle loro reazioni. Altri sono così vulnerabili da non riuscire a gestire alcuna manifestazione di rabbia. Perciò le persone intorno a loro hanno paura di mostrare la rabbia all'esterno e quindi fingono di essere sempre calmi e imperturbabili. Temendo i conflitti, si evita di parlare di questioni che invece dovrebbero essere affrontate. Questo crea in seguito conflitti ancora più complicati.

In generale, molte persone nei Paesi occidentali con un alto livello di istruzione pensano che la rabbia sia sempre negativa. Sebbene la rabbia sorga in tutti, fingono che non ci sia. Tuttavia, invece di trarre beneficio da questa repressione, tali individui subiscono gravi danni. Cercare di sopprimere e ignorare la rabbia[131]è come assumere un antidolorifico per

---

131 Rinpoche si riferisce qui alle persone che reprimono sempre la loro rabbia per paura della condanna morale che potrebbero subire, e così via. Come spiegato sopra, egli non sta insegnando che la rabbia non deve mai essere trattenuta.

eliminare il sintomo di una malattia, ignorando la malattia stessa. Per un certo tempo, sembra che il problema sia risolto, ma nel profondo si accumulano costantemente le propensioni karmiche che alimentano quella malattia. Alla fine, ci si ammalerà in maniera ancora più dolorosa.

Allo stesso modo, invece di cercare di reprimere la rabbia, imparate ad utilizzarla, cambiando l'oggetto della vostra rabbia in qualcosa di appropriato. Se la rabbia nasce internamente, lasciate che si manifesti esternamente. Alcuni potrebbero giudicare questo comportamento come inappropriato, ma almeno non vi sarà il pericolo che si verifichi un danno maggiore in seguito. Se non si fa così, la rabbia continua ad accumularsi internamente e un giorno sarà impossibile resistere. A quel punto, sicuramente si sfogherà sotto forma di azioni gravemente negative, nonostante ogni vostro sforzo per controllarla.

Come dovrebbero addestrarsi i principianti

Se un praticante con poca esperienza si chiede come procedere, il metodo è il seguente. Se la rabbia sorge dentro di voi, *per prima cosa considerate se questa rabbia produrrà un buon risultato*. Se siete sicuri che ne deriverà un esito positivo, non è necessario abbandonarla. *Dovete anche verificare se la vostra rabbia porterà beneficio all'oggetto della vostra rabbia.* Se così non fosse, considerate come, cambiando l'oggetto della vostra rabbia, potete trasformarne l'effetto sull'oggetto originario in uno benefico.

Se non siete sicuri che la condotta motivata dalla vostra rabbia avrà un buon risultato, pensate in questo modo: "L'individuo che è oggetto della mia rabbia non ha potuto fare a meno di comportarsi male. La mia rabbia nasce da cause esterne che ostacolano anche la mia libertà d'azione. Quella persona, che come me ha poca autonomia, mi ha dato un'occasione propizia per riconoscere i miei limiti". Così cominceranno a sorgere naturalmente sentimenti piacevoli di compassione o gentilezza verso l'oggetto della vostra rabbia. Se ciò non elimina la rabbia, provate ancora e ancora a trovare un punto di vista da cui quella rabbia abituale non sorga.

Se volete andare più a fondo, pensate in questo modo: "La rabbia è un'illusione che deriva dal non conoscere la realtà delle cose. Proprio come quando sono ubriaco, quando mi arrabbio non riconosco la vera natura delle cose. Non solo si accumulano errori fattuali, ma la rabbia saṃsārica nasconde temporaneamente sia il suo danno relativo che la sua natura assoluta. La rabbia provoca danno solamente quando non riusciamo a riconoscere questi due aspetti. A causa di tale problema, gli individui arrabbiati sono controllati dalla loro rabbia".

Se si riconosce la vera essenza della rabbia, la rabbia relativa[132] verso una persona che ci ha fatto del male si dissolve. Essa diventa allora una grande, assoluta rabbia contro le schiere dei *mara*, e questa è una virtù che non deve essere abbandonata. Ricordate che la natura ultima della rabbia è Vajrasattva e lasciate che questo pensiero crei una breccia nella vostra rabbia oscurante, riempita da un lampo della natura ultima e divina. A un livello, il dramma relativo della rabbia continua, ma a un altro livello, siete un osservatore distaccato in una bolla di non-attaccamento. Da quella posizione, potete considerare i possibili risultati della vostra rabbia in modo oggettivo e riorientare il suo oggetto verso ciò che produrrà il risultato migliore.

Osservate se nella vostra mente arrabbiata esistono pensieri incidentali di crudeltà verso gli altri. Ricordate che le apparenze karmiche di due persone separate, una che prova rabbia e l'altra che ne è l'oggetto, sono fenomeni illusori. Se voi due foste veramente separati, non potreste avere relazioni causali che vi permettano di percepire le azioni dell'altro e di reagire ad esse con emozioni come la rabbia. Ricordando più e più volte che la vostra rabbia apparente consiste in apparenze illusorie, la vostra mente si evolverà gradualmente fino a quando la vostra rabbia diventerà

---

132 Poiché si riferisce alla verità relativa.

governabile.[133] Non è necessario fare questo con ogni pensiero di rabbia. Avere piena coscienza anche soltanto di uno di tali pensieri all'interno di una situazione in cui sorge l'ira, farà sì che la vostra rabbia porti infine a un risultato diverso.

Ora non state abbandonando la rabbia. La state trasformando in un sentiero, poiché imparare a vedere la vostra rabbia così com'è vi permette di sperimentare la natura dei fenomeni. Essere consapevoli anche di una piccola esperienza della realtà ultima pacifica i pensieri crudeli della rabbia saṃsārica. Perdere l'autocontrollo, al punto da non poter più cambiare o riorientare la propria rabbia, diventerà allora impossibile.

Come addestrarsi con mezzi più abili

Una volta che il praticante ha affrontato i kleśha abbastanza a lungo da sviluppare mezzi più abili, il procedimento si svolge in questo modo. Pensate: "Quando agisco contro un individuo che è oggetto della mia rabbia, sono perso nel fenomeno illusorio dell'essere arrabbiato. Le mie azioni, così come le sue, sono il risultato dell'essere ingannati da apparenze illusorie. Agire in questo modo non fa altro che rafforzare la mia propensione abituale a sperimentare nuovamente questi fenomeni illusori. *Tuttavia, in realtà, tutti questi fenomeni sono lo stato naturale - il grande, onnipervadente e onnicomprensivo Dharmadhātu*". Contemplate lo stato naturale in cui la rabbia, la persona che prova rabbia e l'oggetto della rabbia sono uno e non duali. Lasciate che la vostra mente raccolta in un unico punto sia quel vero Sé. Se sorgono pensieri concettuali e percezioni di qualsiasi altra cosa, gridando con forza PHAṬ,[134] entrate in una chiarezza luminosa e priva di radici. Quando gridare PHAṬ non è appropriato, potete limitarvi a farlo solo mentalmente.

---

133 Se non vi è identificazione con l'emozione della rabbia saṃsārica, allora, anche quando sorge con forza, la rabbia sarà governabile.

134 Sillaba sanscrita "mistica", usata come esclamazione e incantesimo, che spesso compare alla fine di mantra irati, per dissipare ostacoli esterni, interni e nascosti.

Addestramento per coloro che si sono preparati per la pratica superiore e conclusione

Per coloro che hanno sviluppato una certa abilità nell'applicazione di queste istruzioni, il sentiero trasforma gradualmente i fenomeni dei kleśha, rendendoli per sempre governabili. Per accrescere tale abilità, quando siete soli, esercitatevi con un oggetto immaginario che fa sorgere la rabbia:

1. Generate nella vostra mente uno di questi oggetti per suscitare la rabbia.[135]
2. Poi pacificate o controllate la rabbia.
3. Rendetela utile con uno dei vari mezzi spiegati sopra.
4. Successivamente fate in modo che la rabbia si ripresenti come prima.
5. Dopo aver ripetuto questi passaggi più e più volte, sarete in grado di far sorgere la rabbia in qualsiasi momento desideriate. Quando non vorrete più lavorarci, potrete lasciarla svanire con facilità.

Una volta raggiunta questa reale autonomia, da quel momento in poi sarete vittoriosi sulla rabbia. Allora, non potrete forse dire che, in tal misura, sarete dei Vittoriosi?

Per quanto riguarda le differenze tra la rabbia ingovernabile, che deve essere abbandonata, e la rabbia governabile, che può essere portata sul sentiero tantrico perché la sua essenza è riconosciuta come la vera essenza dei fenomeni, si distinguono tre aspetti principali: (1) l'oggetto focale e la motivazione sono differenti; (2) il livello di fiducia è differente; (3) la quantità di beneficio ottenuto dalla fruizione è differente. Tutte le altre qualità, invece, sono simili.

Ad esempio, (1) la motivazione della rabbia ordinaria e ingovernabile è

---

135 Non è necessario che l'oggetto sia un altro essere, ma può anche trattarsi di una situazione specifica, dei propri limiti, etc.

un desiderio egoistico. Talvolta appare come se fosse per il bene altrui, ma la sua radice è l'egoismo. *Quando la rabbia è vista come parte essenziale del sentiero, il suo oggetto focale temporale è il beneficio sia per se stessi che per gli altri, ma il suo oggetto focale ultimo dovrebbe sempre essere il beneficio per gli altri.* (2) La fiducia in una fruizione favorevole della rabbia ordinaria è estremamente bassa, mentre per la rabbia portata sul sentiero è alta. (3) Per la rabbia ordinaria, una buona fruizione con grandi benefici è quasi impossibile, ma per la rabbia portata sul sentiero, invece, è probabile.

Attraverso la pratica ripetuta, alla fine si raggiunge l'autonomia nel diventare arrabbiati. Essere in grado di generare questo tipo di rabbia utilizzabile è molto importante, poiché ha la natura del sentiero tantrico. Tuttavia, qualcuno potrebbe chiedersi: "I veicoli sūtrici fanno di tutti i fenomeni che non sono kleśha aspetti del sentiero causale. Perché il tantra afferma senza riserve che i kleśha devono essere resi aspetti del sentiero?"

Questa caratterizzazione del tantra è fuorviante. Nel tantra tutti i fenomeni vengono portati sul sentiero. Dire che i kleśha devono essere portati sul sentiero non esclude che anche altri fenomeni possano essere integrati nel sentiero, come avviene nei veicoli sūtrici. Inoltre, nell'approccio tantrico, qualunque kleśha sorga viene portato sul sentiero. Tuttavia, il punto non è che dobbiamo sempre generare fenomeni di rabbia, desiderio e così via per poter portare i kleśha sul sentiero.

I kleśha sono la causa della sofferenza del saṃsāra. Rendere solamente i non-kleśha aspetti del sentiero non può mai essere una causa sufficiente per la liberazione dalla sofferenza, poiché i kleśha continueranno a causare sofferenza. Siccome i kleśha non vengono integrati nei sentieri sūtrici, tali sentieri possono raggiungere l'illuminazione solo eliminando i kleśha con antidoti che non sono kleśha. Riuscire in questo è raro. Quando i kleśha vengono portati sul sentiero tantrico, si ottiene la liberazione dalla sofferenza causata dai kleśha senza doverli abbandonare. Un simile approccio è più in accordo con la natura umana rispetto all'approccio del sūtra, quindi le possibilità di successo sono molto più alte.

Se non sappiamo come portare i kleśha sul sentiero, non sappiamo come praticare il tantra. In tal caso, gli unici sentieri disponibili sono i sentieri sūtrici che abbandonano i kleśha. Possiamo ancora raccontarci che ciò che stiamo facendo fa parte di un percorso tantrico, ma non è così. Tuttavia, se pensiamo che abbandonare i kleśha sia sempre sbagliato nel tantra, non solo ciò non è corretto, ma è anche possibile ottenere risultati negativi se non utilizziamo i kleśha in modo abile. Abbandonare temporaneamente o trattenere i kleśha in casi complessi può essere parte di un percorso tantrico che alla fine porta a integrarli nel sentiero.

Realizzare che i kleśha sono semplici illusioni vuote, come viene fatto in alcune presentazioni del secondo giro della ruota del Dharma, non è sufficiente per la pratica tantrica.[136] Per fare un esempio, quando si discute della pratica dello stadio di generazione della visualizzazione dei fenomeni puri delle divinità padre e madre in unione, al giorno d'oggi si dice spesso che i fenomeni delle divinità sono vuoti di essenza, come insegnato nel secondo giro della ruota del Dharma, nel senso che non esistono veramente. Se questa spiegazione viene presa alla lettera, è inutile per il tantra. La pratica tantrica richiede di sperimentare le qualità pure e illimitate delle divinità e del loro ambiente così come sono, per poi impiegare mezzi abili per lavorare con esse.

Affermare che la rabbia nasce dall'avversione è vero in termini di causalità relativa. Tuttavia, per comprendere il tantra, dobbiamo anche capire come l'avversione, la rabbia e i fenomeni correlati siano aspetti dell'energia in via di sviluppo della mente assoluta. Come possono aspetti della

---

136 Non possiamo lavorare con i kleśha se sono stati svuotati nel nulla. Le qualità relative dei kleśha sono viste come vacue in questo modo, ma queste qualità sono anche rivalutate nella pratica tantrica come aspetti del Sugatagarbha assoluto che sono anche qualità dei kāya ultimi della Buddhità e delle saggezze delle divinità assolute. Questo permette di lavorare con i kleśha come parte del percorso.

mente assoluta, che è fondamentalmente virtuosa, essere qualità negative? Se la rabbia fosse un difetto dal punto di vista che realizza l'ultimo, allora anche gli aspetti assoluti dei cinque veleni, le cinque saggezze, sarebbero considerati difetti, ma ciò è impossibile.

"Come può la malevolenza, il voler fare del male agli altri, essere classificata come una qualità positiva?". La rabbia astiosa sorge a causa dell'attaccamento ignorante ad un sé relativo che vuole danneggiare coloro che sono visti come ostacoli ai desideri di quel sé; tuttavia, ciò non implica che la rabbia e la malevolenza siano difetti in tutte le situazioni. Il coraggio esemplare delle grandi eroine e dei grandi eroi è forse un difetto? Il loro coraggio è la grande forza d'animo con cui sono capaci di combattere nemici malvagi. Quando nella loro mente si manifesta la giusta malevolenza nei confronti di questi nemici, come può questa determinazione eroica essere classificata come un difetto?

Se questa malevolenza invalida il loro coraggio, questi eroi ed eroine sono forse dei codardi? Sicuramente no. I codardi sono incapaci di affrontare i nemici. Per quanto potenti possano essere i loro avversari, gli eroi e le eroine li affronteranno senza paura. Gli eroi e le eroine supremi sono i bodhisattva, perché nel profondo del loro cuore risiede l'atteggiamento eroico che si prefigge di "stabilire tutti gli esseri al livello della perfetta Buddhità". La vera portata delle loro qualità trascendenti ed eroiche può essere percepita soltanto attraverso una percezione pura.[137]

---

137 Come spiegato nel glorioso *Kālachakra Tantra*, i guerrieri bodhisattva supremi sono i Re e le Regine Kalkī di Śhambhala. Essi ci guideranno nel superare gli ostacoli alla venuta di una seconda Età dell'Oro sulla nostra Terra. Secondo Rinpoche, è giunto il momento per tutti noi che siamo compassionevoli di prepararci a unirci a loro. Se seguiamo l'esempio di questi eroi ed eroine tantrici nel superare con compassione l'approccio egocentrico degli oppositori dell'Età dell'Oro, comprenderemo come portare la rabbia sul sentiero.

2

Portare l'orgoglio sul sentiero

Il capitolo precedente sulla rabbia è più elaborato rispetto ai successivi perché nella vita di tutti i giorni ci confrontiamo costantemente con la rabbia. Possiamo vedere con i nostri occhi i cattivi risultati che derivano dal gestirla in maniera inadeguata. È evidente che la maggior parte di noi non sa come usare la rabbia in modo corretto, quindi ho pensato che sarebbe stato utile affrontare l'argomento nel dettaglio. Tuttavia, i kleśha seguenti, qui presentati in modo più conciso, sono anch'essi mezzi potenti da integrare nella nostra pratica. Dopo aver letto come portare la rabbia sul sentiero, possiamo applicare principi simili ad altri kleśha, come l'orgoglio, senza dover ripetere una per una le spiegazioni già fornite.

Molti dicono che l'orgoglio consiste nell'essere compiaciuti di sé stessi oppure nell'essere irritati e indignati quando si viene contraddetti. In realtà, l'orgoglio è una forma di arroganza. Quando qualcuno pensa: "Sono migliore degli altri" o li guarda dall'alto in basso, questo è orgoglio arrogante e saṃsārico.

L'orgoglio è sempre una kleśha e un difetto? No. *L'orgoglio realistico è una buona qualità; senza orgoglio per ciò che è degno e appropriato, non potremmo nemmeno riconoscere la virtù.* Lo stesso non vale per la rabbia. Alcuni tipi di rabbia, come la rabbia eroica contro l'ingiustizia, sono virtuosi; tuttavia, la rabbia non è necessaria per riconoscere la virtù.

D'altra parte, l'orgoglio irrealistico e inappropriato è sempre un difetto. Ad esempio, se una persona possiede cento buone qualità, ma con orgoglio infondato sostiene di averne duecento, il suo orgoglio è inappropriato. Poiché in questo caso la verità è chiaramente evidente, non c'è bisogno di fornire una spiegazione più estesa.

Un orgoglio fondato e appropriato è necessario perché consente alle persone di riconoscere le qualità positive che hanno dentro di loro. Non esiste perdita più grande al mondo del perdere questa capacità. Per esempio, se un uomo povero possiede cinquecento pezzi d'oro ma non ne comprende il valore, non è in una posizione migliore che se li buttasse via come spazzatura. Allo stesso modo, *le virtù che abbiamo dentro di noi devono essere prima riconosciute, in modo da sapere come usarle.* Questo riconoscimento è una forma di orgoglio.

L'orgoglio fondato e appropriato è chiamato anche "forza d'animo" e "fiducia". Nessuna azione necessaria potrebbe mai essere intrapresa senza di esso. Per esempio, i praticanti del Supremo Yoga Tantra desiderano raggiungere rapidamente la Buddhità. Per poter eseguire la pratica attraverso la quale si ottiene la Buddhità, devono avere una forte fiducia nel fatto che la natura di Buddha esista intrinsecamente dentro di loro. L'orgoglio di possedere le qualità che sono importanti per avanzare sul sentiero è assolutamente indispensabile per ogni pratica.

Inoltre, al momento di praticare il sentiero del Supremo Yoga Tantra, l'orgoglio trascendente derivante dalla consapevolezza che la propria vera natura è la stessa della divinità yidam, la cui realizzazione è identica a quella del Buddha, è chiamato orgoglio divino o orgoglio della divinità yidam. Senza avere questa percezione pura come base e radice della pratica, non è possibile praticare lo stadio di generazione e di completamento a un livello elevato. Tutti gli altri aspetti della pratica all'interno del sentiero del Supremo Yoga Tantra presuppongono in maniera simile la percezione pura.

3

Portare la gelosia sul sentiero[138]

Quando sorge il kleśha della gelosia o invidia, la percezione delle qualità o dei risultati eccellenti degli altri è così intollerabile che a malapena riusciamo a riconoscerli. È come se i sentimenti di gelosia fossero oggetti solidi e le nostre spalle (*phrag*) fossero troppo strette (*dog*) per portarli; per questo, in tibetano, la gelosia viene chiamata *phrag dog*.

Dal momento che è possibile evitare di farsi sopraffare da tali confronti, possiamo dire che la gelosia è meno realistica della rabbia, la quale di solito nasce dall'avversione verso qualcosa nel nostro ambiente che potrebbe danneggiarci e che in qualche modo dobbiamo affrontare.

Poiché nel tantra la gelosia, come la rabbia, deve essere portata sul sentiero, possiamo utilizzare il disagio insopportabile che proviamo di fronte alle qualità e ai possedimenti altrui per creare l'aspirazione affinchè qualità ancora migliori possano sorgere in noi stessi.[139] In questo modo, non avremo più bisogno di essere gelosi.

La focalizzazione principale dell'attenzione deve spostarsi dal risentimento per le qualità e i beni, apparentemente superiori, degli altri allo

---

138 Come portare la gelosia sul sentiero sarà affrontato nuovamente nella parte 5 capitolo 1.

139 Questo è simile a ciò che alcuni chiamano "invidia buona."

sforzo di accrescere le nostre stesse virtù. Questo sentimento di "competizione" diventa un'energia propulsiva. Senza desiderare il fallimento altrui, il successo degli altri diventa una motivazione per rafforzare la nostra determinazione e disciplina, così da progredire sul sentiero persino più rapidamente di loro, al fine di poterli aiutare. Di conseguenza, la nostra visione egocentrica e ristretta si espanderà in benevolenza.

L'antidoto abituale per superare la gelosia è gioire del successo e delle qualità positive degli altri. Così facendo, il successo altrui diventa causa della nostra stessa felicità e, inoltre, accumuliamo meriti nel nostro continuum mentale. Tuttavia, in questo caso, non ci limitiamo a rallegrarci per ciò che gli altri hanno ottenuto o possiedono, ma diventiamo anche molto più diligenti nel raggiungere obiettivi simili.

In particolare, quando le nostre qualità positive raggiungono un livello superiore a prima, non dobbiamo mai pensare "questo è sufficiente" finché non raggiungeremo la completa illuminazione. Fino a quel momento, l'insoddisfazione deve sempre motivare un ulteriore impegno, affinché possiamo realizzare rapidamente il sentiero.[140]

---

140 Se si vuole andare più in profondità, per connettersi con l'aspetto ultimo della gelosia, si può meditare su di essa come Buddha Amoghasiddhi (Realizzazione Infallibile) che incarna la saggezza che tutto realizza. A questo proposito, si può fare riferimento ai consigli contenuti nel capitolo sulla rabbia riguardo alla meditazione sull'aspetto ultimo della rabbia come Vajrasattva.

4

Portare l'avarizia sul sentiero

L'avarizia è un eccessivo egoismo, segno diretto di un attaccamento eccessivo ai beni materiali e ai piaceri. Il kleśha dell'avarizia, dell'avidità o della cupidigia non è uno dei veleni radice o principali, ma rientra tra le venti afflizioni secondarie. Tuttavia, ho voluto parlarne brevemente in questa sede perché causa comunemente danno nella vita umana e perché diventa molto utile quando viene portato sul sentiero.

Il kleśha dell'avarizia e la virtù della parsimonia hanno un'essenza simile, ma differiscono nelle cause e nelle condizioni da cui sorgono, così come nei loro obiettivi e nelle loro azioni. L'avarizia che viene integrata nel sentiero osserva le situazioni con lungimiranza, contemplando piani su larga scala per generare ricchezza per tutti, e così via. Essa comporta attenzione ai piccoli dettagli e un grande impegno per garantire una gestione appropriata dei beni. L'attenzione è rivolta a evitare gli sprechi e un uso scorretto della ricchezza. La fruizione assomiglia alla generosità, in quanto conduce alla creazione di ampi benefici e possibilità di godimento. *L'obiettivo ultimo deve essere la creazione di condizioni favorevoli per il raggiungimento di questi scopi a beneficio di tutti gli esseri.*

Se tentiamo di soddisfare questi requisiti senza un'adeguata analisi, possono sembrare difficili; ma, esaminandoli con attenzione fino a non lasciare alcun aspetto inesplorato, i metodi necessari diventano più semplici. Con sufficiente familiarità, infine, la parsimonia diventa spontanea. Sapere come agire affinché la nostra parsimonia non cada nei due estremi dell'eccesso o della carenza è l'inizio del processo per essere in grado di portare l'avarizia sul sentiero.

5

Portare l'ignoranza sul sentiero

È più difficile comprendere come l'ignoranza possa essere portata sul sentiero, ma vale la pena provarci, perché nessuna afflizione è più fondamentale e pervasiva dell'ignoranza, e la vittoria completa su di essa è sinonimo di illuminazione.

Dal punto di vista che percepisce la verità assoluta, la verità relativa del sentiero è inesistente. Le persone con la tipica ignoranza illusoria della verità assoluta non possono vedere le cose come realmente sono, ma possono percepire l'incidentale relativo,[141] compreso il modo in cui dovrebbe essere praticato il sentiero verso la conoscenza assoluta. D'altra parte, essere ignoranti riguardo a certe cose, come il motivo per cui qualcuno dovrebbe ricorrere a crudeli inganni e all'omicidio per guadagno personale, è una cosa positiva.[142]

Se pensiamo al modo assoluto in cui sono le cose, nel glorioso *Kālachakra Tantra*, tra le tre qualità tratte dal Sāṅkhya - energia, oscurità o inerzia e

---

141 Che si riferisce alla verità relativa.

142 Ad esempio, avrebbe salvato il protagonista della tradizionale *murder ballad* (ballata su un omicidio) *Down in the Willow Garden* da un destino terribile. Bill Monroe and the Bluegrass Boys, *Willow Garden*, https://www.youtube.com/watch? v=5xgwiFg-kzw.

potere spiritual[143] - l'oscurità è identificata con l'ignoranza. Da tale punto di vista, nessuno dei fenomeni illusori del saṃsāra appare. Come nell'esempio precedente, questa può essere considerata una condizione favorevole.[144]

Per una mente ignorante che non si rende conto del modo in cui sono le cose, l'assoluto non appare, ma il fatto che una mente non realizzi ora lo stato naturale assoluto non implica che non possa seguire un cammino che la porti a quella realizzazione in seguito. Quelli di noi che si trovano sul sentiero relativo ignorano per definizione lo stato naturale ultimo, ma hanno comunque un percorso per realizzarlo. Se così non fosse, ne conseguirebbe in modo assurdo che non esistono vie verso l'illuminazione e, quindi, che nessuno l'abbia mai raggiunta. L'ignoranza di un certo fenomeno non implica l'ignoranza di tutti i fenomeni. Pertanto non esclude un sentiero verso la conoscenza di quel fenomeno. In caso contrario, non potremmo nemmeno cercare informazioni su Internet. Inoltre, gli esseri saṃsārici che non conoscono la loro essenza ultima possono manifestare inconsapevolmente aspetti virtuosi di tale essenza. Anche se siamo ignoranti dell'illuminazione in sé, possiamo manifestarne le qualità positive lungo il sentiero che porta ad essa e alla fine realizzarla. Questo potenziale è la natura di Buddha. Poiché coloro che sono ignoranti possono cessare di essere tali raggiungendo l'illuminazione, come potrebbe la loro ignoranza dell'illuminazione essere assoluta e immutabile come un diamante? Tale ignoranza è necessariamente relativa e incidentale, e quindi mutabile. Le uniche argomentazioni secondo cui alcune persone sarebbero per sempre incapaci di raggiungere l'illuminazione si basano su inferenze verbali letteralistiche con scarso significato reale.[145]

Ci sono diverse possibilità per lavorare con l'ignoranza lungo il

---

143 Oppure calore, buio e luce.

144 Se non ne abbiamo conoscenza, nessuno di essi può corromperci.

145 Anche se un certo essere non può ottenere l'illuminazione nella vita attuale, alla fine otterrà la piena illuminazione nelle rinascite future, perché tutti gli esseri senzienti hanno innatamente la natura di Buddha.

sentiero. Quando pratichiamo la motivazione altruistica della bodhicitta relativa, desideriamo ottenere la piena illuminazione per poter condurre all'illuminazione tutti gli infiniti esseri senzienti. Questa potente e virtuosa motivazione sarà la causa che, alla fine, ci porterà a raggiungere la piena illuminazione, anche se, dal punto di vista della realtà ultima, non esistono veramente esseri senzienti da salvare.

La concentrazione meditativa univoca è ignara di tutto tranne che del proprio oggetto di focalizzazione. La pratica devozionale del Guru Yoga si concentra esclusivamente sul Guru, arrivando a "ignorare" virtualmente tutto il resto. Una devozione così forte verso il proprio Guru radice, il proprio lignaggio e il proprio Saṅgha, senza conoscere nulla di altri insegnanti e tradizioni, è una forma di ignoranza che può permettere ai praticanti di approfondire rapidamente la loro pratica grazie a una chiara focalizzazione.[146] In Tibet, ad esempio, si ottengono incredibili benefici spirituali dalla devozione verso Padmasaṃbhava, anche se alcuni storici mettono in dubbio che sia realmente esistito.

---

146 In una famosa storia tradizionale, un uomo che andò in pellegrinaggio promise di portare a sua nonna un dente del Buddha. In realtà, le diede un dente che aveva estratto dal cranio di un cane vicino alla sua casa. Poiché non ne era a conoscenza, la nonna sviluppò una fede e una devozione illimitate verso la presunta reliquia. Di conseguenza, essa manifestò tutti i segni miracolosi di una reliquia autentica, e l'anziana donna raggiunse l'illuminazione.

6

Portare il dubbio sul sentiero

Esistono tre tipi di dubbio: (1) il dubbio incline alla verità, (2) il dubbio incline alla falsità e (3) il dubbio neutro. Se si dubita che il suono sia impermanente, nel primo caso si è propensi a pensare che l'affermazione sia vera, nel secondo caso che sia falsa e nel terzo caso non si propende né in un senso né nell'altro.

Nell'Abhidharma il dubbio è classificato come uno dei sei kleśha radice. Nell'apprendimento di oggetti sconosciuti, uno di questi tre tipi di dubbio può essere presente finché la conoscenza non lo elimina. Il dubbio può motivare la ricerca della conoscenza, ma non per questo può essere classificato come una qualità positiva. Il fatto che il dubbio sia considerato un kleśha radice suggerisce che implichi più aspetti negativi che positivi, ma questi aspetti negativi vengono rimossi attraverso il conseguimento della conoscenza di ciò di cui si dubitava in precedenza

Inoltre, è forse necessario menzionare che, nel momento in cui si pratica il Supremo Yoga Tantra, il dubbio è l'ultima cosa di cui abbiamo bisogno? La pratica del sentiero del Supremo Yoga Tantra dipende dal Sugatagarbha, la natura di Buddha che esiste naturalmente dentro di noi. Tuttavia, finché non realizziamo il Sugatagarbha nella nostra esperienza personale, se non abbiamo fede e fiducia nel fatto che esso sia presente, difficilmente avremo la motivazione per praticare questo sentiero. Anche quando iniziamo a intravedere il Sugatagarbha, non avremo la motivazione per praticare il sentiero della fruizione senza la fede e la fiducia che i nostri attuali fugaci scorci di percezione pura possano espandersi nella fruizione universale.

Se siete principianti nel percorso tantrico, è essenziale avere fiducia e fede nel Maestro Vajra, colui che per primo vi ha conferito il potenziamento che matura la vostra mente e vi ha introdotto nel sentiero della fruizione che porta alla liberazione. Anche nella vita di tutti i giorni, se dubitiamo che qualcuno sia una brava persona con un cuore buono, potremmo perdere l'opportunità di instaurare una relazione preziosa.

Se il dubbio fosse una delle nostre caratteristiche essenziali, non potremmo eliminarlo con nessun mezzo. Allora non potremmo progredire sul sentiero. Il dubbio, tuttavia, non è necessariamente negativo. Il fatto che il dubbio porti a risultati cattivi o buoni dipende dall'oggetto del dubbio. Se si dubita del buon cammino verso l'illuminazione, ci si priva delle sue qualità benefiche. Se, invece, si dubita di poter trarre profitto a lungo termine dalle azioni malvagie, il dubbio è vantaggioso. Ad esempio, considerate la situazione di una persona convinta che sia bene uccidere, rubare e così via perché non crede nella legge del karma di causa ed effetto. Questa convinzione errata la condurrà sicuramente nei regni inferiori. Se, però, in lei sorge un dubbio, del tipo: "Se smettessi di fare queste cose, forse la mia vita sarebbe migliore", potrebbe decidere di abbandonare tali azioni e invece connettersi alla virtù.

Se non riuscite a percepire lo stato naturale ma desiderate trovarlo, i vostri pensieri su questo argomento potrebbero implicare un certo grado di dubbio. Il dubbio su quali siano le qualità del Sugatagarbha può motivarvi ad "assaggiarlo" attraverso la pratica diligente dello stadio di completamento. Man mano che il vostro cammino prosegue, sostituirete i fenomeni relativi del dubbio con i fenomeni ultimi della saggezza pura. Alla fine, otterrete l'opposto del dubbio, la vera conoscenza dello stato naturale.

Conclusione

Se prendiamo ancora una volta il lavoro con la rabbia come analogia, esplorare in dettaglio come gestire abilmente la propria rabbia può fornirvi le basi per trasformare anche gli altri kleśha in alleati. Lo stesso vale per il desiderio, che è il tema principale dei capitoli seguenti. Come ulteriore suggerimento, potete osservare attentamente la vostra mente e scoprire quali kleśha si stanno manifestando con forza nella vostra vita attuale. Alcuni possono avere un significato personale particolare o conseguenze importanti per la vostra vita e per coloro che vi circondano. Perché non approfondirli ed esplorare come lavorare con loro lungo il sentiero?[147]

---

147 Parafrasando un messaggio inviato dal dottor Adrian Hekel nell'aprile 2023: oggi, ad esempio, molte persone lottano con sentimenti di solitudine e depressione. Anche se ciò può essere causa di grande difficoltà, può far aprire i loro cuori, portandoli a diventare più compassionevoli verso la sofferenza e i limiti degli altri. Abbracciare onestamente questo "lato oscuro" costituisce un esempio ispiratore per gli altri, in quanto la depressione saṃsārica, basata sulla ricerca di sé, può essere riconosciuta e superata. Allo stesso modo, la paura e l'ansia possono aiutare le persone a essere attente e misurate nei confronti degli altri. La paura motiva la prudenza, spingendo a fuggire rapidamente da situazioni impraticabili e a trovare soluzioni abili per sostituirle con alternative più funzionali. In questo modo, la paura può essere portata sul sentiero come coraggio e orgoglio nel superare le sfide.

Riassunto in versi

Dal punto di vista eccellente della nostra natura autoesistente,
"Fare dei kleśha il sentiero" significa saperli utilizzare.
Non sprecate questo corpo con le libertà e le ricchezze Discutendo
su questioni verbali, come ad esempio su cosa sia veramente un kleśha.

Riguardo al portare i kleśha dei tre veleni sul sentiero,
Siccome ogni passaggio è esposto nei più alti tantra,
Non presenterò a lungo ognuno di essi;
Qui tratterò solo i punti essenziali.

Con l'ira furiosa del coraggio di un guerriero,
Le truppe fiere e gelose, schierate nella grande guerra[148]
Fanno cadere una pioggia di armi sui velenosi kleśha,
Sconfiggendo tutto ciò che è incidentale, non la loro natura.[149]

Mantenete questa incarnazione onnipervadente della Buddhità,
La natura completamente pura, libera da contaminazioni incidentali,
Che possiede i due kaya, con le due purezze e le due saggezze,[150]
Di un unico terreno, sentiero e fruizione.[151]

---

148 Qui i kleśha sono stati reindirizzati in una guerra contro i loro stessi aspetti dannosi.

149 Una volta eliminati gli aspetti relativi "cattivi" dei kleśha, essi si rivelano come manifestazioni della loro natura assoluta, il Sugatagarbha.

150 I due kāya sono il Dharmakāya e il Rūpakāya. Le due purezze sono quelle della natura assoluta e della natura relativa incidentale. Le due saggezze sono quelle della natura e dell'estensione dei fenomeni.

151 Tutti e tre sono aspetti dell'unica natura ultima, il Sugatagarbha.

PARTE SECONDA

Il sentiero del desiderio

Con una restrizione ascetica che è insopportabile,
si può praticare, ma non ci sarà nessuna realizzazione.
Affidarsi a tutte le qualità del desiderio,
è il modo in cui si può conseguire il siddhi.

Guhyasamāja Tantra

Così, nella beatitudine c'è l'essenza della beatitudine.
In questo modo, la beatitudine suprema può essere stabilita.

Chakrasaṃvara Tantra

1

Come il desiderio pervade la nostra vita umana

Introduzione

In generale, il sentiero del desiderio si sviluppa all'interno del sentiero tantrico. Poiché questo sentiero deve includere tutti i fenomeni, non può essere percorso lavorando solamente sul desiderio. Per questo motivo, gli insegnamenti tibetani del tantra comprendono più del solo sentiero del desiderio. Tuttavia, *il sentiero del desiderio è la quintessenza, il nocciolo e la radice di tutti i sentieri del Supremo Yoga Tantra*. In particolare per noi, esseri del regno del desiderio, non ci dovrebbero essere dubbi sull'importanza di portare abilmente la passione del desiderio sul nostro sentiero.

Identificare l'essenza del desiderio e le sue diverse manifestazioni

Quando si parla di "desiderio", molte persone pensano subito al "desiderio sessuale". Sebbene vi sia l'abitudine a questa accezione del termine, esistono molti altri tipi di desiderio. Tutti noi sperimentiamo quanto il desiderio impregni la nostra esperienza così come l'olio penetra nei semi di sesamo. Se diciamo che ogni azione della nostra vita è guidata dal desiderio, questo riassume tutto. È vero che il sesso è l'argomento principale del sentiero del desiderio, ma poiché viviamo tutti nel regno del desiderio, in cui ogni aspetto della vita è governato da desideri corrispondenti, noi non possiamo essere soddisfatti solo dal desiderio sessuale. Sarebbe quindi opportuno parlare prima del desiderio in generale e poi esaminare il desiderio sessuale come sua manifestazione più potente.

Di solito, i testi di Dharma definiscono il desiderio come viene inteso nel veicolo di liberazione individuale, dove il kleśha del desiderio deve essere sempre abbandonato come un nemico,[152] "Quando ci si concentra su un oggetto contaminato, ci attacchiamo ad esso in modo illusorio come qualcosa di piacevole, e quindi lo vogliamo e lo cerchiamo". Nel tantra, sebbene esistano anche fenomeni non contaminati e non illusori dell'illuminazione, e desideri non illusori rivolti ad essi, questi non sono l'unico oggetto di attenzione. Il desiderio nel tantra può essere definito come il *voler ottenere qualcosa, sia che si tratti di ciò che è contaminato sia di ciò che non lo è, poiché entrambi vengono percepiti come piacevoli e attraenti.*

Perché è così? Per i tantrika, tutti i desideri, contaminati o meno, sono fonti di energia che possono essere utilizzate per progredire sul sentiero. *Percepire un oggetto desiderato come piacevole, o a volte come fonte di inconcepibile beatitudine, è la caratteristica più significativa del sentiero tantrico, che utilizza la beatitudine come mezzo principale per raggiungere la realizzazione.* Così, ogni tipo di desiderio, e in particolare il desiderio sessuale, viene portato nel cuore del sentiero *battraverso la percezione pura della sua essenza non contaminata.* Facendo questo, i tantrika non sono più individui ordinari dominati dalla passione dei loro desideri.[153]

---

152 In questo senso, tutti i desideri sono kleśha che devono essere abbandonati e tutti gli oggetti del desiderio sono illusioni saṃsāriche contaminate che ci spingono verso la sofferenza. In tale contesto, abbandonare i kleśha come la passione del desiderio è l'unica alternativa valida e gli *arhat* che riescono a farlo sono lodati per la loro assenza di passione.

153 Nella misura in cui riescono a farlo, i praticanti sono coloro che mettono a frutto i loro desideri più potenti sul sentiero. Si dice che i detentori del vajra che hanno perfezionato

I normali individui saṃsārici sono controllati da un desiderio impuro e dualistico, separato dal sentiero. I veri tantrika, invece, controllano il loro desiderio rendendolo parte del sentiero. "Lasciarsi andare", semplicemente rilassarsi e fare ciò che si vuole, non è sufficiente per portare il desiderio sul sentiero. Per questo è necessario seguire istruzioni speciali che verranno presentate di seguito.

Come tutti sanno, esistono molteplici tipi di desideri per molte cose. Se si distinguono i diversi oggetti del desiderio nella vita ordinaria, troviamo il potere, la ricchezza, il successo, lo status sociale, il riconoscimento, il divertimento, il benessere e così via. Praticamente ogni persona in questo mondo deve confrontarsi in qualche modo con la passione dei diversi desideri. Gli individui comuni sono schiavi dei loro desideri e questa schiavitù produce la sofferenza del saṃsāra. Ecco perché i praticanti sūtrici percepiscono il desiderio come un nemico. Essi credono che, se si riesce ad abbandonarlo, si possa eliminare la dolorosa schiavitù del *saṃsāra* e raggiungere il *nirvāṇa*, visto come assenza del desiderio. Tuttavia, coloro che sono in grado di vincere i kleśha, trattandoli come nemici attraverso la pratica di tale sentiero, sono estremamente pochi. Questo accade perché abbandonare i kleśha non è il sentiero più adatto agli esseri umani, la cui natura produce costantemente kleśha. Ciò è particolarmente vero in questa attuale epoca oscura, in cui i kleśha dilagano. Il paṇḍita Dönyö Dorje afferma in. Paṇḍita Dönyö Dorje dice in *Oral Instructions on Entering into the Yoga of Suchness through Passionate Union* (Istruzioni orali sull'ingresso nello Yoga della Realtà attraverso l'Unione appassionata),[154]

In questo approccio, coloro che hanno i kleśha,

---

questa capacità abbiano realizzato il grande desiderio ultimo, al di là dell'esistenza illusoria del desiderio ordinario basato sull'attaccamento e la vacuità del desiderio che è stato abbandonato.

154 D 1745 Tengyur, rgyud, sha, f113b.

hanno anche i kleśha di abbandonare i kleśha.

Eppure, come con la fame sorge il desiderio di cibo,

E con la sete, l'acqua suscita brama,

E, per esempio, come la legna per alimentare il fuoco,

Se non è disponibile, deve essere cercata e raccolta,

E se il fuoco non viene mantenuto vivo, si spegne;

Allo stesso modo, la mente causale[155] degli esseri senzienti,

Abbandonando il desiderio, cesserà di funzionare.

Questa mente spinta da desideri estremi per gli oggetti,

Si estinguerà quando si rinuncerà al desiderio.

Con mezzi inferiori, incapaci di distruggere tale mente,

ci sarà soltanto un aumento dei kleśha.[156]

Talora, le persone la cui schiavitù è estrema,

Lasciando che la loro passione risieda in oggetti esterni,

Rendono i loro pensieri dipendenti da essi per sempre.

Più i loro corpi e le loro menti vanno dritti verso l'inferno,

Più le loro menti disperate cercheranno il paradiso.

E man mano che continuano a fallire nel raggiungerlo,

Aumentando sempre più i pensieri concettuali,

Non dimorano mai nello stato naturale.

Il *Tantra of Establishing Pristine Wisdom* (Tantra dell'instaurazione della Saggezza incontaminata) sottolinea che la liberazione prodotta da tutti i sentieri consiste nell'esperienza, da parte della saggezza primordiale, della natura dei fenomeni,[157]

---

155 La mente saṃsārica relativa è governata dall'origine causale interdipendente. La mente illuminata immutabile è al di là di cause ed effetti.

156 Gli antidoti che non riescono a eliminare completamente i kleśha non fanno altro che renderli più forti, proprio come l'assunzione di una dose insufficiente di antibiotici elimina solo i batteri più deboli, rendendo gli altri più forti di prima.

157 *Ye shes grub pa'i rgyud.* Il riferimento bibliografico di questo testo non è stato trovato dal traduttore.

L'oceano di quanto fu insegnato dal Maestro, il Buddha,

È incarnato, rendendo manifesta la sua essenza più profonda.

Questo è il grande, vero segreto.

Senza la sua apparizione, non può esservi esperienza di liberazione.

Quanto viene insegnato qui e in altri testi, in sintesi, è che un sentiero di liberazione fondato su un'alternanza infinita di opposti relativi, come i kleśha e i loro antidoti, non è il miglior tipo di percorso. Se si riesce a praticare correttamente il sentiero del Supremo Yoga Tantra, non si è sotto il potere della passione, quindi non è necessario abbandonare il desiderio. Il desiderio continua a esistere dentro di voi, ma è sotto il vostro controllo. Tuttavia, non è necessario controllarlo con ostilità come se fosse un nemico. Potete renderlo un alleato.

Vi chiederete come si possa fare. Potreste avere molti desideri per cose che volete per voi stessi, come ricchezza, piacere, comfort, riconoscimento, lodi, e anche il desiderio di successo con scuse ipocrite e falsa umiltà. Così, se una di tali cose viene raggiunta, si pensa: "Cosa c'è di sbagliato in questo?" e naturalmente non avrete alcun desiderio di abbandonare ciò che in precedenza volevate ottenere. Nel sentiero dell'abbandono, dovete rinunciare a tutto perché non desiderate più tali cose. Nel sentiero del desiderio, potete lasciare tutti questi desideri così come sono, e non avete bisogno di abbandonare nessuno di essi. Questo perché ora siete voi a cavalcarli, non più loro a cavalcare voi. I desideri diventano amici, cambiando il loro oggetto focale e la loro direzione.

Di solito, quando le persone sono avide di ricchezza, piacere e divertimento, il loro obiettivo a lungo termine è semplicemente compiacere se stesse. Desiderano solo poter godere e vantarsi di uno stile di vita lussuoso, perseverando in esso nonostante la competizione con gli altri e così via. Se si pratica il Supremo Yoga Tantra, la direzione di questi desideri si evolve. Poiché avete un'intenzione pura, i vostri desideri si trasformano in condizioni favorevoli per il bene degli altri. Il vostro avido e miope desiderio di ricchezza si trasforma in una visione lungimirante della ricchezza come generosità per tutti. Le vostre aspirazioni ristrette, superficiali ed egocentriche si evolvono naturalmente in aspirazioni vaste, profonde e universali. Tali cambiamenti sono l'inizio dello speciale stile di pratica del Supremo Yoga Tantra.

Con questo cambiamento di prospettiva, nessuno dei desideri che esistono naturalmente nel vostro continuum deve essere abbandonato come nemico. Liberando la loro natura ultima e autoesistente, diventano tutti vostri alleati nel puro e vero sentiero tantrico.

> La vita in questo mondo è una vita basata solo sul desiderio;
> La passione del desiderio è costituita come natura umana.
> Agire secondo la propria natura costituita è molto facile;
> Agire contro la propria natura costituita è molto difficile.

> Pertanto, poiché tutta la gloria e la padronanza del desiderio,
> sono ciò che instaura il livello del Re Onnisciente,[158]
> Non respingete il desiderio del vostro cuore come fosse
> un veleno mortale;
> Non considerandolo un nemico, accoglietelo come un amico.

---

158 Una metafora poetica per un essere pienamente illuminato.

2

Il grande potere del desiderio

A proposito dell'onnipresente desiderio per il sesso, il *Guhyasamāja Tantra*[159] afferma,

> Con una restrizione ascetica che è insopportabile,
> si può praticare, ma non ci sarà nessuna realizzazione.
> Affidarsi a tutte le qualità del desiderio,
> è il modo in cui si può conseguire il siddhi.

Inoltre, Gendün Chöpel scrive nel suo *Kāma Śhāstra,*

88. L'amore per ciò che è desiderato è attaccamento passionale;
     Quindi l'amore per ciò che è desiderato è anche fede in esso.
     La paura di ciò che è sgradito è nota come avversione;
     Dunque la paura di ciò che è sgradito è rinuncia ad esso.[160]

---

159 Abbiamo trovato singoli versi di questa strofa in diversi testi, ma non tutti insieme.

160 Questo verso spiega il precedente. Se analizziamo attentamente, i veicoli inferiori non "distruggono" la passione come sostengono. La portano, invece, sul sentiero come passione per la rinuncia. Pertanto, tutti i veicoli buddhisti portano i kleśha sul sentiero, ma il tantra lo fa in modo molto più abile.

Ciò che viene insegnato come il vero modo in cui sono le cose è estremamente profondo e richiede una comprensione altrettanto profonda.

In questo mondo del regno del desiderio, dove tutte le persone hanno un immenso anelito di ottenere ciò che vogliono, tra tutti gli oggetti che desideriamo e a cui aspiriamo, uno è fondamentale e non può essere sradicato. Non si tratta della bellezza e della giovinezza, della ricchezza e dei possedimenti, del successo e dello status, della reputazione e della fama, né del comfort personale, come la maggior parte delle persone comuni potrebbe pensare. Se si dovesse nominare la forma più elevata di desiderio, sebbene molti possano dire che è la fede o l'ambizione, c'è un altro candidato ancor più importante: il sesso.

Perché? Senza il sesso non potrebbero esistere gli esseri senzienti e, senza di essi, non potrebbero esistere i fenomeni di questo regno del desiderio. Tali fenomeni si creano attraverso il sesso. Ciò non vale per nessun altro oggetto relativo conoscibile. Poiché gli esseri umani vengono generati tramite l'unione sessuale di donne e uomini, è facile comprendere che tutti i piaceri connessi all'attività sessuale umana sono estremamente preziosi.

Il sesso non esclude né i ricchi né i poveri, né quelli più o meno stimati dalla società. Di alto o basso rango, tutti sono ugualmente capaci di goderne. Per di più, avere rapporti sessuali non dipende da molte condizioni realizzate con un faticoso impegno. Le condizioni per goderne sono semplicemente l'incontro tra un uomo e una donna, o, in un senso più ampio, l'incontro tra il principio maschile e quello femminile. Il sesso in se stesso include le sue condizioni favorevoli.

Inoltre, la necessità reciproca di femminile e maschile esiste non solo nel caso del sesso, ma in tutti gli ambiti dell'attività umana. Anche se esistono alcune persone con organi sessuali non binari o cromosomi atipici, le loro azioni sono comunque motivate dall'interazione dei principi maschile e femminile. Questo vale indipendentemente dall'orientamento sessuale. Che tale interazione esista, in qualche forma, in tutti gli esseri umani, è innegabile, per cui non occorre dire molto di più. Ancora una volta il signore degli eruditi, Gendün Chöpel, afferma:

90.   Il beneficio personale, il bene del paese,
       Il dominio del re e i mezzi di sostentamento del mendicante,
       E tutte le azioni, grandi o piccole, che vengono compiute,
       La cui assenza sarebbe motivo di lamento,
       Sono donne indispensabili.

La parola tibetana che indica le donne, *bud med*, significa letteralmente "indispensabile". Questo passaggio dice che tutte le azioni indispensabili sono come le donne, nel senso che incarnano la *prajñā*, il principio femminile. In generale, si può affermare che per tutti gli uomini è necessario un qualche tipo di principio femminile per motivare l'azione, e lo stesso vale, in modo analogo, per le donne.

Inoltre, il fatto che uomini e donne siano attratti da una persona dello stesso sesso non deve essere condannato come necessariamente innaturale. La ragione, come spiegato sopra, è che nei maschi non esiste soltanto la natura maschile, così come nelle femmine non esiste soltanto la natura femminile. Per esempio, alcune persone hanno un aspetto esteriore da uomo, ma interiormente la natura femminile è più potente, e così possono essere attratte da altri uomini. Alcune persone hanno un aspetto esteriore da donna, ma dentro di loro la natura maschile è predominante, e così possono essere attratte da altre donne.[161] Le sfumature sottili di tali combinazioni sono innumerevoli, e dipendono dal karma specifico di ciascun individuo.

Queste diverse forme e gradi di attrazione si manifestano attraverso differenti tipi di interazione umana, che possono includere o meno la sfera sessuale. Se pensiamo che l'attrazione tra persone dello stesso sesso

---

161 Oppure una donna di questo tipo può essere attratta da un uomo il cui carattere interiore è di tipo femminile e viceversa, ecc.

sia perversa o innaturale, è importante sapere che tale convinzione non si accorda né con il mondo moderno né con l'essenza del Dharma. Le donne e il principio femminile possiedono la natura sacra della prajñā; pertanto etichettare come "perversi" uomini dotati di un'abbondanza non comune di questa natura femminile non è in accordo con la visione tantrica.[162]

In generale, se riflettiamo sul valore del sesso, il desiderio di comfort materiali come la ricchezza, il divertimento, il cibo, i vestiti, la casa e un letto comodo non può essere minimamente paragonato al desiderio sessuale. Che la sua intensità non abbia rivali è innegabile. Tuttavia, nel nostro mondo, il desiderio sessuale è contaminato da sovrastrutture culturali quali vergogna, finzioni di essere al di sopra del desiderio e così via. Quasi tutti sono degli ipocriti che indossano la maschera della rispettabilità, affermando che ciò che realmente esiste non esiste. Questo impedisce al desiderio reciproco, che si esprime nell'unione sessuale, di manifestarsi come dovrebbe. Inoltre, gli orientali portano con sé una maschera ancora più marcata di quella degli occidentali, e, per quanto riguarda i tibetani, secondo le mie osservazioni, non c'è ipocrisia più saldamente radicata di questa.

Il sesso è una virtù molto forte e potente che deve far parte del cammino verso la liberazione, in un modo o nell'altro. *Il sentiero dell'unione non duale deve possedere le buone qualità dell'amore,* pertanto la coercizione grossolana e lo sfruttamento sessuale non consensuale non possono mai trovare posto all'interno di questo percorso. Tali azioni e le emozioni ad esse associate negano tutte le virtù del sentiero del desiderio. Se manifestiamo le buone qualità dell'amore e le esprimiamo con fiducia incondizionata, il nostro cammino sarà molto potente. Sapremo naturalmente godere dell'eccellenza di queste qualità innate dal potere meraviglioso.

Sebbene ciò sia inevitabilmente così, coloro che pensano di dover

---

162 Un'affermazione analoga vale per le donne per quanto riguarda la natura maschile della compassione come mezzo abile.

fingere di non avere alcun desiderio di godere di queste cose si danneggiano costantemente. Chi si fissa su approcci così innaturali perde il valore della vita umana e la sua vita viene letteralmente resa priva di significato. I dannosi religiosi moralisti che proclamano che l'astinenza è necessaria per evitare i tormenti dell'inferno non fanno che colpirci con intimidazioni inutili. Gli ostacoli superflui creati dalle loro ipocrite menzogne sono fin troppi.

Anche il contrario della dissimulazione ipocrita, l'assertività sfacciata e priva di considerazione, è problematica. In generale, questo atteggiamento è l'opposto della timidezza. Sebbene l'assertività possa essere positiva o negativa, è sempre sbagliato imporre il sesso agli altri. Coloro che fanno dell'avidità sessuale egoistica e irrispettosa un'abitudine sfacciatamente arrogante, senza la minima consapevolezza della natura sacra di ciò che sfruttano e dei segreti profondi che profanano, farebbero meglio a fare attenzione. La loro compulsione a seguire gli impulsi come animali irriflessivi li condanna a sprecare le loro vite in condotte deviate. Dovrebbero invece, abbracciando il desiderio condiviso, trovare l'essenza dell'illuminazione nascosta nei loro cuori. Come disse il secondo Buddha di Uḍḍiyana, Padmasaṃbhava, in *Path of Means, the Essence of Great Bliss* (Sentiero dei mezzi, l'essenza della grande beatitudine):[163]

Nel tantrayāna che produce il sentiero della beatitudine,
Come le contaminazioni sono lavate via dalle contaminazioni,
Le concettualizzazioni sono purificate dalle concettualizzazioni stesse,
Il saṃsāra è abbandonato tramite il saṃsāra stesso.
Proprio come il fuoco può essere acceso da un altro fuoco,
Così può anche essere spento da un fuoco;
Ciò che è acceso dal fuoco del desiderio,
Può essere spento dal fuoco del desiderio.

---

163 Il riferimento bibliografico esatto di questo testo di Padmasaṃbhava non è stato trovato dal traduttore.

3

Come il desiderio sessuale è naturale nella vita umana e i problemi che sorgono nel reprimerlo

I monaci del sentiero della liberazione individuale continuano a considerare il sesso come un nemico o un veleno, e pertanto continuano a propagandare la loro disciplina del celibato. Questa innaturalità è la fonte del loro orgoglio e del loro rispetto di sé, la roccia che costituisce il loro baluardo.

Come abbigliamento esteriore, indossano le tre vesti color zafferano del Dharma. In Tibet, la virtù dei monaci è codificata nei duecentocinquantatre precetti del vinaya, escludendo solamente i voti delle *quattro sconfitte e delle tredici offese con residuo*. I praticanti più deboli di questa tradizione non aspirano mai sinceramente alla liberazione, ma sprecano le loro vite seguendo semplicemente le consuetudini culturali. Se si analizza attentamente questo argomento, diventa chiaro che costoro sperimentano ben poco significato o realizzazione nella vita umana.

Quando invece questa tradizione viene praticata con diligenza e responsabilità, sono molti coloro che riescono a migliorarsi. *Se siete monaci che si concentrano sulla liberazione individuale e credete veramente che i desideri siano veleni, e avete la certezza di averli abbandonati, allora dobbiamo portarvi un profondo rispetto e gioire dei vostri risultati.* Tuttavia, coloro che hanno una dedizione inferiore non mostrano il minimo interesse a cercare la realizzazione della vita nella liberazione. Ignorando volontariamente queste cose, si limitano soltanto ad evitare ciò che temono, come conigli spaventati da un rumore.

Mettere una donna davanti a coloro le cui ossessioni moraliste[164] sono particolarmente forti, è come agitare un drappo rosso davanti a uno yak.[165] Sebbene la loro disciplina sia intatta, le *otto preoccupazioni mondane* li accompagnano come una corte, nelle sei fasi del giorno e della notte.[166] Anche se abbandonano la casa messa a disposizione dai loro genitori amorevoli, non ottengono nulla da ciò, poiché si attaccano al monastero come a una seconda casa.[167] Gelosi dei superiori, competitivi con i pari, sprezzanti verso gli inferiori, questi monaci diventano solo servitori degli 84.000 kleśha.[168]

Se devono relazionarsi con delle donne, sono ossessionati da loro in ogni momento e occasione, d'estate e d'inverno, tutto l'anno, persino nei sogni. Poiché non riescono a invertire neppure una minuscola parte

---

164 Questi monaci compiono sforzi immensi per rinunciare a tutti i desideri della gente comune. Sebbene possano farlo esternamente, la maggior parte di loro non riesce a eliminare il desiderio internamente. Tuttavia, non vogliono che gli altri lo sappiano e non riescono nemmeno ad ammetterlo a se stessi. Perciò passano gran parte del loro tempo a proclamare a chiunque li ascolti quanto siano disgustosi questi desideri.

165 Reagiscono come un toro in una corrida davanti al mantello rosso del matador.

166 In generale, si suppone che certe pratiche debbano essere eseguite regolarmente nelle tre divisioni di ogni giorno e notte, dus drug. Questa espressione poetica significa che, per questi sfortunati praticanti, l'insorgere delle otto preoccupazioni mondane è altrettanto regolare.

167 Il problema non è vivere in un monastero, ma l'attaccamento al proprio monastero come se fosse una casa o un nido. Alcuni monaci sono talmente legati alle loro condizioni particolari che non vanno nemmeno in altri monasteri vicini per studiare o scambiare insegnamenti con altri lignaggi di pratica.

168 Un modo per dire che esistono quasi infiniti tipi di kleśha sottilmente diversi tra loro.

del saṃsāra, il loro desiderio diventa più intenso di quanto sarebbe se avessero dato libero sfogo alle loro fantasie. Se non comprendono questo punto cruciale, le conseguenze saranno gravi. Nell'arco di un'intera vita umana, il desiderio ossessivo per centinaia di donne, moltiplicato in intensità mille volte dalla frustrazione, fa accumulare nella loro mente un immenso karma negativo di profonda brama, mentre tutto il tempo vanno stabilendo in sé radicate propensioni abituali. La maggior parte di questi monaci tibetani votati alla liberazione individuale e dei rinuncianti come loro in tutto il mondo - che all'esterno appaiono come puri devoti del celibato - in realtà non sono mai stati adatti a un tale sentiero di rinuncia. Non è forse evidente che non potranno mai realizzare neppure un briciolo dell'obiettivo prefissato?

È difficile valutare la mente degli altri e perciò è sbagliato giudicare il valore ultimo di qualcuno. Tuttavia, poiché la mente degli individui non è nascosta a loro stessi, siate obiettivi. Se guardate dentro la vostra mente e riflettete attentamente, saprete se appartenete alla categoria appena descritta. Se giungete alla conclusione che in voi non c'è altro che un'ipocrita finzione di rinuncia, perché dovreste respingere il vostro desiderio innato come un nemico? Accettate come amici i desideri che vi sono più vicini della vostra famiglia. Impiegate i mezzi per renderli alleati sul vostro cammino. Non è forse una scelta migliore?

I saggi indagano su quale sia il percorso più adatto a loro perché credono nella causa e nell'effetto karmico. Secondo tutte le tradizioni buddhiste, il karma si accumula nella mente. Se anche solo un po' di karma negativo non viene pacificato, ci corrompe costantemente. Pertanto tutte le attività del corpo devono essere sorvegliate come un governo controlla il suo paese. Ma se si arriva al punto in cui è necessaria una disciplina che agisca come una forza di polizia contro un'orda di trasgressori, non è forse già troppo tardi? In tali casi, esaminare se si è perduta l'essenza del proprio obiettivo è fondamentale. Non è forse dubbio che si stia mantenendo ancora la disciplina del celibato? Considerando che questa disciplina ha indubbiamente i suoi benefici, dobbiamo analizzare attentamente ciò che sta accadendo. Se si rigetta l'essenza stessa di tale disciplina, i benefici ad essa associati non saranno più raggiunti.

Nel descrivere i lignaggi degli insegnamenti buddhisti tibetani, si considera generalmente sufficiente affermare che, nell'aspetto esteriore, la comunità monastica tibetana ha vissuto secondo gli insegnamenti del Buddha contenuti nel vinaya dalla sua fondazione fino ai giorni nostri. E se aggiungiamo che molti praticanti del Dharma custodiscono i precetti del vinaya come i propri occhi, perché ciò non dovrebbe essere sufficiente? Ebbene, per esempio, consideriamo le condizioni di ripristino dei voti per i monaci che hanno commesso le tredici offese con residuo, insegnate dal Buddha nel *Vinaya Piṭaka*. Il vinaya chiarisce che l'idea del Buddha di buon monaco non si limitava alla percentuale infinitesimale di coloro che non avevano mai infranto nessuna delle centinaia di regole. Il suo ideale comprendeva praticanti scrupolosamente onesti e umili che confessavano volontariamente le loro cadute affinché i voti potessero essere ripristinati. Il Buddha insegna tre fasi di riparazione di una caduta che devono essere eseguite dal Saṅgha dopo che i monaci che hanno commesso la trasgressione si sono confessati davanti a essa, idealmente prima che le loro colpe siano scoperte. Le tre fasi sono:

1. Rimuovere lo status di buon monaco al trasgressore.
2. Far sì che il Saṅgha si rallegri tramite un servizio penitenziale, solitamente per un certo numero di giorni stabilito dal Saṅgha stesso.
3. Conferire nuovamente lo status di monaco rispettabile, con una cerimonia speciale.

Così, i monaci che hanno commesso una caduta nel vinaya rinnovano formalmente i loro voti. Se ci sono dispute su tali requisiti, io non ne sono a conoscenza. Sebbene i testi principali delle scritture del vinaya insegnino che questi passaggi sono necessari per emendare tali specifiche violazioni, esistono attualmente monaci tibetani che li mettono in pratica? Che io sappia, non esistono. Senza questi tre mezzi di riparazione, quando si commette una delle tredici trasgressioni con residuo, la disciplina monastica è compromessa in modo irreversibile. Nei testi fondamentali e nei commentari del vinaya non si trova nessun altro mezzo per ripristinarla, ed è evidente a chiunque conosca il vinaya che non esiste nessun altro modo per farlo.

Tra queste violazioni vi sono anche quelle di natura sessuale. Se prendiamo come riferimento gli scandali apparsi online che coinvolgono monaci tibetani, non sembra affatto che tali comportamenti siano rari, e chi cade in queste infrazioni tende spesso a ripeterle. Quando tali trasgressioni si accumulano nel corso di un'intera vita, al momento della morte, l'insieme di violazioni sarà un fardello più alto di una montagna e più profondo di un oceano. Piuttosto che portare questa montagna di trasgressioni fino alla morte, se questi monaci falliti si facessero amici e parenti stretti dei loro desideri, come potrebbe essere un male? Sarebbe sicuramente meglio che renderli nemici implacabili in questa vita e in quelle successive. Inoltre, occorre ricordare che nei sūtra si insegna che ricevere offerte destinate al Saṅgha mentre si è privi di disciplina pura genera un debito karmico nei confronti del Buddha. Il *Sūtra delle Cento Azioni* afferma che, quando si è molto vicini a raggiungere la liberazione, si può godere dei piaceri dell'intero universo come se fossero i propri. Ma se si è ancora lungo il cammino, usare ciò che si riceve in quanto monaci è privo di colpa solo se la propria disciplina etica è intatta. Altrimenti, si accumula un debito karmico che, prima o poi, verrà riscosso. Non si trovano dunque in una posizione terribile, questi ipocriti dalla disciplina impura? Il glorioso Shépé Dorjé, in *Clear Points of the Path of Means* (Punti chiari del sentiero dei mezzi), dice,[169]

---

169 *Vol. 60, pp. 17–138.* BDRC, purl.bdrc.io/resource/MW3PD982_D6A2D5, f60a.1. 60a.3.

> Al giorno d'oggi, la maggior parte di noi pratica ciò che non è
>> il Dharma. I seguaci dei sūtra denigrano la vita tantrica.
> I "dotti" lasciano la condotta tantrica per le vite successive.
>> I discepoli dei ciarlatani si abbandonano a una vita dissoluta,
> Credendo che sūtra e tantra siano opposti, come caldo e freddo.
> Non accettando alcuna distinzione tra ciò che si può e ciò che
>> non si può fare,
> Li vediamo gettarsi in sentieri distorti.
> Pertanto, questi punti essenziali vengono spiegati come una
>> parola detta a un saggio.[170]

Se analizziamo con il ragionamento, chi potrebbe negare che "non considerare il desiderio un nemico, ma accoglierlo come un amico" sia un sentiero di mezzi abili eccellenti? Naturalmente, possiamo essere più abili nel fare amicizia con alcuni kleśha rispetto ad altri. Quando la nostra pratica non procede molto bene, potremmo creare amicizie relativamente "cattive" in cui i nostri kleśha ci danneggiano ancora in qualche misura; eppure, è quasi sempre meglio avere questi cattivi amici piuttosto che i nemici che erano in origine. Come nella vita quotidiana, possiamo avere alcuni amici relativamente "cattivi" che a volte sono gelosi di noi, dicono parole inutilmente dure e così via; tuttavia, ci aiutano nei momenti di emergenza. È molto meglio imparare a lavorare con queste amicizie impegnative piuttosto che lasciare che le nostre emozioni siano nostri nemici giurati.[171]

---

170 Come si dice, "una parola per un saggio è un consiglio sufficiente."

171 Ad esempio, abbiamo discusso in precedenza di come la rabbia e l'ambizione assertiva possano essere portate sul sentiero trasformandosi in un coraggio eroico che serve lodevolmente la virtù. Potremmo avere diversi gradi di successo o fallimento nel fare questo. Se la percentuale di fallimento è abbastanza bassa, il nostro "amico" sarà forse un po' inaffidabile a volte, ma nella maggior parte dei casi ci serve e ci protegge nell'affrontare gli ostacoli. Così Kṛiṣhṇa esorta Arjuna nella *Bhagavad Gītā* 11.34 a combattere i suoi nemici umani sconfiggendo quelli spirituali. "Non scoraggiarti. Combatti, e vincerai i nemici della tua mente, perché Dio vuole che tu abbia successo. Il tuo sforzo sarà lo strumento, mentre Dio modellerà la tua vittoria con la sua grazia", https:// www.holy-bhagavad-gita.org/chapter/11/verse/34. Se invece la percentuale

Basandosi unicamente sulle scritture, sono possibili altri modi di pensare, ma se si riflette secondo un ragionamento corretto, è evidente che esistono mezzi per trasformare i nemici in amici, e viceversa. Avere anche un solo nemico nel mondo è già troppo, mentre qualunque sia il numero di amici che avete, averne di più è sempre meglio. Poiché questo sentiero del tantra trasforma tutti i nemici in amici, c'è forse consiglio più saggio al mondo del dire che dovremmo farlo?

Coloro che conoscono la tradizione testuale del Supremo Yoga Tantra sanno che, tra tutti i kleśha, la passione del desiderio è il nostro potenziale migliore amico, perché può fornire la via più elevata e più rapida verso la realizzazione. Ciò è confermato da chi ha realizzato il significato interiore dei quattro Potenziamenti Superiori del Supremo Yoga Tantra, ed è anche qualcosa che si può apprendere direttamente dai testi tantrici.[172]

> Viviamo secondo la maschera del comportamento
> esteriore del mondo,
> e così, ogni giorno, perdiamo il contatto con le nostre
> emozioni naturali.
> Il nostro bagaglio di anni e mesi di futilità,
> un giorno si logora e si rivela completamente priva di senso.[173]

di fallimento è molto alta, allora la nostra rabbia non è affatto un amico affidabile, e non siamo riusciti a portarla sul sentiero. Se non siamo abbastanza attenti, il nostro grande eroismo può essere sopraffatto da un tragico difetto di ambizione coraggiosa ma egoistica. Allora, come accade nel *Macbeth* di Shakespeare, quando MacBeth uccide il suo re, potremmo assassinare per un tornaconto personale coloro che abbiamo giurato di proteggere. Alla fine, il coraggio imperfetto di Macbeth lo conduce soltanto alla follia e a una morte ignominiosa.

172 Si veda il capitolo 7 e le relative citazioni dal *Kālachakra Tantra* nell'Appendice II.

173 Le persone cercano di abbandonare emozioni come il desiderio o la rabbia, ma non ci riescono, perché esse sorgono sempre in modo naturale. Cercare di sopprimerle, come se si tentasse di nasconderle in un sacco, conduce alla sofferenza. E poiché questo tentativo viene ripetuto continuamente, lo stress aumenta. Infine, il sacco si rompe, e si rendono conto che tutti i loro sforzi sono stati vani. Al contrario, dovrebbero riconoscere le emozioni come manifestazioni naturali e cercare di usarle per scopi positivi, proprio

Per questo, l'auto-sorgere dello stato naturale,

che si manifesta in ogni autentica passione del desiderio,

come realizzazione del fondamento e della radice

dell'essere umano,

essendo sostenuta dalla grande passione sessuale[174]

è il punto centrale.

---

come si fa nel tantra autentico.

174 Il "grande" desiderio sessuale va oltre il sesso letterale e si estende a tutte le sue implicazioni più profonde di unione e di grande beatitudine, incarnate in ultima analisi nella realizzazione di come sono le cose, il Sugatagarbha.

4

Come tutti gli individui possono cominciare con le capacità che possiedono

Quando si comprende l'intenzione del Vittorioso riguardo a questo profondo tema del desiderio, essa è in accordo con le seguenti parole del glorioso Shépé Dorjé in *Eliminating the Torment of People's Sexual Desire* (Eliminare il tormento del desiderio sessuale delle persone):[175]

> So cosa è proibito e perché è proibito,[176]
> E so anche qualcosa sull'essenza e sull'applicazione.[177]
> Ho inoltre fatto mia l'esperienza diretta.[178]
>
> Al giorno d'oggi coloro che hanno ricevuto una formazione
> in questo senso sono eccessivamente riservati;

---

175 *Rgyo 'dod skye bu'i gdung sel*, f15b.1. 15b.6.

176 Shépé Dorjé dice di sapere cosa la disciplina etica e le istruzioni di pratica etica consentono e non consentono, e le molte ragioni che stanno dietro a tali limiti.

177 Conosce anche l'essenza più profonda di queste regole e quindi come la loro applicazione possa cambiare in situazioni diverse.

178 Inoltre, conosce molto bene queste cose non solo a livello teorico, ma anche per esperienza pratica personale.

Altri, che sostengono di conoscerle bene, ignorano
  le istruzioni.[179]
Quelli che mantengono il giusto equilibrio, che non
  contraddicono i tantra
E che godono delle qualità desiderabili sono rari come
  stelle in pieno giorno.[180]
Alcuni, pur conoscendo la pratica, non sono in grado di eseguirla
  correttamente. Lasciandosi alle spalle questa vita, ripongono
  le loro speranze nella prossima.[181]

Poiché io non ho né speranze né paure,[182] qualunque cosa faccia,
La mia esperienza è migliore di quella di altri che le hanno
  ancora. Anche se tutti noi dobbiamo confrontarci con
  il sesso, il modo in cui lo faccio io è diverso.[183]

---

179 La maggior parte di coloro che sono stati formati nella teoria e nella pratica del tantra tende a cadere negli estremi. Alcuni sono eccessivamente "riservati" perché attribuiscono troppa importanza alle regole di condotta esterna. Tendono a reprimere i propri sentimenti autentici e le esperienze meditative per conformarsi alle aspettative altrui. Altri, invece, danno troppo risalto all'espressione esteriore delle proprie esperienze, ma trascurano gran parte delle regole della condotta etica. Abbiamo visto che nessuno di questi due estremi porta a molti risultati.

180 Le persone che seguono perfettamente l'approccio tantrico insegnato nelle scritture e la cui condotta non è né troppo rigida né troppo lasca, in modo che il loro godimento diventi un perfetto mezzo di realizzazione, sono quasi impossibili da trovare, come le stelle in pieno giorno.

181 Alcuni conoscono bene gli insegnamenti orali e le istruzioni tecniche, come gli yoga sottili dei venti, delle gocce e così via, ma non sanno come applicarli correttamente e perciò la loro pratica non ha successo. Altri spesso falliscono perché preoccupati da speranze e paure sulle proprie capacità, e rimandano la pratica effettiva alla prossima vita.

182 Nel senso di essere liberi da aspettative prefissate e dubbi.

183 La comprensione della sessualità è al centro del sentiero del desiderio. Tutti devono relazionarsi alla sessualità in qualche modo, ma gli yogin esperti come Shépé Dorjé sanno come rapportarsi ad essa come percorso verso l'illuminazione. Anche se l'attività sessuale di persone diverse può sembrare simile esteriormente, interiormente non lo è affatto; la sua, in particolare, non è samsarica. Ed è proprio questo, naturalmente,

I miei seguaci che nutrono interesse per l'unione sessuale,
Facendo riferimento alle istruzioni che ho composto sul sesso,
Possono comprendere come procedere, imparandole
    correttamente.

Tutte le apparenze che si vedono sono della natura del sesso.[184]
Sospeso nello spazio aperto, in mezzo a queste dinamiche incantevoli,[185]
Ardente di beatitudine naturale, l'intero corpo si costruisce fino
    a un culmine.[186]
Lasciate che la dolce fragranza del desiderio si diffonda ovunque.[187]

La meta purificata della generazione e del completamento
Così si libera come corpo di luce.[188]
Nei campi di una meravigliosa e stupefacente manifestazione,[189]
Come dominio degli insegnamenti vajra irreversibili,

---

l'argomento di questo libro.

184 Questo è spiegato anche da Gendün Chöpel nell'Appendice I. In breve, egli intende dire che, dopo aver compreso correttamente l'unione sessuale sacra, l'interazione di beatitudine dei principi maschile e femminile e così via, tutte le apparenze, anche quando sono "fuori dal talamo", sono percepite dai praticanti come aventi la stessa natura del sesso sacro in quanto colme d beatitudine, gioia, ispirazione e così via.

185 L'interazione dei principi maschile e femminile ci fa uscire dal nostro sé abituale, lasciandoci sospesi nello spazio illimitato della mente, tra un pensiero e l'altro. Si manifesta così un profondo apprezzamento per i fenomeni.

186 Tutto il corpo esplode spontaneamente in una beatitudine che si espande dappertutto. Questo stato si sviluppa fino a un momento culminante che interrompe il flusso dei venti karmici interni, come il momento che precede uno starnuto o un orgasmo.

187 La natura interiore del desiderio come beatitudine del Sugatagarbha inizia a manifestarsi.

188 In questo modo, gli obiettivi dello stadio di generazione e di completamento vengono raggiunti e infine il praticante diventa un Buddha con un corpo di luce, un corpo arcobaleno, anche se esteriormente continua ad apparire come un corpo saṃsārico ordinario.

189 A questo punto l'ambiente diventa una meravigliosa, straordinaria manifestazione di campi di Buddha, divinità tantriche e così via.

Possa esservi il compimento dei kāya supremi,[190]
Per i detentori della grande consapevolezza dell'unione sessuale.

Queste sono solo alcune delle molte cose dette in quel contesto. In generale, *la, pratica tantrica, compresa quella sessuale, dovrebbe essere potenziata al massimo delle nostre capacità, a beneficio di noi stessi e della nostra società.* Tuttavia, finché non si eliminano i complessi ostacoli che impediscono di farlo, le promesse del sentiero del desiderio riguardo alla felicità universale non possono essere realizzate. Per nobilitare questa via dell'attività sessuale, abbandonando la corruzione e accettando la pura e vera essenza della realtà, è necessario ripulirla dalle impurità che la contaminano. Tra gli impedimenti principali vi sono tre fondamentali fraintendimenti riguardo al sentiero tantrico del desiderio:

1. Nella maggior parte dei casi, gli indiani, i cinesi e altri popoli orientali mantengono con ostinazione vecchie credenze secondo cui i sentieri che includono l'attività sessuale non soltanto sarebbero immorali, ma addirittura letali come un veleno.
2. Molti occidentali, invece, pensano che il tantra consista unicamente in tecniche sessuali, senza alcuna implicazione più profonda.[191]
3. La maggior parte dei tibetani contemporanei, a prescindere dalla loro istruzione o dal loro status, ritiene che il vero sentiero del desiderio, che include l'attività sessuale, possa essere praticato solamente da grandi yogin che abbiano raggiunto livelli inconcepibilmente elevati, e che nessun altro possa seguire con successo il loro esempio.

---

190 È come raggiungere il livello ultimo e immutabile della Buddhità, manifestando spontaneamente i kāya e le saggezze primordiali.

191 È essenziale distinguere il letteralismo sessuale del "tantra da internet" dalla profondità multilivello della sessualità tantrica autentica. Nel primo caso la tecnica sessuale è fine a se stessa. La seconda, invece, cerca l'essenza dell'illuminazione nel cuore dell'unione sessuale.

Finché le persone non saranno libere da questi stati di torpore illusorio derivanti da concezioni errate, per quanto i testi parlino del valore del sentiero del desiderio, anche chi possiede comprensione e esperienza meditativa non riuscirà a fare alcun progresso in questo ambito. Per coloro che sono legati ai preconcetti della propria tradizione testuale è molto difficile fare qualcosa al riguardo. Persino coloro che si definiscono studiosi che hanno afferrato la visione suprema o affermano di essere yogin che hanno raggiunto la massima maestria yogica, non avranno mai mezzi sufficienti per unirsi al vero modo in cui sono le cose finché questi ostacoli non saranno eliminati.

Consigli diretti da mettere in pratica il più possibile

Il terzo punto dell'elenco sopra riportato di incomprensioni è molto importante quindi, se non lo affrontiamo preliminarmente, non ci sarà modo di entrare in questo sentiero.

L'apprendimento delle qualità e dei sentieri mondani e trascendenti [192] che si desidera conoscere e praticare deve avvenire innanzitutto volgendo lo sguardo nella giusta direzione; pertanto, ovviamente, partendo da piccoli passi, ci si deve rivolgere verso quella direzione e praticare il più possibile, indipendentemente dal fatto che si riesca a farlo perfettamente o meno.[193] Iniziate da qualunque comprensione abbiate circa il trasformare i kleśa

---

192 Il mondano corrisponde al relativo e il trascendente all'assoluto. Pertanto, i sentieri mondani sono quelli le cui attività costituiscono mezzi causali per sostenere la realizzazione. Un sentiero trascendente è invece quello che utilizza la fruizione assoluta come percorso, come discusso in precedenza.

193 Rinpoche sottolinea che dobbiamo procedere passo dopo passo ed avere ben chiara la direzione che stiamo seguendo lungo il sentiero del desiderio, attenendoci alle istruzioni che egli fornisce in questo libro. Sta mettendo in evidenza l'importanza di concentrarsi sulla direzione giusta e di non arrendersi mai, piuttosto che scoraggiarsi se non si riesce a comprendere perfettamente i principi oppure se non si ottiene subito successo nel momento in cui ci si impegna nella pratica effettiva.

in sentiero. Fino a quando non raggiungerete il livello finale dell'unione yogica, cercate di portare i kleśa sul sentiero nel contesto della visione autentica, per quanto vi è possibile.

Come potreste riuscirci facendo finta che il sentiero sūtrico sia il sentiero del tantra? Non è possibile. Non vi è alcun modo che il semplice ripetere ossessivamente che il sūtra è tantra, come se si recitasse un mantra, e il limitarsi ad accumulare mantra senza alcuna vera pratica tantrica possano compiere il lavoro dell'autentico sentiero del tantra. Se aspettate perché temete di non sapere abbastanza per progredire, non sarete mai pronti per iniziare il tantra. La vostra sciocca convinzione di non poter iniiare il sentiero tantrico finché non padroneggiate il sentiero dei sūtra non è giustificata né dalle scritture né dal ragionamento.

Chiunque voglia praticare il tantra deve iniziare con le basi. Quando i bambini imparano a leggere e a scrivere, indipendentemente dagli errori che commettono, devono prima imparare a riconoscere ogni lettera. Poi, una alla volta, devono unire le lettere che hanno imparato in parole di cui conoscono già il significato. Solamente allora, per quanti errori possano commettere, potranno cominciare a leggere parola per parola; nessuno è in grado di leggere correttamente fin dall'inizio. Allo stesso modo, entrando nel sentiero del tantra, *non importa in quanti errori e fallimenti si incorra, si deve cercare di portare i kleśha sul sentiero, passo dopo passo, senza abbandonarli.*

Guardate più e più volte che cosa avete bisogno di fare. *Anche se fallite all'inizio, basandovi su quell'esperienza stessa di sconfitta, imparate a migliorarvi.* Come potrebbe essere corretto pensare che, fin dall'inizio, errore e fallimento siano impossibili? Come nell'imparare ad andare in bicicletta, gli errori sono inevitabili. Pensare che non possano avvenire errori è l'errore più grande. Ciò che potete o non potete fare non dovrebbe essere soltanto un'opinione non verificata. Se rimanete semplicemente a lamentarvi sulle vostre possibilità aspettandovi che un giorno improvvisamente otterrete la forza necessaria, il successo sarà impossibile. Non fatevi scoraggiare da insuccessi temporanei. Che le azioni ben realizzate alla fine ricompensino coloro che continuano a impegnarsi è la natura delle cose.

Sebbene tutto ciò possa sembrare ovvio, i tibetani contemporanei, arroganti riguardo alla loro erudizione, trasformano l'elusiva tradizione testuale - che in effetti afferma che tutto questo si può e si deve fare - nel suo contrario. Molti di loro si fissano sulla propria visione concettuale o su una particolare forma di condotta morale come se fosse l'aspetto più importante, dimenticando il punto principale. Inoltre, credono che, se non sono già molto avanzati nel sentiero sūtrico, manchino dei prerequisiti necessari per praticare il tantra, e ancor più per seguire il sentiero del desiderio. Questa concezione errata è stata ripetuta di generazione in generazione nel corso dei secoli fino a oggi, divenendo un dogma generalmente accettato.

Se state costruendo un castello con pietre pesanti e solide, dovete erigerlo su fondamenta altrettanto dure e solide. Se impilate pietre pesanti su fondamenta inconsistenti come la carta, il vostro castello crollerà. Le difficoltà che incontrano coloro che si preparano al tantra addestrandosi estesamente in una versione puramente intellettuale del sentiero dei sūtra del secondo giro della ruota del Dharma sono paragonabili. Tale approccio è "facile da gestire" come la carta, perché nel trattare i kleśha e gli oscuramenti, l'obiettivo principale è dimostrare la loro intrinseca vacuità. Quando in seguito tenteranno di praticare i molti "pesanti" e sostanziali metodi tantrici per portare i kleśha sul sentiero, saranno completamente impreparati a lavorare con le loro emozioni reali. Il risultato sarà catastrofico come se avessero impilato pietre pesanti sull'ovatta.

La principale differenza che si incontra nel passaggio dal sūtra al tantra è che portare i kleśha sul sentiero deve sostituire l'*abbandono* dei kleśha attraverso gli antidoti. Se per tutta la vita avete praticato un sentiero sūtrico che considera il desiderio come un nemico, potreste anche affermare di praticare abilmente il tantra.[194] Tuttavia, molto probabilmente, i vostri

---

194 Rinpoche è sostenitore di una formazione tantrica più precoce, in modo che i praticanti

tentativi inesperti di navigare nel tantra saranno come costringere improvvisamente dei soldati che hanno combattuto contro i nemici per tutta la vita a fare amicizia con loro. Potete anche riuscire a costringere una balia senile a prendersi cura di un bambino giovane e turbolento o nobili arroganti a comportarsi da servitori, ma probabilmente falliranno. La maggior parte dei tantrika tibetani contemporanei che si affidano all'approccio dei sūtra basato sull'abbandono e gli antidoti è comparabile a questo. I metodi che impiegano non sono in grado di sostenere una pratica tantrica autentica.

Chi si avvicina al tantra deve addestrarsi fin dall'inizio ai suoi insegnamenti speciali, iniziando con quelli semplici. Se qualcuno che ha familiarità soltanto con il sentiero sūtrico deve improvvisamente operare come tantrika da un giorno all'altro, è naturale che non sarà in grado di farlo correttamente. Pertanto, se si vuole intraprendere non solamente il sentiero del tantra, ma anche il sentiero del desiderio e la sua principale manifestazione, il sentiero dell'unione sessuale, è necessario praticare opportunamente per gradi fin dal principio. Inoltre, dovete farlo con un adeguato piano a lungo termine per la manifestazione finale della vasta e profonda realtà che sta dietro a tutto ciò. Altrimenti, con solo parole vuote in una bocca vuota, non starete facendo altro che una mera finzione di addestramento. Quando alcuni che si presentano come grandi Lama di venerati monasteri affermano di insegnare il sentiero tantrico senza fornire alcuna istruzione pratica, possiamo essere certi che i loro insegnamenti non sono completi.

> Il tipo di desiderio che è il più elevato di tutti,
> È quello del sentiero della saggezza, l'unione di eroi ed eroine.
> Chi preferirebbe un sentiero inferiore, che rinnega
>   la nostra natura,
> E quindi rifiuterebbe il più alto sentiero della grande

---

possano avere maggiori possibilità di realizzazione.

beatitudine innata?

La famiglia del nucleo più intimo della pratica del tantra
È il grande segreto ultimo, supremamente profondo.
È la quintessenza suprema che realizza la gloria degli studenti.
Se volete essere quella realtà, è meglio che vi entriate davvero;
Le mere parole e i sogni non raggiungeranno mai
    la meta, l'essenza.

5

La natura sacra del sesso e percezioni preliminari

Il primo e più importante punto del sentiero del desiderio è che non solo tutti i diversi tipi di esseri senzienti in questo mondo possiedono, in una certa misura, qualità sia maschili sia femminili, ma anche tutte le loro azioni e interazioni, così come gli obiettivi che desiderano raggiungere, necessitano di entrambe queste qualità. Se una di queste due nature è assente, oppure se non cooperano bene tra loro, nulla sarà realizzato correttamente.

Quando parlo di qualità maschili e femminili, non mi riferisco soltanto agli aspetti fisici grossolani degli uomini e delle donne che si possono distinguere con gli occhi. Queste qualità includono aspetti sottili, come le essenze rossa e bianca del nostro corpo, che portano a differenze su molti livelli sottili. Tutto ciò che è indesiderabile e caotico deriva dalla mancanza di equilibrio e coordinazione tra le qualità maschili e femminili. Tutti gli aspetti della virtù perfetta e della felicità sorgono invece dall'equilibrio e dalla coordinazione tra queste qualità.[195]

---

195 Rinpoche intende dire che, prima di iniziare la pratica effettiva del sentiero del desiderio,

Poiché gli aspetti maschili e femminili hanno manifestazioni sia grossolane che sottili, pensare che l'intero sentiero del desiderio riguardi solo l'attività sessuale è completamente fuori strada. Comprendere la pratica del sentiero del desiderio come costituita unicamente dalla pratica con una consorte fisica, il Karma Mudrā, è anch'esso un errore. Come spiegato più avanti nel libro, proprio in relazione a mudrā o consorti, il sentiero del desiderio non si pratica solo con il Karma Mudrā umano, ma anche con i mudrā mentali della Saggezza, del Dharma e del Samaya. La fruizione consiste nell'amore e nella beatitudine ultimi autoesistenti della grande consorte di forma vuota, il Mahāmudrā.

Consigli iniziali su come stabilire un'unione sessuale sacra

Se si pratica con una o un Karma Mudrā, non è corretto impegnarsi subito nell'unione sessuale.

1. Per prima cosa, godetevi il piacere di guardarvi e basta.
2. Poi assaporate il piacere del sorriso e della risata.
3. In seguito, se saprete accrescere il vostro piacere reciproco toccando a poco a poco parti del corpo della consorte o del consorte, comincerete a progredire su questo eccellente sentiero.

Che riusciate o meno a collegare correttamente tutte queste fasi in successione, come consiglio riguardo al fine desiderato dell'unione sessuale:

4. Se siete donne, percepite le qualità speciali che sono per lo più assenti in una donna ma che sono presenti in modo preponderante in un uomo, come più preziose dell'oro. Se siete uomini, vedete

---

è fondamentale sviluppare un atteggiamento corretto che deriva dalla comprensione dell'interazione tra questi due principi.

tutte le qualità speciali che esistono in modo predominante nelle donne come inestimabili. Stabilire questa percezione è necessario, ma non sufficiente. Entrambi i partner devono sentire che relazionarsi con le qualità speciali del corpo e della mente del consorte è davvero una grande benedizione, e devono sapere che si tratta di una pratica sacra molto delicata e sensibile in cui qualcosa può facilmente non funzionare.

5. Per quanto vi è possibile, apritevi alla percezione pura che il corpo e la mente del vostro partner contengano gli innumerevoli maṇḍala dell'oceano dei Vittoriosi.[196]

6. Mentre percepite sempre più il corpo, la parola e la mente della vostra consorte come gli infiniti maṇḍala degli inesauribili cerchi di ornamento del corpo, della parola e della mente illuminati,[197] apprezzate la grande fortuna di partecipare a una tale realizzazione.

---

196 Se state iniziando il sentiero del desiderio e trovate difficili da comprendere queste idee, lavorate piuttosto con gli altri prerequisiti descritti qui e più avanti. In breve, apprezzate il vostro partner come "divino" il più possibile e coltivate grande ammirazione e gratitudine per questa preziosa occasione di pratica. Cercate di sentire questo apprezzamento il più possibile, non soltanto come un pensiero. Per una spiegazione dettagliata, leggete la nota successiva.

197 *sku gsung thugs mi zad pa rgyan gyi 'khor rab byams kyi dkyil 'khor*: Come parte della fruizione delle pratiche tantriche come il sentiero del desiderio, tutti i fenomeni del corpo, della parola e della mente vengono percepiti come suoni di forma vuota e così via che sono aspetti della natura assoluta di beatitudine delle cose. Tutti i fenomeni vengono compresi dal punto di vista ultimo come aspetti della natura realmente esistente delle cose, il Sugatagarbha. Al di là del corpo fisico, si possono percepire infiniti regni di Buddha e, all'interno del corpo, centri di energia che sono in grado di manifestarsi come ambiente e abitanti di infiniti maṇḍala di divinità tantriche con tutte le loro qualità pure e attività illuminate. Questa è la percezione del regno della forma più elevata, Akaniṣṭa. I principianti del tantra si esercitano richiamando alla mente questa purezza sottostante finché non riescono a sperimentarne alcuni scorci e infine a realizzarla. Si vedano "percezione pura" e "maṇḍala" nel glossario. (Come detto nella nota precedente, se siete appena agli inizi, concentratevi su altri prerequisiti che vi sono più accessibili).

In breve, mentre godete dell'esperienza dell'unione con la percezione che si tratta di una benedizione estremamente grande, sacra e preziosa, pensate non solo a parole ma dal cuore: "Ciò che sta accadendo ora non è solo sesso. Questo è il vero potenziamento del sentiero del desiderio che fa maturare la mente in modo che possa connettersi con i fenomeni assoluti". *Non dubitate che queste siano le istruzioni eccellenti e speciali su come praticare il sentiero del desiderio che porta alla liberazione.* Potete infatti essere certi che, per sperimentare una tale benedizione, voi e la vostra consorte avete un karma incredibilmente favorevole e dovete aver accumulato meriti nel corso di molte vite. Che siate individui dotati di eccellente discernimento è cosa certa. Come potrebbero persone dalla mente ristretta e con poche accumulazioni di meriti fare esperienza di una pratica così elevata? Sarebbe estremamente improbabile.

Più sorprendentemente eccellente persino del trovare oro puro nella sabbia comune, o un loto immacolato che cresce dal fango, è assaporare la saggezza illuminata della grande beatitudine assoluta nel cuore dell'attività sessuale. Le persone con un atteggiamento saṃsārico non possono farne esperienza. Pensano che il sesso sia come mangiare cibo gustoso o bere buone bevande come fanno tutti i giorni. Non hanno la minima idea che la sua essenza sia così elevata e sacra. Non possono nemmeno immaginare una tale possibilità, figuriamoci comprendere perché sia oggetto di lodi così sublimi. Il loro godimento del sesso è miope ed egocentrico, come quello degli animali, quindi come potremmo anche soltanto parlare del fatto che giungano a considerarlo un atto di sacra devozione? È ben noto a tutti, come a tutti è noto il vento, che in base a questo punto di vista degradato, si è compiuto, e si continua a compiere, un'enorme quantità di comportamenti disgustosi, inappropriati e di sfruttamento.

Alcuni godono del sesso con entusiasmo ogni volta che ne hanno l'occasione, ma si presentano esteriormente come pilastri della "rettitudine" se altri fanno lo stesso: li considerano indegni e abietti, accusandoli di immoralità e simili. Mentre si impegnano ipocritamente in vari tipi di ingannevole occultamento, le loro parole esteriori sono in contraddizione con la loro realtà interiore. Coloro che hanno questa mentalità sono innumerevoli e si trovano ovunque nel mondo. I paesi orientali, come il Tibet, sono probabilmente i peggiori da questo punto di vista.

Tuttavia, alcuni di voi potrebbero ancora contemplare la possibilità di praticare correttamente l'attività sessuale del sentiero del desiderio, e pertanto vi offrirò ulteriori consigli su come stabilire un'unione sessuale sacra.

Ulteriori consigli su come stabilire un'unione sessuale sacra

1. Per cominciare, per quanto vi sia possibile, *abbandonate le percezioni dualistiche prefissate di ciò che viene considerato puro e ciò che viene considerato impuro* che di solito esistono come punti di riferimento nella mente delle persone. Così facendo non considerate nessuna parte del corpo, esterna o interna, né come pura né come impura.[198] Anche solamente queste condizioni minime sono in conflitto con la cultura locale in alcuni Paesi, mentre in altri, istruzioni tantriche come queste risultano semplicemente incomprensibili.

2. Mentre siete impegnati in questa attività sacra, *qualsiasi preoccupazione e pensiero fluttuante riguardo alla qualità o al livello della vostra pratica dovrebbe essere messo da parte.* Le speranze di ottenere un buon risultato, i timori di fare male e così via sono del tutto fuori luogo nel sentiero del desiderio. In breve, ogni volta che fate girare una ruota mentale che produce in serie pensieri distraenti di aspettativa o di dubbio, non state portando le vostre emozioni e le vostre azioni sul sentiero. Tali pensieri sono grandi

---

198 Per lo meno, finché l'attività sessuale non è terminata, non fissatevi sul fatto che qualcosa sia puro o impuro.

ostacoli alla pratica tantrica.

3. Molti praticanti non riescono a raggiungere la liberazione perché si lasciano trascinare dai pensieri, che sono quindi un ostacolo da non sottovalutare. Pertanto, quando vi dedicate al sesso sacro, per quanto possibile, *rilassatevi univocamente in ciò che sta avvenendo nel momento presente*. Lasciate che la mente sia appagata nella libertà dalle proliferazioni mentali.

In breve, mentre la vostra visione dovrebbe essere espansiva, la vostra mente deve concentrarsi su ciò che state facendo, ma senza aspettative, dubbi o paure. Se non riuscite a fare questo, per quanto buone possano essere le vostre qualità o la vostra pratica sotto altri aspetti, non state praticando il sentiero del tantra.[199] State semplicemente facendo sesso ordinario, con i suoi consueti concetti e sentimenti dualistici.[200]

Molte persone in Tibet sostengono che, prima di potersi avvicinare a un'unione di questo tipo con la consorte, sia necessario dedicarsi intensamente alle pratiche preliminari formali, comprese le pratiche estensive per purificare il karma accumulato e supplicare il Guru in maniera focalizzata, come nel Guru Yoga. Dopo di ciò si dovrebbe visualizzare perfettamente la divinità yidam e la consorte in yab-yum e accumulare un numero minimo di mantra della divinità. In seguito, i praticanti autorizzati possono impegnarsi nell'unione sessuale sacra mantenendo una visualizzazione consapevole.

---

199 È importante essere consapevoli di se stessi, del proprio partner e della qualità dell'interazione tra voi due. Il problema nasce quando il praticante rimane bloccato generando dubbi contrastanti, aspettative e simili riguardo alle proprie capacità o prestazioni, poiché ciò impedisce di accedere a livelli più profondi di esperienza.

200 Anche se riconoscete di rientrare in questa categoria, non c'è motivo di arrendersi. Potete prepararvi e addestrarvi continuamente e, sebbene i progressi possano essere lenti, dovreste essere gentili con voi stessi e accettare il punto in cui vi trovate; se pensate di dover ancora sviluppare molta più comprensione e integrarla nella vostra pratica, non preoccupatevi né scoraggiatevi per le vostre limitazioni temporanee e cercate di progredire il più possibile.

Se si riesce davvero a seguire questo approccio con una motivazione pura, sembra certamente che ne risulterà un'accumulazione di virtù. Tuttavia, sembra anche ragionevole affermare che, scambiando erroneamente tutto questo "rituale inutilmente complicato" per qualcosa di assolutamente necessario alla realizzazione della propria vera natura, si finirebbe per creare ostacoli a tale realizzazione. In ogni caso, questo non è sicuramente il modo migliore per portare l'attività sessuale sul sentiero. Possiamo sperimentare meglio la realtà sacra all'interno dell'unione sessuale stessa con meno distrazioni simboliche. Pertanto, di seguito presenterò un nuovo approccio per facilitare l'esperienza diretta della beatitudine dell'unione sessuale, chiamato qui "Percezioni preliminari."

Percezioni preliminari

Segue un riepilogo delle cinque eccellenti percezioni preliminari per il conseguimento di realizzazioni su questo Sentiero del desiderio, con le relative spiegazioni dettagliate:

1. Percepire questo sentiero del desiderio come un percorso naturale innato.
2. Percepire con certezza che tutte le vostre esperienze temporanee di beatitudine incarnano l'essenza ultima.
3. Percepire che le vostre esperienze temporanee di beatitudine sono in grado di aumentare fino a diventare illimitate.
4. Percepire che tutte le azioni che si compiono sul sentiero del tantra devono essere motivate dalla bodhicitta.
5. Percepire gli aspetti primordiali, maschile e femminile, del Dharmakāya non duale come potere intrinseco di espressione della propria natura.

Spiegazione

1. *Questo sentiero del desiderio è un percorso naturale* che sviluppa sia la vostra natura accidentale sia quella ultima. Percepire questo sentiero come uno sviluppo naturale significa riconoscere che si tratta di un cammino molto migliore rispetto a uno che combatte costantemente contro le emozioni naturali.[201]

2. Proprio come il sapore di un singolo granello di zucchero vi permette di conoscere il sapore di tutto lo zucchero dell'universo, rendendovi capaci di riconoscerlo nel caso lo assaggiaste di nuovo, così è per la vostra vera natura, il Sugatagarbha. *Attraverso la pratica, quindi, percepite con certezza che tutte le vostre esperienze di beatitudine incarnano l'essenza ultima del sentiero.*[202]

---

201 Una tale percezione ha molti livelli, ma inizierete a sentirla con certezza non appena sperimenterete l'attenuarsi del conflitto con i kleśha che si verifica quando i kleśha vengono portati sul sentiero. Coloro che rifiutano questo sentiero come qualcosa di disdicevole affermano che, fino a quando i praticanti della liberazione individuale non raggiungono un livello molto elevato, i meriti che ottengono nella loro pratica sono proporzionali alle difficoltà che sperimentano nel negare i loro "vergognosi" impulsi naturali. Non è forse meglio coltivare il piacere piuttosto che l'agonia?

202 Potreste pensare che questa sembra una realizzazione molto elevata e chiedervi come una simile esperienza possa essere considerata un "preliminare" al sentiero del desiderio. È la stessa cosa che chiedersi come la fruizione possa essere il cuore della pratica tantrica volta ad ottenere proprio quella stessa fruizione. Se l'esperienza della fruizione è un preliminare alla pratica tantrica, non bisognerebbe allora essere già illuminati prima di poter iniziare? Questo è esattamente l'errore che la maggior parte dei tibetani commette riguardo alla possibilità di praticare il tantra. Essi si concentrano sul fatto che il nostro karma saṃsārico auto-perpetuante ci imprigiona in una rete impenetrabile di percezioni illusorie e attività compulsive che bloccano l'esperienza realizzata. Secondo questo approccio, la pura percezione delle cose come sono può iniziare solamente dopo il completo annientamento di tale rete saṃsārica, attraverso la realizzazione che tutti i suoi fenomeni sono privi di esistenza intrinseca, come spiegato nei sūtra del secondo giro della ruota del Dharma. Soltanto pochi grandi esseri possono raggiungere questo obiettivo in una sola vita; per tutti gli altri, non resta che continuare a dimorare nella percezione illusoria dell'esistenza ciclica. Il sentiero tantrico, invece, si basa sulla visione del terzo giro della ruota del Dharma, secondo

3. Anche se l'essenza di beatitudine viene percepita solo brevemente, attraverso quell'esperienza nasce una fede consapevole che simili esperienze momentanee di beatitudine si espandono e si uniscono nel tempo. Quando percepite come gli scorci di beatitudine maturino continuamente nell'esperienza della vostra natura ultima e illimitata, *percepite anche che le vostre esperienze temporanee di beatitudine sono in grado di aumentare senza limiti.* La vostra mente sarà piena di fiducia a questo riguardo.[203]

4. *Percepite che tutte le azioni compiute sul sentiero del tantra devono essere motivate dalla bodhicitta.* Percorrendo il sentiero del desiderio, realizzate che il vostro obiettivo finale, la fruizione del sentiero, può essere pienamente attuato soltanto allo scopo di stabilire tutti gli infiniti esseri senzienti [204] sullo stesso livello di immutabile grande beatitudine. Questo perché, per andare oltre le fissazioni dualistiche del *sé* e dell'*altro* da *sé*, dovete abbandonare tutte le motivazioni egoistiche. Pertanto percepite con certezza

---

cui la realtà ultima è il Sugatagarbha, ovvero la Buddhità compassionevole. Rispetto a questa realtà eterna, il meccanismo del saṃsāra è temporaneo e imperfetto. Eppure, le nuvole dei nostri oscuramenti lasciano frequentemente minuscole fessure, che ci permettono di intravedere il sole della saggezza che risplende oltre di esse. È così che la grazia incondizionata della Buddhità rende possibile la pratica della fruizione per gli esseri senzienti.

203 Questa fiducia può essere rafforzata integrando nella propria mente una chiara comprensione di ciò che le scritture affermano riguardo le *qualità pure della natura di Buddha e la percezione pura del Guru e della divinità yidam* come incarnazioni di tali qualità nel mondo fenomenico. Nel sentiero del desiderio, persino brevi scorci di beatitudine iniziano a dissolvere l'illusione dualistica secondo cui il compimento ultimo debba essere cercato al di fuori di noi stessi, nello spazio e nel tempo. Quando voi e il vostro partner diventate la realtà eterna della divinità e del consorte non duali, conoscete il sapore della beatitudine eterna, anche se è stata sperimentata solo per un momento. In seguito, sarete in grado di dimorare in sprazzi ricorrenti di tale beatitudine. E, man mano che lo farete, potrete realmente constatare come la realtà di quegli scorci si espanda senza limiti prefissati.

204 A cominciare, per esempio, dall'apprezzamento genuino per il vostro partner o consorte, che vi accompagna in questo viaggio profondo.

che, per praticare in maniera autentica tale sentiero, dovete prima generare la bodhicitta.

5. *Gli aspetti primordiali e inseparabili, maschile e femminile, del Dharmakāya non duale sono percepiti come il potere intrinseco di espressione della propria natura,* la saggezza immutabile della grande beatitudine. Tale saggezza si esprime naturalmente come il duplice principio di padre e madre, completamente perfetti nella loro grande purezza, con la consapevolezza che essi contengono l'insieme delle divinità del grande oceano del maṇḍala del Vittorioso.[205] Tutto questo potrebbe mettere soggezione, ma è esattamente ciò che verrà sperimentato se rimuovete gli ostacoli realizzando le condizioni precedenti, e poi lasciate che si manifesti.

Conclusione e ulteriori consigli

Queste cinque percezioni preliminari devono essere assimilate dai praticanti che desiderano progredire sul sentiero del desiderio. Perciò, *se volete davvero raggiungere un'elevata realizzazione su questo sentiero, dovete assicurarvi che tutte queste cinque siano integrate* nella vostra pratica in modo graduale. Se i principianti rimangono consapevoli di tali punti, potranno praticare a partire da qualsiasi barlume della realtà assoluta si presenti loro. Se siete agli inizi, non dovete lasciarvi sopraffare o intimidire da questi cinque requisiti. *Percepite semplicemente quanto di essi si manifesta naturalmente con le vostre attuali capacità.* Si dice che, grazie alla compassione del Buddha, ciò che sperimenterete sarà esattamente adeguato al vostro livello.

E per quanto riguarda coloro che non hanno alcuna intenzione di praticare formalmente il tantra tibetano? Tutti possiedono la stessa natura ultima e, poiché il mio desiderio è che ognuno manifesti il più

---

205 Vedi "yab-yum", "divinità" e "maṇḍala" nel glossario.

possibile questa natura, il presente libro è stato scritto con l'intento che chiunque possa leggerlo. Anche coppie che praticano poco o nulla del buddhismo potrebbero comunque imparare ad apprezzarsi di più e ad essere meno inclini a litigare, comprendendo come i principi maschile e femminile operano insieme in tutte le interazioni.[206] Tale percezione può produrre molti benefici pratici in questa vita e creare buone propensioni karmiche per praticare il sentiero tantrico nelle vite successive, quindi, a prescindere dal background o dalle aspirazioni personali, ci possono essere molti vantaggi nell'apprendere questi insegnamenti, e certamente nessuno svantaggio.

In ogni caso, con un'elaborazione minima dei vasti e profondi argomenti esposti, questo capitolo ha fornito istruzioni sul significato essenziale del sentiero del desiderio che tutti i lettori possono applicare secondo le proprie aspirazioni e capacità.

> Senza adornare questo argomento con raffinate elaborazioni,
> In preparazione alla beatitudine del sesso trascendente,
> Tutte le apparenze afferrate da un sé personale
> Di menti ristrette e inferiori dovrebbero essere completamente
> abbandonate.
> Cogliendo il valore della pura apparenza come amore
> immutabile,

---

206 Anche questo può essere come assaporare la natura di tutto lo zucchero in un solo granello di zucchero. Molte donne affermano che i loro partner non comprendono l'esperienza fisica e psicologica femminile, quindi non sanno come portare il vero gusto zuccherino in nessuno di questi due ambiti. Seguire le istruzioni contenute nel presente libro può aiutare a risolvere il problema. Molti uomini hanno bisogno di imparare a non affrettare le cose, così da poter assaporare adeguatamente quel gusto; molte donne possono trarre beneficio dall'imparare ad accogliere con maggiore apertura l'energia maschile del loro partner, una volta acquisita una più ampia comprensione dell'interazione tra i due principi. Tutto ciò può condurre i praticanti ben oltre il sesso ordinario, poiché questa interazione si manifesta in tutti gli strati più profondi della nostra esistenza.

Arriverete a godere della grande purezza delle realtà assoluta,

Con tutte le sue gloriose qualità di gioia e beatitudine senza limiti.

La pratica dei canali, dei venti e delle gocce,

La cui modalità è necessariamente individuale,

Viene descritta attraverso una moltitudine di parole piacevoli.

Benché i mezzi segreti della pratica del desiderio,

Con il proprio corpo e quello altrui, siano difficili da padroneggiare,

Iniziare la pratica reale è il punto centrale.[207]

Se le qualità necessarie per la pratica principale non sono complete,[208]

Assimilando queste cinque percezioni preliminari,

Anche senza conoscere le tecniche del godimento,

Delle quattro gioie di vacuità e beatitudine che conducono

    alla realtà assoluta,

Il livello puro della grande beatitudine sarà comunque

    raggiunto col tempo.

---

207 All'inizio di questo verso, Rinpoche fa riferimento agli esercizi yogici dello stadio di completamento che lavorano con i venti, i canali e le gocce del corpo sottile. La maggior parte dei tantrika ritiene che il loro obiettivo principale debba essere la padronanza di queste pratiche, ma un'eccessiva preoccupazione nei loro confronti può facilmente diventare una distrazione rispetto alla realizzazione dei punti essenziali durante l'unione sessuale. Al contrario, egli incoraggia a iniziare con la pratica diretta del sentiero del desiderio sulla base dei preliminari appena descritti. Una citazione di Shépé Dorjé nel capitolo 6 di questo libro affronterà temi simili.

208 Si tratta della pratica formale e autentica del tantra tibetano, che include il completamento delle pratiche preliminari formali tradizionali, i potenziamenti e i livelli più elevati di esperienza, come la capacità di controllare i movimenti dei diversi tipi di thiglé in specifiche parti del corpo sottile e così via. Sebbene la maggior parte di noi non sia un praticante di livello così elevato, possiamo comunque affidarci alle percezioni preliminari descritte in questo libro come una solida base su cui costruire la nostra pratica del sentiero del desiderio.

6

Eliminare concezioni errate con una presentazione dettagliata dei diversi tipi di thiglé

Il glorioso Shépé Dorjé's *Eliminating the Torment of Sexual Desire* (Eliminare il tormento del desiderio sessuale) dice,[209]

A HO! Nella vacuità, la natura della vagina,
Dal gioco del pene, apparenza senza ostruzioni,
Il bambino, unione di saṃsāra e nirvāṇa, nasce.
Se ciò viene compreso, tutte le cose hanno la natura del sesso.

Che vajra sia stabilito come assoluto,
Sarebbe impossibile senza di questo mezzo supremo;
Quindi, questa offerta nuda della pratica sessuale,
È presentata per una donna desiderosa di sesso.

Ora, sorgendo nella forma di una fanciulla del sole,
Che dà rifugio agli yogin, la vajra ḍākinī

---

209 *Rgyo 'dod skye bu'i gdung sel,* f15b1. 15b6.

Parla in accordo con il significato di ciò che è stato invocato
    con la parola,
Attraverso le accumulazioni della fanciulla del desiderio vajra.

Spingere avanti e indietro ed esercizi di *trulkhor*,
    le abilità effimere con i venti yogici e il sesso fisico
Che le persone possono considerare meravigliose, non si trovano qui;
Ma io conosco bene il funzionamento dei punti fondamentali
    del sesso.[210]

---

210 Questo testo presenta in forma poetica il significato profondo dell'unione sessuale tantrica. Nel mondo fenomenico, la natura della vagina è *prajñā*, la vacuità, il principio femminile come fonte fertile dei fenomeni. Il pene è il gioco dell'apparenza non ostruita e non concettuale come principio maschile, i potenti mezzi abili. Dall'unione di beatitudine dei principi maschile e femminile nasce il bambino, unione di saṃsāra e nirvāṇa. Questo bambino è una metafora dell'esperienza illuminata del Dharmadhātu, lo spazio fondamentale in cui tutti i fenomeni di saṃsāra e nirvāṇa sono uniti. Se si comprende ciò, tutte le cose sono di natura sessuale, nel senso che tutti i fenomeni sono prodotti dall'unione dei principi maschile e femminile. In pratica, l'indistruttibile natura vajra, il Sugatagarbha, viene stabilita come verità ultima dalla percezione diretta della realizzazione soltanto attraverso l'unione di beatitudine dei principi maschile e femminile. È impossibile che si verifichi in qualsiasi altro modo che non sia attraverso questo più elevato dei mezzi. È un'offerta nuda - ossia percepita direttamente così com'è, senza un contesto concettuale - dell'unione di beatitudine della mente illuminata compassionevole con il consorte,ovvero i fenomeni. Ciò può essere sperimentato con la pratica dell'unione sessuale sacra. Qui Shépé Dorjé, dal suo punto di vista di yogī maschio, condivide un'offerta di beatitudine predisposta per qualsiasi consorte donna che uno yogī maschio abbia la fortuna di incontrare, perché una consorte vidyā aperta e desiderosa di impegnarsi in questo tipo di pratica sessuale sacra è estremamente preziosa. Un'affermazione analoga vale per le yoginī, le donne yogīn. La beatitudine dell'unione è spesso incontrata per la prima volta attraverso l'atto sessuale con una consorte vidyā umana o Karma Mudrā, ma può anche essere incontrata o potenziata lavorando ulteriormente con gli stessi principi mediante altri tipi di mudrā più raffinati. I versi successivi fanno probabilmente riferimento alla pratica del *tummo*, lo yoga del calore interiore. In questa pratica, sia gli uomini che le donne possono visualizzare se stessi come una vajra ḍākinī. Il calore del tummo sorge quattro dita sotto l'ombelico, nella forma di un sole rosso fuoco di saggezza. Pertanto questa ḍākinī è una fanciulla del sole. Il suo calore è evocato dalla sillaba seme A, la sillaba seme della parola, per poi risalire il canale centrale e trasmutare i fenomeni ordinari nel vero significato percepito dalla saggezza. Nel sentiero del desiderio, la dea può letteralmente manifestarsi come una ragazza che offre a entrambi gli yogin rifugio dal saṃsāra. Lo stesso vale per la

Introduzione a una migliore comprensione coordinata riguardo ai thiglé

Molte persone pensano che, per praticare il sentiero dell'attività sessuale a un livello elevato, sia necessariamente indispensabile padroneggiare diversi esercizi fisici di *trulkhor*[211]. Presumono inoltre che praticare il sentiero dell'unione sessuale implichi ogni sorta di tecniche sessuali straordinarie capaci di intensificare l'esperienza della realtà assoluta.

Una tecnica molto nota di cui parlano i tibetani si chiama "tirare il *thiglé* verso l'alto", ma la maggior parte delle persone[212] la tratta soltanto dal punto di vista dei praticanti tantrici di sesso maschile. Hanno una visione antiquata e culturalmente condizionata, secondo cui gli uomini sarebbero i candidati più importanti per la pratica. Essi credono erroneamente che il significato unico di thiglé sia il seme maschile. Da questo fraintendimento si può dedurre che non hanno mai realmente sperimentato il sentiero del

---

divinità principale. Poi, le accumulazioni di desiderio vajra, la beatitudine sessuale non legata a specifici oggetti - che porta all'accumulazione pura di meriti e saggezza nella mente degli yogin - risalgono il canale centrale e pervadono il corpo, trasmutando tutte le percezioni in saggezza vajra indistruttibile, l'appagamento di ogni desiderio. La saggezza vajra è la parola assoluta delle ḍākinī, che è al di là delle parole e dei concetti. Nel manifestare tutto questo, si distinguono tre processi yogici: discesa, ritenzione e "diffusione di ciò che è diffuso", che saranno brevemente trattati più avanti nel libro. Tali processi possono essere potenziati da movimenti di spinta in avanti e all'indietro, attraverso tecniche yogiche in cui le gocce vengono spinte in varie direzioni all'interno del corpo, o attraverso alcune posizioni sessuali che producono effetti simili. Gli esercizi yogici noti come thrulkhor o yantra yoga lavorano con le energie interne dei venti yogici sottili, e le abilità sessuali fisiche aumentano la gioia e la beatitudine. Molte persone pensano che queste abilità effimere siano straordinarie, ma il loro utilizzo può facilmente diventare una distrazione dalla realizzazione del punto principale. Pertanto non vengono qui spiegate, ma io, Shépé Dorjé, conosco bene il funzionamento dei punti fondamentali del sesso, e sono quelli che vengono illustrati in questo testo.

211 Per controllare i loro venti interni e così via.

212 Rinpoche si rivolge qui a ciò che pensano i praticanti in generale quando parlano in modo superficiale di questi argomenti, piuttosto che a ciò che pensano i veri tantrika che eseguono correttamente queste pratiche.

tantra e la sua fruizione, lo stato naturale.

Perché? Nei testi tantrici, thiglé si riferisce spesso a una natura sottile, a un'energia o a un elemento (*khams*) presente nel corpo che è sinonimo di bodhicitta relativa. Questo elemento o natura sottile è come un fluido energetico che permea il corpo e la mente, proprio come l'olio permea i semi di sesamo. Nell'esperienza ultima della fruizione, bodhicitta assoluta, *thiglé* o *khams*, si riferiscono alla consapevolezza illuminata che pervade tutto il saṃsāra e il nirvāṇa. Se il seme maschile, noto anche come "elemento *kunda* della bodhicitta,"[213] relativa e assoluta, né con le sottili essenze sessuali maschili e femminili bianche e rosse di cui supportano l'esistenza. Khams significa elemento o natura in senso generale.[214] Quando viene usato come sinonimo di thiglé, khams può riferirsi al seme maschile, ma più spesso si riferisce ai thiglé rossi e bianchi più sottili della bodhicitta relativa nei canali sottili, oppure in modo ancora più sottile, alla bodhicitta assoluta, la natura assoluta delle cose.[215]

Non è forse chiaro, allora, che equiparare questi termini unicamente allo sperma in questo contesto è completamente fallace?[216] Il seme maschile si forma ed è immagazzinato nei testicoli. Questo è ben noto ai tibetani ed è confermato anche dalla scienza medica occidentale. Lo sperma fisico grossolano non può pervadere il corpo. D'altra parte, il khams, nel senso

---

213 *Kunda*, un fiore di gelsomino, che è bianco e sboccia al chiaro di luna, qui usato come termine poetico per indicare il fluido sessuale maschile bianco, ovvero lo sperma; a volte lo stesso termine si riferisce a un kumud[a], un loto bianco che fiorisce di notte.

214 Ad esempio, la *khams drug* può riferirsi agli elementi, alla terra e così via, del sistema del Kālachakra.

215 Nella frase, *khams bde gshegs snying po*, "khams" significa la natura delle cose, la natura di Buddha o Sugatagarbha.

216 Lo sperma materiale non è la causa sostanziale delle forme più sottili di bodhicitta, ma alcuni concludono superficialmente che thiglé, in questo contesto, significhi solamente le essenze sessuali grossolane, fisiche, lo sperma bianco e il sangue mestruale rosso, che secondo i tibetani è il contributo femminile all'embrione. Una definizione che ignora altri sensi rilevanti del termine rende impossibile comprendere le esposizioni più sottili di questo argomento nei testi.

di bodhicitta relativa, pervade l'intero corpo, come si può facilmente constatare per esperienza diretta. Quando si sta per piangere o quando si prova una sensazione di beatitudine, ad esempio durante il sesso, si può avvertire la percezione di un fluido potente che si muove in tutto il corpo e lo energizza. Questa è un'esperienza di thiglé in movimento. L'unione sessuale, in particolare, ha un forte potenziale di attivare e muovere queste essenze sottili "nascoste". È tuttavia importante sapere che tali sensazioni possono essere raggiunte non soltanto attraverso l'unione sessuale, ma anche attraverso qualsiasi esperienza intensa e stimolante, e soprattutto attraverso la devozione al Guru, che apre la porta del vero sentiero tantrico.

Presentazione riassuntiva dei diversi tipi di thiglé

Ora presenterò una panoramica dei diversi tipi di thiglé:

1. Se si desidera impegnarsi nella corretta pratica sessuale del tantra buddhista, è necessario generare costantemente la bodhicitta relativa attraverso l'amore e la compassione. Questo atteggiamento altruistico e le emozioni a esso collegate influenzano le essenze sottili, i thiglé, del corpo.

2. Nel tantra, la bodhicitta relativa, o "thiglé indistruttibile relativo,"[217] ha il seme come segno o indicatore sostanziale, ma non come causa sostanziale. Deve essere compresa come la "vera" bodhicitta relativa, tenuta in così grande considerazione.

---

217 "Thiglé indistruttibile" sembra dover sempre riferirsi all'eterno assoluto. Tuttavia, esso si riferisce anche alla bodhicitta relativa sottile, che può essere potente e duratura, ma non è permanente in senso letterale. Analogamente, quando i bodhisattva raggiungono il primo livello di bodhisattva, si dice che la loro bodhicitta relativa sia indistruttibile da quel momento in poi. Ciò non significa che tale bodhicitta relativa non cambierà o non crescerà ulteriormente man mano che avanzano attraverso i diversi livelli del cammino del bodhisattva.

3. Il "thiglé primordiale indistruttibile"[218] è invece la bodhicitta assoluta, ovvero la natura assoluta delle cose, il Sugatagarbha. La realizzazione di ciò è accompagnata da una fede spontanea e indistruttibile in tale natura.[219]

La pratica del sentiero del desiderio dovrebbe essere compresa attraverso la conoscenza di come questi tre aspetti della bodhicitta sorgono e interagiscono tra loro. Quando tutte le condizioni del loro sorgere interdipendente saranno completate, sorgerà certamente anche la saggezza della grande beatitudine. Quando ciò accade, questa continuerà ad aumentare fino alla completa realizzazione. In funzione di tale crescita, gli oscuramenti opposti vengono gradualmente purificati, fino a scomparire del tutto. È facile comprendere che i fluidi nel luogo segreto dei corpi maschile e femminile non possano essere altro che un segno o una condizione di questi processi superiori. Tuttavia, poiché molte persone sembrano essere confuse al riguardo, analizzerò ulteriormente questi punti.

Quando si parla dell'elemento bianco e dell'elemento rosso,[220] identificarli solo con lo sperma maschile e il sangue mestruale femminile è troppo limitativo. Come già detto, questi termini si riferiscono anche alle essenze sessuali come fenomeni sottili e segreti. Sia gli uomini che le donne possiedono solamente l'essenza sessuale materiale del proprio sesso - lo sperma o il sangue mestruale - ma le scritture e il ragionamento dimostrano che le essenze sottili rosse e bianche esistono sia negli uomini che nelle donne. Identificare l'elemento bianco esclusivamente con il seme maschile e l'elemento rosso solo con il sangue mestruale femminile oscura

---

218 In tibetano, *khams bde gshegs snying po*.

219 "Fede indistruttibile" è la certezza che ciò che viene esperito sia realmente la natura assoluta delle cose e la vera mente di ciascuno. Sebbene, inizialmente, tale esperienza consista tipicamente in scorci temporanei, chi la sperimenta acquisisce gradualmente una fede stabile che tali scorci rappresentino davvero l'esperienza della natura eterna delle cose.

220 *khams dkar* e *khams dmar* in tibetano.

la relazione causale tra gli aspetti grossolani e quelli sottili di queste essenze, e i livelli sottili e segreti di esperienza che si manifestano quando questi due elementi interagiscono nelle pratiche del Supremo Yoga Tantra.

Questa definizione errata appare come un segno significativo della mancanza di comprensione riguardo le distinzioni tra sottile e grossolano, tra supporto e supportato, nonché tra apparenza e realtà nel tantra. Quando, invece, si stabiliscono correttamente tali distinzioni, la nostra visione sarà corretta, la meditazione precisa, la condotta accurata e ne seguiranno anche altri risultati importanti e benefici.

Coloro la cui comprensione è avulsa dalla pratica e dalla realizzazione, e le cui menti sono ulteriormente fuorviate dal prendere alla lettera le parole della propria tradizione testuale, di solito ignorano tali sottigliezze. Essi tracciano il confine tra il mantenimento o la rottura di un samaya tantrico semplicemente in base che vi sia o meno l'eiaculazione di seme.[221] Quando le persone si ossessionano unicamente sul fatto che

---

221 Il quinto samaya radice del Supremo Yoga Tantra istruisce che chi pratica questo sistema non deve perdere bodhicitta o thiglé. Nel testo tradizionale sui tre voti, Perfect Conduct (*Condotta perfetta*), di Ngari Panchen con il commentario di Dudjom Rinpoche (pp. 118-119), si afferma: "[Rompere] il quinto [samaya] consiste, con una mente desiderosa e in un momento inappropriato, nell'emettere intenzionalmente il seme, abbandonando così la bodhicitta generata per gli esseri senzienti". Nel commentario, Dudjom Rinpoche aggiunge: "Ciò include anche l'abbandono della [mente di] bodhicitta verso qualsiasi essere senziente, poiché [questa] bodhicitta e il fluido essenziale sono considerati come uno sul piano della pratica dello stadio di generazione (del tantra interno)". Anche commentari di altre scuole, come quella Gelug, spiegano il quinto samaya radice in accordo con questo secondo significato. Riguardo alle eccezioni, Dudjom Rinpoche scrive: "I momenti appropriati in cui si può permettere al fluido seminale di lasciare il corpo sono durante il conferimento dei potenziamenti segreti come offerta alle divinità, nel proseguire la linea familiare ereditaria, e nel preparare pillole speciali o altri medicinali [...]". Altri testi tradizionali, come *Buddhist Ethics* (Etica buddhista - di Jamgön Kongtrül, p. 482), aggiungono anche "... come mezzo per rimuovere ostacoli [alla propria vita]", come eccezione ammissibile basata sul *Kālachakra*. Nel terzo volume di *Unveiling Your Sacred Truth* l'autore del presente libro, Khentrul Rinpoche, presenta l'approccio tradizionale a questo e ad altri samaya radice e secondari del Kālachakra, insieme ai problemi associati alla loro trasgressione e riparazione, contestualizzandone la spiegazione per un pubblico contemporaneo. Una descrizione più

non vi sia emissione di sperma all'esterno, non stanno forse mostrando la loro ignoranza di tutti gli altri aspetti di questo profondo argomento?[222] È chiaro per me che la presentazione di simili temi richieda una rivalutazione dettagliata.

Esempi dalle scritture e spiegazioni estese su thiglé e atteggiamento corretto per intraprendere l'unione sessuale

Quando i significati di thiglé sono riassunti nel Guhyasamāja Tantra, vengono insegnate tre classificazioni di thiglé o gocce, e altri tantra condividono una simile intenzione. Queste sono:

1. Il thiglé del terreno assoluto. È equivalente al Sugatagarbha.
2. Il thiglé relativo dell'ignoranza illusoria.
3. Il thiglé relativi sostanziali che includono le nature sottili (khams) dei cinque elementi.

Nessuno che comprenda veramente la terminologia e la pratica del Supremo Yoga Tantra direbbe, in alcun contesto, che esistono solamente

---

concisa è inoltre contenuta nel suo libretto *The Seven Empowerments of a Growing Child - A Guidebook for Entering the Kālachakra Generation Stage* (Tibetan Buddhist Rimé Institute: Belgrave 2016 - Sette iniziazioni analoghe alla crescita di un bambino).In quel testo, la descrizione di questo samaya è incentrata sull'invito ai praticanti a considerare il "sesso come sacro": il consiglio è di evitare di impegnarsi in atti sessuali mentre si è dominati da stati mentali afflittivi o motivati esclusivamente da un desiderio compulsivo del piacere ordinario dell'orgasmo e così via.

222 I praticanti seri conoscono questi significati più sottili di thiglé, quantomeno tramite lo studio dei testi, e alcuni li hanno sperimentati direttamente eseguendo le pratiche yogiche correlate. Tuttavia, quando si concentrano specificamente su questo samaya del non perdere il thiglé, alcuni sembrano dimenticare ciò che sanno e considerano il thiglé principalmente come seme. Rinpoche contesta direttamente l'interpretazione limitata di questo samaya che si è fissata nel corso delle generazioni a causa di una comprensione troppo rigida e superficiale.

due tipi di thiglé, lo sperma e il sangue mestruale. Né affermerebbe che uomini e donne siano del tutto privi dell'essenza dell'altro sesso. Chi pensa il contrario fraintende completamente ciò che deve essere fatto nella pratica tantrica.[223] Come viene detto tradizionalmente:

> Anche se la divinità si trova a est, tu ti prostri verso ovest.
> Anche se il demone è a ovest, lanci la *torma* irata verso est.

Non è diverso dall'ignorare un masso d'oro che giace proprio di fronte a voi e concentrare cento volte più attenzione e sforzi su una piccola pietra posta a lato, perché credete sia molto più importante. The *Brilliant Expanse Tantra* (Tantra dell'espansione splendente) afferma:[224]

> Essendo motivati da bodhicitta,
> Attraverso il pensiero di impegnarsi per il beneficio altrui,
> Far emergere i Nirmāṇakāya non comporta alcuna colpa.[225]

---

223 Se entrambi non esistessero in tutti e due i sessi, come potrebbero essere uniti, tramite la pratica yogica, come elemento di saggezza non duale (*ye shes khams*)? Ad esempio, nello yoga tantrico dei canali, dei venti e delle gocce (*rtsa rlung thig le*), i khams o thiglé rossi e bianchi vengono uniti nel canale centrale per generare l'elemento di saggezza (*ye shes khams*). Quando ciò avviene, gli yogin sono in grado di superare i propri oscuramenti e di fare esperienza dei fenomeni assoluti. Se uomini e donne possedessero soltanto una di queste due nature, e se queste nature potessero esistere solo negli organi sessuali, ciò non sarebbe possibile. La pratica tantrica ha lo scopo di elevare le essenze sessuali sottili, rossa e bianca, a un livello in cui sia le praticanti sia i praticanti condividono un'esperienza di saggezza e beatitudine non duale.

224 Come citato in Klong chen rab 'byams pa dri med 'od zer, *Snying thig ya bzhi*, img. 319. In questo testo *nyes pa med* è sostituito *nyes byas med*. Il testo digitale cita la fonte come *kun tu bar ma[g]po klong gsal nyi 'a'i rgyud a (sic)*. Potrebbe riferirsi al *klong gsal nyi ma'i gsang rgyud, rnying ma rgyud 'bum*, Dg.445, dr: BDRC scan UTIE0OPI7944B80B_I1KG12052.

225 Le prime righe si riferiscono alla bodhicitta relativa, non solo come desiderio di portare beneficio a tutti gli esseri, ma come elemento sottile presente nel corpo, ovvero il thiglé sottile. L'ultima riga è ambigua. Potrebbe significare che, quando i thiglé relativi vengono trattenuti e unificati, si genera il thiglé assoluto, così da diventare un Nirmāṇakāya Buddha. Potrebbe anche significare che generare bambini mediante l'eiaculazione non costituisce una colpa, se questo avviene con una motivazione pura fondata sulla bodhicitta; inoltre, la perdita di seme in tal caso potrebbe essere accompagnata da un guadagno netto in

In Shépé Dorjé's *Clear Points of the Path of Means* (Punti chiari del sentiero dei mezzi) di Shépé Dorjé si legge,[226]

> Seguendo il sentiero vajra, giunse nel palazzo del ventre di una donna, al centro della sua luminosità e, mentre percepiva di dimorare lì, emettendo il thiglé, lo sperma e il sangue femminile e maschile si mescolarono e, trasformandosi, divennero la sillaba seme della divinità yidam, dalla quale egli realizzò l'aspetto della divinità.

Secondo questo e molti altri passaggi, vi sono situazioni in cui l'emissione intenzionale del fluido sessuale rappresenta una risposta appropriata per uno yogin tantrico. Tuttavia, in generale, quando nella tradizione si insegna che vi sono sette occasioni di perdita del thiglé, ciò si riferisce principalmente al rilascio delle gocce essenziali nello yoga dei canali e dei venti. Ne consegue che il significato corretto di thiglé, e se la sua emissione costituisca o meno una violazione del samaya, devono essere compresi in base al contesto.[227]

---

termini di bodhicitta relativa. Si potrebbe quindi dedurre che, anche quando non vi è un tale guadagno, una perdita occasionale di seme rappresenta un ostacolo insignificante, purché la bodhicitta relativa mentale venga accumulata in modo costante.

226 Il testo riporta *thabs lam gnad sel*. Sembra che sel debba essere *gsal*, facendo riferimento a *thabs lam gnad gsal* di Shépé Dorjé, citato altrove nel testo. Tuttavia, non siamo riusciti a trovare questo passaggio.

227 Poiché il thiglé non è solo seme, non è forse chiaro che, quando si perde seme, non si perde necessariamente anche il thiglé nel suo insieme? Anche se il seme fuoriesce, esso continuerà sicuramente a sorgere; pertanto, se il thiglé sottile o bodhicitta venga effettivamente perso, se tale perdita sia benefica o meno, e se il progresso complessivo della sua accumulazione sia mantenuto anche in caso di una lieve perdita, dipende da numerosi fattori quali la visione, l'atteggiamento, la motivazione e il livello del praticante. Dunque, se qualcuno chiede: "Se, come dici, anche altre sostanze grossolane come le lacrime possono essere considerate un segno grossolano di thiglé e, in generale, si suggerisce di evitarne la perdita, cosa dire di quei fedeli che passano molto tempo a piangere per devozione"? Questo è un altro esempio in cui l'emissione del thiglé risulta appropriata, se motivata da una buona ragione.

Per sintetizzare alcuni principi generali che regolano i numerosi punti che ho fin qui esposto, si può dire che l'eseguire una grande quantità di addestramento fisico con esercizi di thrulkhor e simili non è l'aspetto principale del Supremo Yoga Tantra. Prima di tutto, si deve essere guidati da una visione corretta, da una meditazione adeguata e da una condotta appropriata.[228] Altrimenti, si manterrà una visione dualistica che percepisce questo lato saṃsārico. Di conseguenza, non si potrà fare a meno di essere motivati da un desiderio grossolano ed egocentrico. Il risultato sarà che anche la beatitudine e la gioia ordinarie generate dai vostri oggetti ordinari di meditazione saranno afferrate con un dualismo egoistico. Se le considerazioni vengono fatte soltanto attraverso le formazioni karmiche dualistiche del proprio sentiero grossolano dei mezzi, nel tentativo di discriminare tra il mantenere e il violare il samaya, non si comprenderanno i principali samaya tantrici che costituiscono il punto essenziale della pratica.[229] Pertanto ci si aggrapperà rigidamente ai samaya meno significativi, credendo che siano quelli più importanti. Poiché si manca completamente il punto centrale, sarà impossibile realizzare correttamente la fruizione. Anche qualora la si realizzasse in parte, se ne avrebbe comunque una comprensione causale rovesciata e distorta. Pensare che i fenomeni temporanei causino la fruizione eterna, la natura assoluta di tali fenomeni, è assurdo quanto pensare che il sole e la luna sorgano a ovest e che i fiumi scorrano in salita.

Invece di seguire questo approccio sconsiderato, cercate di stabilire una visione corretta, la cui sottile purezza è libera dall'attaccamento dualistico

---

228 Queste sono presentate da Rinpoche in *Unveiling Your Sacred Truth 3*.

229 I più importanti samaya radice tantrici secondo il Supremo Yoga Tantra sono coltivare una devozione autentica, una percezione pura e simili nei confronti del Maestro Vajra e dei propri fratelli vajra (coloro che hanno preso il potenziamento dallo stesso Maestro Vajra come voi, sia nello stesso momento che in occasioni diverse. Non mantenere correttamente questi samaya principali e aggrapparsi rigidamente a un'interpretazione letterale di altri samaya meno importanti è come cercare di mantenere sani i piccoli rami di un albero le cui radici sono ormai marcite.

della mente grossolana. Abbiate una percezione pura che riconosca che i vostri corpi sono pieni di maṇḍala di divinità. Illuminati dallo stato non fabbricato sin dall'inizio, apritevi ai sentimenti e alle percezioni di amorevole gentilezza e compassione che sorgono spontaneamente dal terreno puro.

Allora, essendo purificati dal grossolano egoismo di una mente dualistica, sarete naturalmente orientati unicamente verso il beneficio altrui. *Grazie alla generazione dell'eccellente natura della bodhicitta, la vostra motivazione sarà pura. Come risultato di ciò, le essenze rosse e bianche del corpo circoleranno bene, e il sorgere finale dell'assoluto perfetto sarà certo.*

In tal caso, ciò che viene facilitato dalla potenza della bodhicitta relativa sarà simile a oggetti ordinari del mondo che si scaldano quando vengono agitati, come il burro che emerge dal latte sbattuto. Ciò che accade nella pratica tantrica è come se i semi della beatitudine assoluta venissero estratti dall'essenza dei fenomeni ordinari attraverso molteplici azioni di pratica come la spremitura, lo sfregamento e così via. Quando queste condizioni favoriscono la maturazione e lo scioglimento della natura sostanziale grossolana di tali semi, si verifica il sorgere causale interdipendente di un livello sottile di mente capace di sperimentare il punto principale.

Per comprendere questo processo, dobbiamo familiarizzare con i punti principali corretti della visione, della meditazione e della condotta del sentiero tantrico all'interno del nostro continuum. Se non lo facciamo, sbaglieremo radicalmente sulla fonte di questi stadi e, quindi, su come dovremmo praticare per realizzarli. Al contrario, se queste eccellenti condizioni sono presenti, diventeremo flessibili, rapidi ed energici, come se avessimo eseguito i migliori esercizi fisici di thrulkhor per raggiungere la destrezza fisica dei Vittoriosi. Lavorando semplicemente con il seme grossolano e fisico, tale risultato è tanto impossibile quanto lo sarebbe riuscire a far salire il seme fino alla cima di un edificio di nove piani tramite le posture fisiche e l'intenzione mentale. Se si commettono questi errori di comprensione impura - come nell'esempio precedente di coloro che scartano le radici del tantra e si aggrappano ai rami - la delusione sarà inevitabile.

Vorrei chiarire ulteriormente ciò che deriva da tali errori. Alcuni illusi, dopo l'addestramento tradizionale iniziale nel tantra, potrebbero pensare: "Dovrei manifestare il sentiero del desiderio non duale"; ma pensare in questo modo non esclude che la loro motivazione non sia nulla di più di un intenso desiderio egocentrico. Potrebbero ripetere frasi elevate come: "La mia percezione pura del mio compagno di pratica come degno della massima stima deve essere impeccabile". Tuttavia, a causa del loro intenso desiderio egoistico di essere gratificati dalla beatitudine dei fenomeni di forma, suono, odore, gusto e tatto, sono in realtà guidati da un desiderio ordinario e bramoso. Potrebbero pensare: "Dovrei meditare sulla mia fresca e pura esperienza delle divinità", per poi contemplarle fissandosi rigidamente su cliché, concetti e immagini stantie che sono stati fabbricati molto tempo prima. Nel praticare il sentiero del desiderio, potrebbero pensare: "Perdere il seme è sempre una violazione!" e praticare una caricatura ossessiva di mezzi abili per trattenerne ogni goccia, senza accorgersi di come la loro intensa speranza e la loro paura stiano prosciugando tutte le manifestazioni sottili del thiglé.[230] Tali individui non si trovano realmente sul sentiero del tantra. Poiché è

---

230 È vero, anche secondo la semplice osservazione e il buon senso, che gli uomini, in generale, perdono potenza ed energia dopo un'ordinaria eiaculazione orgasmica. Il punto di Rinpoche, tuttavia, non è che coltivare il "l'elemento kunda bodhicitta", il thiglé grossolano, non sia importante; ma fissarsi rigidamente sull'idea di non perdere mai il seme in nessuna circostanza - e quindi trascurare altri aspetti importanti della pratica - è un approccio ristretto che non porterà alla realizzazione. Come afferma l'autore, sfortunatamente, spesso i praticanti fraintendono l'intento di questo samaya, equiparandolo alla mera abilità tecnica di non emettere sperma esternamente durante l'unione sessuale. Purtroppo, i testi tradizionali non spiegano in modo chiaro come e perché il samaya radice di non perdere il thiglé fisico grossolano si applichi alle donne. In generale, conservare e accumulare il thiglé sottile è altrettanto importante per le praticanti donne quanto per gli uomini. La perdita involontaria di sangue mestruale e di altre forme di thiglé grossolano non è solitamente considerata una violazione del samaya. Rinpoche afferma che, da un punto di vista pratico relativo, poiché l'orgasmo non inibisce l'energia femminile per la pratica del sentiero del desiderio quanto lo fa negli uomini, le donne non devono preoccuparsi molto di questo argomento.

probabile che da questi fraintendimenti derivino grandi errori, devono essere molto più cauti nel loro approccio.

Alcune persone che affermano di dimorare nell'orgoglio divino della divinità pensano che ciò le renda superiori a tutti gli altri. Così facendo, accumulano errori su errori. Nel tantra, anche nello stadio della generazione, è necessaria una visione pura universale . Per percepire tutti i fenomeni in modo puro, i praticanti devono meditare su tutte le apparenze, proprie e altrui, come uguali nella purezza universale che è la natura delle cose. Considerare gli altri come inferiori in qualsiasi pratica tantrica ostacola proprio la purezza che si vuole sperimentare; e ciò vale ancora di più quando si considera la propria consorte come inferiore durante le pratiche sessuali. Chi ha questo punto di vista non soddisfa nemmeno i requisiti minimi per la visualizzazione nello stadio di generazione.

Quando si riflette sulla pratica effettiva del sentiero del desiderio tantrico, se, per superbia, si pensa: "Ora manifesterò le più alte abilità del sentiero del desiderio", con tali pensieri arroganti non si faranno mai progressi.[231] Questo tipo di presunzione e di intenso attaccamento all'io garantiranno che una reale esperienza del tantra non sorga mai nel proprio continuum, dunque è bene fare attenzione ed evitarlo. Un simile tipo di pensiero avido è anche segno di un arrogante allontanamento dalla consapevolezza della natura universale degli esseri umani - la fonte stessa della capacità di praticare il tantra - per rifugiarsi invece in fantasie sulle proprie presunte qualità eccezionali. In tal caso, la fruizione che si otterrà non avrà più realtà delle cause immaginarie da cui è nata.

Invece, rimanendo modesti, ricordate proverbi quali: "L'umiltà è la dimora degli antenati", ma non cedete nemmeno a pensieri scoraggianti come: "Questa eccellenza esclude uno indegno come me". Riconoscete che si è presentata una meravigliosa opportunità. Pensando che la vostra

---

231 Il vero problema è l'atteggiamento arrogante. Se una persona sincera e rispettosa avesse lo stesso pensiero, esso sarebbe virtuoso.

saggezza innata è nascosta nel bozzolo della vostra naturale passione sessuale come thiglé indistruttibile, sentite una profonda fiducia nella vostra natura di Buddha innata.

Coloro che praticano il sentiero del desiderio devono godere dell'attività sessuale, come se stessero ricevendo i quattro Potenziamenti Superiori da un compagno di pratica di mezzi abili più elevato di loro, nel modo in cui si serve devotamente un Maestro Vajra perfettamente qualificato. È importante essere sicuri che la percezione pura sia necessaria e sufficiente per ricevere effettivamente i potenziamenti.[232] Se si vede il proprio partner come una persona inferiore da usare per uno scopo, ricevere questi potenziamenti sarà impossibile. In breve, quando la condotta dei praticanti è guidata da un attaccamento impuro all'io e da una potente visione dualistica, anche se di tanto in tanto nella loro pratica emerge una percezione dello stato naturale, questa verrà presto distrutta dalla concettualizzazione.

Conclusione e riepilogo degli effettivi prerequisiti del sentiero del desiderio

Presento di seguito un riepilogo dell'atteggiamento necessario per praticare il sentiero del desiderio. Questi punti dovrebbero essere adottati indipendentemente dal fatto che si intenda addestrarsi formalmente nello stadio di completamento vero e proprio.

1.   Se avete fede nel fatto che la natura di Buddha assoluta esista in ognuno, sia in voi stessi che negli altri, il desiderio di farne

---

232 I praticanti tantrici dapprima allenano la percezione pura esercitandola attraverso la pratica del Guru Yoga, poi espandono lo stesso principio di "fede nella purezza" a se stessi, alle sorelle e ai fratelli vajra e infine a tutti gli esseri senzienti. In questo caso il consiglio è di addestrarsi alla percezione pura in relazione alla propria consorte che, come un Maestro Vajra che conferisce formalmente i potenziamenti durante una cerimonia di potenziamento, ora li conferisce attraverso la pratica diretta.

esperienza è la pietra angolare della vostra pratica.

2. Quindi, prendete l'abitudine di cercare di percepire il vostro corpo come contenente tutti i maṇḍala dei Vittoriosi.[233]

3. Se è giunto il momento di praticare l'attività sessuale del sentiero del desiderio, non perdetevi nelle presunte caratteristiche impure della vostra consorte considerando i pro e i contro dei suoi apparenti difetti e virtù ordinari. Piuttosto, percepite la vostra compagna di pratica come incomparabilmente sacra e inestimabile.

Quando questi prerequisiti sono messi assieme, siete una persona in grado di praticare il sesso sacro. Anche se non avete ancora i meriti e la fortuna di praticare l'autentico stadio di completamento tantrico,[234] la vostra esperienza sessuale ne sarà comunque grandemente arricchita. Se siete in grado di trascorrere la vostra vita nella felicità e nella gioia che ne derivano, come potrebbe la vostra vita sessuale non essere virtuosa? Nonostante le molte critiche che spesso accompagnano questo tipo di attività, è importante avere certezza del fatto che essa apporti beneficio alla vita umana.

Se le condizioni favorevoli di visione, percezione, oggetti di concentrazione e così via sono tutte corrette, aspirate sempre di più ad avere la fortuna di intraprendere il grande sentiero tantrico. Nel formulare queste aspirazioni, affidatevi a una vigilanza e a una consapevolezza costanti, ma lasciate che il vostro desiderio sessuale sia così com'è, con una certa autonomia. Senza cercare di forzarlo verso un oggetto "appropriato" né di reprimerlo per conformarlo a un ideale moralistico precostituito,

---

233 È improbabile che i principianti abbiano una piena comprensione di questo prerequisito all'inizio. Se questo è il vostro caso, semplicemente rilassatevi e contemplate l'idea di questo e degli altri prerequisiti, e decidete di rimanere aperti all'esperienza reale quando si manifesterà. In tale modo sarete in grado di progredire passo dopo passo. Per saperne di più, si veda il capitolo 5 e i termini "percezione pura" e "maṇḍala" nel glossario.

234 Si veda la nota 208.

pensate: "Questa è la mia saggezza innata!"[235]

Nel fare ciò, non lasciatevi mai prendere dal potere della brama che deriva dall'attaccamento, al punto che la vostra mente pensi che l'appagamento possa venire soltanto da un certo oggetto esterno. Riconoscete anche che in questo momento, in quanto individui ordinari, avete poca autonomia; pertanto, se siete completamente sotto il potere del desiderio, non sarete in grado di controllare i kleśha che ne derivano. Siate consapevoli di questo; altrimenti, non vi avvicinerete nemmeno al sentiero tantrico.

Permettendo a voi stessi di sperimentare il gusto autentico del sentiero tantrico, entrerete in tale straordinaria realtà. Questo perché le condizioni precedentemente elencate, che vi rendono capaci di raggiungere il sentiero della liberazione, sono complete. Sul sentiero autentico, che non è una mera imitazione, si generano percezione pura e orgoglio divino. Dovete avere una determinazione potente nel percorrere le sue fasi. Altrimenti devierete verso un forte senso di bramosia nei confronti di oggetti immaginari che vi incantano, e vi troverete rapidamente rinchiusi in un bocciolo di loto dualistico, portati via dalla realtà che avete appena intravisto. Coloro che si fissano su pensieri di speranza e paura non riusciranno a sviluppare un impegno adeguato e le altre condizioni propizie; di conseguenza non saranno in grado di ottenere nuovamente il frutto del sentiero del desiderio.[236] Questo tipo di desiderio basato sull'attaccamento

---

235 Nella migliore delle ipotesi, sperimenterete effettivamente il sapore della beatitudine primordiale nella passione del vostro desiderio; ma anche se inizialmente ciò non accadesse, lasciando che le cose siano così come sono, con il tempo vi connetterete a quella vera natura, richiamando alla mente esperienze passate di essa, secondo l'analogia precedentemente usata dell'assaggiare un granello di zucchero.

236 Non è possibile "riottenere" lo zucchero del frutto mentre si desidera il "gusto dello zucchero" sperimentato in un'occasione precedente, sulla base di sentimenti di speranza e paura. Questo tipo di aspettativa elimina ogni possibilità di successo nella pratica, poiché si concentra sul ricordo di apparenze relative accidentali piuttosto che sull'apertura alla percezione delle manifestazioni sempre mutevoli della realtà ultima. Per "riottenere" davvero e aumentare il gusto zuccherino sperimentato in precedenza, è necessario lasciare da parte speranze e paure.

può portare soltanto al fallimento.

> Nell'interdipendenza mondana, che è la mano del Conquistatore,
> Grazie alla conoscenza delle caratteristiche del supporto
>> e del supportato
> Sul sentiero del Grande desiderio, dove il Grande desiderio
>> è Grande beatitudine,
> Si gode della gioia ispirata, come Grande gioia nella sua
>> Grande purezza.

> Da una grande bramosia[237] non può derivare lo stato naturale.
> Quando c'è un grande egoismo, le sue benedizioni non
>> possono sorgere.
> Con i soli pensieri, non si percorre il sentiero del desiderio.
> Con il non-pensiero non attaccato, godete del Grande Desiderio.

---

237 Nella prima strofa, "grande", in "Grande desiderio", "Grande beatitudine" e "Grande purezza", si riferisce alle qualità della fruizione assoluta che trascende le distinzioni di desiderio e non desiderio relativi. Nel primo verso della seconda strofa, lo stesso termine viene usato per contrapporre queste qualità eccellenti a ciò che accade quando c'è semplicemente una grande quantità di bramosia samsarica ed egoismo.

7

Unione sessuale effettiva

Introduzione all'unione sessuale e alla sua corretta motivazione

Il *Tantra radice di Guhyasamāja* dice:[238]

> Unendo i due organi,
> tutte le cose possono essere esaminate.[239]

Il *Tantra radice di Chakrasaṃvara* dice:[240]

> Lodi sono state pronunciate per i due sessi.

---

238 BDRC D0443 Kangyur rgyud, ca 90a.1-157b7, f105.b.

239 Nel relativo, come hanno evidenziato Gendün Chöpel e Shépé Dorjé, si può vedere come tutte le attività siano motivate dai principi maschile e femminile. Inoltre, la pratica corretta del sentiero del desiderio produce la realizzazione dei fenomeni assoluti, e quindi anch'essi possono essere esaminati.

240 La citazione //*mtshan ma gnyis la bsngags byas te*// *sngags pa mkha' 'gro ma la sbyor*// non è stata trovata in quest'opera. Versi simili //*mtshan ma gnyis la sngags sbyor te*// *mkha' 'gro dpa' bo gnyis med pa*// si trovano nel *Abridged Cakrasaṃvara Tantra* D0370, vol. 77: 211b.1-244.b7, p. 235 a.

I tantrika sono uniti con le ḍākinī.

Il nono capitolo del *Chakrasaṃvara Tantra abbreviato* dice:[241]

> Il cavalcatore del cielo, che si manifesta nella forma del re degli uccelli, il garuda,[242] è, in realtà, il glorioso Chakrasavara con la sua faccia attualmente rivolta verso le ḍākinī, che sono viste dagli occhi di quella faccia, e grazie alle precedenti benedizioni e così via, i tre tempi sono resi eguali, sicché tutti i regni sono ora pacificati come bodhicitta e così via, e furono benedetti anche nel tempo passato, così che le divine ḍākinī[243] e il glorioso Chakrasaṃvara sono uniti in modo eccellente nella grande unione in tutte le attività. Da tale unione, tutte le cose preziose esistono nel palmo di una mano in modo conforme alla loro grande gloria, e questa realtà inalienabile non può essere strappata via da nessun pensiero che si aggrappa a caratteristiche concettuali.

Con la guida di ciò che viene detto in tale testo e in molti altri passaggi simili, si può stabilire fondamentalmente la prova principale delle realtà tantriche dei principi sessuali e della loro unione. Essa è espressa in termini di comprensione intellettuale, esperienza non concettuale e liberazione.

Dopo che le condizioni favorevoli spiegate nei capitoli precedenti sono state realizzate, si può procedere all'unione sessuale vera e propria. Leggendo i dettagli che seguono, vi è il rischio che le mie parole possano sembrare suggerire che contino solo le azioni e l'atteggiamento mentale dell'uomo. Tuttavia, non è affatto così. Intendo dire che in questo percorso

---

241 Non siamo riusciti a trovare questo testo per fornire un riferimento bibliografico esatto.

242 I garuḍa sono una razza di esseri alati invisibili che esistono in rivalità con i *nāga*, esseri marini invisibili simili a serpenti o draghi.

243 Secondo Rinpoche, con ḍākinī in questo contesto si intendono divinità illuminate, come Tārā, ma anche altri tipi di manifestazioni divine, come gli angeli in altre religioni.

ci sono molte cose che gli uomini devono necessariamente comprendere. Inoltre, dal momento che io stesso ho un corpo maschile in questa vita, non ho sperimentato direttamente ciò che le donne devono imparare. Illustrando innanzitutto le cose principali che gli uomini devono sapere, i significati essenziali coincideranno per lo più con l'argomento successivo - ciò che le donne devono sapere - e la spiegazione qui fornita potrà essere recepita con gli opportuni adattamenti. I punti fondamentali del sentiero di desiderio sono validi sia per gli uomini che per le donne, perché entrambi i sessi sono importanti per il sentiero tantrico. Il grande essere Je Tsongkhapa, nel testo *Spiegazione estesa del Chakrasaṃvara Tantra abbreviato*[244], *afferma*:

> Anche se la compagna di un uomo rimane una messaggera,[245] con dolcezza e tenerezza, come quella per una sorella, una figlia o una moglie, le si dovrebbe portare omaggio con un atteggiamento molto gentile.

Come insegnato in precedenza, qualunque altra cosa un uomo possa fare sul sentiero del desiderio, godere della propria consorte come fosse un mero oggetto da usare per il proprio piacere egoistico è completamente sbagliato. Egli dovrebbe invece coltivare la grande aspirazione di offrire le proprie azioni di corpo, parola e mente alla compagna nel modo che lei apprezzerà e troverà immensamente piacevole.

Per fare ciò, non è necessario che esegua canti e liturgie formali. La sua motivazione dovrebbe sorgere naturalmente dal profondo del cuore. Una tale motivazione va coltivata con costante e vigile consapevolezza all'inizio, durante e alla fine dell'unione sessuale. Non è necessario pronunciare cliché banali che esprimono soltanto idee, sentimenti e percezioni di

---

244 *Rje tsong kha pa'i gsung 'bum*, 18 volumi, 8.10.f145a, Adarshah.org etext.

245 *pho nya mo*, un altro termine per indicare una consorte tantrica femminile.

una persona ordinaria, come "Ti amo così tanto!"[246] oppure "Ti ho pensato stamattina."[247] Non limitatevi a ripetere parole altrui. Si può fare molto meglio parlando con sincerità dal cuore. Il *Tantra della realizzazione della saggezza* dice,[248]

> Tutto l'oceano del Maestro degli insegnamenti del Buddha,
> Combinati e resi disponibili nell'esperienza,
> La realtà del grande segreto è questa stessa verità.[249]
> Non vi è liberazione quando ciò non si manifesta.

Il *Guhyasamāja Tantra* dice,[250]

> Anche se si indulge nei tormenti della disciplina ascetica,
> Nulla sarà ottenuto.
> Fare affidamento su tutte le qualità del desiderio
> È la via per conseguire la realizzazione.

Il *Chakrasaṃvara Tantra* dice,[251]

> Così, nella beatitudine c'è l'essenza della beatitudine.
> Da ciò, può essere stabilita la beatitudine suprema.

Secondo quanto detto lì e in altri testi, se un giorno sarete uomini abbastanza fortunati da impegnarvi nella pratica sessuale tantrica, o in

---

246 Nel senso che "ti amo" è solo una parola per strappare un bacio.

247 L'atteggiamento è la cosa più importante, quindi una persona sincera potrebbe dire le stesse cose.

248 *Ye shes grub pa'i rgyud.* Il passaggio e il testo non sono stati trovati per fornire un riferimento esatto.

249 L'essenza della realizzazione tantrica.

250 Citato nel Prezioso Tesoro della Dottrina, in *Klong chen pa dri med 'od zer gyi gsung 'bum*, BDRC e-text lccw.0424, vol 15: p.227.

251 Citato nel *Precious Treasury of Doctrine, in Klong chen pa dri med 'od zer gyi gsung 'bum*, BDRC e-text lccw.0424, vol 15: p.227. Subito dopo il precedente.

qualsiasi esperienza sessuale, focalizzate la mente su azioni che facciano gioire la donna. Un uomo che vuole solo infilare subito il suo *liṅga* nel *loto* di una donna è egoista e avido, e non conosce la natura delle donne. Non è migliore di un cane o di un maiale, e un simile comportamento può causare alla donna una sofferenza crudele. Non solo le nega l'esperienza della beatitudine, ma può anche creare un disagio fisico e mentale così grande che, per alcune, non sarà dimenticato per tutta la vita. Si tratta di un'azione non virtuosa molto grave, che comporta grandi conseguenze negative per tutti gli esseri coinvolti, in questa e nelle successive vite.

A differenza dell'uomo, che può spesso essere eccitato rapidamente, il desiderio di una donna non è solitamente accessibile in modo diretto. Esso esiste in genere a un livello profondo e, quindi, non può sbocciare all'istante. Pertanto, *prima di impegnarsi nell'unione sessuale, è importante che l'uomo sia competente in molti tipi di mezzi per suscitare il desiderio nella sua consorte.*

Queste abilità di base sono impensabili per molti uomini in Paesi con conoscenze e istruzione inferiori, e per individui con atteggiamenti patriarcali o egocentrici che sono stati educati a pensare che i "veri uomini" non si preoccupano dei sentimenti delle donne. Ciò non vuol dire che tale sistematica mancanza di compassione non sia fin troppo comune anche nei Paesi sviluppati, sebbene si supponga che le persone lì siano più progredite. Questo fatto parla da sé, e non c'è bisogno di spiegare ulteriormente perché sia un problema. Tuttavia, per coloro che hanno l'aspirazione di praticare questo sentiero, e per coloro che non lo praticano ma sperano ugualmente in un'esperienza sessuale significativa, presenterò brevemente alcuni punti necessari e le abilità di base importanti per il sentiero del desiderio. Il signore degli eruditi Gendün Chöpel dice,

358. In breve, attraverso una varietà di attività,

    Finché nella donna non si manifesta un forte desiderio

    di unione sessuale,

L'uomo non deve impegnarsi nel coito vero e proprio.

Questa è l'essenza di tutti i trattati sul desiderio.[252]

Pratica sessuale in fasi progressive e ulteriori consigli

Introduzione

Il Supremo Yoga Tantra è un sentiero di grandi opportunità. Questo libro non è destinato solamente a coloro che aspirano a diventare veri tantrika. Anche chi non possiede adeguate nozioni sui fondamenti del sentiero del desiderio e non ha alcuna aspirazione a praticarlo come via di liberazione può comunque nutrire grande fiducia in ciò che è possibile ottenere grazie alle abilità connesse al desiderio qui insegnate. Questo libro sarà utile anche a coloro che vogliono semplicemente diventare persone autenticamente coraggiose e capaci. Tuttavia, ciò che segue non è rivolto a chi è già molto esperto nelle tecniche sessuali o preferisce il linguaggio elegante del sentiero del desiderio classico che si trova nei testi tradizionali.

La pratica sessuale in stadi progressivi

Mentre si è con una consorte tantrica, cercare di fare "sesso veloce"[253] come un "cane affamato che divora polmoni"[254] non è mai corretto. Quando vi trovate per la prima volta con una donna che potrebbe diventare una partner, trascorrete molto tempo con lei, impegnandovi in una varietà di attività fino a stabilire la sua fiducia e la sua stima nei vostri confronti. Ricordate che, in generale, le donne tendono ad essere più attratte da

---

252 Nel senso che un grande apprezzamento per la consorte e una profonda considerazione per la sua eccitazione sono essenziali per la pratica.

253 Analogamente al fast food, dove la velocità e la convenienza sono più importanti della qualità.

254 Il punto non è che il cane sia così goloso da divorare anche frattaglie disgustose. I tibetani considerano il polmone fritto una prelibatezza da assaporare. Il cane non ci riesce perché non si prende il suo tempo. (Si cerchi "polmone tibetano", *lowa katsa*, per la ricetta).

una personalità gradevole piuttosto che da individui con caratteristiche fisiche attraenti privi di tale qualità.

All'inizio, mentre entrambi assaporate una piacevole conversazione, corteggiatela, essendo premurosi poiché la apprezzate profondamente e, per questo, desiderate sinceramente compiacerla con le vostre attenzioni. Tramite questa premura e conversazioni affettuose e piacevoli, comincerete a deliziare la sua mente. Durante qualunque tipo di attività, possibilmente dopo lungo tempo, quando quella donna inizierà a parlare con espressioni romantiche e il suo volto mostrerà chiaramente il desiderio di intimità fisica con voi, percependo che ciò che avete tanto desiderato nella vostra mente come qualcosa di prezioso e inestimabile sta per realizzarsi, guardatela lentamente in viso e accoglietela con un sorriso.

Per prima cosa, pronunciando parole piacevoli e trasmettendo il vostro affetto in altri modi, toccate gentilmente l'esterno dei suoi vestiti, ricordando sempre che sotto vi è qualcosa di inestimabile, potente, sacro e delicato. La vostra mente dovrebbe gioire della fortuna di poter semplicemente toccare i suoi abiti. Toccare subito sotto di essi, con ansia e conflitto interiore sul fatto che sia giunto il momento o meno, rovina l'atmosfera. Entrate in tutti questi stadi progressivi pensando che devono essere pienamente sperimentati come stadi preliminari del profondo Potenziamento del Vaso e degli effettivi quattro Potenziamenti Superiori,[255] come

---

255 Quando Rinpoche parla di "potenziamento effettivo", si riferisce al livello massimo di esperienza che un praticante pienamente preparato potrebbe raggiungere in tali occasioni, ricordando al contempo che in passato questo era il processo effettivo mediante il quale i mahāsiddha indiani conferivano i Potenziamenti Superiori. Non intende affermare che chiunque pratichi con una consorte riceverà automaticamente un'esperienza autentica di potenziamento, indipendentemente dalla comprensione, dall'addestramento precedente e dall'aver stabilito o meno il samaya con un detentore del lignaggio. Per coloro che non sono completamente preparati, la pratica della consorte qui descritta funziona come una sorta di "esercizio", in cui si massimizza il più possibile la propria esperienza sacra del sesso. Chi ha già ricevuto un potenziamento formale da un detentore del lignaggio può applicare i principi appresi in precedenza e approfondire la questione attraverso la pratica diretta. Questo approccio rende la

descritto in questo capitolo. Soltanto dopo che l'anticipazione è cresciuta gradualmente, potrete avere l'onore di toccare il suo corpo sacro sotto i vestiti. Non cercate subito di mettere il gioiello[256] nel suo loto, poiché questo richiede una benedizione molto potente e sensibile. Pensando "La sto toccando", rimanete in assorbimento meditativo.[257] Focalizzato su un unico punto. Questa fase del toccare non riguarda solamente il tatto. Si devono assaporare anche i profumi, i sapori e così via.

Āryadeva dice,[258]

> Nel perseguire la fruizione della grande beatitudine,
> Non esiste mezzo abile se non la beatitudine della grande
>   beatitudine stessa.
> Attraverso i mezzi per evocare la beatitudine del cibo, dell'ambiente
>   circostante e così via,
> Si stabilisce la beatitudine che possiede le otto grandi maestrie.

Come viene insegnato con "e così via", toccate diverse parti del corpo della donna. Iniziando da zone che non siano troppo sensibili, toccate molto gradualmente il collo, la base delle orecchie, il naso, la bocca e altri punti in cui le sensazioni sono più intense. Baciando anche questi punti, procedete verso la bocca. Mentre fate tutto questo, rimanete nello stesso assorbimento meditativo focalizzato su ciò che sta accadendo.

Nel contempo, lasciate che i vostri sentimenti si espandano spontaneamente nella percezione che tutti i maṇḍala delle divinità dei Vittoriosi, presenti in tutto l'universo, si trovino in ogni poro dei vostri corpi. Questo accade realmente quando le condizioni sono perfette, e tale esperienza

---

pratica adatta a diversi livelli di praticanti.

256 Ovvero il liṅga.

257 Ulteriori istruzioni sono riportate poco più avanti.

258 Citato nel Prezioso tesoro della dottrina, in Klong *chen pa dri med 'od zer gyi gsung 'bum*, BDRC e-text lccw.0424, vol 15: p.227.

non va persa per nulla al mondo. Non è mai appropriato essere ansiosi di "avanzare velocemente"[259] a stadi successivi, come inserire il proprio liṅga nel loto della partner. Per ricevere l'autentica esperienza del potenziamento, le fasi successive devono svilupparsi in naturale continuità con quelle precedenti, come un bocciolo di rosa che si apre gradualmente fino a diventare un fiore pienamente sbocciato.

Percependo questa possibilità di toccare tutte le parti del corpo della consorte come un'opportunità rara e preziosa, e pensando che la buona sorte di sperimentare realmente questi primi potenziamenti sia molto fortunata, lasciate che esse si sviluppino lentamente e naturalmente. Se agite con questa percezione, potreste davvero sperimentare il fiume di benedizioni dell'effettivo Potenziamento del Vaso.[260] *Se invece non coltivate un tale atteggiamento di apprezzamento, l'attaccamento famelico a quello che state facendo vi porterà ad allontanarvi sempre di più dal sentiero del desiderio.*

Poi, gradualmente, con stabile consapevolezza della natura altamente sacra di questo atto, toccate molto lentamente i seni e i petali esterni del loto della vostra partner. In queste occasioni, è importante e necessario che sorgano percezioni profonde e un sentimento di devozione. La vostra partner si rivela ora come una manifestazione del sacro Guru, dotato della potentissima benedizione di conferire i quattro Potenziamenti Superiori.[261] Questa benedizione è estremamente sensibile e funziona solamente se il vostro atteggiamento è degno di riceverla. Pensate che trovarsi di fronte a un simile essere è eccezionalmente raro e che il karma prezioso di ottenere questi sacri potenziamenti è supremamente eccellente. Mentre accarezzate a poco a poco i suoi seni e il suo loto,

---

259 Come si potrebbe saltare direttamente alle scene migliori di un film digitale.

260 Si veda l'Appendice II per un riferimento scritturale riguardante questo potenziamento e quelli successivi.

261 Si veda la nota 232.

riconoscete che questi tocchi sono rappresentazioni sacre e sostanze del potenziamento.[262] Nel momento in cui si fondono in un'unica attività di potenziamento, la totalità della vostra esperienza diventa l'effettivo *Potenziamento del Vaso.*

Infine, non limitandovi a un leggero tocco, sfregate, premete e massaggiate delicatamente. Poi, molto gradualmente, massaggiate lentamente le antere[263] del loto. Toccare e massaggiare queste zone è di solito fonte di piacere per la donna. Non è tuttavia garantito che la stessa azione produca sempre lo stesso effetto.[264] Una conoscenza intima e particolare tra i partner deve svilupparsi nel tempo, ed è un errore pensare che esista una formula che funzioni in assoluto.[265] È importante applicare questo stesso consiglio a tutte le istruzioni che seguono.

Quando la vostra preziosa consorte è profondamente inebriata dal desiderio, il suo viso si arrossa, i suoi capezzoli e il loto si irrigidiscono e si gonfiano. Non iniziate mai l'unione sessuale vera e propria finché l'*amṛita* del grande desiderio non fluisce dal suo loto. Questo nettare deve essere leccato con la lingua e assaggiato. Questa è la vera sostanza del *Potenziamento Segreto.* Sappiate che gustare questa sacra, potentissima e sensibilissima sostanza di potenziamento è infinitamente superiore rispetto al ricevere la sostanza di potenziamento durante una liturgia simbolica di potenziamento.

Se la consorte, per il solo effetto di ciò, geme o piange spontaneamente,

---

262 Fare questo aiuta a mantenere una percezione pura.

263 L'area circostante al clitoride fino a giungere vicino ad esso.

264 L'obiettivo è quello di ricordare al lettore che, anche se queste istruzioni funzionano nella maggior parte dei casi, quando si ha la fortuna di essere con la propria consorte, bisogna essere abbastanza empatici da percepire se esse risuonano positivamente con lei o meno. In caso contrario, cercate altri modi che siano per lei più piacevoli. Lo stesso vale per le donne nei confronti degli uomini.

265 Ad esempio, la sensibilità delle antere varia notevolmente. Talvolta la stimolazione diretta del clitoride può risultare piacevole solo dopo un'adeguata preparazione, o non esserlo affatto.

emette suoni dolci dal naso, il suo volto si arrossa dal desiderio e l'amṛita fluisce dal suo loto, allora potete procedere all'atto sessuale di grande beatitudine vero e proprio. In quel momento, mentre siete follemente inebriati da centomila gioie, realizzate estaticamente che state per avere la fortuna di ricevere l'effettivo Potenziamento della Saggezza.

Ora, con grande piacere della consorte,[266] il gioiello vajra, ovvero la testa del pene, viene posizionato molto lentamente e delicatamente alla bocca del suo loto. Infine, viene inserito molto sensualmente soltanto un poco e poi ritratto. Ripetendo ritmicamente questa azione ancora e ancora, pensate qualcosa come: "E MA! Che meravigliosa fortuna! È giunta l'occasione di offrire la regina di tutte le offerte a questa sacra consorte umana, che ha la natura della prajñā". Continuate anche a pensare, con immensa gratitudine, "Questa è l'eccezionale fortuna dell'effettivo *Potenziamento della Saggezza!*"

L'insorgere di percezioni così straordinarie quando il vostro corpo sperimenta queste sensazioni speciali è il risultato dell'attivazione di propensioni karmiche precedentemente stabilite a livelli profondi della vostra mente. La maturazione di un simile incredibile karma in questa specifica occasione può avvenire solo se dimorate correttamente in un assorbimento meditativo focalizzato univocamente. Far girare una ruota mentale che emette molti pensieri discorsivi non è appropriato.

Ora, man mano che queste percezioni si sviluppano naturalmente, mentre rimanete in assorbimento meditativo, entrate molto gradualmente sempre più in profondità nel suo loto, fino a dove è piacevole per lei. Nel farlo, siate certi che, grazie a molti milioni di sostanze di potenziamento, state ottenendo un numero incommensurabile di autentici Potenziamenti della Saggezza.

Poi, quando il desiderio diventa irresistibile, muovete molto lentamente

---

266 Come consiglio generale, verificate se il vostro partner sta provando piacere quanto voi. Prestate attenzione al vostro partner, ad esempio guardandolo, e così via.

il vajra, ritraendolo nuovamente verso la bocca del loto. Ogni volta che ripetete questa operazione, con grande gioia della vostra consorte, il vajra dovrebbe penetrare più a fondo. Seguendo questo ritmo, è possibile che, da profondità sempre maggiori della mente, sorgano gradualmente, con crescente intensità, sensazioni e percezioni spontanee che l'oceano di maṇḍala dei Vittoriosi è presente all'interno del vostro corpo.[267] Infine, quando nella vostra mente si manifestano soltanto queste speciali percezioni e comprensioni, potrete goderne in uno stato di irresistibile ebbrezza. Ciò accade perché riconoscete di stare sperimentando la grande saggezza della talità di beatitudine attraverso la beatitudine della fusione del thiglé[268]. *Se riuscite a dimorare a lungo proprio in tale stato, questo è il sentiero.*

Se riuscite a progredire fino a questo punto del sentiero del desiderio, siete in grado di fare ciò che è difficile per molti altri. Senza alcuna preoccupazione su cosa che va fatto prima e dopo, le vostre sensazioni e percezioni profonde sono l'esperienza di saggezza della beatitudine. Non lasciatevi distrarre nemmeno per un istante da pensieri di altro tipo. State sperimentando l'autentica saggezza del quarto potenziamento trascendentale, il Potenziamento della Parola, o qualcosa di molto simile. Riconoscetela come saggezza primordiale, priva di attaccamento dualistico e libera da elaborazioni. *Dimorate in essa in modo naturale, senza fabbricazioni.* Con ciò, i passaggi fondamentali dell'attività sessuale sono stati insegnati.

Ulteriori consigli

La grande beatitudine inesauribile della fusione del thiglé viene sperimentata nel luogo segreto, la *bhaga*, che è la fonte della beatitudine

---

267 La percezione del proprio corpo e di ciò che sta provando non deve essere persa o indebolita dal tentativo di creare forzatamente una visualizzazione deliberata. Man mano che il vostro piacere aumenterà, inizierete a sperimentare naturalmente ciò che è presente a un livello più profondo.

268 Detto anche khams.

profonda.[269] Tuttavia, concentrarsi e dimorare a lungo unicamente nel luogo segreto non è corretto, poiché è necessario massimizzare l'esperienza. La saggezza di grande beatitudine del chakra che protegge la beatitudine del luogo segreto deve diffondersi ovunque - all'esterno, all'interno e nel *mezzo* - con la percezione dei maṇḍala del Vittorioso in tutti i chakra del vostro corpo.[270] Se vi concentrate eccessivamente sul luogo segreto, perderete il controllo del *bodhicitta*, perché le sensazioni speciali di beatitudine non potranno espandersi altrove e verranno soffocate fino a svanire. In tal caso, la vostra esperienza dell'unione sessuale sarà solo quella di un essere ordinario e non sarete nemmeno entrati parzialmente nel sentiero del tantra. *Per fare esperienza correttamente del sentiero del desiderio, è necessario sperimentare la grande beatitudine della fusione che si diffonde in tutto il corpo, all'esterno, all'interno, sopra, sotto e nel mezzo.*

Di solito, nei testi del Supremo Yoga Tantra, si dice che il thiglé discende, viene trattenuto senza perdita e viene diffuso; e questo è semplice da comprendere. Secondo le straordinarie istruzioni dirette, la discesa del thiglé[271] verso la punta del gioiello è relativamente facile, sebbene la sua intensità possa essere maggiore, intermedia o minore. Trattenere il thiglé concentrato sulla punta del gioiello senza eiaculare è un po' più difficile, ma esistono tecniche per farlo e non è così complicato.

---

269 Rinpoche ha scritto "loto" in tibetano, intendendo in questo caso "bhaga". Bhaga significa letteralmente l'utero, con la vulva e la vagina. La praticante femminile prova una grande beatitudine nel suo organo sessuale, così come l'uomo quando si unisce alla bhaga. Entrambi sperimentano anche il livello più sottile di questa esperienza come natura primordiale, che è la fonte dei fenomeni, un altro significato di bhaga.

270 Rinpoche dice che, quando la saggezza della grande beatitudine della fusione si diffonde, percepiamo spontaneamente tutto il nostro corpo come un maṇḍala illuminato. Non si tratta di una visualizzazione deliberata o di una contemplazione concettuale, ma di un riconoscere ciò che già esiste. La comprensione dei fenomeni di saggezza è massimizzata e la percezione saṃsārica ristretta ed egocentrica diminuisce.

271 Nell'uomo, quando la sensazione cresce fino al punto dell'orgasmo, si percepisce il thiglé concentrato che discende fino alla punta del gioiello vajra. Persone che sono in posizione di saperlo, affermano che vi sia una discesa analoga verso le antere del loto.

La più difficile delle tre è "diffondere ciò che è diffuso,"[272] ma è anche la più importante e benefica; è la regina delle istruzioni che riunisce tutte le altre istruzioni e, se viene padroneggiata, tutto sarà liberato. Nello sperimentare la grande beatitudine del sentiero del desiderio, "diffondere"[273] "ciò che viene diffuso"[274] è l'ultimo stadio della sequenza di tutti gli eventi dell'unione sessuale. Tuttavia, l'esito positivo o negativo di tutte le fasi preliminari e finali dell'unione sessuale dipende non solamente dall'abilità nel "diffondere ciò che è diffuso", ma anche da come sono i praticanti, dalla loro preparazione e motivazione a praticare il sentiero del desiderio, e così via. E in effetti, *se si costruisce una solida base lavorando con i punti principali delineati qui e nei capitoli precedenti, questo stadio finale probabilmente avverrà in modo naturale.* I più grandi difetti riguardo alla motivazione che possono verificarsi sono i difetti fondamentali dell'attaccamento a sé e dell'egocentrismo, che conducono a una visione saṃsārica impura, limitata a vedere solo questo lato mondano. *Se il vostro atteggiamento non è corretto, non importa quali istruzioni relative alla tecnica possiate ricevere, non riuscirete a fare esperienza di questi potenziamenti.*

Problematiche comuni per gli uomini e come essere un guerriero moderno

Quando si inizia non si ha il controllo su caratteristiche della propria natura di essere umano quali età, capacità e così via. *Poiché la motivazione è l'elemento essenziale, non ha molto senso dare troppa importanza alla giovinezza o all'abilità*; altrimenti si rischierebbe di scoraggiarsi

---

272   In tibetano, *'grem bkrams*, un verbo e il suo participio che hanno la stessa radice semantica

273   In questo caso, "diffondere" è un processo che avviene quando le gocce sottili si espandono dal gioiello vajra e dal gioiello del loto sino a pervadere tutti i chakra e, infine, tutti i canali del corpo sottile.

274   "Ciò che viene diffuso" si riferisce alle gocce, thiglé, che vengono diffuse in tutte quelle zone attraverso questo processo.

dal praticare il sentiero del desiderio se si è anziani o poco esperti nelle tecniche sessuali. Il desiderio, compresa una qualche forma di desiderio sessuale, è presente finché c'è vita. Inoltre, con l'età può giungere una maggiore consapevolezza in questo ambito.

Pertanto, anche qualora gravi limitazioni fisiche vi impedissero la pratica sessuale descritta, fate semplicemente tutto ciò che le vostre capacità attuali vi permettono. Non c'è dubbio che, coltivando motivazione e percezioni pure, otterrete sicuramente dei benefici e getterete buoni semi per il futuro. Poiché pochissimi impedimenti fisici insormontabili o deficit mentali rendono completamente impossibile ogni tipo di attività sessuale, la maggior parte delle difficoltà può essere affrontata dai praticanti modificando il proprio atteggiamento.

Se parliamo soltanto dei requisiti fisici della sessualità maschile, che non hanno equiv:lenti esatti nella sessualità femminile, i problemi più grandi che gli uomini possono incontrare sono:

1. Il liṅga non diventa eretto.
2. L'erezione c'è, ma non è sufficientemente dura.
3. L'erezione rimane sufficientemente dura per un breve periodo, ma non viene mantenuta abbastanza a lungo.
4. Il liṅga è in grado di rimanere abbastanza duro per molto tempo, ma eiacula un po' prematuramente.
5. L'erezione è molto dura e duratura, ma lo sperma fuoriesce quasi subito.

Vengono insegnate molte tecniche per ovviare ai primi problemi. Per coloro che conoscono il corretto percorso della beatitudine, la pratica di questo sentiero non deve necessariamente dipendere solo dal liṅga. È possibile utilizzare la beatitudine sessuale come via verso la beatitudine ultima anche al di fuori del coito tradizionale. Se una persona è completamente impotente o non è in grado di completare l'unione sessuale, ma sono comunque presenti le condizioni principali e i prerequisiti del sentiero del desiderio, l'esperienza della beatitudine non è affatto preclusa per sempre.

Tuttavia, se lo sperma viene perso troppo facilmente, viene a mancare un'importante condizione fisica della pratica. Per quanto riguarda il poco che si può comunque fare, prima dell'incontro con la sua preziosa consorte, l'uomo può eiaculare lo sperma mentre è da solo ed essere motivato dalla gioia a berlo e ingoiarlo.[275] Di conseguenza, durante l'incontro con la consorte, è probabile che le sue prestazioni migliorino, anche se il grado di beneficio è incerto e alcuni uomini potrebbero perdere del tutto il desiderio sessuale per un certo periodo.[276]

In combinazione con il suggerimento di cui sopra, oppure come rimedio a sé stante, quando il vajra si muove nel loto, anziché avanzare come se fosse una corsa verso il traguardo, procedete lentamente e con consapevolezza. Se siete vicini a perdere il controllo del thiglé e il vostro

---

275 Nel *Kālachakra* viene detto che, se l'uomo perde lo sperma durante l'unione, deve riprenderlo dal loto della consorte con la lingua. "Bere" con gioia lo sperma eiaculato esprime un atteggiamento di rispetto nei confronti della bodhicitta relativa fisica, o thiglé, che è così preziosa in questo sentiero. Certo, il thiglé di un uomo non si ripristina necessariamente bevendolo solamente, ma questa istruzione serve da importante promemoria del fatto che lo sperma , "elemento kunda della bodhicitta" o thiglé grossolano, è strettamente associato all'energia del corpo, per cui perderlo non è sempre irrilevante, come espellere l'urina. Anche la medicina tibetana e l'Āyurvedica possiedono una lunga tradizione che promuove la conservazione dello sperma per il benessere fisico.

276 Come metodo alternativo, può essere molto utile lavorare direttamente con la propria mente. Quando l'uomo riesce ad abbandonare completamente l'idea comune che il rapporto sessuale debba sempre concludersi con l'eiaculazione, può essere molto più facile evitare di perdere lo sperma. Con la pratica e la pazienza, questo può avvenire in modo naturale. (Per favorire questo processo, è anche possibile eseguire esercizi mirati a sviluppare una muscolatura più forte del pavimento pelvico, consentendo un maggiore controllo del proprio corpo. Questi esercizi possono migliorare la qualità dell'erezione e anche altre abilità, e quindi hanno il potenziale per aumentare la soddisfazione della vostra consorte in vari modi. La padronanza di questo gruppo di muscoli della regione pelvica è alla base della tecnica del pompoir, tradizionalmente praticata dalle donne in Asia per stimolare il pene, sebbene abbia diversi benefici sia per le donne che per gli uomini. Una tecnica simile è chiamata *kabasa*, premere, in arabo, e *kabza* in hindi).

obiettivo è una pratica che eviti del tutto l'orgasmo o almeno un orgasmo prematuro, rallentate ulteriormente o fermatevi per un momento, sentendo la beatitudine che si diffonde in tutto il corpo. Se nemmeno questo è d'aiuto, fermatevi del tutto e, abbracciati, fate dimorare le vostre menti nel non-pensiero focalizzato, rimanendo così per un po'.

In alternativa, la lingua dell'eroe può leccare e assaporare ripetutamente il loto dell'eroina e le sue "antere", il clitoride e altri punti, in successione. Potete godere anche di altre varianti come guardare, toccare, strofinare, massaggiare e graffiare leggermente i capezzoli. In tali situazioni, sperimentare insieme ripetutamente gli odori, i sapori, le sensazioni tattili e le forme dei vostri corpi, fa sorgere una sensazione di profondo desiderio. In questo modo, gli intervalli tra i rapporti sessuali non sono separati dalla pratica. Poi unite nuovamente il vajra e il loto, e continuate il movimento per un po'. Alternate queste azioni in base a ciò che è più adatto.

In ogni caso, prima di impegnarvi nell'unione sessuale, lasciate andare gli altri pensieri in modo da essere chiaramente pronti a iniziare. Il sesso dovrebbe avvenire in modo naturale, e lo farà se glielo permetterete. In quel momento, non abbiate pensieri rigidi come "Adesso deve succedere questo, poi quest'altro", o "Questo si fa, questo no". La mente deve arrivare naturalmente a uno stato di unificazione; far girare la ruota dei pensieri discorsivi, come "Solo questo è giusto, così non lo è", è solo d'intralcio al momento dell'unione. Preparatevi a essere completamente privi di forti speranze o paure, come "Devo fare questo" e "Voglio davvero fare questo, ma mi vergogno."

Che il vostro scopo sia un rapporto sessuale capace di produrre elevate realizzazioni tantriche, oppure semplicemente un rapporto ordinario ma significativo, familiarizzate in anticipo con tutto ciò che è necessario, affinché i pensieri che potrebbero essere fonte di disturbo svaniscano naturalmente. Le speranze e le paure che le vostre azioni siano accettabili sono particolarmente problematiche. Se dovete proprio pensare a queste cose, liberatevene in anticipo,[277] e poi, *durante il rapporto vero e proprio, non fate più alcuna distinzione tra bene e male.* Potete essere a vostro agio, spensierati nella spaziosità della natura, aperti a qualunque cosa accada spontaneamente. *Lasciate che la mente, fluttuando senza "compiti" da svolgere, si stabilizzi in quella vastità lucida, vigile e onnipervadente.* Un'attenzione ristretta, centrata su di sé e orientata al risultato non è mai appropriata in questi casi. Riassumendo, non basatevi su pensieri calcolati riguardo alla presenza o assenza di procedure prestabilite, siano esse elevate e sacre, oppure basse e sensuali. *Il sentiero del desiderio non funziona quando ci si focalizza sull'aspettativa di godere di qualità desiderabili.*[278]

Detto ciò, durante il rapporto sessuale, la mente, gli occhi e i venti non dovrebbero mai essere concentrati solo sul luogo segreto. Invece, (1) percepite la consorte umana con alta considerazione, come estremamente sacra. Siate privi di apparenze impure e di attaccamento ordinario. Se riuscite a sperimentare spontaneamente la vostra unione come l'unione delle inseparabili divinità padre e madre, ad esempio Kālachakra e Viśhvamātā,[279] questa è la cosa migliore. Se non siete in grado di farlo, (2) generate la percezione di offrire il vostro corpo, la vostra parola e la vostra mente alla consorte che vi sta di fronte come ad un Guru che può conferirvi i quattro Potenziamenti Superiori. (3) Almeno, cercate di non

---

277 Potrebbe essere utile affrontare apertamente questi aspetti alla vostra consorte prima di iniziare, se lo ritenete opportuno.

278 Desiderare intensamente le ricche qualità desiderabili del regno del desiderio, 'dod 'dun, è talvolta classificato come una delle cinque catene (ostacoli o impedimenti) dell'illuminazione, *kun sbyor lnga.*

279 Quando i veri tantrika si impegnano nell'unione "sacramentale", i loro corpi terreni incarnano divinità illuminate. Possono manifestarsi, ad esempio, come Kālachakra e Viśhvamātā in unione, mentre creano, sostengono e dissolvono l'universo che manifesta il loro amore e la loro compassione supremi. Tali divinità sono la più alta manifestazione delle qualità maschili e femminili, che creano ogni cosa e compiono tutte le azioni in questo mondo.

pensare, con attaccamento all'io e autocompiacimento, di sfruttare la vostra partner per ottenere qualcosa soltanto per voi stessi.

Se un uomo vuole avere la migliore vita sessuale possibile, deve essere disposto a indagare per scoprire l'approccio migliore. Per sapere cosa deve indagare, deve contemplare il significato del sesso. In particolare, deve comprendere che l'unione sessuale è al suo massimo quando entrambi i partner sono inebriati dal desiderio. Per questo motivo, essere egli stesso inebriato dal desiderio non basta: deve assolutamente sapere come far sì che anche la donna lo sia.

Nelle civiltà antiche, i "guerrieri" venivano scelti principalmente per le loro abilità nel combattimento e la loro volontà di potere, poiché i loro compiti principali.[280] Erano difendere, combattere e conquistare. Oggi, per classificare un guerriero moderno esemplare si possono usare i due modi seguenti:

1. Qualunque cosa venga fatta, è compiuta con audacia e determinazione, senza paura né panico.
2. Quando si confronta con la potenza altrui, un guerriero moderno non perde il controllo della propria potenza.[281]

Se un uomo si trova in una posizione di potere o fiducia rispetto alla donna, può usare il proprio status per farle pressione e costringerla alla sottomissione. Se tutto il resto fallisce, ricorre alla coercizione vera e propria. Questi uomini sono della peggior specie, possiedono solo

---

280 I principi dell'etica e delle relazioni umane sono stati decisi sulla stessa base, come esemplificato con un pizzico di parodia in questo dialogo tratto dal film *Conan il barbaro*, Universal Pictures e 20th Century Fox (1982): "Generale barbaro: Conan, qual è la cosa migliore della vita? Conan: Schiacciare i tuoi nemici, vederli fuggire davanti a te e ascoltare i lamenti delle loro donne. Generale barbaro: È bello! È bello!"

281 Per esempio, un guerriero maschio non perde la propria forza di fronte a una donna che trova attraente; riesce comunque a controllare la propria potenza senza farsi travolgere dalla passione.

l'involucro esterno di un uomo. Quando sono con una donna, si affrettano a raggiungere il loro obiettivo, l'orgasmo. Come dicono le donne in tutto il mondo: "Vogliono soltanto una cosa". Tali azioni sono segni esteriori e fisici di un uomo di carattere inferiore, privo della percezione delle possibilità più sottili.

Di solito sono gli uomini che considerano le donne meno importanti di loro stessi a perdere il controllo in simile maniera, come avviene frequentemente in Asia. La loro mancanza di cavalleria in questo ambito è un segno che sono del tutto privi della virtù compassionevole del guerriero. Coloro che nutrono una profonda stima per le donne non perdono il controllo in presenza di una donna che trovano attraente, ma anzi assaporano l'esperienza. Questo è un segno di un uomo con virtù da guerriero. Nell'attività sessuale, gli uomini inferiori, pieni di approcci egocentrici, si affrettano rapidamente verso il proprio orgasmo, perdendo sia il seme sia l'interesse.[282] Non sono interessati a condividere la gioia e la beatitudine più profonde con una donna e, quindi, si comportano in maniera simile agli animali. C'è forse bisogno di dire che, così facendo, negano a se stessi la fortuna di questo meraviglioso sentiero di grande beatitudine?

Anche se molte di queste persone non hanno attualmente la buona sorte di percorrere il sentiero del desiderio, non è mai corretto affermare che a qualcuno sia definitivamente precluso il tantra. Non esiste individuo su questa Terra che non possa migliorare. Con la volontà di addestrarsi adeguatamente, è possibile per chiunque aumentare il proprio piacere e quello dei partner sessuali. Si può sperare che, col tempo, essi si preparino in modo da essere in grado, in futuro, di praticare l'autentico sentiero del desiderio del tantra.

---

282 La perdita di energia dopo il rilascio dell'orgasmo è normale per gli uomini. Il punto è che questo tipo inferiore di uomo pensa solamente alla propria lussuria; si affretta, finisce il più velocemente possibile, e dopo perde qualsiasi interesse, compresa l'empatia verso i sentimenti e i desideri della partner, perché il suo "scopo" è stato raggiunto.

Fasi dell'unione sessuale effettiva per le donne e conclusioni

A mio parere, pur con le dovute differenze individuali, le donne sono più adatte al percorso tantrico rispetto agli uomini. In generale, le donne possiedono la natura della prajñā e la loro tendenza a essere più orientate ai sentimenti si accorda con la natura del tantra, che lavora con emozioni, empatia, creatività e così via. Anche fisicamente, sono generalmente più adatte al rapporto sessuale prolungato o ripetuto rispetto agli uomini. Non dovendo preoccuparsi dei problemi sopra menzionati che affliggono gli uomini, per loro è probabilmente più facile praticare l'attività sessuale del sentiero del desiderio.

Ciò non significa che le donne non incontrino alcuna difficoltà. La sfida più comune per loro è che lo sforzo e la costanza necessari affinché il thiglé discenda, fornendo una lubrificazione adeguata man mano che il desiderio viene risvegliato e portato al culmine, sono di solito maggiori rispetto agli uomini. Inoltre, i forti cambiamenti ormonali del ciclo mestruale possono influire sul desiderio e sulle prestazioni sessuali.[283] Nonostante ciò, questi problemi sono di norma risolti in modo più semplice e affidabile rispetto a quelli degli uomini, soprattutto se il consorte maschile riesce a essere di sostegno.

Se siete donne e praticate il sentiero del desiderio, prima di unirvi al vostro consorte, può essere utile risvegliare prima il vostro stesso desiderio. Apritevi ad apprezzare e ad accogliere il più possibile tutte le qualità maschili che lui possiede naturalmente e deliziate la vostra mente con l'opportunità di essere in unione con lui. Se all'inizio non provate questo piacere, non c'è alcun problema nel lasciar spazio a fantasie che vi attraggono sul vostro essere una sacra consorte. Poiché la mente è molto potente, è probabile che il potenziale per evocare con successo il desiderio

---

283 In confronto, la vagina è più soggetta a infiammazioni, e quando queste si presentano, l'unione sessuale può dover essere rimandata.

vada a buon fine.

Se il consorte con cui avete l'occasione di praticare è troppo anziano, non particolarmente attraente fisicamente, o semplicemente non molto abile nell'amplesso, potreste aver bisogno di ampliare i vostri mezzi per eccitarvi.[284] A volte, impiegare mezzi per accrescere il desiderio quando si è con il consorte funziona, ma se non funziona, vi ritroverete a fingere soltanto, e allora suscitare un desiderio autentico verso di lui sarà molto difficile. Se invece si imparano i mezzi per suscitare il desiderio in anticipo, le possibilità saranno molto maggiori.[285]

Per quanto riguarda i modi per continuare a risvegliare il desiderio in voi e nel vostro consorte, se gli toccate il petto, le cosce e altre zone mentre ammirate e assorbite la natura e i poteri del vostro uomo, potreste provare entrambi un profondo desiderio. Allo stesso scopo, potete toccare delicatamente punti molto sensibili che di solito non vengono toccati in altri momenti, ma se certe aree del corpo dell'uomo sono troppo sensibili o provocano solletico, questo non servirà ad eccitarlo, quindi evitate di toccarle. Altrimenti, sfiorate gentilmente il suo petto, le guance, la parte bassa delle orecchie e così via. Poi, con i seni, i capelli, e anche con la bocca e le guance, toccatelo ripetutamente in modo leggero. Potete, ad esempio, sfiorare il vostro partner accarezzando dolcemente i vostri seni

---

284 Ad esempio, una donna e un uomo possono formare una coppia armoniosa, essere ottimi partner nella vita, apprezzarsi a vicenda, ecc. e, nonostante ciò, può accadere che tra loro non sorga tra loro un forte desiderio sessuale. Inoltre, poiché non tutti gli uomini sono abili nell'arte dell'amore o nel corteggiamento, certamente non tutte le donne hanno la fortuna di incontrarne uno esperto in questa vita. In un simile caso, se una donna desidera praticare con il consorte che ha l'opportunità di incontrare, potrebbe aver bisogno di uno sforzo maggiore per risvegliare il proprio desiderio (o per farsi aiutare da lui in tal senso), altrimenti la pratica potrebbe fallire. Il sentiero del desiderio non funziona correttamente se entrambi i praticanti non sono inebriati dal desiderio.

285 L'impiego di tecniche mentali o fisiche per suscitare il desiderio in anticipo può certamente funzionare, ma potrebbe anche essere utile comunicare apertamente o mostrare al proprio consorte cosa può fare fisicamente per stimolare il vostro desiderio.

su tutta la parte superiore e inferiore del suo corpo, ma senza toccare direttamente il liṅga all'inizio. Prima toccate e trascinate delicatamente le unghie sulle diverse zone dello scroto. A volte graffiate leggermente e trascinate le unghie, tutte insieme come artigli, e così via.

Molte altre cose che entrambi i partner possono apprezzare sono simili a quelle menzionate in precedenza nelle istruzioni per gli uomini. Se i mezzi per eccitare il partner eccitano anche voi, è la cosa migliore. Se invece alcune tecniche eccitano l'altra persona, ma a voi non piacciono o le vivete come un peso spiacevole, allora non vanno bene: è meglio evitarle per ora, a favore di alternative gradite a entrambi.

Voi e il vostro partner potete emettere ogni genere di suono di eccitazione, sussurrare, fare le fusa o grugnire. Dovreste sentirvi a vostro agio nel produrre qualsiasi rumore vi venga naturale, anche gridare va bene. Tuttavia, piuttosto che concentrarsi solo su ciò che si fa con il corpo, *si dovrebbe fare ogni cosa con la mente focalizzata in modo univoco*, come descritto sopra, sapendo che dimenticare questo aspetto è un errore.

Nel momento in cui ci si abbandona a queste esperienze, sia l'uomo sia la donna dovrebbero evitare ogni dogma ipocrita del tipo: "Ora metterò in pratica i metodi tradizionali per accendere il desiderio della beatitudine sacra, attraverso cui, progressivamente, si generano le quattro gioie... bla bla." Pensate invece a qualcosa di più autentico, come: "Donarci l'uno all'altro è la pratica migliore di tutte, e ora abbiamo una splendida opportunità per farlo!" Mantenendo presente nella mente questo pensiero, sappiate che intensificando il vostro desiderio avete la possibilità di regalare la gioia e la beatitudine che avete dentro di voi. Se la vostra motivazione ha davvero un tale approccio, essa non sarà mai sprecata, né porterà beneficio solo all'altro senza fare nulla di positivo per voi.

Dentro di voi si trovano i mezzi per generare la gioia e la beatitudine innate del sesso. Poiché non esiste cosa più appropriata da fare di ciò che rende gioiosi entrambi, il desiderio per ciò che desiderate si realizza in maniera migliore quando si comprende che è anche ciò che desidera il vostro partner. Così, quando si mettono in pratica gli effettivi mezzi per eccitarsi fino alla folle ebbrezza del desiderio, si può essere certi che anche il proprio compagno la stia provando. Questo è il modo ideale per realizzare la passione del desiderio.

In breve, quando praticate con un partner, percepire l'altro come divinità principale è il mezzo migliore per inebriarvi entrambi con il desiderio.[286] Avanzare sul sentiero del desiderio assieme al vostro compagno e donarsi a vicenda l'ebbrezza del desiderio è l'approccio ottimale. *Qualunque manifestazione della beatitudine della fusione si verifichi facendo ciò, è più probabile che porti alla saggezza delle quattro gioie e, infine, all'esperienza della saggezza innata di beatitudine e vacuità.* Entrambi i praticanti dovrebbero comprendere che questo è estremamente importante.

Per quanto riguarda gli altri mezzi per prolungare l'erezione del liṅga, dopo aver toccato svariate parti del corpo, nel momento in cui si tocca effettivamente il liṅga, può essere d'aiuto toccare contemporaneamente anche altre zone dello scroto. L'asta del liṅga può essere accarezzata dalle mani e così via, ma bisogna essere cauti nel toccare direttamente l'ornamento dorato della sommità del liṅga,[287] perché potrebbe essere troppo sensibile. A volte esso può essere toccato quando è coperto dalla guaina del prepuzio, se presente, oppure con qualche strumento di lubrificazione.

Infine, toccate delicatamente il liṅga, poi prendetelo nella vostra bocca, se ne avete voglia. Se vi piace il sesso orale, è estremamente utile. Se non vi piace e ci sono alternative che gradite maggiormente, usatele pure. Tuttavia, qualora risultasse molto difficile far diventare duro il liṅga del

---

286 "Il principale" significa considerare il vostro partner come un essere pienamente illuminato, come la vostra principale divinità meditativa, o come un'emanazione del vostro stesso Guru, che sta per conferirvi i quattro Potenziamenti Superiori, come già descritto.

287 La testa del pene, chiamata anche gioiello vajra. Il gioiello è paragonato a un ornamento dorato della sommità di un monastero, di cui ricorda in qualche modo la forma.

vostro consorte, se lo desiderate, potete provare comunque, anche se all'inizio non vi piace molto, se ciò vi sembra preferibile ad un completo fallimento.[288] Se decidete di provare tale pratica, raccogliete una buona quantità di saliva in bocca, bagnate il liṅga, quindi eseguite ripetutamente movimenti morbidi e prolungati. All'inizio, fatelo molto lentamente e con grande attenzione. Poi aumentate gradualmente il ritmo, come in un raga indiano, se questo funziona per lui.

Quando sia l'interno che l'esterno del loto sono abbastanza bagnati, è il momento migliore per accogliere il liṅga del consorte all'entrata del loto. Inseritelo appena un poco all'interno, penetrando la bocca del loto con un colpo delicato, che accarezza l'intera vagina mentre si ritrae lentamente. Ripetete questo movimento più volte. Infine, quando la passione diventa irresistibile, inserite il gioiello vajra soltanto a metà nella bhaga, estraetelo di nuovo e proseguite così più volte. Se il consorte non riesce a mantenere l'erezione a lungo, non è necessario eseguire questo processo più a lungo di quanto lui riesca a mantenere l'erezione.

Quanto descritto può essere fatto tanto dall'uomo quanto dalla donna. Risvegliare il desiderio della donna prima dell'unione è molto importante, come spiegato sopra, ma di solito è meno necessario per l'uomo, poiché il desiderio maschile tende a essere più in superficie e facilmente stimolabile. Tuttavia, se si riescono a praticare tecniche che funzionano per entrambi, ciò può portare il desiderio dell'uomo a diventare più profondo e armonizzarsi con quello della donna.

In particolare, se l'uomo è anziano o non ha molto desiderio all'inizio, è utile che la sua sacra consorte utilizzi tali tecniche di mezzi abili. Ciò che

---

288 Se la donna desidera fortemente entrare in unione con il suo consorte ma è difficile che liṅga di lui si ecciti se non con il sesso orale - e se lei preferisce quest'ultimo metodo piuttosto che perdere l'opportunità di entrare in unione con il suo consorte - può decidere di provarlo, anche se all'inizio non le piace molto, seguendo la propria decisione. Le stesse istruzioni valgono per l'uomo, nel caso in cui la sua consorte trovi il sesso orale un mezzo efficace per eccitarsi, come accade per molte donne, anche se non tutte.

meglio si accorda con i bisogni e i desideri di ciascun individuo e di ogni coppia dovrebbe essere appreso gradualmente con l'esperienza. Ovviamente, non sarà uguale per tutti, né sarà lo stesso in ogni occasione. C'è molto da imparare riguardo ai desideri reciproci man mano che si procede.

In breve, grazie alle tecniche impiegate dall'uomo e dalla donna, se la discesa del thiglé della donna è stata ben realizzata, la "diffusione di ciò che è diffuso" avverrà naturalmente e facilmente. A differenza degli uomini, le donne non devono sforzarsi di trattenere il thiglé fisico durante l'unione sessuale. Poiché, in generale, le donne non disperdono molto del loro thiglé nell'orgasmo, sono capaci di provare orgasmi ripetuti, e quindi la loro situazione è diversa. A parte questa differenza, la visione, i sentimenti, la motivazione, le percezioni e così via che la donna dovrebbe avere sono gli stessi di quelli degli uomini, come delineato nella sezione precedente.

Nel migliore dei casi, in queste occasioni di unione tantrica, entrambi i partner dovrebbero considerarsi come le divinità yidam in yab yum, come Kālachakra e Viśhvamata.[289] Tuttavia, ponendo tanta attenzione nella visualizzazione al punto che essa diventa una proiezione separata dall'unione reale, c'è il rischio che le condizioni favorevoli che si sono accumulate non si realizzino. *La consapevolezza dell'unione deve essere spontanea, diretta e non concettuale.* Proiettare forzatamente i modelli meditativi dello stadio di generazione sull'esperienza non concettuale dello stadio di completamento rischia di ostacolare più che aiutare. È più importante coltivare la cosapevolezza della natura di Buddha e qualità pure come l'amore e la beatitudine che queste divinità rappresentano.

Inoltre, viene insegnato che i veri tantrika non dovrebbero risiedere

---

289 A causa delle proprie percezioni abituali, di solito si tende a visualizzare se stessi come la divinità del proprio sesso e il partner come la divinità dell'altro. Tuttavia, questo può essere invertito e, ancor meglio, entrambi possono visualizzarsi come entrambe le divinità in unione, yab yum. Se hai svolto correttamente una buona quantità di pratica dello stadio di generazione, ciò si esprimerà naturalmente come percezione pura, accompagnata dall'orgoglio divino delle divinità.

nei templi e nei monasteri di persone come logici e studiosi letteralisti, che non entrano nella mentalità del tantra, poiché i loro atteggiamenti e le loro attività sarebbero in conflitto con quelli dei praticanti tantrici. D'altra parte, si dice anche che gli esseri senzienti con un atteggiamento devoto che vedono, ascoltano, ricordano e toccano gli yogin che mantengono una disciplina tantrica autentica saranno rapidamente liberati dalle proprie azioni malvagie. Come dice il *Tantra radice di Chakrasaṃvara*,[290]

> Vedendo e toccando,
> Ascoltando e ricordando,
> Si liberano dalle azioni malvagie.
> Su questo non c'è dubbio.

Molti altri passi scritturali, come quello precedente tratto da Shépé Dorjé, affermano la stessa cosa. Quindi, mentre dimorate nel terreno fondamentale la cui virtù è al di là delle elaborazioni concettuali, contemplate naturalmente questa condizione nel profondo della vostra mente, senza però soffermarvi troppo su pensieri discorsivi o immagini mentali presenti in superficie nella vostra consapevolezza. Se fate così, la vostra esperienza, potenziata al massimo delle vostre capacità e intrapresa con tutte le qualificazioni appropriate, può giungere all'esperienza autentica dello stadio di completamento.

Indipendentemente dal fatto che alcuni individui riescano a coglierlo o meno, questo percorso attraversa l'intero stadio di completamento. Generare deliberatamente pensieri e immagini rigidamente concettualizzati, che sarebbero appropriati per lo stadio di generazione, non è adatto in tale contesto. Nello stadio di completamento, l'elemento principale è entrare in un assorbimento effettivo e non concettuale; dunque, se forzate la generazione di pensieri e immagini, rimarrete soltanto nel preludio, lo stadio di generazione, come se fosse il vostro nido. Non c'è proprio alcun bisogno di fare uno sforzo supplementare per ottenere questo risultato controproducente.

---

290 Tratto dal Chakrasaṃvara Tantra abbreviato, p. 245.b.

Inoltre, in alcuni testi tantrici tradizionali si spiega diffusamente che, nella misura in cui il consorte ha maturato autenticità e capacità nelle tecniche del desiderio, può essere considerato superiore, inferiore, e così via. Tali concettualizzazioni però tendono più a ostacolare che ad aiutare l'approccio non concettuale richiesto dal sentiero del desiderio, perciò non le tratterò se non per riconoscerne l'esistenza.

Se non si analizzano a fondo gli antichi rituali e la tradizione testuale del tantra, si potrebbe erroneamente concludere che solo gli uomini possano essere praticanti tantrici, mentre le donne siano non praticanti utilizzate a beneficio dei praticanti maschi. Un tale approccio riflette più i pregiudizi sociali dell'epoca in cui furono scritti quei testi che non una caratteristica intrinseca del tantra. La tradizione tantrica insegna una visione molto profonda e stabile della realtà, in cui tutte le azioni, incluse quelle della pratica tantrica, sorgono dalla combinazione dei principi maschile e femminile. Come potrebbe non conoscere la natura e le qualità sia degli uomini che delle donne? Entrambi i sessi sono indispensabili per praticare il tantra, ed è impossibile che uno possa farlo e l'altro no. Inoltre, le qualità specifiche dell'uomino e della donna sono solitamente manifeste nel proprio sesso e nascoste nel sesso opposto. Tali qualità esistono tipicamente in modo grossolano in un sesso e in modo sottile nell'altro. Tutti possiedono entrambi i tipi di qualità in qualche misura. Questi punti non devono essere trascurati nella pratica del tantra.

Alcuni testi tantrici affermano che il tantra si diffonderà molto più ampiamente in questa Età della Discordia.[291] Per la sua propria natura, il sentiero del desiderio dovrà necessariamente diffondersi sia tra gli uomini

---

291 Le cinque degenerazioni [dell'Età della Discordia], [*rtsod dus kyi*] *snyigs ma lnga*: 1) Degenerazione della durata della vita, *tshe'i snyigs ma*, 2) Degenerazione del tempo (proliferano guerre e carestie), *dus kyi snyigs ma*, 3) Degenerazione degli esseri (diventa sempre più difficile aiutarli sul sentiero), *sems can gyi snyigs ma*, 4) Degenerazione della visione (si diffondono false credenze), *lta ba'i snyigs ma*, e 5) Degenerazione delle emozioni disturbanti, *nyon mongs kyi snyigs ma*.

che tra le donne. Fin dall'inizio del percorso tantrico, è richiesta una disposizione sensibile sia del corpo che della mente, come la devozione e altre qualità simili. Allo stesso modo del tantra, tali qualità devono essere stabili e continue, come la corrente di un fiume che non si arresta mai. Queste caratteristiche potrebbero risultare più congeniali a chi ha attualmente un corpo femminile. Non sorprende quindi che, sebbene in passato la pratica tantrica sia stata principalmente appannaggio degli uomini, alcuni testi suggeriscono che presto il tantra si diffonderà tra le donne.[292] Indubbiamente ciò sarà molto positivo per il futuro della realizzazione del buddhista.

Se riflettiamo su quali tipi di persone entrano nel sentiero del tantra, vi è una categoria che si sforza intensamente di padroneggiare le numerose tecniche sessuali insegnate nel sentiero del desiderio classico, pensando: "Se conosco queste, conosco il sentiero del desiderio". Spesso tale approccio porta a mancare il punto centrale. In questo caso, introdurre tecniche sessuali avanzate ed esercizi di thrulkhor è del tutto inutile. Sarebbe come se un contadino possedesse trono, manto reale, corona e sigillo di un re. Avere le insegne regali non vi renderà un sovrano con dei servitori al vostro comando. Allo stesso modo, anche se avete una grande padronanza di tecniche sessuali, la vostra sessualità ordinaria potrà essere migliore ma, a parte questo, la vostra attività sessuale non vi condurrà alla saggezza della grande beatitudine dello stato naturale. Benché la vostra vita sessuale possa essere fantastica, il piacere sessuale ordinario, da solo, non potrà mai diventare trascendente in questa maniera.

Poiché la *visione, la meditazione e la condotta fondamentali sono necessariamente le condizioni principali di successo nel tantra,* coloro che si concentrano unicamente sulle pratiche sessuali non raggiungono mai l'autentico sentiero del desiderio, dove tali elementi potrebbero essere realmente integrati.

---

292 Le tantrika donne in Occidente sono forse già più numerose dei tantrika uomini, se consideriamo, ad esempio, i dati recenti di partecipazione ai potenziamenti, agli insegnamenti, ai ritiri, alle attività di volontariato del Saṅgha e così via.

I bramini dell'India e così via, e i dotti del Tibet,

Parlano a lungo delle qualità delle autentiche consorti vidyā.

Secondo il loro pensiero, per ogni uomo o donna,

Lo sviluppo delle proprie qualità deve essere realizzato per primo.

Inoltre, gli uomini che possiedono la bodhicitta,[293]

Considerando la dignità delle donne importante e sacra,

Dovrebbero scegliere come consorti coloro che incarnano

    il sentiero eccellente della grande beatitudine,

E non solo quelle dotate di giovinezza e bellezza fisica.[294]

Sebbene le virtù richieste a una consorte siano numerose,

In sintesi, se ella possiede grande fede, aspirazione e diligenza,

E soprattutto poca gelosia verso le altre donne,[295]

Allora appartiene alla famiglia delle consorti autentiche.

---

293 In altre parole, sono compassionevoli e attenti agli altri. In questa maniera creano le condizioni affinché qualsiasi donna possa manifestarsi come consorte spirituale autentica. Allo stesso modo, una donna perspicace e compassionevole può "fare del proprio compagno un uomo.

294 I testi tradizionali affermano spesso che la consorte perfetta, dal punto di vista maschile, è una donna passionale e piena di energia giovanile. Tuttavia, come spiegato precedentemente nel testo, le qualità più importanti sono di natura mentale. Ciò vale sia per le donne che per gli uomini. Qualità come la giovinezza e la bellezza citate nei testi tradizionali sono un bonus aggiuntivo. Se sono presenti, possono essere utili, ma non sono affatto requisiti indispensabili. Sono sempre state impiegate consorti di età diverse nella pratica e il *Kālachakra Tantra* raccomanda persino di ampliare la propria esperienza in tal .

295 Fede e diligenza nel Dharma, e idealmente l'assenza di gelosia saṃsārica, soprattutto verso le altre donne. Le virtù richieste ai consorti maschili sono state esposte in precedenza.

8

I diversi tipi di mudrā e le quattro gioie

Diversi tipi di mudrā o consorti

Mudrā[296] è un termine generico per le consorti spirituali o consorti "della conoscenza", chiamate anche "consorti vidyā" - *rig ma* in tibetano. L'obiettivo di tale pratica è che, relazionandosi correttamente con una consorte di questo tipo, si può arrivare a conoscere la beatitudine della saggezza primordiale che realizza la realtà assoluta.

Esiste un'ampia varietà di insegnamenti sui tipi di consorti mudrā, come i quattro mudrā; quando si cerca di correlarli ai differenti contesti di visione e di pratica, questi diversi insegnamenti possono sembrare confusamente scollegati tra loro. Qui di seguito presenterò brevemente come identificare le distinte consorti mudrā impiegate per il conseguimento della beatitudine:

---

1.   Mudrā della Saggezza[297]
2.   Karma Mudrā[298]
3.   Dharma Mudrā[299]
4.   Mahāmudrā[300]

Tutti i differenti tipi di consorti mudrā possono essere classificati all'interno di queste quattro categorie. È importante tenere presente che le diverse suddivisioni in gruppi di quattro non sono arbitrarie, ma derivano da specifici approcci filosofici o contesti di pratica a cui si riferiscono. Così, in generale, il Mudrā della Saggezza, il Dharma Mudrā e il Samaya Mudrā hanno aspetti e qualità diverse a seconda dei sistemi e dei livelli di pratica considerati.[301]

---

297 *ye shes phyag rgya*, una consorte visualizzata. Quando ciò viene fatto nello stadio di generazione, tali visualizzazioni sono chiamate anche Samaya Mudrā, *dam tshig phyag rgya*. Dato che il Mudrā della Saggezza è il primo tipo di consorte ed è anche il primo ad essere praticato dai principianti del tantra quando iniziano lo stadio di generazione, il nome di Mudrā della Saggezza sembra paradossalmente eccessivo. A volte i Lama che condividono questa impressione sostituiscono il termine *ye rgya* (Wisdom Mudrā) con *yid rgya* (mudrā immaginato mentalmente).

298 *las kyi phyag rgya*

299 *chos kyi phyag rgy*

300 *phyag rgya chen po*, spesso tradotto come "il grande sigillo."

301 Nella classe dello Yoga Tantra, ad esempio, i quattro mudrā sono detti Karma, Dharma, Samaya e Mahā. Le varie classificazioni dei quattro mudrā possono anche essere riassunte secondo i tre principi non arbitrari insegnati nel testo *Brilliant Clarity of Union* (Brillante chiarezza dell'unione) di Tāranātha come tre tipi di compassione (*snying rje gsum*) che rivelano la beatitudine ultima: (1) il Karma Mudrā è una consorte "reale" che conferisce la saggezza della beatitudine nella vita umana; (2) il Mudrā della Saggezza è una consorte visualizzata che rappresenta una divinità della saggezza (il Mudrā della Saggezza, in questo caso, include tutti gli altri tipi di consorti visualizzate o generate, come il Dharma Mudrā, il Samaya Mudrā e il Mudrā della vacuità; qui si comincia con una visualizzazione concettuale della beatitudine dell'unione con una divinità della saggezza, e questa visualizzazione iniziale si intensificherà gradualmente); (3) il Mahāmudrā conferisce la beatitudine immutabile della saggezza assoluta della fruizione.

Mudrā della Saggezza

"Il termine "Mudrā della Saggezza" si riferisce principalmente a una consorte di saggezza deliberatamente visualizzata o generata che, almeno all'inizio, è un oggetto meramente concettuale visualizzato come una divinità di saggezza dello stadio di generazione.[302]

Sebbene siano possibili molte classificazioni e livelli, possiamo dividere i Mudrā della saggezza in tre tipi o stadi principali, in ordine di crescente vicinanza all'autentica esperienza della saggezza.

1. Lo stadio più basso di un Mudrā della Saggezza è una divinità di saggezza puramente immaginata o visualizzata, creata come oggetto concettuale a livello mentale. Qualsiasi sensazione di beatitudine e purezza, e qualsiasi sensazione di movimento o interazione associati alla visualizzazione saranno anch'essi deliberatamente concettualizzati.[303]

2. Il secondo stadio di un Mudrā della Saggezza è ancora una divinità visualizzata fatta sorgere come oggetto concettuale, ma questo tipo di consorte possiede una presenza molto chiara e vivida, per la quale è necessaria una notevole abilità nello stadio di generazione.[304]

3. Lo stadio più alto di Mudrā della Saggezza è ancora una consorte della meditazione abituale dello stadio di generazione, ma possiede

---

302 Perché una visualizzazione concettuale dello stadio di generazione viene chiamata con il titolo elevato di "Mudrā della saggezza"? In termini di oggetto, tale visualizzazione - chiamata anche *samayasattva* - è una rappresentazione di una vera e propria divinità di saggezza. Anche se si tratta di una rappresentazione concettuale, la divinità visualizzata rappresenta diversi aspetti della propria natura illuminata; l'identificazione con tali aspetti favorisce lo sviluppo della percezione pura e aiuta il praticante a diminuire l'attaccamento alla propria forma umana attuale limitata. Anche gli altri esseri sono percepiti allo stesso modo e i fenomeni vengono percepiti puramente come l'ambiente circostante delle divinità.

303 Perché non è una percezione di saggezza primordiale, *ye shes*.

304 Qui la percezione, i sentimenti e il senso di interazione con la divinità acquisiscono una spontaneità e immediatezza che iniziano a trascendere le limitazioni concettuali.

un grado così elevato di vivida chiarezza e una sensazione di purezza tali da essere quasi indistinguibile da un vero essere di saggezza. Queste consorti possono essere oggetti sia della vista che del tatto, trasmettendo una profonda comprensione ed esperienza della forma vuota della divinità.[305]

Anche al livello più basso, la visualizzazione può essere molto più realistica di una *thangka* dipinta. Ciò va sottolineato perché, purtroppo, c'è la concezione errata che il praticante debba visualizzare la consorte come una rappresentazione bidimensionale immobile, come un quadro.

In breve, la percezione pura della consorte come autentica divinità di saggezza è l'obiettivo della pratica con i mudrā visualizzati, così come lo è nello stadio di generazione.

Karma Mudrā

Quando si parla di "Karma Mudrā", si ritiene che il termine indichi che, grazie al potere del *karma,* un praticante di tantra ha la buona fortuna di unirsi a una consorte *mudrā* umana, oppure che il praticante si impegna in un'attività, *karma,* con una tale *mudrā* appartenente a una "famiglia compatibile."[306]

Secondo un'altra interpretazione, l'oggetto dell'azione (*karma*) dell'unione relativa illusoria è il mudrā umano con cui ci si impegna, e c'è un legame karmico con quella specifica consorte mudrā. In questa lettura, anche una consorte umana "reale" è illusoria, nel senso che tutti i fenomeni che sorgono dal karma relativo non sono fenomeni della verità ultima.

---

305 In generale, all'inizio la visualizzazione tende a essere deliberata e concettuale ma, man mano che le energie interiori del praticante vengono evocate e raffinate in energia di saggezza, anche il livello della visualizzazione tende a innalzarsi verso la percezione della beatitudine della saggezza. Ciò spiega come le consorti concettualizzate, classificate come Mudrā di Saggezza, possano manifestarsi come esperienza realizzata nelle pratiche molto elevate dello stadio di completamento, come descritto nel capitolo successivo.

306 Secondo Rinpoche, in questo caso, "famiglia compatibile" si riferisce alle qualità di un essere umano simile a se stessi, non alle famiglie tantriche di Buddha compatibili con le particolari predisposizioni attuali del praticante.

Anche molti tipi di esseri non umani, come le ḍākinī e i ḍāka, che si manifestano con un corpo apparentemente materiale, visibile e toccabile come quello di un essere umano, possono essere consorti Karma Mudrā. Queste esperienze, di norma, si presentano solo a yogin molto avanzati. In quanto esseri reali, tali consorti sono un tipo di manifestazione molto diverso da un mudrā visualizzato.[307]

Dharma Mudrā e ulteriori classificazioni

Quando un mudrā visualizzato viene considerato come un fenomeno mentale che è un oggetto nel campo degli oggetti del senso mentale,[308] tale oggetto viene chiamato "Dharma Mudrā."

È così classificato perché appare come il contenuto di un pensiero che descrive le qualità di un certo fenomeno immaginato, *dharma*, che è stato prima visualizzato o generato come consorte *mudrā* nel campo degli

---

307 Alcuni sostengono che il Karma Mudrā sia il tipo di consorte più "facile" con cui praticare e quindi di solito è il primo ad essere praticato nel metodo della beatitudine dello stadio di completamento. Tuttavia, ciò non significa necessariamente che sia la prima pratica dello studente. Se si pratica il tantra tibetano, normalmente si intraprendono prima altre pratiche, come la pratica comune del Mudrā della Saggezza dello stadio della generazione, al fine di stabilire una buona base prima di potersi relazionare correttamente con la beatitudine di un Karma Mudrā. In tempi antichi, quando i Karma Mudrā venivano utilizzati per i Potenziamenti Superiori del Supremo Yoga Tantra, lo studente si impegnava nella pratica sessuale sacra con una consorte umana durante il Potenziamento della Saggezza, seguendo le istruzioni impartite dal Guru (si vedano i dettagli nell'Appendice II). In questo modo, la pratica del Karma Mudrā veniva impiegata come metodo diretto ed efficace per invocare la beatitudine. In generale, lavorare con un partner "reale" minimizza le difficoltà di visualizzazione, ma ciò non significa che questa pratica non possa essere portata ad alti livelli. Perché abbia successo, voi e il vostro partner dovete sempre mantenere motivazioni e atteggiamenti puri. Altrimenti, l'unione fisica può facilmente degenerare in semplice sesso ordinario, con i consueti drammi emotivi samsarici tra i partner. Le istruzioni fornite nei capitoli precedenti dovrebbero aiutarvi a evitare questi ostacoli. Se le seguite correttamente, non ci sono svantaggi e i benefici sono certi. In futuro, se vorrete approfondire, avrete bisogno delle istruzioni dello stadio di completamento da parte del vostro Lama radice. Allora potreste sperimentare livelli più elevati di Karma Mudrā che precedono l'esperienza di altri tipi di mudrā vicini alla fruizione dello stadio di completamento.

308 *chos kyi skye mched*, dharma āyatana.

oggetti del senso mentale.

Come accade per il Mudrā della Saggezza, sebbene tale consorte sia generata deliberatamente all'inizio, nei suoi livelli superiori si manifesta come vuoto ma "reale", come la forma vuota di un miraggio o di un arcobaleno. Può manifestarsi a molti livelli di esperienza, e i livelli più alti possono comportare tipi sempre più vividi di esperienza sensoriale, come l'udito, il tatto e così via.

Il Mudrā della Saggezza descritto sopra è considerato una visualizzazione generata di un essere di *saggezza* come *consorte*, mentre il Dharma Mudrā è considerato come un *dharma* mentale visualizzato che è un'immagine di una *consorte*. Sono denominati in base al modo in cui vengono classificati, per cui la stessa visualizzazione potrebbe essere successivamente un Mudrā della Saggezza e un Dharma Mudrā, a seconda della cornice attraverso cui viene considerato.

Quando si elencano i diversi modi di classificare gli oggetti dello stadio di generazione citati nei testi tradizionali, troviamo il Mudrā della Saggezza, il Dharma Mudrā, il Mudrā della Vacuità e il Samaya Mudrā. "Mudrā", in questi casi, si riferisce sempre a una consorte tantrica. Di questo elenco, quello descritto qui è il Dharma Mudrā. Poiché ognuno di questi mudrā ha livelli superiori e inferiori, e poiché non è possibile ridurli a un solo tipo di classificazione, quale mudrā sia più elevato in un determinato caso dipenderà dal contesto.[309]

---

309 Il Mudrā della Vacuità prende il nome dal considerare la propria visualizzazione come una forma vuota. Al livello più basso, questo è per lo più concettuale. Al livello più alto, è l'esperienza dell'unione di apparenza e vacuità descritta nei Prajñāpāramitā Sūtra. Il Samaya Mudrā considera gli oggetti dello stadio di generazione dal punto di vista dell'impegno tantrico. I praticanti si impegnano a visualizzare se stessi come una divinità tantrica per superare gli ostacoli concettuali alla percezione pura. Nel momento culminante della pratica dello stadio di generazione nel Supremo Yoga Tantra, vere divinità di saggezza (*jñānasattvas*), con forme simili a quelle delle divinità concettuali che si sono prima visualizzate (*samayasattva*), scendono per benedire le divinità visualizzate, come se fossero reali. Questa discesa della saggezza può essere paragonata ai cacciatori che mettono delle anatre di legno come esca in un lago, nella

Mahāmudrā

Il Mahāmudrā, grande sigillo o grande consorte, è l'esperienza di tutti i fenomeni come potere di auto-manifestazione del Sugatagarbha, la natura innata delle cose. È la realtà assoluta, la meta che deve essere raggiunta attraverso gli altri mudrā.[310] Pertanto, chi realizza il Mahāmudrā non ha più bisogno degli altri mudrā perché ha già attualizzato l'unione perfetta dei principi maschile e femminile. Tuttavia, essi possono ancora essere utilizzate esternamente, come requisito di particolari pratiche volte a portare beneficio agli altri.

Descrizione sintetica delle quattro gioie

Quando si sperimenta l'unione con i mudrā, si generano percezioni di saggezza primordiale derivanti dalle quattro gioie. Che si manifestino in forma concettuale o non concettuale, la loro presenza purifica le manifestazioni grossolane e sottili, impure, del karma saṃsārico. Tali esperienze hanno quindi un valore inestimabile nel sentiero tantrico. Le quattro gioie sono:

1. Gioia[311]
2. Gioia Suprema[312]

---

speranza che le anatre vere le vedano e scendano per unirsi a loro. All'inizio ciò avviene a livello concettuale, come la visualizzazione originaria. Tuttavia, quando si sperimenta l'autentica saggezza, essa è l'oggetto dell'alto samaya della percezione di tutti i fenomeni dal puro punto di vista della verità ultima, la vacuità che possiede tutti gli aspetti supremi. Come descritto nel prossimo capitolo in una citazione dal *Kālachakra*, quando il Samaya Mudrā è riferito ai livelli elevati dello stadio di completamento, il livello di percezione può aumentare fino a non violare più il samaya ultimo.

310 Poiché il Mahāmudrā non è un oggetto concettuale, non può sorgere nello stadio di generazione. Nasce solo dai livelli più alti dello stadio di completamento.

311 *dga' ba*

312 *mchog dga'*

3. Gioia Speciale[313]

4. Gioia Innata[314]

Ognuna di queste è ulteriormente suddivisa in quattro, per un totale di sedici gioie, dalla Gioia della Gioia, alla Gioia Suprema della Gioia e così via, fino alla Gioia Speciale della Gioia Innata e alla Gioia Innata della Gioia Innata. Se queste vengono presentate in modo tradizionale, risulta difficile per la maggior parte delle persone comprenderle, poiché non hanno esperienza delle sensazioni associate. Cercherò di spiegarle in un modo un po' più facile da capire:

1. Gioia è la gioia e la beatitudine mutevole della fusione dei *thiglé* o *khams* relativi, così come viene sperimentata da una persona comune.

2. Nella Gioia Suprema, la stessa gioia e beatitudine mutevole della fusione viene elevata e stabilizzata attraverso l'assorbimento meditativo in quella gioia e beatitudine; in questo senso, non si tratta esattamente della stessa gioia derivante dalla fusione dei thiglé che sperimentano le persone comuni.

3. Nella Gioia Speciale, la beatitudine della fusione diventa "immutabile". Non si tratta soltanto della gioia e della beatitudine della fusione, ma della gioia speciale o particolare che si prova quando il khams o il thiglé discende, viene trattenuto, si diffonde, viene distribuito e così via.[315]

4. La Gioia Innata sorge dal thiglé indistruttibile, inseparabile dallo spazio assoluto del Dharmadhātu. La sua grande beatitudine è un

---

313 *khyad par gyi dga' ba*

314 *lhan cig skyes pa'i dga' ba*

315 Per evitare confusione, la beatitudine relativa qui descritta è detta "immutabile" perché dura molto più a lungo della beatitudine momentanea che le persone comuni provano, ad esempio, in un orgasmo. Tuttavia, la Gioia Speciale non è letteralmente permanente e non è immutabile in ogni senso del termine. Questa beatitudine relativamente immutabile può oscillare o intensificarsi.

aspetto intrinseco del Sugatagarbha. Viene pienamente e costantemente sperimentata solo da un essere completamente illuminato. Tuttavia, poiché tutti gli esseri possiedono la natura di Buddha, è possibile esperirne scorci via via più ampi lungo il sentiero.[316]

Queste quattro gioie sono quattro esperienze effettivamente distinte di gioia. Ognuna può essere suddivisa in quattro, per un totale di sedici gioie, come spiegato in precedenza, sulla base delle qualità specifiche di ciascuna singola gioia. Tuttavia, anche se sono suddivise, non è possibile indicare un oggetto reale che venga diviso. Il modo in cui ognuna delle esperienze di saggezza delle quattro gioie si manifesta è spiegato nei testi tradizionali, ma non esiste una comprensione della loro origine comune che i principianti possano cogliere. Avendo scritto questo libro pensando soprattutto ai principianti, non vi è necessità di entrare nei dettagli più elaborati, e quindi non li tratterò. Questa breve presentazione delle quattro gioie sarà sufficiente.

Poiché i lettori di questo testo hanno bisogno di apprendere solamente ciò che è essenziale per la pratica, molti argomenti del tantra non verranno affrontati qui. Per quelli che ho invece incluso, non ho fornito spiegazioni estese né molte citazioni testuali, poiché gli studenti principianti, per i quali questo libro è stato scritto principalmente, non ne hanno un reale necessità. Spero che i miei lettori non rimangano delusi per questo motivo.

Quando ho deciso di scrivere questo libro, mi sono chiesto se i benefici e la felicità che ne sarebbero derivati sarebbero stati sufficienti a giustificare lo sforzo richiesto e se, inserendo del materiale ulteriore, si sarebbe ottenuto un giovamento maggiore. Le mie riflessioni hanno confermato la necessità di scrivere il libro, ma senza il materiale aggiuntivo. Allora ho capito che la scrittura sarebbe avvenuta in quel modo, e non l'ho mai dimenticato. Allo

---

316 La beatitudine assoluta dello stato naturale è letteralmente immutabile, nel senso che è perfetta per tutta l'eternità. Non si sviluppa, non diminuisce e non cessa. Tuttavia, anche in questo caso, la sua esperienza sul sentiero dura solo fino a quando gli scorci di quello stato naturale assoluto sostituiscono l'esperienza relativa ordinaria.

stesso tempo, ho iniziato a sperare che trattare del sentiero del desiderio sarebbe stato molto benefico, e così ho aspirato a questa fortuna.

Persino agli dei di Tuśhita manca un simile sentiero di delizie.
Oro prezioso e diamanti splendenti indistruttibili,
Innumerevoli gemme e altri tesori inestimabili,
Non ammontano nemmeno a una frazione del suo valore.[317]

Non viene ricevuta da coloro che sono stati consacrati
    come potenti re,
Non può essere acquistata con grandi ricchezze;
Non può essere esplorata dall'analisi di grandi intelletti,
Questa saggezza di grande beatitudine è incontaminata.

La corrente del fiume dei meriti, da cui sgorga la buona sorte,
Dall'essenza stessa della terra, ripristina la giovinezza della terra.
L'essenza pura innata di tutti gli esseri mondani genera
Le quattro e le sedici gioie, come una sorgente per curare
    il saṃsāra.

Guardando, sorridendo, ridendo, leccando, sorseggiando e
    succhiando,
La consorte danzatrice, con perfetta abbondanza di danza e musica,
Può toccare, tirare, vibrare, agitare e trattenere ciò che discende,
E diffondere ciò che è diffuso, in un cerchio di beatitudine
    di sedici gioie.

Sulla dea Terra ricca d'oro, con le sue vesti oceaniche,[318]

---

317 **Tuśhita** o Paradiso Gioioso è la più alta dimora del regno del desiderio. Si dice che il Buddha futuro Maitreya vi risieda, finché non si incarnerà sulla Terra come Buddha. A parte lui e alcuni bodhisattva di alto livello che si manifestano sotto forma di dèi, gli dèi nati lì non hanno il buon karma che permetta loro di incontrare la pratica tantrica.

318 Quando si visualizzano i maṇḍala elementali del mondo secondo il Kālachakra, in cima si trova la terra dorata, per questo si dice che la dea Terra sia una dea ricca d'oro. Al di

Folli per il calore di vacuità e beatitudine, la coppia di yogin,[319]
Ebbri di passione senza desiderio, fanno sì che il dio dai sette cavalli
Si nasconda, per l'insopportabile vergogna, sotto la copertura
   di Varuṇa.[320]

sotto c'è il maṇḍala dell'acqua, perciò si dice che indossi abiti oceanici.

319 La coppia di yogin che pratica il sentiero del desiderio diventa così folle o estatica per il calore della vacuità e beatitudine che compie molte azioni gioiose, come quelle descritte da Gendün Chöpel nei versi riportati nell'Appendice I.

320 Il dio dei sette cavalli, ovvero il dio del sole indù, Sūrya, il cui carro è trainato da sette cavalli, li vede mentre passa sopra di loro. È talmente imbarazzato dalla loro gioia estatica che deve nascondersi, sopraffatto da una insopportabile vergogna, di fronte alle montagne presso le quali dimora la coppia. Sebbene le montagne facciano parte del maṇḍala della terra, al di sotto dell'oceano del maṇḍala dell'acqua, esse si ergono anche al di sopra, al di fuori di esso e al suo centro. Per questo sono chiamate la copertura di Varuṇa, il dio dell'oceano.

9

Spiegazioni supplementari e conclusioni sui mudrā supportate da riferimenti ai testi scritturali e ragionamento

Il mio obiettivo è che questo libro venga tradotto in molte lingue con uno stile chiaro e diretto che possa essere compreso da tutti, a prescindere dal livello di istruzione. Molte persone che potrebbero essere altrimenti interessate al sentiero del desiderio rischiano di fraintendere e respingere i miei insegnamenti se questi non vengono presentati in una maniera con cui ciascuno possa relazionarsi, per cui ho utilizzato stili di spiegazione differenti nelle varie parti di questo libro.

Il modo tradizionale tibetano di scrivere impiega numerose citazioni scritturali per sostenere prove logiche di ciò che si nega o si afferma. Anche se questo approccio non è adatto alla maggior parte dei lettori che ho in mente, in determinati punti del libro fornisco presentazioni logiche, per aiutare chi è aperto a quel tipo di ragionamento. Alcuni testi sono citati per motivi analoghi. Coloro che non sono interessati a questi aspetti - come quelli presentati in questo capitolo - non devono preoccuparsi troppo di leggerli e comprenderli e, come già detto, possono semplicemente saltarli.

Per menzionare specifiche fonti di fraintendimenti che desidero affrontare, quando la maggior parte dei tibetani parla di come praticare il sentiero del desiderio, ritiene sbagliato che si seguano ordini e stili differenti nell'applicazione dei vari tipi di mudrā, in base alle proprie capacità individuali. I praticanti dei lignaggi tibetani comprendono questi mudrā principalmente a partire dalle spiegazioni testuali. La maggioranza degli studiosi tibetani afferma che ciascuno dei quattro mudrā debba essere praticato in un ordine ben preciso, e a determinati livelli del sentiero.

Sebbene sia concepibile che alcuni di loro possano spiegare in modo chiaro e coerente come praticare questi quattro mudrā, l'ho visto accadere raramente. Parlano del punto di partenza, dell'ordine corretto degli stadi e così via, solamente in termini verbali, senza che ciò si traduca in un'applicazione reale nella pratica. Coloro che possono parlare con sicurezza dell'aspetto esperienziale dei quattro mudrā sono molto rari. Quelli in grado di fornire istruzioni chiare e dirette su come praticare erano già pochi in passato, e oggi sembrano quasi del tutto inesistenti.

Ad esempio, quando coloro che dovrebbero essere delle autorità in materia spiegano quale mudrā si dovrebbe praticare in uno specifico stadio del sentiero del desiderio, oltre a mettere in scena una danza di frasi imparate a memoria dai testi, offrono soltanto frammenti sparsi di istruzioni dirette su cosa fare. Le istruzioni scritte più chiare sulla pratica del sentiero del desiderio si trovano negli insegnamenti di Gendün Chöpel, alcuni dei quali si possono leggere nell'Appendice I di questo libro. Anche Ju Mipham ne ha parlato, ma solo brevemente. Tuttavia, entrambi si sono concentrati principalmente sulle tecniche sessuali, senza dire molto su come mettere in relazione l'esperienza sessuale con il sentiero e la fruizione. Come sanno bene tutte le persone interessate all'argomento, non esiste una "cassetta degli attrezzi" completa di istruzioni scritte, chiare e direttamente applicabili, con tutti i passaggi di come la pratica dovrebbe essere eseguita.

Le biografie segrete di Jetsun Tāranātha sono molto difficili da reperire e da comprendere; non sono affatto adatte ai principianti. Non elencano esplicitamente le fasi di questo sentiero di mezzi abili, ma chi è estremamente intelligente e colto, se ha la fortuna di leggerle in tibetano, può capire com'è realmente il sentiero del desiderio. In altre parti degli ampi insegnamenti di Tāranātha sui testi tantrici, queste persone estremamente intelligenti possono anche ricevere una corretta comprensione del tantra in generale. Da lì potrebbe iniziare un nuovo capitolo della storia sul sentiero del desiderio.

Al giorno d'oggi, i tibetani che si dichiarano studiosi ritengono che le condizioni necessarie per praticare con i diversi tipi di mudrā, così come per praticare il tantra nel suo complesso, richiedano il raggiungimento di un livello straordinariamente elevato di realizzazione, avendo già ottenuto i poteri miracolosi di un mahāsiddha. Sembrano avere l'errata convinzione che, finché non si possiedono tali poteri, non ci sia modo di iniziare correttamente la pratica con il Karma Mudrā e così via. Questo è anche un chiaro segno della loro scarsa comprensione e mancanza di esperienza pratica nel suo insieme.

Tali fraintendimenti sembrano derivare dalla confusione sulla natura, le suddivisioni, i livelli e le modalità della pratica dei primi tre mudrā. Nelle spiegazioni dei quattro mudrā che si possono trovare di tanto in tanto, di solito, i punti principali degli insegnamenti sui primi tre mudrā sono compresi in modo improprio, per cui si generano confusione e incongruenze. In generale, la classificazione di questi testi dei tre mudrā come superiori e inferiori è accettabile, ma quando presentano le caratteristiche di ogni mudrā, le somiglianze, le differenze e il modo in cui si articolano le suddivisioni, il risultato è piuttosto confuso.[321]

---

321 Come detto in precedenza, i livelli del Mudrā della Saggezza e degli altri mudrā di visualizzazione vanno dalle semplici visualizzazioni concettuali fino a vere e proprie esperienze di saggezza primordiale. Gli studiosi che sostengono che le persone comuni non possano praticare questi mudrā sembrano essere stati confusi e intimoriti dai passaggi testuali che ne descrivono solo i livelli più elevati. Secondo Rinpoche, ciò accade perché costoro hanno una conoscenza poco o per nulla dettagliata di come questi livelli più alti siano il frutto di una pratica graduale nel corso dello stadio di generazione e di

È certo che i quattro mudrā si supportano a vicenda. Inoltre, al loro livello più alto, manifestano diversi aspetti del modo ultimo in cui le cose sono. Inoltre, nei testi che trattano questi mudrā attraverso spiegazioni ragionate, si afferma che se uno dei quattro mudrā non è realizzato, il successivo non può emergere. Essi devono essere praticati in accordo con le relazioni di interdipendenza del loro sorgere. Ciò è vero come regola generale, ma questi studiosi non considerano i casi eccezionali o i molteplici contesti di riferimento.

In generale, è più facile addestrarsi nella pratica con il Karma Mudrā, come spiegato nei capitoli precedenti.[322] Poiché è il mudrā più indicato ai principianti che non hanno alcuna conoscenza, è adatto ad essere il primo dei tre mudrā da praticare. Tuttavia, al giorno d'oggi, questo non è ciò che di solito si sente dire da coloro che affermano di comprendere il tantra.

Per quanto riguarda il Mudrā della Saggezza, sono accettabili diverse suddivisioni. Talvolta esso precede il Karma Mudrā,[323] altre volte si deve

---

completamento. Essendo in fondo praticanti dei sūtra, questi critici del tantra hanno trascorso la loro vita considerando il sesso come un nemico, e per loro è difficile accettare gli elementi sessuali della pratica tantrica. Pensano che solo un grande siddha possa superare l'attaccamento al desiderio sessuale e raggiungere la saggezza attraverso la pratica del Karma Mudrā. Tali pregiudizi rendono loro impossibile comprendere ciò che accade realmente nella pratica tantrica. Per fare un esempio, alcuni monaci criticano i praticanti tantrici avanzati che praticano il sesso "senza fine" perché evitano l'orgasmo e fanno risalire il thiglé verso i centri superiori, dove si espande in un assorbimento non duale di beatitudine, in cui restano per lungo tempo. Essere in grado di dimorare nello stato naturale in questo modo richiede davvero un grado superiore di realizzazione, pertanto il fatto che tali monaci lo condannino come avidità e corruzione risulta ironico per i veri yogin. Ciò che quei critici disprezzano, in realtà è altamente degno di lode.

322 Nella pratica del Karma Mudrā, i praticanti passano dalla percezione del sesso ordinario con una consorte umana ordinaria al sesso sacro, in cui si sviluppa una percezione pura di sé e della consorte come divinità principali, unita all'esperienza della grande beatitudine ultima. Seguendo le istruzioni presentate in questo libro, è possibile intraprendere questa pratica in modo diretto, indipendentemente dal fatto che si siano praticati altri tipi di mudrā in precedenza.

323 Per coloro che stanno già studiando e praticando lo stadio di generazione del tantra tibetano, una sequenza comune consiste nel cominciare prima con un livello inferiore

considerarlo successivo e superiore rispetto al Karma Mudrā, a seconda, ad esempio, del livello del Mudrā della Saggezza.

Inoltre, chi non possiede ancora capacità o attitudini sufficienti per praticare con il Karma Mudrā,[324] oppure chi ha assunto come sentiero e impegno principale il veicolo della liberazione individuale, per cui tale pratica violerebbe i suoi voti, può iniziare meditando con il Mudrā della Saggezza.[325]

---

di Mudrā della Saggezza. Di solito, questa pratica è consentita purché si sia ricevuto il potenziamento della divinità visualizzata, ma ci sono eccezioni per situazioni e individui specifici, a seconda anche del sistema e del livello di pratica. Rinpoche ha un approccio flessibile che permette ad alcuni dei suoi studenti di svolgere tali pratiche anche senza l'abilitazione formale in casi particolari, purché il beneficio sia considerevole. Secondo lui, anche senza il potenziamento associato, se le ragioni o le qualità personali sono adeguate, ciò sarebbe accettabile, a condizione che la persona abbia una buona motivazione e, idealmente, una genuina aspirazione a ricevere il potenziamento associato in futuro. Il suo consiglio è quello di valutare caso per caso. La sua Sadhana dei Re del Dharma di Śhambhala (Dzokden: San Francisco, 2022), mostra un modo unico di guidare il praticante nella pratica dell'autogenerazione senza utilizzare una specifica divinità autogenerata.

324 Il Karma Mudrā è relativamente più facile per i principianti, poiché implica la relazione con un individuo reale che non deve essere generato e non esiste principalmente a livelli sottili. Tuttavia, proprio per questa ragione, comporta un rischio maggiore di complicazioni dovute a desiderio, attaccamento emotivo e così via, come spiegato in precedenza. Pertanto, per alcuni individui, una preparazione preliminare con il Mudrā della Saggezza può risultare più adatta. Ciò vale anche per coloro che attualmente non hanno l'opportunità o le condizioni per praticare con una consorte umana, oppure per motivi di salute e così via. La pratica personale del Karma Mudrā descritta in questo libro è accessibile a chiunque come introduzione al sentiero del desiderio. Tuttavia, tentare di svolgere questa pratica di Karma Mudrā per principianti fingendo di praticare il Karma Mudrā di alto livello dello stadio di completamento sarebbe pericolosamente irrealistico. Se non si riconosce che andare in bicicletta nel cortile di casa è diverso dal partecipare al Tour de France, si rischia un grave incidente.

325 I monaci impegnati nel *veicolo della liberazione individuale come sentiero principale* non possono praticare affatto il Karma Mudrā, poiché ciò è considerato una violazione del loro voto di celibato. Altri monaci che si concentrano veramente *sul veicolo tantrico come sentiero principale*, possono praticare il Karma Mudrā, come discusso in dettaglio nel capitolo 6 della Parte seconda del presente libro. Anche per i monaci che si concentrano sul tantra come sentiero principale, a volte la pratica del Karma Mudrā può non essere adatta per varie ragioni, come la mancanza di circostanze favorevoli di supporto nel loro ambiente.

Quale delle due pratiche venga svolta per prima dipende dal contesto e dalla situazione. L'esperienza del Karma Mudrā può essere superiore a quella del Mudrā della Saggezza, ma può anche essere inferiore. Perché allora alcuni studiosi sostengono che, se i quattro mudrā non sono praticati in un ordine rigoroso, i mudrā successivi non potranno manifestarsi? Questo è il modo di pensare di chi ha una comprensione limitata, quindi schierarsi dalla loro parte sarebbe un errore.

Per quanto riguarda l'ordine tradizionale della pratica dei mudrā nella tradizione del *Kālachakra*, il *Kālachakra Tantra*, come citato nella *Brillante chiarezza dell'unione*[326] di Jetsun Tāranātha, afferma,

རྒྱལ་བའི་ལྷན་སྐྱེས་བདེ་བ་འདི་ཉི་འཕེལ་བའི་དོན་སླད། དང་པོ་ལས་ཀྱི་ཕྱག་རྒྱ་བསྟེན་པར་བྱ། (5.73.1)

Per accrescere la beatitudine coemergente dei Vittoriosi,
Si deve prima conferire il Karma Mudrā.

Secondo questo passaggio, la pratica con un Karma Mudrā è consentita e adatta a un principiante, quindi non è assolutamente vero che un praticante debba aver raggiunto un livello elevato del sentiero per poterla eseguire. Lo stesso passo stabilisce anche che tale pratica è permessa per sviluppare il potenziale sul sentiero del desiderio.

In generale, la logica del mondo è che, *qualunque grande obiettivo si voglia raggiungere, si deve iniziare dalle circostanze in cui ci si trova e da ciò che si può fare con esse.* Se pensate di non poter iniziare finché non accadrà qualcosa di straordinario che non è mai accaduto prima, il vostro approccio vi garantirà il fallimento. Come potrebbe mai un simile modo di pensare così disfattista essere appropriato per il sentiero tantrico? Inoltre, è chiaro che i mudrā inferiori che supportano quelli superiori sono ammissibili e che cercare strategie utili a tale scopo è sempre

---

326 *Zung 'jug rab gsal*, scansione BDRC W22276-v4, img559.5

appropriato. Analogamente, il resto della strofa del glorioso Kālachakra, con un commento di Ju Mipham, affema:[327]

དེ་ནས་ཤེས་མའི་གཟུགས་ནི་ལུས་དང་གདོང་དང་རྐང་པ་གཙུག་ཏོར་ཡན་ལག་ཐམས་ཅད་རྫོགས་པ་སྟེ། (5.73.2)

Poi ci si deve affidare alla dea sorta dalla mente, il Mudrā della Saggezza, una visualizzazione della consorte, simile alla forma radiosa del sole. Ciò si realizza meditando sul suo corpo, volto, gambe, corona e tutti i suoi aspetti, completamente e perfettamente visualizzati.

གློག་གི་དབྱུག་པའི་རྡོས་མཐན་འཕོ་མེད་བདེ་བ་སྟེད་པར་བྱེད་མ་མཆན་ཉིད་ཡན་ལག་རབ་ཏུ་རྫོགས། (5.73.3)

Poi, come un fulmine - letteralmente un bastone o una mazza - quando il fuoco del tummo divampa, ella[328] è la creatrice della beatitudine immutabile. Avendo le caratteristiche della forma vuota, è il Mahāmudrā, completamente perfetto in tutti gli aspetti. A lei ci si deve affidare per manifestare il Samaya Mudrā. Con ciò, nel gioiello, i thiglé sono immutabili e non soggetti a cambiamento.

རྡོ་རྗེ་རྣམས་ཀྱིས་རབ་ཏུ་སྦྱང་བར་བྱེད་མ་སྟེད་གསུམ་གནས་ལས་ཚོས་ཀྱི་དབྱིངས་ནི་དེ་ནས་གྱུར། (5.73.4)

---

327 Rime Lodrö tr., Ju Mipham, commentario al *Kālachakra Tantra abbreviato*, capitolo 5, p. 98. Nota: Rinpoche ha citato solo il testo radice nel suo manoscritto originale, qui presentato in caratteri tibetani e in italiano in grassetto. Poiché il testo radice è molto complesso e di difficile comprensione, il traduttore ha ritenuto utile fornire ai lettori un commento al testo radice scritto da Ju Mipham, che è stato inserito come testo con formattazione normale nella citazione.

328 Grammaticalmente, "ella" può riferirsi solo al Mudrā della Saggezza, ma questo più alto livello di Mudrā della Saggezza è come un fulmine che può trasmutare la forma ordinaria nella forma vuota del Mahāmudrā con la sua intrinseca grande beatitudine.

Il Samaya Mudrā è la consorte che fa sì che i tre regni, senza oscuramenti, appaiano completamente e continuamente come il regno ultimo. Tale immutabilità si realizza per mezzo dei quattro vajra al momento della fruizione. Questi vajra hanno la natura della cessazione, e in essi le gocce dei quattro vajra del corpo, della parola, della mente e della saggezza sono sempre immutabili. Esistendo nei luoghi privi di oscuramenti dei tre regni, il corpo - i kāya - è unito alla beatitudine immutabile. La vacuità che possiede tutti gli aspetti supremi, la natura del Dharmadhātu, è il samaya, [come impegno a cogliere tutti i fenomeni in termini della realtà definitiva]. Non travalicando mai questo samaya, esso diventa il Samaya Mudrā che non viene mai distrutto né disgregato.[329]

Nella stessa parte del capitolo quinto del *Kālachakra* sono descritte anche le tappe del sentiero del desiderio, sebbene non ne abbiamo qui riportato i versi.

In generale, è estremamente importante non mescolare pesce e sporcizia in simili spiegazioni. Se non si sa come vedere la natura delle cose in modo da poter distinguere le verità dalle falsità su come sono le cose, è come mescolare insieme cose sane e marce senza sapere quali siano le une e quali le altre. Non solo non sarete in grado di riconoscere quali sono quelle buone, ma alla fine le parti marce contamineranno quelle buone.

Quando volete portare a termine un'impresa, potete servirvi di molti strumenti disponibili. Tenendo conto delle capacità derivanti dai vostri meriti individuali e delle particolari abilità che potreste aver acquisito

---

329 In questa presentazione peculiare dei mudrā, il Samaya Mudrā stabilizza in modo immutabile il Mahāmudrā, l'esperienza della fruizione, per mezzo dei quattro vajra come fruizione senza tempo del Buddha. Senza di ciò, il Mahāmudrā sarebbe solo una visione temporanea della fruizione. Questo è un ulteriore esempio di come il significato dei mudrā possa cambiare a seconda del contesto, del livello di pratica e così via; infatti qui il Samaya Mudrā ha un significato molto più elevato rispetto a quello che assume nel contesto dello stadio di generazione.

grazie a un addestramento speciale in questa vita, questi strumenti possono essere scelti e utilizzati secondo necessità. Allo stesso modo, sebbene i primi tre mudrā siano di solito praticati in un certo ordine, quello più appropriato per le vostre circostanze in un determinato momento potrebbe non essere in accordo con l'ordine consueto. Jetsun Tāranātha, nella *Brillante chiarezza dell'unione,* [330] dice:

> Inoltre, benché sia possibile che il sentiero della beatitudine del Mudrā della Saggezza venga praticato prima di quello del Karma Mudrā, in tal caso la pratica del Mudrā della Saggezza è considerata come preliminare al Karma Mudrā, e quindi è inclusa in esso;[331] da quando si inizia lo Yoga della Ritenzione fino alla prima parte dello Yoga del Ricordo,[332] ciò viene fatto in situazioni in cui il thiglé è [ancora] debole o le facoltà sono [ancora] inferiori[333] per impegnarsi subito nel Karma Mudrā, ma occorre comunque praticare il sentiero del Karma Mudrā.

Per quanto riguarda le altre ragioni, quando si utilizzano forme e pratiche del sentiero diverse dagli approcci abituali al fine di ottenere i frutti della pratica, non si tratta forse di insegnamenti speciali del tantra in generale o specificamente dei meravigliosi e non comuni insegnamenti del Supremo Yoga Tantra? Allo stesso modo, *nel praticare il Karma Mudrā, bisogna iniziare*

---

330 Scansione BDRC W22276-v4, img559.5-560.2.

331 Secondo Rinpoche, quando il Mudrā della Saggezza in questo caso è considerato un preliminare del Karma Mudrā, significa semplicemente una consorte visualizzata, e non una consorte di livello molto elevato.

332 La Ritenzione e il Ricordo sono, rispettivamente, il quarto e il quinto dei Sei Vajra Yoga del *Kālachakra*, la cui struttura generale è delineata in *Unveiling Your Sacred Truth — Book Three* di Rinpoche.

333 Secondo Rinpoche, "debole" o "inferiore" significa che il thiglé non è ancora sufficientemente purificato o addestrato. Sebbene si tratti di pratiche molto elevate, all'interno di tale contesto, si tratta di una condizione comparativamente inferiore.

quando e dal punto in cui si può con le capacità che si hanno e migliorare gradualmente con l'allenamento. Non iniziare mai è sbagliato. Non cominciare affatto a causa della vana fantasia che un livello elevato, con cui non avete alcuna connessione, si manifesti miracolosamente è una ricetta per la sconfitta. Nel cielo vuoto del novilunio non appare mai la falce di luna del giorno successivo. Oro, argento e gioielli preziosi non compaiono mai senza motivo nello spazio vuoto. Se continuate a rifiutarvi di iniziare, non siete forse come un mendicante ozioso che spera, senza alcuna ragione, di diventare un giorno il re del mondo e di tutti i suoi oceani?

Riguardo agli stadi più elevati della pratica del Karma Mudrā, utilizzati come mezzi per progredire nei Sei Yoga del *Kālachakra* fino all'esperienza diretta della fruizione del Mahāmudrā, la *Brillante chiarezza dell'unione*,[334]

> [...] Da (1) pratica del Karma Mudrā nel momento in cui è necessario trattenere forzosamente i venti, (2) pratica del Karma Mudrā nel momento della beatitudine senza dispersione e (3) arricchimento del dimorare nell'essenza sul sentiero del Mahāmudrā mentre si sviluppa in beatitudine immutabile e pacifica, si fa riferimento alle tre occasioni di (1) controllo della Forza Vitale con pensieri distinti - questa è l'occasione in cui è necessaria un'unione forzata per familiarizzarsi con il nāda[335], (2) si riferisce alle occasioni della

---

334 Scansione BDRC W22276-v4, img560.2-560.5.

335 Il terzo dei sei Vajra Yoga del *Kālachakra*, prāṇāyāma, *srog rtsol*. In questa occasione, se si sono praticati bene i primi due yoga, si può sperimentare il nāda come un'unione di "suono", parola, venti e così via, che è difficile da descrivere, ma che in questa fase è chiaramente vissuta come un'esperienza totalizzante. "Unione forzata" significa che si trattengono e si uniscono i venti in modo forzato, non spontaneo, attraverso esercizi speciali del respiro e del corpo che comportano molte ripetizioni di ritenzioni prolungate del respiro con la respirazione a vaso intensa, per attrarre insieme i venti superiori e inferiori; tutto ciò è congiunto alle istruzioni di meditazione. Questo unire e trattenere forzosamente i venti favorisce la familiarizzazione con il nāda.

Ritenzione,[336] (3) si riferisce alla prima occasione del Ricordo.[337]

Quando si devono compiere azioni mondane difficili, bisogna iniziare da ciò che si è in grado di fare. Per esempio, quando si cerca per la prima volta di applicare la bodhicitta, si tenta di compiere piccole azioni della prima perfezione, la generosità, piuttosto che iniziare con la sesta perfezione della prajñā. Se non si ha successo, bisogna continuare a impegnarsi, facendo del proprio meglio per ottenere un risultato positivo, altrimenti si abbandonerebbe del tutto il sentiero del bodhisattva. Allo stesso modo, nella pratica dei mudrā, si dovrebbe sapere con certezza che praticare il livello più alto di ogni mudrā fin dall'inizio non è possibile. Tāranātha aggiunge, inoltre, nello stesso testo:[338]

In questi casi, molte situazioni di generazione della beatitudine si verificano attraverso il Mudrā della Saggezza, ma si tratta di aspetti del Karma Mudrā. L'occasione intermedia del Ricordo, dei Sei Yoga, è l'occasione del thiglé e delle facoltà intermedie. Qui il Karma Mudrā non è più necessario e il Mahāmudrā da solo è impossibile. È quindi un'occasione in cui si dovrebbe praticare principalmente il Mudrā della Saggezza: questa è l'occasione del sentiero del [più alto

---

336 Il quarto dei Sei Vajra Yoga del *Kālachakra*, dhāraṇā, '*dzin pa*. Il thiglé accumulato nell'ombelico viene potenziato e questa energia deve diffondersi nei chakra superiori, muovendosi e rimanendo in aree specifiche senza disperdersi. I praticanti imparano a dissolvere i propri venti nelle gocce (thiglé), e i venti sono sperimentati come inseparabili da esse. Nelle fasi avanzate, questo conseguimento porta al pieno controllo delle proprie gocce o essenze e all'inizio dell'esperienza della consorte di forma vuota, che viene perfezionata e stabilizzata nel quinto yoga.

337 Il quinto dei Sei Vajra Yoga del *Kālachakra*, anusmṛiti, *rjes dran*. Qui i praticanti approfondiscono l'esperienza della fruizione autoesistente. Negli stadi successivi si raggiungerà l'esperienza del Mahāmudrā, che si realizza pienamente nel sesto yoga. Nel quinto yoga si raggiunge solamente il primo dei dodici stadi della beatitudine immutabile.

338 *Brilliant Clarity of Union*, scansione BDRC W22276-v4, img560.5-561.1

stadio del] Mudrā della Saggezza [o del Dharma Mudrā].[339] Le ultime occasioni del Ricordo e Assorbimento[340] sono occasioni di thiglé forte e facoltà acute. Questo è il sentiero del Mahāmudrā stesso.

Non è forse evidente che i principianti non sono qualificati per realizzare il livello elevato di Mudrā della Saggezza o di Dharma Mudrā richiesto in questo caso? Non è anche chiaro che, per progredire attraverso questi stadi, è necessario eseguire la pratica del Karma Mudrā? In breve, dopo aver visto in dettaglio, qui e nel capitolo precedente, che le classificazioni dei mudrā hanno molti strati e livelli di comprensione, è chiaramente inappropriato avere una visione rigida su come esse debbano essere praticati.

Il significato definitivo dei diversi mudrā è stato insegnato chiaramente da Tāranātha, un māhasiddha che li praticò ampiamente, ma gli insegnamenti di chi non ha una vera realizzazione non corrispondono alla vera natura dei mudrā. Offrono solo inganni nati da fantasie ignoranti, presumibilmente fondati su ragionamenti logici pretestuosi. Anche il tentativo di praticare il tantra secondo le mere descrizioni scritturali è della stessa natura. Tāranātha scrive, inoltre, nello stesso testo:[341]

Pertanto, lo Yoga in Sei Rami comprende il percorso dei primi tre mudrā.[342] Per accrescere i fenomeni innati [puri] delle divinità, praticando il Karma Mudrā, le forme vuote delle parti del corpo, dei visi, delle braccia e di tutte le altre caratteristiche del corpo vengono maturate aumentando e arricchendosi; tramite l'arricchimento [del Mudrā della Saggezza o del Dharma Mudrā come]

---

339 Finché non ci sarà la fruizione del Mahāmudrā, come descritto nella precedente citazione del *Kālachakra*.

340 Samādhi, *ting nge 'dzin*, il sesto dei Sei Vajra Yoga del *Kālachakra*.

341 *Brilliant Clarity of Union*, scansione BDRC W22276-v4, img561.1-561.3

342 Il Samaya Mudrā non è incluso in questa sezione perché è in realtà legato ad aspetti degli altri mudrā come spiegato in precedenza.

sostituto visualizzato del corpo del praticante, sorge la beatitudine dall'unione di voi stessi, come divinità visualizzata, con la consorte di forma vuota stessa; poi ci sono "la forma del sole", il padre, *yab*, e "la similitudine di una mazza di luce" e così via, che insegnano la forma della madre, *yum*, [trasmutando l'esperienza del Mudrā della Saggezza in Mahāmudrā.]

Questi insegnamenti presentano un compendio di molti altri passaggi scritturali e stabiliscono chiaramente che adattare la sequenza di ogni pratica di mudrā alla situazione è consentito. Coloro che desiderano saperne di più dovrebbero consultare testi come *la Brillante chiarezza dell'unione*, di Tāranātha, il suo Commentario su *L'elogio dell'offerta di beatitudine*, e le sue biografie segrete. Coloro che vogliono sperimentare i quattro mudrā nel contesto dei Sei Vajra Yoga del *Kālachakra* dovrebbero impegnarsi nella loro pratica effettiva sotto la guida di un Maestro Vajra qualificato.

> Considerando una sola tipologia di scritture come suprema,
> Non dovrebbero forse coloro che sono attaccati all'arido sentiero del ragionamento,
> Invece di rimanere vincolati dalle sue rigide catene di disciplina,
> Entrare nella libertà del sentiero della liberazione?

> A coloro che non sono soddisfatti dell'approccio del
>   ragionamento concettuale
> - l'analisi ossessiva dell'"è" e del "non è" nelle scritture -
> Dovrebbe essere consentito di sollevare alcune domande
>   pertinenti riguardo
> Alle sue parole vuote sul profondo stadio di completamento.

> Coloro che pensano che, nel tantra, ci si debba affidare
>   solo al thiglé,
> E che poi considerano come definitiva la falsa convinzione

che il thiglé sia solo seme,[343]
Con un cumulo di contraddizioni sul preservare il thiglé,
Di conseguenza, privano il sentiero del desiderio di ogni coerenza.

Ignorando che il sentiero dei detentori della consapevolezza
      maschile e femminile
È un oceano di gioia e beatitudine, preferendo la schiavitù
      ascetica,
Coloro che hanno una mente ristretta e un cattivo karma,
Pur essendo ignari di tutto questo,
Vogliono comunque entrare nel sentiero della grande
      beatitudine autoesistente.

---

343 Nel senso che credono che il thiglé sia solamente il seme o che il seme sia l'origine del
      thiglé. In effetti, è corretto considerare il seme come un segno del thiglé, in quanto sua
      manifestazione grossolana. Si veda la spiegazione dettagliata nella Parte quarta, capitolo 6.

PARTE QUINTA

Capitoli conclusivi

È impossibile che qualcosa sia intrinsecamente velenoso.
È sufficiente saper usare il veleno come medicina.
Non ci sono più nemici nel saṃsāra.
Sapere come trasformare i nemici in amici è il massimo della saggezza.

1

Come la vita umana diventa gioiosa comprendendo il tantra

Come le persone vogliono raggiungere la felicità, ma non ci riescono

Se non si raggiunge una comprensione adeguata del tantra come spiegato sopra, non si saprà come trasformare i propri kleśha nel sentiero. Pensare di non poter praticare il tantra avrà anche un effetto negativo generale sulla vostra mente. Inoltre, se non sapete come trasformare i vostri kleśha nel sentiero, non saprete come godere della vera felicità. Tuttavia, avete comunque la capacità di ottenerla, dovete soltanto scoprire come realizzarla. Per questo motivo, mi soffermerò ulteriormente su come si possa godere della felicità anche in situazioni difficili.

Le persone che sanno trasformare i loro kleśha nel sentiero possono raggiungere un'eccezionale felicità terrena, ma non solo. Possono anche conseguire la beatitudine ultima e immutabile, vasta come un oceano. Come si possono ottenere così tanti benefici e felicità in questa vita e nella prossima, oltre che nel *bardo*? La risposta sintetica è che, più si pratica e si sperimenta, più si acquisisce familiarità, più si creano benefici e felicità.

La natura umana è tale che tutti cercano la felicità. Poiché la maggior parte delle persone non sa come portare i propri kleśha sul sentiero, trova invece l'infelicità. È stato così fin dai tempi antichi. Le numerose strategie che questi cercatori falliti di felicità adottano sono tutte molto simili e, imitandosi a vicenda, non fanno che peggiorare la situazione. Cercano la ricchezza mondana, il comfort, il successo, lo status o la fama, e così via; e, com'è naturale, impiegano anche strategie per evitare i loro opposti. Chi cerca il piacere e la comodità non vuole incontrare difficoltà e sofferenze; chi desidera rispetto e lode vuole evitare biasimo e critica. Così, se non ottengono ciò che si aspettano, sono infelici. Assorbiti dalle otto preoccupazioni mondane, si agitano come formiche in un formicaio o si sfiniscono come ragni avvolti in una palla di seta più grande di loro. In questa futilità senza speranza consumano la loro vita.

Al momento della morte, la maggior parte ha prestato poca attenzione ai consigli religiosi della propria cultura sulla morte e sull'aldilà. Non sapendo chiaramente dove andranno dopo la morte, non sanno cosa sia necessario fare. Ignari di ciò che accade e del perché, senza un rifugio o un protettore, la loro paura e la loro ansia sono mille volte peggiori di quelle di un cieco abbandonato in una radura deserta. Sono costretti ad abbandonare la loro vita umana in una condizione di dolore inconcepibile, e non c'è alternativa, poiché hanno seminato unicamente i semi delle preoccupazioni mondane; nessuno di loro desidera il raccolto di sofferenza che miete. È chiaro che il modo in cui la maggior parte delle persone cerca la felicità non è quello giusto, perché non produce una felicità duratura.

Se avete un buon esempio di come vivere, anche se non sapete quando arriverà il momento della morte, potrete morire con gioia. Se inoltre sapete cosa fare dopo la morte, potete essere completamente sicuri di raggiungere i vostri obiettivi. Camminare su questa terra e respirare l'aria di questo mondo diventa pregno di significato. Tuttavia, affinché ciò accada, dovete considerare la vita umana in modo diverso dalla maggior parte delle persone, poiché la vita della maggior parte delle persone non è in accordo con le cause della felicità autentica.

Se ricchezza e possedimenti, successo e status, reputazione e fama non sono le cause della felicità ultima, è forse necessario vietarne il perseguimento? Ovviamente, tutti hanno bisogno di un po' di ricchezza e così via per vivere. Non c'è alcun problema di per sé nel ricercare condizioni favorevoli. Tuttavia, perseguire soltanto queste non è sufficiente per godere di un'autentica felicità. "Se ottengo ricchezza, piacere, potere e lode, eliminando anche tutti i loro opposti indesiderati, non potrò forse godere della vera felicità?". Anche questo non basta. Conoscerete, nella vostra tristezza, che tali scopi non sono migliori di sogni inconsistenti. Potete perseguirli, ma dovete sapere che sono, *nel migliore dei casi, condizioni per una piccola felicità temporanea*. Se inoltre comprendete che non vi è alcuna garanzia certa nemmeno di quest'ultima, avete fatto i primi passi in direzione delle vere cause della felicità.

Esempio di come lavorare con i kleśha sia il sentiero per la vera felicità

Portare i kleśha sul sentiero è una strategia che può superare tutti i problemi mondani. È una strategia per trasformare i nemici in amici piuttosto che combattere contro di loro.

Ad esempio, immaginate che, dopo tanto tempo, con grandi sforzi e sacrifici, abbiate finalmente raggiunto immense ricchezze e piaceri. Poi, un giorno, la vostra migliore amica, che vi è cara come una figlia e di cui vi fidate ciecamente, vi ruba tutto quello che possedete tramite una trama fraudolenta e incredibilmente subdola. Passerete all'offensiva per riavere ciò che vi è stato sottratto? Reciterete una preghiera sacra e offrirete alla fedifraga quel poco che vi è rimasto? Se nessuna strategia funziona, vi toglierete la vita? Passare la vostra esistenza in un odio feroce potrebbe comunque uccidervi.

Vi illustrerò chiaramente quale potrebbe essere la vostra reazione. Non appena vi rendete conto di ciò che è successo, ridete pensando qualcosa del tipo: "HA HA HA, non avrei mai immaginato di arrivare ad essere completamente devastato fino a tal punto. Questo è il risultato del mio karma e non è possibile evitarlo. Sembra un karma negativo, ma se ci penso meglio, è in realtà un'opportunità. Se la mia amica non avesse creato queste circostanze uniche per me, non sarei mai riuscito a creare da solo una simile, straordinaria opportunità per me stesso"

"Opportunità" si riferisce a circostanze insolite e favorevoli. Trovare un'opportunità è qualcosa di raro e meraviglioso. Se un'opportunità si presenta senza che voi dobbiate fare nulla, o nemmeno pensarci, è una fortuna immensa. Tuttavia, si tratta di un'opportunità soltanto se sapete come sfruttarla. Se non sapete come realizzare il potenziale di felicità che vi offre, non avete in realtà una vera opportunità. Continuerete a rimanere nella sofferenza in cui vi trovate attualmente.

In una situazione del genere, le persone di solito pensano: "La mia infida ex amica mi ha ingannato portandomi via tutti i miei possedimenti, le cose che mi davano piacere e la mia reputazione. Ora sono condannato alla sfortuna e alla miseria". Il risultato di questo tipo di ragionamento sarà un dolore lungo e straziante, perciò cercate di pensare in modo diverso. "Le azioni spregevoli della mia amica mi hanno aiutato ad abbandonare un modo illusorio di cercare la felicità che mi condannava alla sofferenza. Non sarei mai riuscito, da solo, a spezzare il mio attaccamento alle preoccupazioni mondane. Lei è stata artefice di un evento drammatico che mi ha costretto a cercare un modo migliore di vivere. Se non sarò capace di capire come trasformare questo disastro in un'opportunità, non supererò mai l'essere andato in rovina, e il resto della mia vita sarà una sconfitta intollerabile. Invece di permetterle di rovinarmi la vita, devo iniziare una lotta eroica in grado di superare ogni ostacolo". Con immensa gratitudine nei suoi confronti, pensate: "Mi ha reso migliore e più forte".

Più legna secca si mette in un fuoco ardente, più questo diventa grande. Quanto più serio è il problema da affrontare, tanto più eroica deve diventare la vostra mente per affrontarla. Se la vostra mente rimane scoraggiata e abbattuta, la sconfitta è inevitabile. Tuttavia, non temete. *Le limitazioni della mente sono incidentali e temporanee, e perciò possono essere eliminate. Tutte le vere virtù sono aspetti intrinseci dell'eterna natura primordiale della mente, pertanto non possono mai essere distrutte,* ma solo portate alla luce e accresciute. Quando si giunge a questa consapevolezza, si comincia a imparare come portare i kleśha sul sentiero. Poi, riflettete ancora sull'opportunità offerta dalla vostra amica: "Se non lo faccio, perché penso che una risposta così insolita sarebbe una follia, sto rifiutando una meravigliosa opportunità. Mi sto arrendendo al disastro che lei ha creato. Non potrebbe esserci perdita più grande. Sebbene sia stata la mia amica a creare questa occasione per me, le benedizioni dei Buddha e dei bodhisattva non avrebbero potuto fare di meglio. In effetti, la mia amica stessa potrebbe essere un'emanazione dei Buddha e dei bodhisattva. La loro gentilezza potrebbe aver fatto sì che questa possibilità si manifestasse per me, in modo che io possa progredire rapidamente superando una simile sfida. Ciò che inizialmente sembrava un danno terribile, in realtà potrebbe essere un modo compassionevole di guidarmi".

"Essere così attaccato alla mia ricchezza e ai miei possedimenti di un tempo mi teneva lontano da tutto ciò che davvero volevo e di cui avevo bisogno. Eliminare tale attaccamento potrebbe essere una benedizione di liberazione sotto mentite spoglie. Se considero la mia situazione come negativa, il mio destino sarà sicuramente tragico. Se vedo la mia situazione come positiva, il mio futuro sarà fantastico. Non sarei forse uno sciocco se non scegliessi la visione grazie alla quale la mia vita sarà buona? Gli insegnamenti buddhisti affermano che il modo in cui i fenomeni ci appaiono e il modo in cui esistono realmente sono differenti. Le mie attuali apparenze di sofferenza ineluttabile non sono apparenze del vero modo in cui sono le cose. Si tratta di fenomeni relativi illusori, quindi perché mi aggrappo a essi?"

"Nel modo in cui sono le cose, il bene e il male sono uniti come purezza universale. A tale livello la mia situazione è indistruttibilmente buona. Ora, questa situazione sembra essere orribile e non potrebbe essere peggiore. Le persone chiamano un simile modo deprimente di vedere le cose "essere realisti". Ma se sono veramente realista, so che cedere a tale negatività mi danneggerà sicuramente per il resto della vita".

"Che cosa accadrà se accetto la virtù ultima che ha solo la natura di beneficio e felicità, anche se temo sia troppo bella per essere vera? Ciò che oggi appare come sofferenza, domani si manifesterà come beatitudine indistruttibile. Potrei passare dalla beatitudine a una beatitudine superiore, invece che dal dolore alla rovina. È chiaro che nessuno direbbe che la beatitudine eterna non sia migliore della sofferenza senza fine. Se ho una scelta reale tra vedere questa situazione come sofferenza o come felicità, perché non dovrei desiderare di vederla come buona? Dovrei credere alle persone comuni, che non hanno trovato la felicità e che definiscono irrealistico questo punto di vista positivo, oppure agli esseri illuminati onniscienti come il Buddha, che sono stati condotti alla perfetta illuminazione dalla fiducia in tale prospettiva positiva?"

Molte volte gli eventi catastrofici ci fanno rivalutare la nostra vita e, quando ripensiamo ad essi dopo molto tempo, possiamo vedere che ci hanno permesso di fare grandi progressi. Spesso le situazioni che in quel momento ci sembravano buone conducono in seguito a grandi perdite. Quando ci rendiamo conto che siamo intrappolati in situazioni dolorose solo perché non sappiamo guardarle da tutte le angolazioni, sarà facile cambiare la nostra visione negativa illusoria in una visione vera, pura e positiva. Allora progredire sarà facile, perché la visione pura è in accordo con la realizzazione del Buddha sul modo in cui le cose realmente sono.

Ora immaginate anche che la vostra migliore amica vi rubi il marito, oppure che, pur essendo teoricamente vostra amica, si metta sempre in competizione con voi, sottolineando sempre come lei sia migliore, più alta, più intelligente, più forte, più bella e più simpatica, e che nella competizione tra di voi vi faccia sempre apparire come un'idiota. Con un punto di vista ordinario, non potreste fare a meno di essere gelose, invidiose, arrabbiate, infastidite e così via. Tuttavia, se riflettete sul fatto che siete state voi stesse a produrre tutti questi sentimenti spiacevoli perché non sapete come gestire situazioni come questa, vi renderete conto che, *se smetterete semplicemente di essere ossessionate da lei, la vostra amica finirà di essere una causa di sofferenza per voi.* D'altra parte, se portate avanti il vostro attuale atteggiamento autodistruttivo, lei diventerà il vostro pensiero esclusivo, causandovi un'agonia costante come se foste precipitate all'inferno.

La disperazione di fronte agli inevitabili difetti della realtà relativa è l'opposto del punto di vista tantrico. Se si analizzano le apparenti calamità della vita ordinaria da quest'ultimo punto di vista:

1. Esse sono apparenze illusorie di ciò che non esiste intrinsecamente.
2. Tutte le apparenze "dolorose" sono in realtà espressioni del potere di manifestazione della realtà assoluta e, in quanto tali, non comportano alcuna colpa o tradimento.

Se prendiamo ad esempio la gelosia, quando il dolore della gelosia ordinaria ci fa desiderare di competere con un rivale, l'obiettivo è talmente limitato che la felicità è improbabile, anche se si vince. Una volta compreso che il dolore insopportabile della gelosia illusoria non è il vero modo in cui sono le cose, la gelosia si espanderà spontaneamente in un apprezzamento delle cose così come sono. Così, l'essenza della gelosia perderà la sua precedente qualità e direzione saṃsārica. Nulla sembrerà essere un problema o un ostacolo per voi. La perseveranza in questa visione gioiosa supererà la vostra temporanea illusione di competizione. Se aspirate a vincere la rivalità, cambiate la vostra prospettiva in modo da non impegnarvi più in una competizione dannosa con la persona che vi ha fatto un torto. Rivolgete la vostra ostilità alle illusioni ignoranti dei kleśha, che hanno fatto sì che ogni momento della vostra vita fosse intriso di sofferenza. Per accrescere il vostro potere naturale, concentratevi sulle condizioni favorevoli che vi permetteranno di portare a compimento questa grande impresa e accogliete la vasta realizzazione della vostra pratica tantrica.

Quando il kleśha della gelosia viene gestito in questo modo, andrà sicuramente dalla parte della virtù. La gelosia portata sul sentiero diventerà causa di coraggio e diligenza entusiastica, anziché di sofferenza. Tuttavia, è ingenuo pensare che i buoni risultati saranno raggiunti subito. La virtù alla fine prevarrà, ma le esperienze impegnative potranno continuare ad apparire come un modo per mantenervi onesti, poiché ciò fa parte di un processo di apprendimento e trasformazione. Anche di fronte a esiti difficili, non dobbiamo lasciare che la gelosia che si è espansa in saggezza lungimirante ricada nuovamente in una gelosia velenosa.

Che si tratti di persone superiori oppure ordinarie, tutti desiderano godere di una vita felice. Nonostante ciò, a causa della loro visione limitata, le persone comuni pensano di doversi semplicemente arrendere alle continue offese dei terribili difetti e misfatti di questo mondo, benché così facendo renderanno impossibile la felicità. Per raggiungere la vera felicità, devono avere un modo più elevato di vedere la loro situazione. Devono imparare a vivere le sfide relative come opportunità ultime. Una vita felice è impossibile quando la nostra visione ordinaria ci trasforma in donne e uomini in costante sofferenza. D'altra parte, facendo affidamento sulla straordinaria visione, motivazione e percezione pura del tantra, tale vita felice si manifesterà. Non dovremo mai più sperimentare una vita di dolore, anziché di felicità.

Sintesi di come godere di una vita umana felice

Riassumendo, le condizioni di un'autentica felicità sono:

1. **Conoscere le condizioni per la felicità**
   Le vere cause della felicità non sono certo quelle che tutti credono - come la giovinezza, i buoni amici e i partner gradevoli, il successo ottenuto senza sforzo, la ricchezza, il divertimento, la fama e così via. Nella migliore delle ipotesi, queste sono soltanto condizioni per

una felicità solo temporanea. Sapere che non sono vere cause della felicità significa anche sapere che le vere cause della felicità devono produrre una felicità durevole e libera dal suo opposto. Sapere che le condizioni ricercate dalla maggior parte delle persone, come la ricchezza e simili, possono produrre solo il tipo più basso di felicità è il primo passo verso il raggiungimento della vera felicità.

2. **Rafforzare la consapevolezza**

Poi, bisogna accettare che la vita umana non corrisponde alle nostre aspettative. Anche quando riusciamo a ottenere la ricchezza, non vi è alcuna garanzia che ne derivi nemmeno una felicità temporanea. A volte, anzi, può persino risultarne una conseguenza di infelicità. Riconoscere che le strategie saṃsāriche non sono affidabili e rafforzare questa consapevolezza è il secondo passo.

3. **Cambiare prospettiva**

Di solito cerchiamo la ricchezza, il divertimento e così via perché ci aspettiamo che ci diano autentica felicità. Riflettete sul fatto che questa speranza è come un sogno che non si realizzerà mai. Una volta riconosciuto che nessuna strategia basata sulle cause fallaci accettate dalla maggior parte delle persone può avere successo, ci si rende conto che bisogna guardare più lontano per trovare l'origine della felicità. Se si verifica il contrario di ciò che si desidera, si può comunque fare progressi verso la vera felicità? Si può affrontare una catastrofe senza dolore? Quando si verificano ostacoli e impedimenti che sono l'opposto delle vostre aspettative e dei vostri desideri, non dovete sentirvi impotenti. Quando sopraggiunge una calamità, potete ancora percepire l'essenza della felicità perché la vostra armatura del Dharma vi protegge realmente. In breve, cambiare prospettiva accettando pienamente che non esiste nulla che possiate fare per garantirvi di non sperimentare mai infelicità nel saṃsāra, e quindi rinunciare al vostro attaccamento saṃsārico, è il terzo passo per una felicità affidabile.

4. **Identificare le opportunità**

Guidandoci verso la consapevolezza che esiste un modo per progredire oltre la futilità della ricerca della felicità saṃsārica, i risultati "sfavorevoli" che sperimentiamo possono trasformarsi nelle condizioni favorevoli di una felicità più profonda. Se si trovano strategie praticabili per evitare di cadere incautamente nella sofferenza, le probabilità di successo aumentano. In particolare, invece di usare gli antidoti per distruggere i fenomeni che fanno soffrire, come si fa nel sentiero sūtra, trasformate tali fenomeni in opportunità. Riconoscete che, portando i vostri kleśha sul sentiero secondo l'approccio tantrico, ciò di cui avete bisogno per raggiungere il vostro obiettivo di felicità è già a vostra disposizione. Identificare la propria opportunità di praticare il sentiero tantrico è il quarto passo.

5. **Acquisire fiducia e agire**

Una volta che sappiamo che, tramite mezzi abili, le cause dell'infelicità saṃsārica possono essere trasformate in cause della felicità ultima, i nostri precedenti problemi irrisolvibili diventano preziose opportunità di crescita spirituale. Se, quando si sperimentano difficoltà e infelicità, sorgono allo stesso tempo gioia e fiducia perché si sa di poterle superare, si è fatto un altro progresso verso la felicità autentica. In breve, il quinto passo consiste nell'acquisire sufficiente fiducia per mettere in pratica il sentiero tantrico. Probabilmente non riuscirete a farlo al primo tentativo, quindi non scoraggiatevi. Come per ogni nuovo approccio nella vita, possiamo imparare dai nostri fallimenti e diventare col tempo più abili.

6. **Raggiungere la felicità autentica**

Quando tutti questi passaggi sono pienamente compresi e messi in pratica, la mente può stabilizzarsi, sapendo come trasformare tutte le cause relative inaffidabili in condizioni affidabili per conseguire infine la felicità ultima. Ad esempio, immaginate di non aver mai fatto del male a nessuno per tutta la vita e di aver sempre aiutato le persone il più possibile. Eppure, non soltanto tutti vi mancano di rispetto senza alcuna ragione valida, ma i pochi difetti che avete vengono esagerati e criticati in modo sprezzante. Inoltre, le persone si compiacciono nell'inventare false storie che vi mettono nella peggiore luce possibile. Se in questa e in tutte le situazioni simili riuscite a reagire immediatamente con gioia, come se vi avessero dato lode e affetto, avrete stabilito una vera felicità in questa vita. Questo è il sesto passo. Ora sapete come portare sul sentiero sia le circostanze che si oppongono alla felicità saṃsārica illusoria, sia i kleśha che ne derivano, come cause incontrovertibili della vera felicità.

Riassunto in versi

Se vogliamo che un milione di foglie di virtù cresca
Sull'albero di una vita umana vera e felice,
Non creando il karma che tutti creano,
Ciò che nessuno comprende deve essere compreso.

Se torniamo indietro dal sentiero dove tutti furono distrutti
Al bosco di piacere del sole nascente di saggezza e gentilezza,
In una nuova giovinezza adorna ovunque di splendidi fiori,
Potremo abbracciare la gioia immortale dell'eterna giovinezza.

Lì, la fanciulla di prajñā nella nostra mente è felice,
Di abbracciare il suo gioioso compagno, il guerriero della
    compassione.[344]
Il tesoro del regno più elevato e felice, Śhambhala,
Con le sue milioni di qualità eccellenti, nasce da questa
    dolce unione.

---

344 Un altro modo di riferirsi ai bodhisattva.

Il Guru Radice di Shar Khentrul Rinpoche, il Prezioso Lama Lobsang Trinléy

2

Un nuovo modo di vedere
la relazione guru-allievo

Introduzione e spiegazione[345]

Questo libro offre un'analisi dettagliata del tantra e della sua essenza; tuttavia, poiché i sentieri e i mezzi del tantra hanno elaborazioni molto vaste, come potrebbe questa spiegazione essere pienamente completa? Poiché il testo riesamina la tradizione tibetana e critica le distorsioni che si sono venute a creare, non seguo il modo abituale della mia tradizione di presentare formalmente ogni dettaglio. Nondimeno, viene anche mostrato come gli aspetti positivi della tradizione tantrica tibetana possano essere preservati e sviluppati.

Anche in questo caso, il modo di entrare nel tantra è importante. Molte persone hanno grande considerazione del tantra e tuttavia non

---

[345] Questo capitolo è solamente una presentazione riassuntiva dell'argomento. Rinpoche ne ha scritto estesamente, ad esempio nei suoi precedenti libri *Il tesoro nascosto del sentiero profondo* e *Unveiling Your Sacred Truth — Vol. 3*. Esiste anche un gran numero di suoi insegnamenti registrati disponibili che possono aiutare il lettore a familiarizzare con la sua prospettiva sull'entrare autenticamente nel tantra.

comprendono correttamente il rapporto con un Guru tantrico. Di conseguenza, non riescono a entrare veramente nel tantra. Poiché lo studente principiante è una persona comune che si trova ancora da questo lato della realtà relativa che deve ancora incontrare la fruizione assoluta, il sentiero tantrico deve iniziare anch'esso con qualità e relazioni ordinarie e relative. Gli insegnanti e gli studenti che non riescono a capire l'importanza vitale di questa relazione da essere umano a essere umano sprecano lo sforzo spirituale di centinaia di vite umane.

I sistemi religiosi indiani hanno tipicamente un grande rispetto per i maestri spirituali. Pertanto, è prevedibile che anche nella tradizione del buddhismo tibetano, che ha avuto origine in India, il maestro o l'amico spirituale sia tenuto in grande considerazione. I seguaci dei lignaggi tibetani del tantra nutrono profonda devozione per il Guru, il che implica fede genuina, visione sacra, dedizione e sacrificio; e ciò è descritto in dettaglio nei testi del Supremo Yoga Tantra. Tale modo di fare era ampiamente seguito in Tibet, sebbene lo scopo ultimo di questo atteggiamento fosse raramente realizzato anche solo a livello intellettuale e, nella pratica, fosse realizzato soltanto parzialmente. Molti praticanti si limitavano a seguire le consuetudini culturali.

Non sorprende che, in tutto il mondo, non solo molti non buddhisti, ma anche alcuni buddhisti che seguono altri sistemi abbiano una visione negativa del rapporto tra Guru e studente nel tantra tibetano. Ai loro occhi, la devozione di questi fedeli è eccessiva e le loro azioni cadono nell'estremo. Questi buddhisti sostengono che i loro "insegnamenti corretti" non forniscono neppure la minima giustificazione per accettare la validità del tantra. Personalmente, pur concordando con le scuole tantriche tibetane per quanto riguarda aspetti come la visione, la percezione, le tradizioni testuali, la filosofia e simili, non condivido gran parte del modo in cui gli studenti tantrici e le società odierne si relazionano con le tradizioni di queste scuole, con il loro modo abituale di fare le cose e così via.

Secondo gli insegnamenti tradizionali sul Guru Yoga, il Guru deve essere considerato come un Buddha vivente e qualsiasi cosa dica il Guru deve essere considerata come il sacro Dharma. Se il Guru sembra aver compiuto azioni improprie, queste devono essere considerate con percezione pura come azioni di mezzi abili e compassionevoli. Gli studenti che vedono difetti nel Guru non rispettano i loro impegni dei samaya, generando un karma di enorme ostacolo che deve essere purificato. Se ciò non avviene, per questi studenti non possono sorgere le realizzazioni che portano a compimento il sentiero del sacro Dharma. Tutte le loro azioni saranno inefficaci, la loro vita sarà breve e segnata da numerose malattie. Non appena moriranno, nasceranno nell'Inferno Vajra, sperimentando le sofferenze più intense di tutti gli inferni. Questo approccio è così comune nei testi tantrici che quasi tutti lo insegnano in un punto o nell'altro.

I testi tradizionali affermano che tutte le buone qualità di un Guru devono essere pienamente presenti in un autentico Maestro, e che qualsiasi difetto che invalidi tali qualità deve essere assente. Gli studenti devono analizzare con grande attenzione se un determinato Guru possieda o meno queste virtù e mancanze prima di stabilire un samaya con lui e di considerarlo con la necessaria percezione pura. Anche il Guru, a sua volta, dovrebbe valutare con cura gli aspiranti studenti.

Benché ciò venga insegnato come necessario, i tibetani in generale non accettano, nella pratica, che qualcuno al di fuori dei Lama più elevati abbia la capacità e il privilegio di valutare se un Guru possieda davvero le qualità richieste. Pertanto, i buddhisti tibetani ordinari non hanno mai l'opportunità di verificare se un potenziale Guru sia realmente adatto. Se una persona comune osa attribuire difetti a un particolare Guru, quasi nessuno considera valido il suo giudizio. Anche quando arrivano a simili conclusioni, pochissimi hanno il coraggio di dichiararle pubblicamente. Se qualcuno è d'accordo, quasi nessuno trova il coraggio di dirlo apertamente. Il risultato è che non esiste una valutazione efficace dei Guru tantrici da parte dei loro potenziali studenti. Ciò accade anche perché le persone credono fermamente che tali critiche genererebbero un karma indicibilmente negativo. Si dice:

> Coloro che, dopo aver ricevuto anche un solo verso,
> Non prendono colui che lo ha pronunciato come loro Guru,
> Dopo cento rinascite sotto forma di cane,
> Rinasceranno come vermi in fetidi escrementi.

Tradizionalmente, i tibetani credono che queste parole vadano seguite alla lettera se si vuole evitare tali conseguenze. Di conseguenza, i Guru non vengono mai messi in discussione. Benché venga insegnato che prima di accettare qualcuno come Guru si debba esaminare per molti anni se quella persona è adatta, non esiste una procedura chiara per farlo. Se si volesse verificare in modo affidabile se un certo Guru sia superiore a una persona ordinaria, bisognerebbe trascorrere molto tempo in sua presenza, così da poter valutare con attenzione i suoi insegnamenti.

Se non si riesce a farlo, qualsiasi osservazione sarà fondata soltanto sul sentito dire, e un simile esame non potrà mai essere adeguato. Anche se gli altri parlano sinceramente delle proprie valutazioni, non fanno che riferire la loro esperienza personale. Poiché queste esperienze dipendono dal loro karma individuale, non potranno mai costituire una guida affidabile per prevedere la vostra, e dunque non sono una base sufficiente per valutare un potenziale Guru. Le parole degli altri non sono una base adeguata per scegliere un rifugio dal saṃsāra in questa vita e in quelle successive, così come non sono sufficienti quando si cerca un coniuge come compagno di vita.

Una decisione tanto importante deve essere presa in modo appropriato. Se vi affrettate a intraprendere una relazione di questo tipo dopo aver ascoltato i pettegolezzi delle persone che vi circondano, il vostro approccio non è migliore di quello di una pecora che fugge istintivamente alla vista di un cane. Eppure è così che si comporta la maggior parte dei tibetani. Poiché, secondo la consuetudine, non possono più tornare indietro una volta presa la decisione, come potrebbe mai essere una strategia efficace? Molti scelgono il loro Guru in base al suo nome o alla sua reputazione.

Non cercano mai di valutare se qualcuno privo di grande status non sia, in realtà, un essere realizzato. Di solito non hanno altri mezzi di giudizio che un'osservazione superficiale e di breve durata. Quando incontrano un potenziale Guru per un tempo così limitato, ignorano le parole di Dharma che vengono insegnate e cercano di esaminare le qualità del Guru sul momento; ma ciò non può costituire un'autentica valutazione. Non avendo altre opportunità, risulta impraticabile compiere un'analisi appropriata.

È quasi impossibile scegliere correttamente un Guru in questo modo. Di conseguenza, il rispetto che essi nutrono per i loro Guru è inevitabilmente una mera esibizione di conformità alle norme culturali. Se ci si limita a fingere di ascoltare il Dharma insegnato, senza avere un autentico rispetto per chi lo trasmette, diventa inevitabile che tali studenti non possano né comprendere né praticare il vero significato dell'insegnamento del Guru. Inoltre, i tibetani credono che, se hanno ricevuto anche solo poche parole di Dharma da un maestro, devono considerare quel maestro come il loro Guru e dunque obbedire a tutto ciò che egli dice. Come è possibile, quindi, che le necessarie qualità di fede e fiducia possano essere realmente stabilite su basi così superficiali?

A differenza di molti altri, da studente non ho mai accettato relazioni *involontarie* iniziate da un Guru. Perché? Quando questo accade, Guru e studente instaurano una relazione inautentica che distrugge il potere di trascendere il mondo della loro reciproca pratica del Dharma. In uno scenario simile, le persone non possono sviluppare altro che qualità mondane, escludendo forzatamente qualsiasi autentica trasformazione. Pertanto, non ho mai iniziato involontariamente una relazione di questo tipo con i miei seguaci.[346] Dal momento che, fin dalla giovinezza e con

---

346 Ad esempio, Rinpoche stesso non offre i quattro potenziamenti superiori del *Kālachakra* in pubblico, ma solo su richiesta individuale e dopo un attento esame da entrambe le parti - da parte dello studente a lui e da lui allo studente; comunemente consiglia ad alcuni seguaci di aspettare e raccogliere più condizioni per essere sicuri di essere pronti a stabilire samaya. Offre in pubblico altri potenziamenti, come il potenziamento del

capacità assai limitate, non ho mai accettato una simile costrizione che ignorava la realtà della situazione, ho sperimentato grandi difficoltà. Poiché alcuni di questi "grandi" re in una piccola valle[347] continuano ad abusare dei loro sudditi autodesignati, resta ancora molto da fare. *Ricevere insegnamenti da un certo Guru non obbliga a essere per sempre suoi discepoli. La scelta di un Guru radice deve scaturire dal proprio cuore.*

D'altra parte, molte persone, soprattutto in Occidente, commettono un altro tipo di errore, cadendo nell'estremo opposto di sminuire il Guru. Pensano che un Guru tantrico, o qualsiasi altro maestro spirituale, sia del tutto superfluo, credendo con arroganza che leggere libri e navigare su internet costituisca una base sufficiente per la pratica. Questo modo di pensare dimostra che tali persone hanno concluso che le qualità del sentiero del Dharma non sono diverse da quelle delle discipline mondane. Tuttavia, le qualità del livello della perfetta Buddhità sono illimitate e trascendono la sfera mondana. Un Guru è necessario per rendere manifeste queste qualità nel continuum dello studente. Un maestro che incarni il Dharma virtuoso è necessario affinché lo studente possa connettersi con esso. Una volta percepite le buone qualità del Guru, solo allora la fiducia, il rispetto, la fede e l'affetto che sorgono per il Guru e gli insegnamenti del Guru possono essere diretti verso la manifestazione non-duale del Guru nella mente dello studente. *Tuttavia, in realtà, le qualità degli studenti sono ancora più importanti di quelle del Guru.* Il fatto che essi percepiscano o meno le qualità preziose del loro Guru non dipende principalmente dalle qualità apparenti del Guru, ma dall'atteggiamento e dai meriti degli studenti stessi e dalla connessione karmica che hanno con quello specifico Guru.

Quando la percezione pura e la devozione verso un Guru esterno sbocciano, si stabiliscono importanti condizioni interiori per grandi

---

Vaso esteso del potenziamento del *Kālachakra* (I sette *potenziamenti di un bambino che cresce*). In questo modo, studenti e insegnante possono conoscersi prima di stabilire un rapporto più profondo tra Guru e studente.

347 Come "pesci grandi in uno stagno piccolo", che in realtà non sono affatto grandi.

realizzazioni. Un tale collegamento interiore non si sviluppa mai da un rapporto con oggetti esterni e dualistici, come i libri, per quanto eccellenti possano essere. Pensare con arroganza: "Posso raggiungere l'illuminazione da solo!" è un grave errore.

D'altra parte, alcuni individui molto orgogliosi ed egocentrici dichiarano con disonestà di aver stabilito una tale relazione Guru-allievo. In realtà, costoro frequentano un Guru tantrico e, fingendo che il Guru sia un loro intimo amico nel Dharma, chiedono molte istruzioni speciali e insegnamenti superiori. Alla fine, affermano di essere migliori di quel Guru, ritenendo del tutto inappropriato riconoscere come loro maestro una persona tanto inferiore. È evidente che non hanno mai compreso il significato di una relazione tra Guru e allievo o che, pur comprendendolo in qualche misura, non hanno mai voluto parteciparvi veramente.

Alcuni poi sostengono erroneamente: "Non ho bisogno di un Guru esterno perché possiedo già il Guru interiore della natura di Buddha!". Questo non è altro che il discorso sfrontato di chi ignora del tutto come rapportarsi con il livello esterno e interno di un Guru, non conosce le distinzioni fondamentali tra le due verità e così via. Affinché tali persone non continuino a danneggiarsi con le loro vedute sbagliate, è necessario rispondere loro come segue.

Superare l'idea sbagliata che un Guru non sia necessario nel tantra

"Poiché il vostro Guru interiore non si manifesta a voi al momento, attualmente possedete solamente il Guru non manifesto del terreno. Per far sì che il Guru interiore si manifesti, avete bisogno di un Guru che vi mostri il sentiero. Non sapete che tale Guru è chiamato Guru "esterno?

Finché siete esseri umani ordinari e non illuminati, nel tantra un Guru esterno è assolutamente indispensabile. Come si può pensare il contrario? Se così fosse, ne seguirebbero conseguenze molto presuntuose. Se un Guru esterno non fosse necessario, allora, in base allo stesso ragionamento, non vi sarebbe bisogno di attenersi alla visione, alla meditazione e alla condotta esterne. Non avreste bisogno delle manifestazioni esterne dell'auto-luminosità, della saggezza e della compassione della vostra natura di Buddha interiore, né dell'oceano di qualità di Buddha perfette del Vittorioso. Anche le pratiche di gentilezza, compassione, fede, perseveranza, consapevolezza, assorbimento meditativo e così via, che rendono manifeste tali qualità, non sarebbero necessarie, né un Buddha esterno e gli esseri senzienti sarebbero indispensabili come condizioni favorevoli per il vostro progresso spirituale. Un atteggiamento così pieno di pensieri arroganti e falsi non ha mai condotto nessuno all'illuminazione.

Se, come dite, non vi fosse bisogno di praticare il sentiero, un Guru nel mondo sarebbe inutile. Se così fosse, la relazione Guru-allievo sarebbe inutile e, di conseguenza, tutto ciò che viene spiegato nelle tradizioni testuali connesse sarebbe anch'esso inutile. Tuttavia, poiché il sentiero richiede un maestro, si insegna che il Guru è la radice del sentiero. Non c'è modo di praticare nemmeno una parte del sentiero tantrico senza un Guru.

Se l'illuminazione non richiedesse la pratica di un sentiero, allora non sarebbe necessario un Guru nel mondo. Di conseguenza, la relazione Guru-allievo sarebbe inutile, così come tutto ciò che viene spiegato nelle tradizioni testuali associate. Ma la necessità di un sentiero non può essere negata, né quella di un maestro che guidi il discepolo lungo un sentiero tantrico. Perciò, il Guru è la radice di questo sentiero, e non un solo passo può essere praticato senza di lui.

Al momento della fruizione, nemmeno una parte di essa è separata dal Guru. Questo perché, in quel momento, il Sugatagarbha si manifesta come la vostra mente illuminata, che è anche la mente del Guru supremo e la mente del Buddha. Sebbene possiate affermare che il sentiero e la fruizione esistano a prescindere dal Guru, se dite di non volere un Guru, state automaticamente rifiutando il sentiero e la sua fruizione. Il Guru è necessario come radice del sentiero tantrico e come essenza stessa della sua fruizione. Negando questo si affermerebbe assurdamente che sia il sentiero che la sua fruizione non sono necessari".

In quanto esseri ordinari, possiamo relazionarci soltanto con la verità relativa. La verità ultima può essere manifestata solo lavorando dapprima con la realtà relativa in cui ci troviamo nel momento presente. Non possiamo saltare direttamente al Guru interiore assoluto senza prima relazionarci con il Guru umano esterno relativo. Se l'arroganza impedisce alle persone di relazionarsi con il Guru umano, esse non potranno mai fare esperienza della realtà ultima.

Chiarire altre idee sbagliate e trovare il giusto equilibrio

Molte persone pensano erroneamente che la relazione tra Guru e studente nel Supremo Yoga Tantra debba essere di natura sessuale. Questo è un grande fraintendimento, diffuso da coloro la cui conoscenza del sacro Dharma è estremamente limitata. La pratica autentica del tantra dovrebbe permeare le ventiquattro ore della giornata ed essere intrecciata con tutto ciò che viene sperimentato o compiuto. Ciò significa che l'attività sessuale è una parte estremamente ridotta della pratica del tantra; dunque credere che il sentiero del tantra consista soltanto nel sesso è una distorsione radicale. Affermare poi che la relazione tra Guru e studente nel tantra debba essere sessuale è un errore ancora più grave. Questo tipo di rapporto si verifica solo con individui e circostanze del tutto eccezionali, e non altrimenti.[348] Devono essere soddisfatte molte condizioni speciali perché ciò sia adatto.

Detto ciò, potrebbe forse una relazione sessuale essere la migliore forma di rapporto Guru-studente? La risposta è la stessa. É la cosa migliore solo in rarissime circostanze.[349] La relazione tra Guru e studente deve

---

348 Come Padmasaṃbhava e Yéshé Tsogyal, o Nāropā e Niguma.

349 Il miglior tipo di relazione tra Guru e studente è quello che raggiunge il risultato migliore. Il risultato migliore è che le buone qualità ordinarie dello studente si sviluppano nelle qualità ultime dell'illuminazione.

svilupparsi a partire dalle qualità ordinarie naturalmente presenti. È importante sapere che gli aspetti trascendenti di tali qualità si sviluppano a partire dai loro aspetti mondani. Si tratta per lo più di qualità desiderabili in tutte le relazioni personali, come la fiducia e la confidenza.

Un rapporto tra persone estremamente importante e prezioso ha come base l'amore o l'affetto genuini. Non mi riferisco agli ideali culturali comuni dell'amore romantico. Tali concetti possono essere una buona ispirazione per creare una casa e una famiglia, ma per lo più non generano la fiducia ultima, la sicurezza, il coraggio del guerriero e così via. Spesso, col tempo, in esse emergono innumerevoli difetti e legami vincolanti; perciò l'amore romantico mondano non è una base sufficiente per una relazione finalizzata alla realizzazione. Ciononostante, è chiaro a tutti che alcune delle sue qualità talvolta si possano trasformare in qualcosa di più elevato.

La fede, l'orgoglio appropriato, il rispetto e l'apprezzamento reciproci non devono dipendere da altre cose per essere veri, puri, assoluti e indistruttibili. Non possono nascere né essere condizionati dalla pressione sociale o dalle convenzioni. Quando simili qualità esistono naturalmente in voi, le condizioni interiori per il sorgere del sentiero tantrico sono complete. Tuttavia non si può dire che siano sufficienti in se stesse. La pratica del tantra richiede anche relazioni esterne con un Guru autentico, con la tradizione di un lignaggio autentico e così via.

Invece di cercare di fare delle buone qualità mondane l'unico fondamento della vostra pratica tantrica, se sorge in voi una fiducia sincera che riconosce in queste qualità interiori e trascendenti un valore estremamente prezioso, come gioielli inestimabili che nulla può superare, allora l'ingresso nel sentiero tantrico e il Guru appariranno davanti a voi.

La realizzazione di un percorso corretto del sacro Dharma per mezzo del tantra dipende da tutti questi fattori. Quando li si analizza con diligenza, è facile capire che anche un maestro del sacro Dharma è necessario. Persino per compiere azioni mondane è necessaria una buona connessione con oggetti esteriori affidabili che generino fiducia; tanto più, quindi, per coloro che desiderano raggiungere la Buddhità trascendente, è necessario un rapporto profondo tra Guru e studente per rendere efficace la pratica del sentiero del sacro Dharma. In breve, *questo legame è un'opportunità preziosa per stabilire una relazione tra gli aspetti ultimi di due esseri umani.* Tale base ci permette di sviluppare ulteriori connessioni perfette con altri aspetti ultimi sia dei fenomeni che degli esseri.

Come già discusso, è molto difficile trovare strumenti corretti per valutare se due individui sono adatti a diventare Guru e studente. Anche qualora si trovassero buoni criteri di valutazione, applicarli sarebbe comunque arduo, poiché il tantra ha la pura percezione come suo fondamento e radice.

Nel ricevere gli insegnamenti di Dharma da qualsiasi Guru, la corretta comprensione dipende dal farlo con la massima pura percezione possibile. Perché? Non si sa chi sia un Buddha e chi un essere senziente. Non si sa nemmeno con chi si ha un legame karmico. Buone spiegazioni possono provenire anche dalla bocca dei bambini.[350] Pertanto, *per riconoscere la vera amṛita del sacro Dharma è necessario non preoccuparsi della reputazione, dello status e così via. Poiché è così, relazionatevi con tutti al meglio delle vostre capacità e ascoltate quanto più Dharma potete da loro, in base alla vostra abilità di assimilarlo.* Questo è il mio consiglio pratico. In tale modo sarete in grado di progredire nel vostro percorso di ricerca, individuazione, esame e scelta di un Guru radice. Per alcuni, questo processo può essere molto rapido grazie alla precedente accumulazione di meriti, mentre per altri può sembrare richiedere molto tempo. In ogni caso, quando lo studente sarà pronto, il Guru apparirà.

In generale, a prescindere dal fatto che il Guru che si sta manifestando a voi in questo momento sia in grado o meno di eliminare i vostri problemi mondani, la cosa più importante è che, *trasmettere l'esperienza di qualcosa*

---

350 Questo è vero nel senso che le benedizioni di un insegnamento dipendono dalla vostra percezione pura degli altri e nel senso che i Buddha e i bodhisattva possono assumere qualsiasi forma, non solamente quella di grandi reincarnazioni con titoli elevati.

di superiore rispetto agli obiettivi mondani di questa realtà saṃsārica è necessario per mostrare a uno studente la via per raggiungere l'illuminazione. Per quanto possibile, un Guru dovrebbe insegnare e manifestare tali qualità. Dovreste riuscire a percepirne almeno alcune affinché la vostra mente sia potenziata dalle benedizioni. Se trovate un Guru capace di guidarvi attraverso questo processo, in cui riconoscete grandi qualità e da cui ricevete nella vostra stessa mente tali grandi qualità, dovete considerarvi molto fortunati e provare un'immensa gratitudine.

Se si scopre che un Guru non possiede sufficienti buone qualità per guidarvi verso l'illuminazione, e se non fingete di seguirlo devotamente solo per salvare le apparenze davanti agli altri, *non c'è alcuna ragione valida per cui il Dharma non vi permetta di andarvene pacificamente e continuare la ricerca altrove.* D'altro canto, se fate finta di avere più rispetto di quanto realmente proviate, la vostra ipocrisia finirà verosimilmente per creare problemi. In breve, se vi trovate di fronte ad un Guru dal quale non percepite alcuna purezza mentale, non dovete fingere il contrario.

Tuttavia, solitamente, a *meno che il proseguire una relazione non costituisca un ostacolo rilevante, il semplice fatto di non avere un forte legame karmico con un Guru non è di per sé una ragione sufficiente per troncarla del tutto.* Come linea guida generale, è importante essere onesti sia con voi stessi che con il vostro Guru, e trovare quindi il giusto equilibrio in base alla vostra situazione personale.

E cosa dovreste fare se incontrate dei Guru che sembrano avere un orgoglio saṃsārico cento volte più forte delle loro buone qualità, un odio mille volte più forte della loro gentilezza amorevole, e che hanno anche un'eccessiva avarizia, gelosia, cattiveria e una coercizione oppressiva? Tutto ciò si manifesta per il potere del vostro stesso karma. Senza vedere alcuna necessità di rivalità o conflittualità, trascendete, per quanto possibile, il modo in cui il mondo ordinariamente percepirebbe una tale condotta. Lo scontro o la denigrazione non sono risposte appropriate. Se tuttavia la relazione è un grande peso per le vostre risorse e capacità, interrompere del tutto il legame con quel Guru non costituisce, per ragione logica, alcuna grave colpa. Inoltre, agire in modo non conflittuale stabilirà un buon precedente poiché avete fatto onestamente ciò che dovevate fare per il vostro progresso spirituale. Perché continuare a fingere se un tale rapporto non porta alcun beneficio al vostro cammino spirituale? Nessuna persona saggia e capace potrebbe trovare difetti in tutto ciò, a patto che agiate in modo genuino e senza malizia. Se non rinunciate al vostro sentiero spirituale, prima o poi vi si presenterà un rapporto Guru-allievo adatto a voi.

> Se il Guru vi dice di uccidere e voi lo vedete come Dharma,
> O se puntando il dito verso est il Guru dice che è ovest,
> E voi mangiate quella merda, potrebbe essere benefico,
> Per chi ha il gusto uguale del saṃsāra e del nirvāṇa,
> Ma se gli altri si limitano a fingere, l'effetto sarà opposto.

> Sebbene una fede irreversibile e la più alta percezione pura
> Possano non sorgere naturalmente nel vostro cuore,
> Le virtù mondane, prese come fondamento e fatte crescere,
> Sono l'inizio di una buona relazione tra Guru e studente.

> Nello stato naturale non vi sono né padroni né servi,
> Ma se, dal centro dell'essenza auto-originata,
> Gli esseri diversi da voi vengono accolti come di grande valore,
> Sorgono la gioia e la beatitudine dello stato naturale.

> Questo tipo di gioia umana è assente nei tre regni.
> La sua realizzazione accumula meriti bianchi.
> Se questi vengono raccolti, ci risvegliamo dal sonno dell'ignoranza;
> Aspirate dunque che tutti si risveglino da quella malattia
>   di sonno ignorante.

> Non vincolati da una vita di schiavitù alle cattive tradizioni,

Con le teste non infilzate sui pali delle esagerazioni degli stolti,
Liberatevi dalla prigione della rigida disciplina creduta
come suprema.
KYE! Non comportatevi come pecore pigre verso la liberazione!

Il Regno Sublime di Shambhala

3

Breve sommario della liberazione da nascita, morte e bardo

Indipendentemente dal fatto che si sia pienamente padroneggiato o meno l'uso dei kleśha nel sentiero, come si può non gioire di coloro che apportano benefici agli esseri senzienti? Pertanto, se qualcuno ha il coraggio di assumere un simile ruolo, pur non avendo ancora compreso come procedere, è di immenso valore almeno tentare. Per fare questo, il percorso che porta a compiere benefici in tutte le vite deve iniziare già in questa vita. Tuttavia, *una serie di vite nello stato di veglia non è tutto ciò che esiste. Lo stato di veglia è uno dei sei bardo[351] che permeano la successione delle nostre esistenze.* Quando lo sappiamo, siamo meglio preparati ad affrontarli e a portare beneficio agli altri. Quando non riusciamo a riconoscerlo, pensiamo che il nostro beneficio derivi da qualità mondane come la gloria, la ricchezza, il divertimento, la reputazione, la fama, il successo o lo status. In realtà, se considerassimo l'insieme delle nostre vite, godere di queste gratificazioni transitorie sarebbe come provare

---

351 Questo capitolo è solo una presentazione sintetica dell'argomento. Per maggiori dettagli, vedere *Unveiling Your Sacred Truth – Book Three*.

felicità per un solo secondo in un'intera giornata.

Ogni persona su questa terra morirà e passerà oltre questo stato di veglia. Pertanto, il fatto che la maggior parte degli individui non si prepari affatto a ciò che accadrà loro quando moriranno è un peccato perché, se lo facessero, potrebbero risparmiarsi molte sofferenze. La morte non è un semplice sparire come un fuoco che si spegne o come l'acqua che evapora. Quando il nostro corpo esteriore viene abbandonato al momento della morte, la nostra mente, insieme a tutto il karma di felicità e sofferenza accumulato nelle molte vite, viene irresistibilmente attratta in uno dei sei regni degli esseri dai suoi karma più potenti di felicità o sofferenza. Siamo costretti a rinascere lì, ancora una volta, in questo ciclo continuo di morte e rinascita. Il corpo certamente svanisce, ma il continuum mentale non scompare. L'esperienza dei realizzati stabilisce questo come fatto, e non è qualcosa di noto soltanto ai buddhisti.

Pertanto, le persone che pensano solo a questa vita sono come quelli che si preparano diligentemente per oggi ma ignorano gli altri 364 giorni dell'anno. Sono come le persone che, se sono felici per la prima ora di ogni giorno, non considerano affatto il resto della mattina, del pomeriggio, della sera e della notte. Ignorando le possibilità, buone e cattive del domani, non fanno alcuna preparazione. Da questo punto di vista, sono come degli stolti. Se riflettiamo bene, coloro che non pensano ad altro che a questa vita non dovrebbero forse essere oggetto della nostra compassione?

Giorno e notte, settimana dopo settimana, mese dopo mese, gli anni di questa e delle vite future ci logorano come una macina che gira senza sosta. Agendo come se il "domani" non arrivasse mai, la maggior parte delle persone non fa alcun accorgimento per il futuro. Eppure, secondo gli insegnamenti chiari e profondi del Buddha sul karma e la rinascita, come potrebbero non arrivare, a loro volta, la vita successiva e le vite future? La reincarnazione è in realtà solo una parte molto piccola del vasto tema del karma.

Così come l'estate, l'autunno, l'inverno e la primavera si susseguono sempre, lo stesso vale per i sei bardo, o "periodi di transizione" dell'esistenza. Questi sei movimenti saṃsārici tra i diversi stati della nostra vita si susseguono all'infinito, finché la realizzazione spirituale non interrompe il ciclo della sofferenza,

1. In primo luogo, abbiamo il bardo della vita o *stato di veglia.*
2. Il secondo è il bardo dove la mente è assorbita in una *meditazione a un punto singolo.*
3. Il terzo è il bardo del *sonno profondo* e *del sogno.*

Questi primi tre costituiscono i bardo della vita. Poi ci sono i *bardo della morte* e *della rinascita:*

4. Il quarto è la dissoluzione progressiva degli elementi nel *bardo della morte.*
5. Il quinto, immediatamente dopo, quando tutti gli stadi della dissoluzione sono completati, è l'occasione della luminosità della morte, il *bardo della Dharmatā.*
6. Il sesto, dopo il quinto fino e al momento della rinascita, è l'occasione di ricevere un luogo di nascita, il *bardo del divenire.*

Conoscere questi sei bardo significa comprendere che l'esperienza ordinaria, non illuminata, consiste unicamente nel ciclico passaggio di vita in vita, nell'ignoranza e nella sofferenza, senza alcuna possibilità di scelta. *Le prime tre occasioni rappresentano tre momenti cruciali di preparazione per raggiungere gli obiettivi temporali e ultimi* imparando ad essere pronti per il futuro. *Le qualità delle successive tre occasioni sorgono naturalmente una dopo l'altra, a seconda di come si sono affrontate le prime tre.*

Nel momento presente, nello stato di veglia, quando siamo liberi di agire con molte strategie, se acquisiamo la comprensione e la padronanza del modo in cui raggiungere la liberazione in queste ultime tre occasioni, possiamo rendere manifesta la perfetta Buddhità. Se ciò non fosse possibile, potremmo comunque rinascere in uno dei regni puri di Buddha o dei bodhisattva, dove completare il cammino verso la liberazione. Se nemmeno questo si realizzasse, potremo almeno ottenere una buona rinascita nella vita successiva. Poiché il successo in questi tre ultimi bardo dipende dall'avere una conoscenza corretta di come affrontarli, cercherò di spiegarlo brevemente, in una forma semplice da comprendere.

Durante l'esperienza interiore di una giornata, durante lo stato di veglia, abbiate cura di mantenere la vostra mente e i vostri pensieri sempre attenti e vigili. Se valutate chiaramente se ciò che state facendo è in linea con il vostro obiettivo, farete buone scelte. Concentrandovi esclusivamente sulle scelte giuste, vi abituerete alla virtù e questa dominerà la mente. In tale modo, procederete progressivamente verso una condizione sempre più orientata alla virtù e, di conseguenza, il numero dei fenomeni virtuosi aumenterà in quantità e purezza.

Poiché tutte queste virtù relative si riuniscono in un'unica essenza che trascende *sé* e *altro da sé*, per quanto grande possa essere il vostro desiderio egoistico, esso finirà per dissolversi. Grazie al vostro esempio, anche altri esseri senzienti impareranno a pensare in questo modo e, vedendone i buoni frutti, desidereranno fare altrettanto. Tutte le non-virtù favoriscono intrinsecamente se stessi a scapito degli altri, mentre tutte le virtù non fanno distinzione tra sé e gli altri. Pertanto, non occorre separare le virtù dall'attaccamento egoistico, poiché ne sono naturalmente libere. Di conseguenza, la rigidità centrata sull'io si attenua spontaneamente, lasciando spazio a una maggiore flessibilità della mente.

Portando questo ad un passo successivo, quando i fenomeni nella mente sono virtuosi, siamo in grado di meditare su di essi con una mente univocamente concentrata.[352] Ciò avviene perché i fenomeni classificati sotto la

---

352 Come ad esempio le meditazioni sul sentiero del desiderio descritte nella parte quarta, capitolo 7, ma le forme e i livelli di assorbimento meditativo sono innumerevoli.

categoria di "io" o "mio" vengono compresi come liberi dalla natura dualistica e concettuale che sembrano possedere quando sono rigidamente afferrati dalla fissazione saṃsārica. Quando si conosce la vera natura di tutti i fenomeni come non concettuale, si comprende che i fenomeni non concettuali sono connessi a gioia e felicità, mentre i fenomeni concettuali sono legati alla sofferenza. Realizziamo progressivamente che la ragione per cui i fenomeni concettualizzati sono associati alla sofferenza è che i fenomeni apparenti vengono visti erroneamente come entità indipendenti, separate dal nostro sé individuale.

Poi, gradualmente, ci si rende conto che, in realtà, i fenomeni non possiedono una natura o un'identità indipendente. Quando dico "nessun... sè", intendo che gli individui e i fenomeni non hanno un sé indipendente nel modo in cui lo intendono le persone comuni. Non significa che siano privi di sé in senso assoluto. Se così fosse, si negherebbe anche la pura consapevolezza della Buddhità, che è il nostro *vero Sé.* [353]

Una volta che riconosciamo che le apparenze nella nostra mente sono vuote di esistenza come cose reali indipendenti quali sembrano essere, la mente può riposare nella vera natura di beatitudine che rimane quando quelle apparenze sono viste come vuote. Imparando a dimorare in questo modo, sviluppiamo la capacità di farlo anche entrando e permanendo negli stati di sonno profondo e sogno. Così saremo meglio preparati a ottenere la liberazione quando incontreremo stati simili durante il processo del morire, al momento della morte, nel bardo dopo la morte o, per chi è molto fortunato e realizzato, già in questa stessa vita. Qui "liberazione" significa che raggiungiamo pienamente la libertà o l'indipendenza.

---

353 Rinpoche ha scritto ampiamente su questo argomento in The Great Middle Way: Clarifying the Jonang View of Other-Emptiness (Dzokden: San Francisco, 2020). Per un commento tradizionale si può fare riferimento a Mountain Dharma: The Ocean of Definitive Meaning di Dolpopa (Dzokden: San Francisco, 2023). Recentemente, per evitare confusioni tra le due verità, Rinpoche ha suggerito di scrivere "Sé" in maiuscolo, quando si riferisce al vero Sé assoluto, ma non quando si riferisce al falso, dualistico sé del relativo.

Oltre a questo sé illusorio saṃsārico, sempre vincolato dal karma, esiste il Sé assoluto che è la nostra vera natura. Attualmente, questo vero Sé è percepito nel nostro continuum solo in rari scorci che sembrano irreali o distanti ma, quando ci rendiamo conto di come sono veramente le cose, il Sugatagarbha - la Buddhità - viene riconosciuto e sperimentato come il nostro vero Sé. Quando siamo vicini a riconoscerlo, scorci della realtà autentica possono manifestarsi nei momenti di equilibrio meditativo. Se questi fenomeni vengono riconosciuti per quello che sono, ciò è eccellente. È possibile unirli ed estenderli in un equilibrio meditativo continuo. Tale continuità universale è la continuità del tantra. Quando la nostra mente è lucidamente assorbita in questa continuità della verità ultima, questa occasione è il bardo della meditazione.

Se la familiarità con questo assorbimento sorge anche nel momento del sonno profondo, può verificarsi l'esperienza particolarmente sublime di riconoscere "lo splendore della luminosità". Quando veglia, meditazione, sonno profondo e sogno possono tutti essere vissuti come aspetti del Sugatagarbha, sappiamo che il nostro vero Sé è ciò che stiamo sperimentando. In questo modo, ogni cosa si trasforma in un godimento infallibile della vera natura dell'intero universo, il cui valore è incalcolabile. Se non possiamo percepirlo direttamente, sforzandoci di coltivare almeno una buona comprensione intellettuale, oppure avendo una forte intuizione o fede in tale verità, la pratica del sentiero sarà sufficiente per manifestarlo in futuro e, alla fine, entreremo in quel mondo illuminato.

Per fare un chiaro riassunto delle fasi in cui gli elementi si dissolvono l'uno nell'altro prima del momento della morte, invece di coinvolgere questo corpo grossolano sperimentato attraverso tatto e vista, quelle fasi comportano l'esperienza di aspetti più sottili del corpo che si dissolvono e svaniscono. In effetti, tutti i fenomeni del nostro corpo esterno e interno svaniscono dalla nostra consapevolezza ogni momento. Queste piccole morti, di cui le persone comuni hanno poca consapevolezza, si verificano continuamente. Un esempio evidente si presenta ogni notte, quando andiamo a dormire. A parte il fatto che questa piccola morte è più piccola per durata e portata dei fenomeni rispetto alla "grande morte" tra le vite, essa è pur sempre una vera morte. Perché allora non ne siamo spaventati? Non c'è paura perché abbiamo fiducia nel fatto che domani ci sveglieremo di nuovo. Se, andando a dormire, sapessimo con certezza che non ci sveglieremo più, probabilmente saremmo terrorizzati.

Allo stesso modo, quando stiamo per morire, una volta sicuri che rinasceremo, come se ci risvegliassimo dal sonno, non proveremo neppure un briciolo di paura. Tranne che per l'essere più grande e più lunga rispetto al sonno, la morte è identica in tutti gli altri aspetti. Tutti sanno che quando ci addormentiamo, gli occhi, le orecchie, il naso, la lingua e tutto il corpo perdono la capacità di sperimentare forme, suoni, odori, sapori e sensazioni tattili. Questo accade perché le coscienze sensoriali si dissolvono nella coscienza mentale. Poi, la coscienza mentale diventa sempre più sottile, fino a dissolversi anch'essa nella coscienza fondamentale.[354] La stessa sequenza si verifica quando moriamo.

Quando ricompare un grado limitato di coscienza grossolana, quello è il momento del sogno, che ha molti punti in comune con il periodo di transizione tra morte e rinascita. Sebbene la maggior parte delle persone non lo comprenda, gli aspetti sottili della dissoluzione degli elementi l'uno nell'altro, che danno luogo al sonno profondo, si ripresentano in ordine inverso per produrre il sogno. Allora ci sembra di sperimentare il nostro corpo e l'ambiente circostante come nello stato di veglia. Poiché però si tratta solo di fenomeni sottili, nei sogni di solito manca l'esperienza tattile, e tali fenomeni non appaiono agli esseri ordinari al di fuori del sognatore stesso.

Uno scenario analogo si verifica al momento della morte. Benché il corpo grossolano non si dissolva prima della morte, lo fanno i suoi aspetti

---

354 *kun gzhi*, ālaya, la coscienza fondamentale o di base in cui è immagazzinato il karma. Quando i suoi aspetti impuri vengono eliminati, si manifesta la saggezza universale, *kun gzhi ye shes*.

sottili che sono l'essenza dei cinque elementi. Gradualmente, uno alla volta, tutti gli elementi si dissolvono l'uno nell'altro. Proprio come nel processo di addormentarsi, quando moriamo, le cinque coscienze sensoriali associate ai cinque elementi si dissolvono nella coscienza mentale. La coscienza mentale si dissolve poi nella coscienza fondamentale, una coscienza molto sottile ma ancora dualistica, dove sono immagazzinate tutte le nostre propensioni karmiche individuali.

Quando anche questa sottile dualità viene trascesa, lì si trova il limite del saṃsāra. A quel livello, almeno per un breve lasso di tempo, vi è l'opportunità di sperimentare il nostro vero Sè liberato. Tale esperienza ci permette di riconoscere direttamente che la nostra vera natura è pienamente illuminata. Gli esseri ordinari chiamano questa esperienza "morte" e la percepiscono come un oggetto di immenso terrore. Tuttavia, se il limite del saṃsāra viene riconosciuto per ciò che è, esso è il riconoscimento del nostro vero Sé illuminato. Coloro che si sono addestrati in precedenza lo riconosceranno proprio come un bambino riconosce la madre. Non vi è occasione più importante e gioiosa in tutto l'universo. Quando il nostro vero Sé viene pienamente riconosciuto, ciò che la gente comune chiama "morte" è realizzato come Dharmakāya. Ci rendiamo conto di essere la saggezza che percepisce la realtà così com'è. Dopodiché la morte non sarà mai più oggetto di ansia e terrore.

Se non riusciamo a diventare quell'essenza di suprema liberazione, dal Dharmakāya sorgono varie apparizioni del Sambhogakāya attraverso la sua energia di manifestazione. Se riconosciamo queste apparizioni per quello che sono veramente, abbiamo ancora l'opportunità di essere liberati; ma, se nemmeno questo ci è possibile, grazie al potere delle radici di virtù accumulate in tutte le nostre vite e alla forza della familiarità con il bardo tra le vite, possiamo comunque rinascere in un regno puro. Se le nostre radici di virtù e il nostro potere di aspirazione sono abbastanza grandi, possiamo nascere in uno dei regni puri dei Buddha come Amitābha, che sono i signori delle cinque famiglie tantriche. Se questo non è possibile, è un po' più semplice rinascere in un regno puro dei bodhisattva, come il regno di Avalokiteśhvara. In particolare, il sublime regno dei bodhisattva di Śhambhala ha una speciale connessione karmica con tutti noi che viviamo su questa Terra, e ciò rende più facile rinascere lì. Grazie alla compassione inimmaginabile dei bodhisattva Dharmarāja e dei re e regine Kalkī di quel regno puro, e grazie al buon karma della nostra devozione e delle nostre aspirazioni pure, è certamente possibile rinascere lì.[355]

---

355 A tal fine, Rinpoche ha scritto diverse preghiere di aspirazione dedicate a Śhambhala che descrivono in dettaglio anche gli stadi citati in questa sezione. Per saperne di più su Śhambhala e sul suo legame karmico con il nostro pianeta, si può consultare *The Realm of Śhambhala: A Complete Vision for Humanity's Perfection*.

4

Conclusione con versi di buon auspicio
e colophon

Anche se sono io a scrivere questo libro, i significati interiori di questi argomenti furono insegnati dal Perfetto Buddha nel glorioso *Kālachakra Tantra*. Tutte le spiegazioni qui contenute sono collegate all'insegnamento del Buddha in quel Re dei Tantra e in altri testi che trasmettono gli stessi significati. Pertanto, richiedere il potenziamento del *Kālachakra*[356] e ascoltare gli insegnamenti associati a quel tantra sarà molto utile per comprendere ciò che ho scritto.

Si insegna che, mentre tutti noi ci addestriamo sul sentiero della liberazione e dell'onniscienza, i Buddha e i bodhisattva ci forniscono le esperienze di cui abbiamo bisogno. In particolare, i Dharmarāja e i re e regine Kalkī di Śhambhala, che hanno già realizzato la fruizione di questo sentiero, hanno fatto voto di rimanere nell'esistenza apparente per aiutare tutti gli esseri senzienti. Di tanto in tanto, con il loro seguito

---

356 Chiamata anche "Iniziazione del *Kālachakra*", anche se Rinpoche preferisce la traduzione "Potenziamento del *Kālachakra*". Lui e altri Maestri Vajra offrono pubblicamente almeno i Sette potenziamenti analoghi alla crescita di un *bambino, che costituiscono l'estensione* del Potenziamento del Vaso del *Kālachakra*.

di bodhisattva, si manifestano su questa Terra e, alla fine, guideranno il mondo intero verso una seconda Età dell'Oro di pace e armonia. Ora che avete letto questo libro sull'essenza segreta del Supremo Yoga Tantra e sulle istruzioni relative alla pratica diretta per realizzarla, tutti voi lettori, care sorelle e cari fratelli vajra, potrete entrare, in vari gradi, nei livelli profondi della mente insegnati da questi esseri sublimi.

> Come correggere i difetti del prātimokṣha vinaya
> E le sue nozioni tradizionali su come domare il desiderio,
> È stato spiegato da me in precedenza, ma nessuno lo
> > ha preso a cuore.[357]
> Il peso di questa sconfitta fu più gravoso di una montagna.

> Molti noti sthavira detentori del vinaya,
> Abbandonando la radice del prātimokṣha, si aggrapparono ai rami;
> Ma per coloro che praticavano il tantra, quell'evento[358]
> Fu inteso come una pioggia tempestiva inviata dal cielo.

> Per quanto riguarda questa vasta e sottile essenza del tantrayāna,
> Milioni di stelle di dotti e realizzati,
> Seguendo i loro percorsi tradizionali nel cielo,
> Non si intersecano mai con le sue numerose dimore lunari.

---

357 In passato, Rinpoche dedicò grandi sforzi allo studio approfondito del vinaya e dei suoi commentari. Si accorse che il modo in cui i monasteri tibetani applicavano il vinaya andava corretto, ad esempio ignoravano le procedure per emendare le tredici offese con residuo, come discusso nella quarta parte, capitolo 3. Con grande disappunto, comprese che la maggior parte delle persone non si interessava molto a questi aspetti, poiché erano soprattutto preoccupate di seguire le consuetudini tradizionali.

358 Rinpoche intende dire che molti monaci che si concentravano sulla via della liberazione individuale ("sthavirs") in realtà non si concentravano sui voti radice del vinaya, ma sui voti secondari. Per esempio, badavano scrupolosamente che i monaci portassero con sé la veste, ma tendevano a chiudere un occhio se questi ingannavano sottilmente le persone tramite false rappresentazioni. Dopo aver osservato a lungo che ciò accadeva ovunque, alla fine giunse alla conclusione che questi problemi dei monaci erano in realtà un'opportunità mandata dal cielo, poiché il tantra era un cammino più adatto a loro.

Perché mai avrebbero dovuto ascoltare le parole di
    questo umile viandante errante?[359]

Nessun re mi ha mai dato uno status elevato, da portare
    sul petto come una medaglia.
Nessun alto Lama mi ha mai fatto scendere un trono dal cielo.
Non ho una grande comunità, con servitori che mi sostengano.
Quali sudditi di un regno ascoltano dei semplici vagabondi?

Eppure, poiché anche i vecchi contadini e i nomadi sono
    esperti nei loro mestieri,[360]
Qual è la colpa se descrivo veramente le esperienze dei modelli
karmici delle mie molte vite,
Riunite nella mia famiglia di nomadi tantrici?[361]

---

359 Secondo Rinpoche, molti studiosi tibetani e famosi Lama realizzati del passato, qui indicati come "milioni di stelle... che seguono i loro percorsi tradizionali..." erano troppo presi dagli approcci tradizionali agli insegnamenti. Perciò non spiegavano l'essenza e la pratica del tantra in un modo pratico e accessibile al di là dell'erudizione accademica, né si impegnavano a fondo nell'affrontare le difficili questioni da lui evidenziate. Rinpoche non intende giudicare singoli individui per ciò che fecero o non fecero, perché non possiamo conoscere le circostanze esatte del loro tempo. Appare comunque chiaro che la maggior parte dei tibetani che venerano i famosi Lama del passato come meravigliosi sembrano essere interessati soltanto alle vie tradizionali. Non mostrano rispetto per le presentazioni moderne degli insegnamenti che cercano di affrontare i problemi contemporanei. Per quanto riguarda la metafora successiva: quando la luna orbita nel cielo, passa sempre attraverso una serie di costellazioni dello zodiaco lunare. Se queste costellazioni rappresentano punti di autentica comprensione del tantra, si potrebbe dire che quei sapienti sono come stelle i cui movimenti nel cielo non entrano mai in contatto con esse. Rinpoche, descrivendosi come un "umile viandante errante" nel mondo, ha cercato di spiegare l'essenza del tantra in modo molto chiaro, perché questi temi devono essere affrontati; tuttavia, molte persone sembrano disinteressate, dato che egli non possiede il grande prestigio cui allude nella strofa successiva.

360 I tibetani tendono a vederli come persone inferiori e non istruite, ma sono maestri nei loro campi.

361 Sebbene molti tibetani di alto rango possano liquidare Rinpoche come un semplice vagabondo perché il suo status è inferiore al loro, egli conosce bene il campo del tantra a cui è abituato, essendosi relazionato con esso in questa vita e in molte altre precedenti.

Dal gioioso attaccamento alle parole può derivare l'esagerazione;

Dal disprezzo ignorante degli sciocchi, segue anche la deprecazione.

Come le pecore fuggono dai cani senza pensare, o i conigli

    fuggono dai suoni degli spruzzi,[362]

Che ognuno faccia quello che vuole, nella felice gloria della libertà.[363]

Anche io, molte pratiche stolte ed errate,

Le ho rigidamente afferrate troppo a lungo e glorificate come giuste,

Non facendo delle autentiche consorti le mie figlie di saggezza,

    e così via;

Sebbene ora me ne penta, chi potrà mai rettificare

    le mie mancanze?[364]

Gli uomini e le donne che amano la consapevolezza anelano

    alla saggezza,

Aspirano a beneficiare gli amici che hanno un karma simile;

Avendo fiducia in coloro che condividono la stessa fortuna,

Agiscono per liberare i loro compagni dal destino.

Benché io desiderassi scrivere su come attraversare gli infiniti sentieri

Del tantra segreto, così vasto e profondo,

Se non ci fossero stati segni che il tempo era giunto per farlo,[365]

Invecchiando e morendo in silenzio, mi sarei limitato a

---

362 Nessuno di questi problemi potrà essere risolto se le persone si limiteranno a proclamare e difendere le loro dottrine preferite, senza riflettere sul loro fondamento esperienziale. In questo caso, sono come una pecora che fugge da un cane per istinto, indipendentemente dal fatto che il cane sia pericoloso o meno.

363 Che il lettore approvi o meno ciò che viene detto in questo libro, è libero di fare la propria valutazione.

364 Rinpoche fa una confessione poetica, riconoscendo ora di aver sprecato troppo tempo nel seguire rigidamente la disciplina monastica, senza fare alcuno sforzo per unirsi a consorti autentiche o per coltivare la propria stirpe.

365 Benché le intuizioni condivise in questo libro fossero nella mente di Rinpoche da molto tempo, egli lo scrisse solo dopo aver percepito segni e indicazioni che era giunto il momento per la diffusione del tantra che condurrà alla seconda Età dell'Oro.

godere della mia tranquillità.

Possa l'acqua di questi meriti,[366] come la madre della luna,[367]
Filtrata passando attraverso il terreno dorato,[368]
E mescolata al cielo dell'illuminazione, come nuvole fluttuanti,
Concederci in tutte le nostre nascite una pioggia di santa amṛita.[369]

Per questi meriti, diventando il messaggero fidato,
Dei bodhisattva Kalkī di Śhambhala nel nord,
Possa io portare avanti la loro attività di Buddha,
Annunciando la buona ventura di una nuova Età dell'Oro.

Possano coloro che hanno pensieri cattivi e che esagerano con le
parole ciò che vedono e sentono -
Tutte parole ingannevoli che solidificano le cose come
        buone e cattive -
Raggiungere la meta al di là delle parole che è costituita
        dai quattro kaya e vajra,
Imparando a portare i loro kleśha sul sentiero.

Anche se non riuscissero a realizzare
Il livello dei quattro kaya del Conquistatore in questa esistenza,
Coloro che hanno profonda fede, aspirazione, percezione
        pura e amore
Rinasceranno nel campo tantrico più elevato, Śhambhala,
Dove attraverseranno i livelli del tantra in una sola vita.

---

366 I meriti di aver scritto questo libro.

367 Espressione poetica tibetana che significa "oceano".

368 Come l'acqua viene filtrata nel suolo della terra, così i meriti relativi possono essere
    filtrati dall'associazione con la natura assoluta del terreno puro d.

369 Unendo questi meriti puri con tutti i meriti dei bodhisattva dei tre tempi, possono
    sorgere le "nuvole" del sacro Dharma, capaci di far piovere le loro benedizioni sugli
    esseri senzienti.

Colofon

L'autore, un detentore del vajra che osserva i tre voti, conosciuto come Shar Khentrul Jampel Lodrö,[370] guidato da molte esperienze e realizzazioni speciali, valutando la situazione del sacro Dharma in molte regioni a oriente e a occidente di Jambuling e lo stato degli insegnamenti del Vittorioso nel Paese delle nevi del Tibet, ricominciando nel 2021, dopo aver lavorato su estese annotazioni preliminari nel 2019, scrisse alcune parti di questo libro ma, a causa di molti impegni e attività, non ebbe il tempo di completarlo tutto in una volta. Sebbene per un lungo periodo sia sembrato che i tempi non fossero maturi per portare a termine quest'opera, nel 2022, nel quarto giorno del dodicesimo mese dell'anno tibetano del Bue di Metallo, in un giorno propizio in cui c'è stata una buona sincronicità, questo lavoro fu completato nella regione australiana di Melbourne, presso Tongzuk Dechen Ling.[371] Possano tutti i fratelli e le sorelle vajra, ovunque in Jambuling, ottenere il potere di portare i kleśha sul sentiero. Sarva mangalaṃ!

> *Sorto da cause di visioni discordanti e dissimili,*
> *Con le sue condizioni derivanti da varie abitudini differenti,*
> *E queste abitudini stesse derivanti da costumi diversi,*
> *Ciò che è lodato come vero da uno è disprezzato come falso da altri.*

> *Molti considerano le cose buone come molto cattive.*
> *Ciò che alcuni lodano come perfetto, altri lo giudicano confusione.*
> *Sugli occhi delle apparenze karmiche vi sono lenti distorte*
> *   dal pregiudizio.*
> *Chi mai potrebbe nutrire la speranza di piacere a tutti?*

---

370 Un altro nome per l'autore, Khentrul Rinpoche.

371 altro nome per l'Istituto Rimé, o Istituto buddhista tibetano Rimé, a Belgrave.

APPENDICI

Gendün Chöpel

Passaggi scelti di Gendün Chöpel e versi conclusivi

Omaggio dell'autore a Gendün Chöpel

Sebbene fosse lontano dal limitarsi a ripetere semplicemente
    ciò che gli altri dicevano,
sapeva come accogliere tutte le buone spiegazioni degli altri,
come un'ape che sorseggia lentamente l'essenza immortale
    di un loto;
guerriero della visione profonda, a te rendo omaggio!

Dalla nutrice che è il gioiello della tua eccellente spiegazione -
un gioiello inestimabile, libero da terra e pietre -
quando la nostra forza vitale si rinnova grazie alla
    comprensione auto-generata,
riceviamo nient'altro che fede, aspirazione e rispetto.

Come il miracoloso estrarre latte nutriente dall'acqua,
così, dai ricchi minerali nella terra dei tuoi insegnamenti
    ben pronunciati,
coloro che sanno come recuperarne il significato più profondo
gustano non il semplice sesso, ma la sua essenza di saggezza.

Passaggi scelti di Gendün Chöpel

Sebbene esistano diversi testi tibetani sul sesso, non ne ho parlato in questo libro, per evitare un eccessivo accumulo di parole. Chi è curioso può leggere alcuni versi scritti da Gendün Chöpel nel *Trattato sul desiderio*[372] o, se preferisce, può reperire l'intero testo. Chi desidera saperne di più può rivolgersi a persone esperte e competenti sull'argomento. E chi volesse approfondire le tecniche sessuali di altre culture può consultare i classici più diffusi, come il *Kāma Sūtra* e il *Giardino profumato*. Il mio libro non ha la pretesa di essere un manuale di competenza sessuale come questi. Avendo a cuore soprattutto il beneficio maggiore di progredire sul sentiero del desiderio, nel mio libro sono stati presentati solo i punti essenziali, in modo che ognuno possa applicarli secondo le proprie capacità.

Di seguito sono riportati alcuni passaggi rilevanti del *Trattato sul desiderio* di Gendün Chöpel[373] riguardanti il significato dell'unione tra uomo e donna[374], che presentano il senso essenziale di tale opera.

6.[375]   Nell' *Aṅguttara Sūtra* di Simhala,[376]
il Beato stesso insegnò le seguenti parole:
"Tra tutte le forme, quelle più belle
sono le forme delle donne agli occhi di un uomo;

---

372 *'Dod pa'i bstan bcos*, *Kāma Śhāstra*.

373 *'Dod pa'i bstan bcos*, *Kāma Śhāstra*. Per la traduzione dell'intera opera si veda la bibliografia.

374 Non solo questa unione è biologicamente necessaria, ma l'interazione dei principi maschili o femminili è centrale nelle spiegazioni tibetane della psicologia umana e dell'esistenza in generale, come descritto in dettaglio nel presente libro.

375 I numeri dei versi non sono presenti nel testo tibetano e quindi sono un espediente un po' arbitrario per una comoda consultazione, per dividere l'equivalente dei paragrafi e per mostrare dove sono stati omessi dei versi.

376 Śhrī Laṅkā.

7.   e le forme degli uomini, agli occhi delle donne.

Non ho mai visto nulla di più bello di questo.

Tra tutti i suoni, i più melodiosi

sono le voci delle donne per l'orecchio degli uomini;

8.   e le voci degli uomini, per l'orecchio delle donne.

Nessun altro suono è più dolce da ascoltare!

Lo stesso vale per gli odori, i sapori e le sensazioni tattili,

si dice che le tre qualità più desiderabili siano stabilite.'

11.   In alcuni sūtra che insegnano le diciotto scienze,
[a-b]
una è la scienza del kāma, le tecniche sessuali. [...]

12.   Il *Lalitavistara*[377] dice, nell'elencare le qualità

adatte alla consorte di un bodhisattva:

"Versata come una cortigiana nelle abilità descritte nei trattati",

la competenza sessuale è annoverata in cima alla lista.

13.   Quando si fa riferimento anche a "una donna che conosce

il trattato",

il nome del trattato a cui si fa riferimento è il seguente:

originariamente composto dal maestro Surūpa,[378]

il *Kāma Śhāstra*, di cui esiste una traduzione in tibetano.[379]

14.   Il figlio di un re del Kashmir chiamato Paribhadra,[380]

---

377 *Lalitavistarasūtra, La vasta distesa del gioco.*

378 *gzugs bzang zhabs*

379 Si veda la bibliografia.

380 *zhi ba'i blon*

che era un dotto bramino di nome Koko,[381]
compose un trattato dal nome il *Gioco gioioso*,[382]
che non fu mai tradotto in lingua tibetana,
ma di cui sopravvivono alcuni frammenti in sanscrito nel
    monastero di Ngor;
si dice che ne esista anche uno di Nāgārjuna[383].

15.   Nel Paese dell'India, attualmente molto famosi,
    sono il *Kāma Sūtra*,[384] e il *Trattato sul desiderio*.[385]
    I testi, grandi e piccoli, insieme ammontano a più di trenta.

76.   Dare una donna a un uomo desideroso,
    tra tutti i doni è detto essere il migliore.[386]
    Questo viene insegnato nel *Capitolo sulla pratica del Kālachakra*.
    Se non ci credete, guardate! È insegnato molto chiaramente.

77.   Come persone cadute in miseria che storcono il naso[387]
    di fronte all'oro,

---

381 Kokkola.

382 Il *Ratirahasya.*

383 *klu sgrub zhabs*

384 Il *Kāma-sūtra, Discorso sul desiderio,* variamente datato al 400 a.C. - 300 a.C., è un testo
    sanscrito su come le manifestazioni desiderabili e indesiderabili del sesso e dell'amore
    contribuiscano alla realizzazione emotiva nella vita ordinaria. Nel colophon è attribuito
    al bramino Vātsyāyana. L'autore osserva che il *kāma* è considerato dagli indù uno dei
    quattro *Puruṣhārtha,* obiettivi propri della vita umana. Gli altri tre sono i valori morali
    (*dharma*), i valori economici (*artha*) e la liberazione dal saṃsāra (*mokṣha*). Il *Kāma-
    sūtra* fu tradotto per la prima volta in inglese da Sir Richard Burton nel 1883.

385 Di Maheśhvara.

386 E viceversa, come nei versi 6-8 appena sopra.

387 Come "turning up one's nose" in inglese, un gesto di rifiuto sprezzante. "Storcere il naso"
    in italiano.

o gli ospiti affamati che disprezzano e sputano sul cibo,

tutti pensano di dover deprecare il sesso con la bocca,

ma nella loro mente esso è la fonte di tutta la loro gioia.

78. L'oro, l'argento, i cavalli e gli elefanti sono accessibili solo ai ricchi.

Il sesso può essere goduto da tutti, alti o bassi,

così come il vento e la luce del sole, la terra e l'acqua, e simili,

pur essendo preziosi, sono comuni a tutti.

79. Tutte le meraviglie della Terra sono state realizzate dagli
    esseri umani;

gli esseri umani provengono dal sesso, tra un uomo e una donna.

Se si ragiona in questo modo, quale atto potrebbe avere più valore

dell'unione del pene di un uomo con la vagina di una donna?

80. Affinché questa importante azione possa essere compiuta,

non è necessaria una diligente esortazione a sforzarsi.

Tutti gli uomini e le donne, per loro natura, desiderano farlo.

Questa è la tradizione giuridica del Re, l'Interdipendenza.[388]

81. Senza studi di costruzione e ragionamenti,

attraverso la pratica[389] di sdraiarsi per mezz'ora,

fu creata una statua vivente del signore del Dharma *Butön*[390].

Non vi meraviglia il modo in cui fu realizzata?

---

388 Nel senso che l'interdipendenza continua governa naturalmente la realtà relativa come un "re".

389 *sbyor ba*, termine tibetano per "pratica", significa anche "unione", sia essa yogica con lo stato naturale o sessuale con una consorte.

390 Buton (1290-1364). Maestro, studioso e storico tibetano del XIV secolo, primo compilatore del *Kangyur* e di molti testi sul Sugatagarbha. Scrisse estesamente sul *Kālachakra*.

82. La miracolosa unione di causa e condizione è meravigliosa,
l'unione di uomo e donna lo è ancora di più.
Il fatto che questa scienza meravigliosa sia conosciuta
   naturalmente da qualsiasi sciocco,
senza bisogno di studio, è il più grande miracolo.

83. Non ritenere straordinaria una tale meraviglia
è insegnato dal *Sakya* Paṇḍita[391] essere segno di pazzia.
Sebbene io sia, ovviamente, del tutto folle in questi tempi,
coloro che non sono pazzi rideranno sonoramente nel vederlo.

84. L'esperienza della beatitudine non è certo un beneficio da poco;
anche creare una discendenza familiare non è un beneficio da poco.
Se si custodisce il sentiero del desiderio nella beatitudine-vacuità,
come potrebbe essere un beneficio minore rispetto agli altri due?

85. Per ogni donna vi è un uomo disponibile;
per ogni uomo vi è una donna a portata di mano.
Nella mente di entrambi c'è il desiderio di unione.
Quali sono, secondo voi, le loro possibilità di rimanere casti?

86. Anche quando le azioni degne sono apertamente proibite,
poiché le azioni indegne vengono comunque compiute in segreto,
come può questo desiderio spontaneo degli esseri umani
essere represso dalle leggi della religione o del mondo?

87. Nella città del vajra che possiede le sei essenze,[392]
nell'apparato dei canali, con i suoi ornamenti dei cinque chakra,

---

391 Capo della scuola *Sakya*.

392 Corrispondono ai sei elementi, alle famiglie tantriche, ai sensi e così via.

come può essere ciò che è giusto scambiare per una colpa e proibire la beatitudine che ivi risiede naturalmente?

Riguardo al tema del desiderio e della scelta dei partner, così profondo e importante, Gendün Chöpel dice:

88. L'amore per ciò che si desidera è attaccamento appassionato;
      così l'amore per ciò che si desidera è anche fede in esso.
      La paura di ciò che è indesiderato è conosciuta come avversione;
      così la paura di ciò che è indesiderato è rinuncia ad esso.

89. Poiché il desiderio e la mancanza di desiderio sono fenomeni
          mentali intrinseci,[393]
      possono essere trasformati, ma non possono mai essere
          completamente abbandonati.
      Per questa ragione, rendere i kleśha parte del sentiero,
      se analizziamo in dettaglio, è la via di tutti i veicoli.

90. Il proprio beneficio personale, quello del Paese,
      il dominio del re e i mezzi di vita del mendicante,
      e tutte le azioni, grandi o piccole, che vengono compiute,
      la cui assenza sarebbe oggetto di lamento, sono donne
          indispensabili.[394]

91. Il significato del desiderio è formulare aspirazioni,
      e fare offerte alla propria divinità yidam.

---

393 Nel senso che sono aspetti della mente degli esseri senzienti.

394 La parola tibetana per indicare le donne, *bud med*, significa letteralmente "indispensabile", come spiegato nella Parte quarta, capitolo 2.

Se gli uomini praticano questo con le donne,[395] si dice che
la fruizione non ingannevole maturerà molto rapidamente.

92.   Questo vasto mondo è come una spaventosa, grande
         pianura desertica;
      a causa del peso di un karma troppo grande, le persone sono
         inevitabilmente rattristate.
      Colei che sa portare gioia rinfrescante in tale condizione,
      un'amica compagna di giochi, è come un avatar karmico.

93.   Ella è una dea della forma che delizia la vostra mente quando
         la vedete;
      è un campo dove far crescere la vostra eccellente discendenza
         familiare;
      è un'infermiera che si prende cura di voi nel dolore della malattia;
      è una poetessa che ristora la vostra mente addolorata;

94.   è una serva che si occupa di tutte le faccende domestiche;
      è una compagna amorevole che vi sostiene per tutta una vita;
      la moglie che è legata a voi dal karma precedentemente raccolto,
      è un'incarnazione di queste sei qualità desiderabili.

95.   'Le donne sono molto volubili e inclini al tradimento.'
      Gli uomini che continuano a ripeterlo dicono una menzogna
         senza fondamento!
      Le donne e gli uomini non sono diversi nel tradire il proprio coniuge;
      se ci pensate bene, al giorno d'oggi sono gli uomini ad essere
         peggiori.

---

395 E viceversa.

96. Anche quando un re ha preso mille regine,
     ciò viene proclamato come se fosse una virtù;
     se una donna prendesse cento mariti,
     verrebbe diffamata perché "non si fa.'

97. Se quel re giace con ciascuna delle sue mille regine,
     come potrebbe mai essere chiamato "adultero"?
     Poiché l'unione con la propria moglie non è tradimento,
     come si può attribuire l'adulterio ai ricchi?

98. Un uomo ricco, molto vecchio e dai capelli candidi come neve,
     scegliendo una fanciulla tenera, paga volentieri il suo prezzo,
     considerandola soltanto merce acquistata.
     Kye ma![396] Per le donne non vi sono né amici né protettori.

Ora, per quanto riguarda la maturazione delle consorti, le loro caratteristiche e così via:

129. L'esterno di un pezzo di stoffa arrotolata, come il cotone,
     è ricoperto di lubrificante, in modo che la sua piccola
         punta si ammorbidisca.
     Ogni giorno, una volta risvegliato il desiderio,
     il panno va inserito un po' all'interno della bhaga.

131. Se il liṅga viene sfregato sulla pelle tra le cosce, si dice ,
     che la bhaga cresca e maturi naturalmente.

151. Per quanto riguarda il desiderio di un'adolescente di
         avere un uomo,

---

396 Un'espressione di lamento, che mostra la sua compassione per le donne in questa situazione.

la voglia d'acqua di un uomo assetato non potrà mai competere con esso.
Per quanto riguarda la brama di un uomo che vuole avere una donna,
un uomo affamato e desideroso di cibo non potrà mai competere
   con essa.

152. Essere imprigionati in una fossa oscura non è paragonabile,
ai giovani innamorati tenuti separati dai loro severi genitori;
essere legati alla gogna non è paragonabile
alle rigide leggi religiose che fanno del dolce amore un crimine.

153. Per quanto perfetta sia la forza di un atteggiamento rinunciante,
così come l'acqua continua a scorrere in un fiume bloccato da una diga,
quando un indesiderato onere religioso viene imposto sul sesso,
è come spingere costantemente un masso su per una collina.

154. Sposi, stabiliti come tali dal karma reciproco,
resi compagni cari quanto le loro stesse vite, condividendo
   la gentilezza;
abbandonando l'inganno e l'adulterio,
è la vetta più alta di tutti gli impegni della disciplina.

155. Con le essenze sessuali esaurite e la mente in pace,
un uomo con i capelli grigi e l'amata moglie
si impegnavano a percorrere il sentiero del Dharma nel
   loro ritiro nella foresta.
Questa era la condotta dei gentiluomini, nei tempi passati.

156. Finché il cavallo delle loro facoltà correva sfrenato,
anche se indulgevano a lungo nel godimento delle loro passioni,
come poteva una coppia essere biasimata per questo dalle persone
   riflessive?

158. Se sorgono diverse terribili malattie,
      a causa del frequentare donne come le prostitute,
      e se si commettono errori nelle condizioni causali dello sperma,
      è certo che la propria stirpe verrà troncata per sempre.

159. Per genitori così colpiti, figli non potranno mai nascere;
      e anche se ne nascessero cento, morirebbero in fretta.
      E benché morti, il loro corpo rimarrebbe comunque macchiato da colpe;
      perciò è richiesto un percorso di condotta più attento.

161. Se le cose materiali che possiedono una forma vengono agitate
          e strofinate,
      è nella loro natura rilasciare la loro essenza;
      Quando le nuvole vengono strofinate dal vento, scende un getto
          di pioggia.
      Quando i bastoni vengono strofinati insieme, le fiamme del fuoco
      salgono verso l'alto.

162. Allo stesso modo, il burro, che è l'essenza del latte,
      all'inizio esiste nel latte, mescolato in modo inseparabile;
      tuttavia, quando viene versato in un recipiente e zangolato,
      dopo che il calore sale lentamente dalle parti del latte,
      parti della sua essenza interna vengono estratte e separate.

163. Allo stesso modo, il thiglé, che è l'essenza del sangue,
      inizialmente esiste in uno stato di dissoluzione nel sangue,
      ma quando c'è lo sfregamento tra un uomo e una donna,
      per la forza della passione, il calore sale nel sangue,
      e l'essenza viene estratta, come il burro dal latte.

164. Da sole sette gocce dell'essenza del cibo,

nel corpo umano nasce una goccia di sangue;
da una tazza colma di queste gocce di sangue raccolte
nasce una singola goccia dell'essenza sottile.

165. Poiché nelle donne il sangue mestruale scende ogni mese,
la loro forza fisica è minore e la loro carne più rilassata e morbida; poiché
la pelle è più sottile, è molto sensibile,
e, quando sono anziane, il loro corpo accumula molte rughe.

166. Tuttavia, a parte questi meri dettagli esteriori,
il corpo dell'uomo e quello della donna non presentano differenze;
non vi è nulla nel corpo dell'uomo che
non si trovi anche in quello della donna;

180. Ma il desiderio dell'uomo, in superficie, si risveglia facilmente,
mentre quello della donna scorre più in profondità ed è più
     difficile da suscitare,
Per risvegliare la passione di una donna è necessario ricorrere a
varie tecniche amorose.

181. Le antere della bhaga e le sue parti interne,
analogamente alle labbra a destra e a sinistra,
la bocca dell'utero e le punte dei capezzoli, quando la passione si
manifesta, si dice che si gonfino e si spostino.

182. Per gli uomini, ciò che è sensibile è l'intero liṅga,
fino all'inguine e fino all'attaccatura dei peli,
quando là nasce il desiderio, il tocco della beatitudine avvampa;
il cuore di tutto è il gioiello all'estremità del liṅga.

183. Tuttavia, il diverso tipo di beatitudine che si trova nelle donne,

si diffonde in modo pervasivo, senza un centro preciso;
da sotto l'ombelico fino alle radici delle cosce,
all'interno della bhaga e anche alle porte dell'utero,

184. L'ano, le ampie e morbide superfici delle natiche e così via;
in breve, tutte le parti esterne dell'intera parte inferiore del corpo,
sono pervase dalla beatitudine sessuale e, nel completarsi di
   questo processo,
si dice che tutto il corpo della donna diventi il suo loto.

188. In qualsiasi facoltà si concentri il potere della mente,
dai canali di tale potere riuniti insieme,
il fluido al loro interno viene spremuto e fuoriesce all'esterno, come
quando si ricorda un cibo saporito e la saliva inumidisce la bocca.

189. Quando il corpo brucia per la vergogna, si ricopre di sudore.
Con la passione, un ruscello di montagna ribolle dal loto,
come con la gioia intensa o con il dolore, gli occhi versano lacrime.

190. Pertanto, quando emozioni come la passione e l'angoscia
vengono fermate nel momento stesso in cui sorgono nella mente,
non c'è alcun problema, e ciò può essere molto positivo.

191. Tuttavia, quando sorgono con violenza e la loro forza è grande,
reprimerle con forza danneggia i venti del cuore, e così via;
anche se esteriormente sembra che nulla sia fuori posto,
l'eccesso di vento nel cuore è causa di malattia mentale.

192. Anche se le donne hanno l'equivalente dello sperma,
esso giunge in un flusso graduale, come l'acqua di un ghiacciaio,
invece di arrivare in gran quantità tutto in una volta,

e dunque non è come per gli uomini.

193.   Non appena viene emesso, da quell'istante,
le donne non sono sazie e perdono ogni interesse come gli uomini;
Se il coito continua dopo l'emissione del loro fluido,
non provano una sensazione fastidiosa e insopportabile.

Tecniche sessuali, dai preliminari all'unione vera e propria:

321.   Chi, con furia selvaggia, si getta subito su una donna e,
non appena si unisce con lei, esaurisce il proprio seme,
con brama famelica, come un cane che divora dei polmoni,[397]
non otterrà nemmeno una piccola scintilla di beatitudine.

322.   Chi desidera che il fuoco della passione raggiunga le vette,
entra nel santuario della pūjā del desiderio,
dove la bella signora è disposta come un acciarino,[398]
sul letto preparato per la gioia che sta per venire,

323.   con il suo piede destro posizionato sulla spalla del partner,
lascia che i suoi seni e la sua bhaga siano ben visibili;
dopo aver lubrificato i palmi delle mani,
questi devono essere usati per colpire il suo centro del luogo
da cui si nasce.

324.   Poi, come impugnando un *phurba*[399] che si usa nel tantra segreto,
che altrimenti è sempre nascosto, in vari modi diversi,

---

397   Si veda la nota 254.

398   *gtsub stan*, supporto per l'accensione del fuoco utilizzato in un'offerta di fuoco vedica.

399   Pugnale rituale triangolare o kīlaya.

mentre lei afferra il suo organo per manifestare fiori di gioia,[400]
inizia tutto l'intenso godimento del gioco passionale.

325. Abbracciando saldamente il collo del suo compagno con
        la mano sinistra
      bacia il suo signore e padrone[401] ancora e ancora;
      allungando il braccio destro, afferra l'asta del suo liṅga,
      per poi mungerlo, come farebbe con le mammelle di una mucca.

326. Allo stesso modo, fa scorrere il liṅga tra i palmi delle mani,
      tirando leggermente, lo torce a destra e a sinistra;
      dopo averne afferrato la radice, lo scuote avanti e indietro,
      lo percuote contro le cosce, poi contro le labbra e i denti.

327. Il liṅga dell'uomo, che si è eretto completamente,
      ella lo stringe tra i loro ventri, in modo da massaggiarlo;
      a volte lo tiene tra le cosce,
      lo strofina ripetutamente contro la bocca della sua bhaga.

328. Poi, quando tiene il liṅga tra le dita,
      deve guardarlo con occhi intensificati dal desiderio;
      con il palmo intorno allo scroto, lo prende in mano,
      strofina le grandi vene del pene, massaggiando ripetutamente.

329. Mentre lei accarezza le natiche dell'uomo con una mano,

---

400 *mngon par dga' ba*, anche il nome del primo livello del Bodhisattva.

401 Come già detto, è sbagliato considerare la propria consorte come sottomessa. Quando si dice che una donna consideri il proprio compagno come suo signore, o che un uomo consideri la propria compagna come sua padrona, in entrambi i casi si intende incoraggiare i partner a stimarsi reciprocamente come qualcosa di estremamente prezioso, come spiegato in dettaglio nella Parte quarta del libro. Stabilito con chiarezza tale atteggiamento, ogni forma di gioco consensuale e gioioso fluisce naturalmente.

intorno all'ombelico[402] e alla gola, e sotto le braccia,

luoghi in cui nasce il prurito della passione,

devono essere toccati e accarezzati, usando la punta del liṅga.

330. L'apertura del liṅga da cui sorge il seme dell'uomo,

viene toccato con la punta dei capezzoli e percorso con i polpastrelli;

quando l'uomo freme follemente per la passione,

tale apertura dovrebbe essere succhiata e sfiorata dalla lingua
    in alternanza.

331. Nella zona della radice, lei graffia con le unghie,

e poi, mentre spinge il gioiello morbido con le mani,

lo pianta all'imboccatura della bhaga ancora e ancora, inserendolo

per metà all'interno, per poi tirarlo indietro di nuovo.

332. Poiché donano nobile discendenza e gioia gloriosa,

poiché sono della natura della vita e delle divinità supreme,

quando, in queste occasioni di gioia, si compiono attività estatiche,

ostacolarle anche minimamente è chiamato sacrilegio!

334. La donna che rende culto al liṅga auto-sorto,

con un'offerta di petali alla sua bocca di loto,

attraverso la fonte della beatitudine, compiacendo Mahādeva,[403]

otterrà gloria, ricchezza e la migliore progenie.

---

402 Letteralmente, la zona dei reni, che non è particolarmente sensibile. Sta ad indicare quel
particolare livello del tronco, compresi i fianchi.

403 Śhiva. Il liṅga auto-sorto è il suo emblema. Qui e in altri passi, Gendün Chöpel si affida
a fonti indù per arricchire il suo bagaglio buddhista. La donna, offrendosi a lui come
un'offerta di fiori come l'uomo si era offerto a lei in precedenza, si manifesta come
sua consorte Śhakti, la potenza cosmica del desiderio. L'unione con il principio di
Śhiva, la mente cosmica, produce il livello ultimo di realizzazione, che trabocca come
benedizione universale per gli esseri.

335. Tutto ciò si rivela nel gioco dei loro poteri;[404]
      così, i cuori di entrambi fremono di beatitudine.
      Guardando il volto arrossato dell'altro, perdono completamente
          la loro timidezza!
      Poi lei guida il gioiello del suo potere con le mani,
      offrendolo all'apertura della sua bramosa bhaga.

336. Inserendo ripetutamente solo la punta, lei lo tira indietro;
      ancora e ancora, spingendo fino a metà, lo ritrae;
      infine, li unisce insieme, fino alla radice,
      il liṅga viene fatto puntare verso l'alto, per un tempo davvero
          molto lungo.

337. Sollevando e tirando indietro le gambe della donna,
      esse percuotono le natiche dell'uomo;
      facendo toccare le ginocchia della donna sotto le ascelle del partner,
      egli viene trattenuto dalle cosce e dai polpacci di lei,
      mentre sfregano delicatamente verso il basso.

338. Quando, di tanto in tanto, il liṅga viene estratto,
      la donna, dopo averlo accarezzato dolcemente tra le mani,
      lo lascia andare, e dopo lo inserisce nella bhaga,
      dapprima nella lunghezza di un solo dito, poi di due o tre.

339. Rilasciato gradualmente, viene fatto penetrare nella
          parte più profonda;
      quando è completamente scomparso nella bocca,[405]
      lei fa oscillare dolcemente i superbi testicoli avanti e indietro.

---

404 A livello fisico nel gioco del liṅga e della bhaga.

405 Bocca della bhaga.

Afferrando la radice del liṅga con due dita,
stringendolo bene, lo fa muovere nella bhaga.

340. Dopo due o tre scosse, avvolgendo la punta del liṅga,
lo sfiora con della seta morbida, più e più volte;
così esso diventa estremamente grande e rigido.
Talvolta, dovrebbe anche strofinare la soglia della sua bhaga.

341. Lubrificare il liṅga tutto intorno alla radice,
poi strofinarne ripetutamente la punta e l'asta.
I partner che desiderano godere della potenza della beatitudine
devono assimilare molto bene queste istruzioni speciali.

342. Poi, ardendo di desiderio per l'unione sessuale,
mentre intrecciano le loro membra, l'uomo entra in lei dal basso;
e da un capo all'altro del loro grande letto,
nel loro abbraccio reciproco, si muovono e rotolano insieme.

343. Quanto più grande è il loro desiderio, tanto più piangono
nel momento del suo appagamento;
quanto più sono stati silenziosamente attenti, più vogliono parlare.
Quando tutte le barriere della vergogna sono state
completamente trascese,
la natura della beatitudine diventa estremamente potente.

344. Facendo esattamente ciò che desiderano,
le tecniche del desiderio manifesteranno la loro natura;
così come sono spiegate nei vari trattati,
si sperimenteranno tutti i diversi tipi di gioia.

345. Non è necessaria alcuna particolare abilità intima;

se entrambi sono inebriati dalla ferocia passionale,
quando si tratta di unione sessuale non c'è un "cosa va dove?"
Andate fino in fondo, senza tralasciare nulla, tutto in tutti i sensi!

346. È inopportuno che una terza persona assista a ciò,
oppure che le orecchie di qualcuno sentano in anticipo un elenco
     di queste pratiche;
relazioni straordinarie e segrete come questa,
devono rimanere soltanto tra le anime gemelle più care al mondo.

349. Quando un uomo inizia troppo in fretta il coito,
dal momento che la donna non sarà soddisfatta,
chi ha sufficiente vigore e abbondanza di seme
dovrà farlo due o anche tre volte.

350. Anche quando lo sperma dell'uomo è prossimo a uscire,
rallentando i movimenti, egli può lasciare che la beatitudine
     si diffonda;
poi, quando il desiderio si riaccende, può riprendere le
     sue attenzioni;
anche in questo caso, viene detto che l'unione debba avvenire
     due volte.

351. Non appena avviene l'eiaculazione, il pene dell'uomo,
senza essere estratto, deve restare nella caverna della bhaga;
finché la donna continua nei suoi movimenti di bisogno,
finché la sua beatitudine non è completa, egli fa come lei desidera.

352. Se anche quando questo viene fatto, la sua beatitudine
     non è completa,
l'uomo inserisce due dita nella bhaga e vibra rapidamente;

prima di fare sesso, in generale, l'uomo dovrebbe preoccuparsi
di sfiorare e accarezzare l'apertura della bhaga con un dito.

353. Inoltre, dopo aver preso un pene di legno,[406]
l'uomo lo strofina ripetutamente all'interno del grembo della donna;
quando la donna è ebbra di piacere, l'unione può iniziare;
nelle regioni meridionali, questa tradizione continua tuttora.

354. Quando i mariti si trovano altrove, prendendo lo stesso strumento,
le donne colmano la loro assenza usandolo su se stesse.
D'oro, d'argento, di rame o di altri metalli preziosi,
si dice che tali oggetti siano realizzati per l'uso dei ricchi.

355. La maggior parte delle donne, nel paese dell'India,
conoscono soltanto i propri mariti;
poiché il sesso che appaga la loro mente è fin troppo raro,
hanno molti metodi segreti come quello sopra descritto.

356. I seguiti delle regine, sorvegliate da eunuchi,
si affidano similmente a tecniche di questo tipo;
si trovano nei racconti tradizionali di ogni Paese,
ma sono insegnate nel *Kāma Sūtra* come istruzioni.

357. Si dice che la sposa di un eiaculatore precoce,
non sperimenterà la beatitudine sessuale nemmeno
una volta nell'arco di tre anni;
gli uomini che non hanno idea dell'esperienza della loro
compagna di vita,
sarebbero un'ottima ragione per prendere l'ordinazione!

---

406 Antica forma di dildo.

358. In breve, con una serie di azioni,

finché nelle donne non sorge un forte desiderio di unione sessuale,

gli uomini non dovrebbero impegnarsi nel coito vero e proprio.

Questa è l'essenza di tutti i trattati sul desiderio.[407]

410. Mentre le coppie si impegnano in un gioco gioioso fino
[d]
a quando non sono soddisfatte,

411. le nuvole delle vecchie speranze e paure svaniscono nel cielo;

la luna della natura che sorge da sé si scioglie nel latte;

la grande beatitudine dello spazio che è chiaro e non concettuale

sorge allora come medicina; fate tale dono alle donne!

Questo era il capitolo sulle azioni del muoversi e del penetrare.

Altre tecniche sessuali:[408]

423. Una donna tiene i piedi sotto le ascelle di un uomo,

poi gli monta sopra, con la testa rivolta all'indietro;[409]

piegando la parte superiore del corpo, con entrambe le mani

afferra le due caviglie dell'uomo e vi si appoggia.

---

407 Si veda la nota 252.

408 Questa sezione è piuttosto ampia e può risultare faticosa da leggere tutta in una volta.
Può essere considerata come una ricchezza di possibilità: si possono, ad esempio, leggere
versi diversi ogni volta che si apre il libro. Se decidete di saltare avanti, assicuratevi
però di leggere i versi conclusivi, che affrontano i significati profondi del sentiero del
desiderio, a partire dal verso 557 di questa appendice.

409 Verso i suoi piedi, in una variante della reverse cowgirl. Rinpoche ha scelto dei passaggi
di Gendün Chöpel nei quali la donna viene incoraggiata a stare sopra l'uomo durante
l'unione sessuale. Ciò è insolito nelle usanze tibetane, dove le donne sono considerate
inferiori e sempre al di sotto degli uomini, anche durante il rapporto sessuale. Uno dei
motivi per cui Rinpoche ha selezionato questi versi è proprio il desiderio di contraddire
questa visione culturale antiquata e ristretta. (I tibetani della vecchia scuola possono
consolarsi con il fatto che, in questo approccio, è la donna a fare tutto il lavoro.)

424. Poi muove in successione le natiche in avanti e indietro,
tirando verso l'alto il liṅga dentro di sé e spingendolo verso il basso.
A destra e a sinistra, davanti e dietro la bhaga,
come un bastone, lo preme e poi lo rilascia;
questo porta gioia a un uomo vigoroso con un liṅga
rigido e, allo stesso tempo, alla sua partner appassionata.

425. Su un letto lungo, di larghezza pari alla lunghezza del corpo,
o su una pila di cuscini lunghi e sottili,
l'uomo giace supino e la donna
lo monta come prima, di fronte a lui.
lo cavalca come prima, voltata di spalle;

426. Lei posiziona il liṅga di lui ben dentro la sua bhaga,
e appoggia i piedi a destra e a sinistra sul pavimento.[410]
Poi, come in precedenza, muove lussuriosamente le natiche;
a volte, mentre cavalca, volge lo sguardo in avanti.[411]

427. L'uomo e la donna siedono entrambi sul letto;
la coscia sinistra della donna è premuta dalla coscia destra dell'uomo,
la coscia sinistra dell'uomo è premuta dalla coscia destra della donna;
si uniscono con la parte inferiore del corpo leggermente distanziata.

428. Si abbracciano reciprocamente mentre le gambe destre sono
sopra di loro;
di tanto in tanto cambiano la coscia che sta sopra l'altra.
Mantenendo questa tecnica incrociata di unione sessuale come base,
si assumono ulteriori posizioni in piedi o sdraiate.

---

410 Questa è la principale differenza rispetto alla posizione precedente.

411 Lei è rivolta verso l'uomo, nella posizione della cowgirl.

429. L'uomo poggia le natiche su una sedia, le piante dei piedi
         sul pavimento,
      la donna si siede in grembo e si abbracciano;
      lei avvolge le gambe intorno e dietro l'uomo.

430. Mentre l'uomo afferra la vita della donna con entrambe le mani,
      solleva il suo corpo verso l'alto e lo preme di nuovo verso il basso;
      a volte, facendo ruotare il bacino della donna,
      senza spingere né tirare, la bhaga viene delicatamente sfregata.

431. Le donne appassionate che vivono in Persia,
      possono raggiungere la soddisfazione solo con questa tecnica;
      lì è stata chiamata "Il giardino profumato";
      in arabo è conosciuta come *kel a kar*.[412]

432. Un uomo con poca forza, oppure accaldato e stanco,
      può essere cavalcato da una donna di passione ardente
      che si unisce a lui sessualmente;
      così il lavoro, notoriamente, è svolto dalla donna, non dall'uomo.

433. In India, uomini anziani che prendono in sposa una donna giovane,
      non essendo in grado di sostenere la fatica richiesta dal loro ventre,[413]
      seguono quindi, per la maggior parte, questa tradizione;
      molti altri Paesi hanno un'usanza simile.

---

412 Non è arabo. Forse si tratta di una resa araba di qualche parola sanscrita. Potrebbe
    esserci un riferimento a *Il giardino profumato*. Poiché si dice che Gendün Chöpel fosse
    molto attento ai termini stranieri, la maggior parte degli errori di trascrizione che
    troviamo nel testo sono probabilmente errori dei copisti.

413 Il punto sembra essere che l'anziano marito non ha forza ed energia sufficienti per fare
    ciò che è necessario.

434. L'uomo supino allarga le cosce e distende completamente le gambe,
la donna si stende sopra, con i polpacci ben stretti insieme,
unendo la radice del vajra alle cosce serrate e alla bhaga,[414]
mentre la parte superiore delle braccia dell'uomo sono
    strette tra le mani di lei;
La donna fa ruotare i fianchi, con forti movimenti di macinazione;
questa è ampiamente conosciuta come la "posizione della cavalla."

435. Con la donna come sopra o cavalcando l'uomo come un cavallo,
la bocca della bhaga è unita alla radice stessa del vajra;[415]
le parti inferiori dei loro corpi premono l'uno sull'altro
    con forza mentre si uniscono.
Le spinte in avanti e indietro non vengono praticate in questo caso.

436. Poi, a turno, a destra e a sinistra, e sopra e sotto,
La donna agita rapidamente il bacino e poi lo fa roteare;
Questo è chiamato bhramaraka, 'la maniera dell'ape,'
O 'il modo dell'ape, quando sta raccogliendo il miele.'[416]

437. Come una macina con il suo foro centrale,[417] la punta del liṅga
si muove nella caverna della bhaga e gira tutt'intorno.
L'uomo supino inserisce il suo pene nella donna;
con i piedi di lei distesi sulla superficie del petto di lui,
entrambi, con le mani giunte, si dondolano come un palanchino.[418]

---

414 Il vajra viene stimolato anche al di fuori dalla bhaga.

415 Il vajra entra completamente fino in fondo.

416 Questo comportamento si osserva comunemente nelle due danze, quella dell'oscillazione e quella circolare, attraverso le quali le api comunicano alle altre api dove si possa trovare il nettare.

417 *rang thag*, nello specifico, è una macina che si muove da sola grazie al vento o all'acqua.

418 Un palanchino o una portantina ondeggia quando i portatori lo sollevano e lo trasportano

Questa è chiamata "l'azione di cavalcare in una barca."

438. La donna, a faccia in giù, è sopra l'uomo che giace supino,
Con le mani e i piedi a terra, si china e lo cavalca;
A ogni spinta e ritiro, ammira il lungo e spesso vajra del
   suo compagno mentre entra dentro di lei.
Questa attività estatica, svolta da una donna,
è conosciuta in sanscrito come *gatāgata*, "andare e venire.[419]

439. La donna si siede sul pene del partner,
Le sue due gambe sono allungate fino a trovarsi sotto le ascelle di
lui, le mani di lei sono appoggiate a destra e a sinistra, sul terreno;
fanno, a loro piacimento, i movimenti del mortaio e del pestello,
   e del palanchino.
Questa è chiamata "la melodia del palanchino.'

440. Con le due gambe della donna dietro la schiena dell'uomo,
mentre i loro petti sono uniti, lei abbraccia le spalle del suo partner;
la parte superiore del corpo dell'uomo supino è appoggiata su
   un cuscino.[420]
Questo è chiamato *rodhanika*, "l'approccio inverso".
Vengono eseguiti i movimenti sia del pestello che del palanchino.

441. Quando la coppia è ben unita, le due gambe dell'uomo,

---

tramite le stanghe.

419 Perdonate un brutto gioco di parole in sanscrito. Una persona che raggiunge lo stato
di Buddha è un *tathāgata*, "colui che va in quella direzione", dove "quella" si riferisce
alla "talità". Se una donna praticasse questa attività estatica fino alla liberazione, non
sarebbe forse una *tathāgatāgatā*, "colei che va di qua e di là", verso tutti i livelli dei
fenomeni, come meglio le piace?

420 Ciò crea lo spazio affinché la donna possa portare le gambe dietro di lui.

si avvolgono intorno alla colonna vertebrale della compagna,
   come sono solite fare le donne.
Questa è chiamata la posizione "del reggere una borsa".
Qui spingere e tirare sono difficili, perciò si fa il movimento
   del palanchino.
Anche in altri meravigliosi mezzi di unione sessuale,
l'uso del movimento del palanchino è fonte di completa beatitudine.

442. L'uomo è sdraiato supino con le cosce divaricate,
   entrambe le ginocchia sono piegate al massimo;
   di fronte a lui, la donna appoggia le natiche sul pene,
   posizionando i suoi piedi a destra e a sinistra del partner.

443. La donna, appoggiandosi alle cosce dell'uomo,
   esegue azioni alternate di spinta e ritrazione;
   in questo modo, il liṅga penetra profondamente in lei,
   toccando ripetutamente la porta dell'utero;

444. Questa tecnica è controindicata per le donne in gravidanza,
   si chiama rodhanika, "modo inverso".
   In un uomo c'è un po' di natura femminile,
   così come in una donna c'è un po' di natura maschile.

445. Così, quando cavalca un uomo, sul volto della donna,
   può apparire un'espressione feroce che lui non ha mai visto prima;
   in ogni caso, quando una coppia vuole avere un figlio,
   e la donna vuole concepire, è bene evitare questo stile.

447. La donna, di spalle, viene sollevata in grembo all'uomo,
   Distendendo i fianchi, si unisce a lui con le natiche;
   con una mano, l'uomo le afferra il seno;

con l'altra le stringe la bhaga dal lato.

448.   Mantenendo la giusta tensione, il vajra entra ed esce,
       la donna può, a volte, appoggiare la mano contro un muro;
       mentre viene eseguita questa tecnica di unione sessuale,
       se il dito di lui strofina le labbra sopra e accanto alla bhaga,
       ed entrambi accarezzano dolcemente sotto le guance delle
            natiche del partner,
       alla radice delle cosce del partner, la loro beatitudine aumenterà
            senza misura.

449.   La donna si sdraia su un fianco e spinge le natiche all'indietro,
       l'uomo, sdraiato dietro di lei, incontra così la sua bhaga;
       allungando la testa sotto il braccio della donna,
       deve baciare la sommità dei suoi seni e accarezzarli.

450.   L'uomo, seduto su una sedia, si appoggia allo schienale,
       la donna gli viene incontro allungando le natiche dal suo
            lato sinistro;
       le gambe di lei, poggiate sulla coscia sinistra di lui,
       sono distese verso sinistra,
       con una mano lei abbraccia il collo del partner.

451.   La donna, supina, pone un cuscino sotto le natiche,
       i suoi piedi vengono sollevati in aria dall'uomo, come
            tirando una corda;
       l'uomo le afferra le ginocchia dal davanti e si uniscono.
       Una volta terminata l'unione, se la donna rimane,
       per un breve periodo di tempo, nella posizione descritta,
       si dice che aumenti le possibilità di concepimento dell'utero.

452. L'uomo è seduto su una sedia e si appoggia allo schienale,
      entrambi i suoi piedi, ben distesi, sono appoggiati sul pavimento,
      e con le natiche sul bordo del sedile, allarga le cosce;
      la donna, rivolta all'indietro, si siede sulle ginocchia dell'uomo;
      quando lei allunga le natiche verso l'esterno, il liṅga entra nella bhaga.

453. I due piedi della donna sono appoggiati alla base di un muro e,
      spingendo con forza la bhaga contro il liṅga del partner,
      la donna lo strofina e ci gira attorno con le natiche;
      a volte, appoggiando le mani su una scala a pioli davanti a sé,
      tira ripetutamente le natiche indietro e le spinge in avanti.

454. In alternativa, appoggiando le mani a un'asta di legno,
      lei preme fino alla radice del liṅga, come prima;
      oppure, si uniscono stando su sedie di diversa altezza,
      mentre la donna compie la maggior parte del movimento ritmico.

455. La donna si inginocchia e si appoggia al letto,
      si piega in vita e allunga il bacino all'indietro;
      l'uomo, posizionato allargando le proprie cosce, la penetra da dietro;
      questa è chiamata *dhenukā*, "la posizione della mucca".
      Con la mano dell'uomo protesa in avanti, sotto il busto,
      egli massaggia ripetutamente le labbra gonfie della bhaga.

456. Per variare, la donna può alzarsi dalla posizione piegata,
      chinandosi per appoggiare le mani sul letto, si abbassa sui gomiti;
      ruota di nuovo la vita per tenere le natiche spinte indietro.
      Per le donne che si sentono tormentate da una passione spietata,
      di tutte le posizioni per l'unione, si dice che questa sia la migliore,
      e per questo il suo uso è un'istituzione in molti paesi.

457. In un'altra variante, la donna, come prima,
     appoggia le ginocchia sul letto e poi presenta le natiche;
     si sdraia su un cuscino che solleva leggermente la parte
          superiore del corpo;
     il movimento ritmico viene eseguito dall'uomo e dalla
          donna in egual misura;
     l'uomo, avvolgendola con un abbraccio e con le mani davanti a lei,
     le massaggia il busto, risalendo dal ventre verso l'alto.

458. Con le due mani della donna intrecciate dietro di lei,
     lei si sdraia supina sopra di lui, in modo da presentare le natiche;
     si uniscono da dietro, usando il movimento del palanchino,
     per concedersi il sapore di una gioia inebriante.

459. Da dietro la donna, le due gambe dell'uomo sono rivolte in,
     avanti, sono allungate in avanti, sotto le cosce della donna;
     a volte la donna gira le natiche di lato,
     stendendo entrambe le gambe a sinistra dell'uomo;

460. A volte le gira anche a destra allo stesso modo.
     Questo è un eccellente metodo per impedire la gravidanza;
     anche tutte le posizioni in piedi e sedute sono utili.

461. La donna, dopo aver appoggiato le natiche su una sedia,
     allarga i piedi e li appoggia sul pavimento;
     mentre solleva il busto più in alto possibile,
     l'uomo si alza in piedi di fronte a lei e si uniscono.

462. Questa e posizioni simili di unione sessuale,
     sono molto utili per prevenire la gravidanza.
     In breve, posizioni in cui il grembo è rivolto verso il basso,

e il liṅga entra nella donna dal basso,
e la vita della donna non è piegata in avanti,
sono modalità di unione adatte a prevenire la gravidanza.

463. Se la donna si alza in piedi subito dopo che l'uomo ha
         emesso il seme,
      poi batte ripetutamente le piante dei piedi sul terreno,
      e successivamente lava la sua bhaga con acqua calda,
      questo funziona come un rimedio per evitare il concepimento.

464. La donna mette un cuscino sotto la pancia,
      allunga le braccia e le gambe e si sdraia a faccia in giù sul letto;
      allargando le proprie cosce,[421] l'uomo la monta da dietro e appoggia
      la guancia al centro della colonna vertebrale della donna.

465. Con le due mani, dalla radice delle cosce della donna,
      tirando ripetutamente le natiche verso il suo pene, egli penetra;
      a volte, con le dita della mano destra e della mano sinistra,
      stringe le labbra della bhaga, mentre affonda all'interno.

466. Questa e altre tecniche di penetrazione da dietro,
      possono essere variate in diverse sequenze;
      così, la donna può stendere le natiche verso l'esterno e scuotersi,
      strofinando e massaggiando la parte inferiore del torso del partner.

467. Dopo aver piegato la testa verso il basso,
      l'uomo dovrebbe baciare sopra il bacino della donna;
      allo stesso modo, dopo aver succhiato ai lati del ventre,
      dovrebbe far scorrere la lingua sotto le braccia e i seni della donna.

---

421 In questo modo l'uomo può piegare le ginocchia per raggiungere l'altezza necessaria.

468. Inoltre, questi vari tipi di attività inebrianti,
dovrebbero essere praticati ogni volta che ci si sente ispirati;
godendo della donna da dietro, come le antere del loto,
con il contatto diretto e lo sfregamento ella può essere
    completamente risvegliata.
La donna può essere soddisfatta da una passione intensa e gioiosa,
e questo le dona un piacere immenso.

470. Questa raffinata delizia che esiste come la tua natura
    indistruttibile,[422]
questo sapore di miele creato dal tuo corpo auto-sorto,[423]
che pervade la punta dei tuoi centomila pori,[424]
non è sperimentabile neppure dalla lingua del divino Indra.[425]

471. Un vecchio che ha provato tutto potrebbe dire qualsiasi cosa,
se lo avesse fatto in segreto, potrebbe screditare ogni cosa.
Questo regno del desiderio possiede molti piaceri dei sensi,
ma che cosa c'è di meglio della vagina di una donna?

---

422 Poiché la vostra natura umana relativa è troppo fragile e corruttibile, questo non può che riferirsi alla vostra natura assoluta. Il piacere momentaneo dell'unione sessuale è in realtà un assaggio della grande beatitudine del Sugatagarbha, e può essere ampliato attraverso la pratica appropriata, così come viene descritto nella Parte quarta di questo libro.

423 Allo stesso modo, il corpo in questione non può essere il corpo umano impermanente, che sorge da cause interdipendenti. Deve essere il corpo vajra indistruttibile dell'illuminazione. Poiché anch'esso è identificato con il Sugatagarbha, il punto è lo stesso di prima.

424 "Diffondere ciò che è diffuso", come descritto da Rinpoche a proposito delle fasi finali dell'unione sessuale.

425 Gli insegnamenti buddhisti spiegano che l'illuminazione può essere pienamente realizzata solo praticando il corretto sentiero in forma umana. Gli dèi dei regni divini, ad esempio, gustano l'amṛita celestiale e innumerevoli delizie sensoriali, ma questo li distrae dall'esplorare la possibilità della beatitudine suprema dell'illuminazione. Spiegazioni più ampie di ciò si trovano in molti testi tradizionali e in *Unveiling Your Sacred Truth — Vol. 1* di Rinpoche.

Questo era il capitolo sui vari mezzi di unione sessuale.
Il significato profondo di queste qualità virtuose e aspirazioni
    finali:

557. Ciò che attrae la totalità dei tre regni dai mille mondi,
come una calamita che non può essere né vista né toccata,
se riflettiamo bene, è lo spazio della grande beatitudine,
conosciuto per essere il campo in cui l'esistenza apparente si dissolve.

558. Insoddisfatta persino dal conseguire le ricchezze dei tre regni
    dai mille mondi,
nota per l'ardente bramosia della sua ambizione illimitata,
davvero, questa mente, questo bambino afasico, questo
    conoscitore del nulla,
vuole tornare alla sua patria, lo spazio della beatitudine-vacuità.

559. Tu riveli la pura e vera natura delle cose agli esseri sacri,
tu giochi solo scherzi divertenti a bambini disorientati;
tra le tue qualità distintive c'è l'indefinibilità;
mi prostro a te, divinità della gioia auto-sorta!

560. Tu appari nella mente degli stolti,
tu giochi solo scherzi divertenti a bambini disorientati;
tra le tue qualità distintive c'è l'indefinibilità;
mi prostro a te, divinità della gioia auto-sorta!

561. Tu danzi nuda nello spazio, libera da vesti relative,
tutte le tue forme miracolose non hanno colori né forme mondane;
tu lanci la stella dell'esperienza che nessuna coscienza può afferrare;
mi prostro a te, divinità della gioia auto-sorta!

562. A te, dove i vari arcobaleni dell'elaborazione si dissolvono,

dove l'oceano dell'illusione è calmo e privo di onde,

dove persino i moti di distrazione della mente rimangono
   senza movimento,

mi prostro a te che sei la grande beatitudine auto-sorta!

563. Tu sei visto dall'occhio di Buddha che non batte mai le palpebre;

i dotti ti sperimentano quando la parola si interrompe;

ti incontri con le menti non fissate come non-elaborazione;

mi prostro a te, lo spazio di beatitudine auto-sorto!

564. Qui non viene fatta alcuna proclamazione dei segreti,

della pratica segreta e profonda del tantra e della sua terminologia;

sebbene sia così, poiché questa pratica può essere imbarazzante,

i tantrici dovrebbero cercare di tenerla segreta agli altri.[426]

573. Dopo aver riposto le nostre speranze nei fenomeni saṃsārici,
[c-d]
è vero che l'esperienza non trova in essi alcuna essenza
   meravigliosa.

574. Tuttavia, poiché il numero di uomini e donne è simile,

è facile trovare candidati che si desiderino a vicenda;

poiché la lussuria frustrata è un karma peggiore della
   fornicazione effettiva,

abbandonarsi al piacere sessuale è sicuramente la scelta migliore.

---

426 Potremmo interpretare questa affermazione in almeno due modi: i testi tantrici tradizionali non dovrebbero essere divulgati a chiunque e in qualsiasi circostanza, poiché sono benefici solo quando vengono soddisfatte determinate condizioni; inoltre, quando i tantrika si dedicano con passione e "senza vergogna" al sentiero del desiderio, è meglio tenere segrete le loro attività, per non turbare le norme sociali di una certa regione e di un determinato tempo. Si veda l'Appendice II con le citazioni dal *Kālachakra*.

575. Se restiamo a contatto abbastanza a lungo di una qualsiasi cosa,
   tutto in questa vita ci rattristerà alla fine;
   "l'unica cura per tale tristezza è il sacro Dharma", questo pensiero lo
   avremo di certo almeno una volta.

576. Gli stolti che difendono le loro false apparenze dal cambiamento,
   e gli studiosi che producono pensieri costruiti,
   seguono strade diverse dal crocevia delle loro nascite,[427]
   ma si incontreranno ancora una volta per morire, sulle rive del
      triplice Gange.[428]

577. Ma se, vedendo le profondità dell'oceano del saṃsāra,
   non riuscite a sopportare la vostra tristezza disillusa,
   indossate le vesti di zafferano di un rinunciante sul vostro corpo
   e non cercate altro che la pace del santo Dharma.

578. Gli studiosi tibetani che giunsero in questa nobile terra d'India,[429]
   nei tempi propizi dei secoli passati,[430]
   possedendo i tre addestramenti,[431] e controllando le tre porte,
   troverebbero il mio discorso attuale piuttosto difficile da ascoltare.

---

427 Gli studiosi sono dal punto di vista relativo migliori degli sciocchi, ma la maggior parte di
   loro si aggrappa ancora ai pensieri concettuali. Hanno stili di vita separati, ma nessuno
   dei due trascende il saṃsāra e la morte, perciò si dice che i due si incontrino sulle rive del
   Gange al momento della morte a causa della tradizionale credenza indiana secondo cui è
   di buon auspicio morire là, con le proprie ceneri cremate che diventano parte del fiume.

428 Si dice che ci siano tre fiumi Gange: 1) il Gange celeste che scaturisce dal ciuffo di
   Śhiva; 2) quello che scorre in questo mondo; 3) il Gange della Terra della Morte, sotto la
   superficie.

429 Dove risiedeva Gendün Chöpel al momento della scrittura del testo.

430 Presumibilmente egli pensa soprattutto alle origini delle scuole di traduzione sorte più
   tardi, tra l'XI e il XIII secolo.

431 I tre addestramenti superiori dell'etica, dell'assorbimento meditativo e della saggezza.

579. Io sono uno con poca vergogna, ma con fede illimitata nelle donne;
      sono il tipo che sceglie il male e rifiuta il bene;[432]
      i miei voti non guidano più la mia testa da molto tempo,
      ma fingere di portarli dentro di me è stato infranto solo di recente.[433]

580. L'abilità dei pesci nell'acqua è davvero profonda,
      tutti noi siamo più familiari con ciò che abbiamo sperimentato;
      riflettendo su questo, mi è parso fosse il mio destino
      impegnarmi a fondo nella stesura di questo trattato.

581. Anche se i monaci potrebbero criticarlo, c'è da aspettarselo;
      anche se i tantrici potrebbero lodarlo, ciò non è certo proibito;
      forse non gioverà molto al vecchio Lugyal Bum,
      ma al giovane Sonam Tar sarà di grande beneficio.[434]

582. L'autore del presente trattato è Gendün Chöpel,
      il luogo in cui fu composto è la città di Mathurā;
      un vecchio bramino mi spiegò i passaggi difficili,
      una ragazza musulmana mi fornì istruzioni dirette.

583. La base della spiegazione proviene dai testi indiani;
      ho scritto in versi tibetani per facilitare la comprensione.
      L'insieme delle cause non lascia nulla di incompleto;
      mi aspetto una buona fruizione, come risultato certo.

---

432 Poiché alla fine Gendün Chöpel sceglie di seguire la sua innata fede nelle donne e il sentiero
     del desiderio, è consapevole che sarà considerato una persona "cattiva" dalla sua tradizione.

433 Si riferisce al fatto che non si concentra più sui voti di liberazione individuali come
     principale condotta etica.

434 Questi sono nomi tibetani comuni, quindi è come se un americano dicesse: "Joe Schmidt... Al
     Jones...". In altre parole, questo trattato potrebbe non essere di grande utilità per i vecchi, ma
     i giovani sapranno bene come usarlo. (Potremmo anche interpretare il termine "vecchio"
     come se si riferisse a persone dalla mentalità chiusa piuttosto che a un'età precisa).

584. Il monaco chiamato Mipham[435] scrisse sul sesso dopo aver
          letto dei libri;
       il libertino chiamato Chöpel scrisse per esperienza personale;
       la differenza nel loro potere di conferire le benedizioni essenziali,
       sarà conosciuta da uomini e donne appassionati nella loro pratica.

585. Se ci fossero molti difetti di eccesso o di omissione,
       come dire troppo poco per il calore della passione,
       tali errori di aggiunte o omissioni,
       confessandoli con rammarico, non li nascondo né occulto nulla.

586. Sono uno che ha distrutto la sua vita come amico virtuoso;[436]
       ho perso il mio costume religioso e ogni pretesa di bontà.
       Perciò, qualunque siano le tue colpe come individuo,
       non caricarle sulla testa di un misero come me![437]

587. Per questi meriti, possano tutti i compagni della stessa famiglia,
       attraversare la nebbiosa oscurità che nasconde il sentiero
          della passione,
       finché, dalle vette delle montagne delle sedici gioie,
       vedranno il cielo senza nuvole della vera realtà.

588. Yutrön, Gangā, Asali e tutte le altre,
       voi donne con cui mi sono relazionato, liberando i nostri corpi,
       proseguendo il nostro cammino che va di beatitudine in beatitudine,
       possiate raggiungere il Dharmakāya, la suprema grande
          beatitudine finale!

---

435 Ju Mipham, si veda il glossario.

436 Un monaco che è un buon amico spirituale.

437 Nel senso che è già "in disgrazia" ed è inutile cercare di abbatterlo ulteriormente.

589. Possano tutte le persone umili che vivono su questa vasta terra,
  essere liberati dalla prigione di leggi spietate!
  Possano conoscere, con la libertà ordinaria,
  i piccoli piaceri di cui hanno bisogno e che sono loro di diritto.

Colophon di Gendün Chöpel sulle buone qualità degli insegnamenti del desiderio:

Questo Kāma Śhastra di Gendün Chöpel, che raggiunse l'altra sponda dell'oceano dei campi conoscibili con l'intuizione di se stessi e degli altri, e recise le affermazioni esagerate sulla passione del desiderio attraverso la vista, l'udito e l'esperienza diretta, fu completato nella parte finale del secondo mese d'inverno dell'anno della Tigre, [gennaio 1939] nella grande città di Mathurā, nel Magadha, vicino alle rive del glorioso Yamunā, mentre una luce simile allo splendore di un'alba primaverile scese nella casa di Gangādeva, dove ero accompagnato da Pañchāla, una donna che condivideva la stessa pratica. Che sia di buon auspicio! Sarva mangalaṃ.

Versi conclusivi dell'autore

Tutto va bene, che la realtà venga proclamata o meno.
Eppure, in questo regno del desiderio, viviamo solo attraverso la nostra passione.
Non sapendo come trasformare la passione in sentiero,
combattendola come un veleno o un nemico,
come siamo afflitti!

La passione di alcuni è la causa della sofferenza saṃsārica,
mentre la passione di altri è la via della saggezza e della grande beatitudine.
dall'abbandonare i kleśha, trasformarli o impiegarli
sul sentiero,

non abbandonarli - ma usarli - è una delizia senza precedenti.
È impossibile che qualcosa sia essenzialmente velenoso,[438]
è sufficiente saper usare il veleno come medicina.
Allora non ci sono più nemici nel saṃsāra.
Saper trasformare i nemici in amici è il massimo della saggezza.

La grande [439] passione è il sentiero della Ḍākinī della grande beatitudine;
la grande ira è il sentiero del Ḍāka con la gonna di pelle di tigre;
la grande gelosia è il sentiero delle schiere della perseveranza irata;
il grande orgoglio è l'orgoglio della vittoria sulla guerra nei tre regni.[440]

---

438 Ad esempio, la velenosità del cianuro non dipende solo dalla sua natura, ma anche dalla natura degli esseri che ne sono vittime. Esiste naturalmente in alcune piante, che non ne sono avvelenate. Allo stesso modo, i tre veleni mentali, attaccamento, avversione e ignoranza, sono tossici soltanto nell'ambiente concettuale del saṃsāra. Nell'ambiente della saggezza non concettuale diventano aspetti benefici di tale saggezza.

439 "Grande" qui e nelle righe successive indica la passione e gli altri kleśha così come sono percepiti dal punto di vista della saggezza assoluta.

440 I tre regni del saṃsāra sono vissuti come una guerra senza fine tra le dualità della felicità e della sofferenza, della conoscenza e dell'illusione, ecc. Quando si raggiunge

Verso aggiuntivo

Questo detentore della consapevolezza, un bambino legato alla sua nobile
famiglia, venerando le divinità senza una tale discendenza familiare,
e analizzando i limiti della famiglia del buon senso,
si libera nel campo puro dei detentori della consapevolezza, KYE! [441]

---

l'illuminazione c'è il "grande orgoglio" della vittoria su questa guerra.

441 Rinpoche ci dice poeticamente che non è solo un mendicante errante senza risorse Egli
ha lealtà e un fondato orgoglio per la sua famiglia, in quanto praticante del tantra e
Maestro Vajra del lignaggio buddhista. Ha fede e rispetto per le divinità che non hanno
una simile famiglia umana, il che significa che il loro sguardo è universale, non di parte.
Inoltre, analizzando l'esperienza umana con buon senso, è stato in grado di sviluppare
una comprensione dei modi di praticare che sono giusti o sbagliati, nel senso che sono
praticabili o meno. Grazie a tutto ciò, che la liberazione sia raggiunta!

La statua del Kālachakra a Dzokden Kalapa, Austria.

[Citazioni dal Kālachakra Tantra]

Introduzione

Di seguito sono riportati alcuni passaggi insegnati dal Buddha nel *Kālachakra* nella forma che è disponibile nel nostro mondo. Purtroppo, il tantra radice completo e il suo commentario, scritto dal Re del Dharma Suchandra, sono ora accessibili soltanto a Śhambhala. Il testo tantrico del *Kālachakra abbreviato* del Kalkī Mañjuśhrī Yaśhas è presentato qui in tibetano e poi in italiano: il testo tantrico è evidenziato in grassetto, mentre il commento di Ju Mipham è in caratteri normali. Le parole tra parentesi quadre e le note al commento sono state aggiunte da noi per agevolare la comprensione.

L'autore, Khentrul Rinpoche, non ha incluso nessuno di questi saggi e spiegazioni nel manoscritto originale. Poiché potrebbero fare chiarezza sulle differenze tra la pratica tantrica dell'antichità e quella odierna, questa appendice è stata aggiunta dal traduttore con il consenso di Rinpoche. Di seguito è riportata solamente una piccola selezione di passaggi del *Kālachakra* che riguardano il dono del desiderio e la pratica sessuale. Se volete conoscere la vasta gamma di argomenti trattati, potete leggere l'intero tantra e i suoi commentari. Tuttavia, nessuna di queste letture è un requisito per entrare e progredire nel sentiero del desiderio.

In generale, il Buddha trasmette agli studenti soltanto tanto Dharma quanto sono in grado di sostenere, e non di più. Quando insegnò il secondo giro della ruota del Dharma con i suoi profondi insegnamenti sulla vacuità, avvertì i bodhisattva di non condividere tali insegnamenti del Grande Veicolo con i nuovi studenti o con i seguaci del veicolo della liberazione individuale, perché avrebbero accumulato un karma negativo rifiutandoli con avversione. Quando insegnò il miracolo che esaudisce i desideri della realtà ultima nei tantra, i bodhisattva rimasero scioccati. Ecco perché Rinpoche ha affrontato la questione della segretezza del tantra nella Parte prima, capitolo 2, di questo libro. Perciò, se avete dubbi riguardo al possesso dei requisiti adatti per leggere testi tantrici, dovreste consultare prima le autorità del vostro lignaggio.

Offrire il dono più eccellente della soddisfazione del desiderio, Kāma Dāna

བ་ལང་སྦྱིན་དང་ས་གཞི་སྦྱིན་པ་དེ་བཞིན་གནན་ཡང་མི་ཡི་འཇིག་རྟེན་དུ་ནི་ལོངས་ སྤྱོད་སྦྱིན། ༤་༢༠༦་༡ (4.206.1)

I doni di bestiame e i doni di terra, così come altri doni di cibo, vesti e così via, in questo mondo umano, donano abbondanti frutti per godere di cibo, vestiti e così via.

སྨན་དང་ཁ་ཟས་སྦྱིན་པ་དག་ནི་མཐའ་དག་ནད་འགྲོག་བཏེས་པ་དག་ནི་སྐོམ་པ་ དག་གྱུང་འགྲོག། ༤་༢༠༦་༢ (4.206.2)

I doni di medicine e cibo rimuovono ogni malattia e, rispettivamente, la fame e la sete. [...] Tuttavia, questi doni non conferiscono la fruizione della beatitudine-equanimità.

འདོད་པའི་སྦྱིན་པ་ཐམས་ཅད་དུ་ནི་བདེ་མཆོག་འབྲས་སྐྱེར་འཁོར་ལོའི་དུས་ས་ སྤྱོས་གྱུང་ཅི་ཞིག་དགོས། ༤་༢༠༦་༣ (4.206.3)

D'altra parte, se si offre il dono del desiderio, la fruizione dell'essere di un unico gusto con la grande beatitudine e l'equanimità immutabili viene conferita in ogni occasione. In particolare, al momento dei potenziamenti e dei gaṇachakra, non occorre nemmeno dire che tale dono deve essere offerto al Maestro Vajra.[442] [...]

སྤྱན་ཆེ་སངས་རྒྱས་རྣམས་ཀྱིས་འཇིན་མ་དང་ནི་གླང་ཆེན་རྟ་དང་ཤིང་རྟ་དུ་མ་གསེར་གྱི་ཁུར། ‹‹ ༣༠༡༡ (4.208.1)

Nelle vite precedenti, i Buddha stessi donarono terre, elefanti, cavalli, carri e molte altre cose. Hanno donato tutto ciò e anche grandi carichi d'oro.

སངས་རྒྱས་ཉིད་ཀྱི་སྐད་དུ་བྱིན་ཞིང་སྣར་ཡང་མགོ་དང་ཁྲག་དང་ཤ་རྣམས་དག གྱུང་རབ་ཏུ་བྱིན། ‹‹ ༣༠༡༣ (4.208.2)

E questi doni sono stati offerti per il conseguimento della Buddità. Anche la testa, il sangue e la carne del donatore sono stati completamente donati, più e più volte.[443]

འདི་རྣམས་ཀྱིས་ནི་བཞེད་པའི་སངས་རྒྱས་ཉིད་དུ་མ་གྱུར་དེ་ནས་འདོད་པའི་སྦྱིན་པ་རབ་ཏུ་སྦྱིན། ‹‹ ༣༠༡༣ (4.208.3)

Tuttavia, come essi stessi hanno affermato, i Buddha del passato non raggiunsero l'illuminazione attraverso questi doni. Poi, offrirono pienamente il dono del desiderio.

གསང་བའི་སྦྱིན་པ་དེ་ཡིས་སྨྲས་བ་རྣམས་ནི་རྒྱལ་བ་སྐྱེད་བྱེད་རིགས་ལ་སངས་ རྒྱས་ཉིད་དུ་འཁྲུངས། ‹‹ ༣༠༡༤ (4.208.4)

---

442 Offrire varie consorti; nell'antichità la pratica prevedeva di offrire come consorti i membri della famiglia dello studente maschio.

443 Questi grandi atti di generosità sono descritti nei sūtra mahāyāna. Nel caso del sentiero tantrico di oggi, più spesso queste offerte di "testa, sangue e carne" sono una metafora per offrire il servizio devozionale al Guru.

Grazie a tali doni segreti,[444] esseri che erano bodhisattva, dipendendo dal produttore di Vittoriosi, il Mahāmudrā, o da Prajñāpāramitā che possiede tutti gli aspetti supremi, nacquero nella famiglia dell'inseparabile beatitudine-vacuità, e in virtù di ciò nacquero nella Buddità.

Come si dovrebbe utilizzare un Karma Mudrā per conferire i Quattro Potenziamenti Superiori del Kālachakra[445]

དཔལ་ལྡན་ཤེས་རབ་ནུ་མ་ཡང་དང་པོར་རེག་པ་གང་ཡིན་བས་པའི་དབང་ནི་དེ་
ཉིད་དོ། ༣་༡༡༩་༡ (3.119.1)

Con una gloriosa consorte prajñā, o śhakti, viene conferito il primo dei Potenziamenti Superiori. Toccando con le mani i seni della consorte, lo studente ottiene la beatitudine dell'elemento

---

444 Come una madre o un padre compassionevole, il Buddha comunica sempre con i suoi figli in modo adeguato ai loro limiti. Questi insegnamenti tantrici erano mezzi abili volti a produrre i migliori risultati possibili per un pubblico specifico, in un'epoca fortemente patriarcale in cui le donne erano considerate proprietà degli uomini. Richiedere ai praticanti di offrire i propri familiari e così via come consorti al Maestro Vajra era allora un potente mezzo per superare l'attaccamento. Questo metodo era adatto al pubblico di quell'epoca specifica.

445 Secondo Rinpoche, in origine i Potenziamenti Superiori venivano eseguiti letteralmente come descritto qui, compresa l'offerta effettiva di una consorte umana al Guru e la pratica dello studente con una consorte. Al giorno d'oggi, i Maestri Vajra eseguono potenziamenti simbolici, come illustrato nella Parte prima, capitolo 10; gli studenti possono sperimentare oggi la gioia e la beatitudine che un tempo venivano trasmesse da questi potenziamenti effettivi, elevando la propria attività sessuale già esistente a pratica tantrica privata con i propri partner, come descritto nella Parte quarta e nell'Appendice I di questo libro. Rinpoche insegna una serie di altri casi in cui si ottengono buoni risultati quando non ci si attiene rigidamente al significato letterale apparente delle scritture. Altrimenti, potremmo rifiutare tutto questo, pensando che il punto sia un'interpretazione letterale delle scritture, che riflettono la società patriarcale dell'epoca, ma non è affatto così. Poiché oggi disponiamo di mezzi più adatti a trasmettere le esperienze che un tempo venivano veicolate attraverso i potenziamenti effettivi, possiamo affermare, su questa base, che l'essenza di tali potenziamenti può ancora essere trasmessa nella pratica odierna

bianco in movimento, che è come l'occasione di un bambino che cresce; questo è il Potenziamento del Vaso vero e proprio [446]

གསང་བ་དག་ལས་རེ་བོང་འཛིན་པ་སྐྱོང་བ་དང་ངེ་བསྐུ་བ་དག་གིས་གསང་བའི་དབང་དུ་འགྱུར། ༣ ༡༡༩ ༢ (3.119.2)

Successivamente, secondo la liturgia, il maestro compie l'offerta segreta,[447] lo studente, con gli occhi coperti da una benda, riceve sulla lingua l'amṛita bodhicitta dal luogo segreto della consorte e la luna con l'immagine del coniglio[448] viene posta nella bocca dello studente dalla mano sinistra del maestro con pollice e anulare uniti. Lo studente li assaggia e poi la benda viene rimossa. Anche il mudrā della bhaga viene fatto vedere chiaramente all'allievo, generando una beatitudine commovente, che è come l'occasione della giovinezza. Questo è il Potenziamento Segreto.

ཤེས་རབ་ཡེ་ཤེས་དབང་ལ་མཐའ་དག་རྒྱལ་བའི་རིགས་ཀྱི་ཡན་ལག་ཞལ་གྱི་སྦྱང་བ་བྱས་ནས་ཏེ། ༣ ༡༡༩ ༣ (3.119.3)

Poi, nel Potenziamento della Conoscenza-Saggezza o Prajñājñāna,[449] tutti gli aspetti delle famiglie del Vittorioso vengono posti in contatto con il corpo dello studente, facendo riferimento, come verrà spiegato, alla sillaba OṂ e alle altre sillabe-seme delle cinque

---

446 "Potenziamento del Vaso vero e proprio" è detto qui presumibilmente per differenziare questo Potenziamento Superiore del *Kālachakra* dai *Sette potenziamenti analoghi alla crescita di un bambino*, che costituiscono un esteso Potenziamento del Vaso del Kālachakra, preliminare rispetto a questo Potenziamento Superiore.

447 Qui, durante il secondo Potenziamento Superiore, il maestro entrerebbe in unione sacra con la consorte offerta dallo studente. La bodhicitta risultante verrebbe usata come sostanza di potenziamento ("offerta segreta"). In seguito, nel terzo Potenziamento Superiore, il maestro donerebbe la consorte allo studente in modo che entrino in unione.

448 Significa "luna", che i tibetani dicono recare l'immagine di un coniglio, si riferisce in realtà al thiglé grossolano del maestro.

449 In breve "Potenziamento della Saggezza", il terzo Potenziamento Superiore.

famiglie, e alle quattro lettere dei volti della divinità[450] Quando lo studente è stato purificato[451] con queste sillabe,

རྣལ་བ་དག་ཀྱུང་འདིར་ནི་བླ་མས་དཔང་པོར་བྱས་ནས་སྦྱོབ་མ་ལ་ནི་ཕྱག་རྒྱ་སྦྱིན་
པར་བྱ། ༼ ༣༡༡༩༤ ༽ (3.119.4)

a questo punto, dopo aver riconosciuto[452] il Guru come il puro Vittorioso Vajrasattva,[453] la consorte mudrā deve essere restituita allo studente affinché si tengano per mano[454] e si abbraccino. [...]

Un tale conferimento non va a beneficio del maestro che insegna

---

450 Le sillabe per la visualizzazione sono comunemente dipinte su cartoncini, nel caso dei potenziamenti simbolici attuali. Alcuni Maestri Vajra utilizzano inoltre particolari oggetti sacri per ampliare l'esperienza dello studente.

451 Secondo David Reigle in una lettera dell'aprile 2023, il sanscrito della *Vimalaprabhā* (o *Luce immacolata*, il commentario al *Kālachakra* scritto dal Kalkī Puṇḍarīka) qui è *śhodhayitvā*, "avendo purificato". Ciò indica che *sbyar ba* (unito) nella versione del nostro testo tibetano potrebbe essere un errore per *sbyang ba* (purificato).

452 Sia Mipham che la versione tibetana del *Vimalaprabhā* riportano qui *dbang por byas nas*, "potenziato (o iniziato)". Secondo David Reigle, *ibid.*, il sanscrito del *Vimalaprabhā* in questo punto è invece *sākṣhiṇam*, "testimone". Ciò implicherebbe che il tibetano corretto dovrebbe essere *dpang por byas nas*. Tuttavia, è possibile che i traduttori del *Vimalaprabhā* abbiano ritenuto che ci fosse un errore nel testo sanscrito e abbiano quindi reso il termine con *dbang por byas nas*. Allora la traduzione sarebbe: "in questo momento, quando è stato potenziato dal Guru, come il puro Vittorioso Vajrasattva..."

453 Così si ricorda l'importanza della percezione pura del Guru affinché il potenziamento sia efficace. In questo caso ci si riferisce al Guru come inseparabile da Vajrasattva, il capo della sesta famiglia di Buddha del *Kālachakra*, unificatore di tutti i suoi maṇḍala illuminati. Secondo Khentrul Rinpoche, ciò significa anche che il Guru sta facendo ciò che fecero i Buddha del passato. Inoltre, questo rende possibile al Guru di potenziare gli studenti con le stesse qualità, in modo che essi possano compiere le stesse attività sacre del Guru.

454 Secondo David Reigle, *ibid.*, il termine sanscrito del *Vimalaprabhā* in questo punto è *pāṇi-vyāpti*, "tenersi per mano", *bcangs* nella versione tibetana. Ciò indica *che lag pa bcings*, "con le mani legate", nella presente versione del commentario di Mipham dovrebbe presumibilmente essere *lag pa bcangs*, "tenersi per mano". Secondo D. Reigle, *pāṇi-vyāpti* descrive i rapporti sessuali di una classe di divinità. Questo è uno dei numerosi passaggi che utilizzano termini che si riferiscono all'unione sessuale di determinate classi di dèi.

i tantra, disegna i maṇḍala e così via. È invece per lo studente, al quale, tramite [...] la consorte-mudrā e le altre pratiche, appaiono una varietà di manifestazioni illusorie di beatitudine. In questo modo, le quattro gioie vengono riconosciute e la visione della talità viene resa inseparabile dallo studente. [...] Ciò è spiegato in modo esteso nel quinto capitolo [del *Kālachakra*].[455]

Come i praticanti tantrici maschi e femmine che vivono nei villaggi comunicano tra loro con segni segreti per evitare problemi con gli estranei che potrebbero altrimenti danneggiarli[456]

མཛབ་མོ་བསྒྲུན་ན་ལེགས་པར་འོངས་སམ་དག་གྱུང་རེས་པར་བརྟོད་པར་འགྱུར་ཏེ་
རྡོ་འགྲོར་བ་ལ་ཡད། ༣་༡༨༦་༡ (3.186.1)

Ora vengono insegnati i mudrā[457] segreti usati per comunicare quando gli eroi e le eroine si incontrano. Quando gli yogī incontrano per la prima volta le yoginī, gli indici formati in un pugno vajra vengono [estesi e] mostrati verso l'alto, con [i pollici

---

455 Il *Kālachakra* descrive anche il quarto Potenziamento Superiore, il "Potenziamento della Parola", il potenziamento della saggezza trascendentale suprema che va oltre il mondano e qualifica gli studenti ad entrare nello stadio di completamento dei Sei Vajra Yoga del *Kālachakra* . Quando Rinpoche scrisse il libretto *Le Quattro Iniziazioni Superiori - Guida per entrare nello stadio di completamento del Kālachakra*, lo fece per il bene degli studenti qualificati a ricevere questi Potenziamenti Superiori. Il libretto contiene istruzioni essenziali di alto livello per la pratica meditativa personale e, secondo i desideri di Rinpoche, non dovrebbe essere reso pubblico.

456 Questa selezione è stata inclusa per dare un'idea di come fosse la vita di un yogin tantrico quando il tantra cominciò a diffondersi. All'epoca i praticanti temevano che altri li punissero per il loro culto considerato "scandaloso", che si esprimeva attraverso i banchetti sacri, il consumo di cibi e bevande "proibiti" e unioni sessuali al di là delle norme sociali, come ad esempio la mescolanza di caste o la trasgressione delle regole patriarcali delle loro società.

457 Qui la parola mudrā non si riferisce alle consorti ma a particolari gesti.

coperti dalle dita in modo che le dita che coprono i] pollici [siano] sul lato esterno e [sul] lato visibile; quando gli indici sono mostrati uniti in questo modo,[458] "Siete tutti benvenuti qui" è certamente espresso da quel mudrā. Lo fanno anche le yoginī per gli yogi.

གཉིས་ཀྱིས་ཤིན་ཏུ་ལེགས་པར་འོངས་དང་སྤྱལ་བཟངས་དགེ་བ་མཐེ་བོ་བཅིངས་པས་རབ་ཏུ་བརྗོད་པར་འགྱུར། ༣་༡༨༦་༢ (3.186.2)

Estendendo anche le due dita medie,[459] rispondono: "Siete davvero molto benvenuti" [...]

མོར་མོའི་སེ་གོལ་རྫེབས་པ་ཕྱིན་ནི་འདི་ར་སྱགས་པ་མཆོག་ཅེས་ངེས་པར་འགྱུར་བ་སྟེ། ༣་༡༨༦་༣ (3.186.3)

Allo stesso modo, quando il pollice e l'indice fanno uno schiocco di dita, il significato è: "Voi qui siete eccellenti tantrika"; oppure, a volte, si esprime il fatto che i tantrika sono molto meritevoli.

མཐེ་བོ་དང་ནི་མིང་མེད་དག་གིས་དང་ཆིག་བཅས་པའི་ཆང་གིས་ཕྱིན་ནི་ཚིམ་པར་བྱེད་པའོ། ༣་༡༨༦་༤ (3.186.4)

Se lo schiocco viene fatto con il pollice e l'anulare, significa: "Con liquori e cibo delle sostanze del samaya, [i cinque tipi di carne e di amṛita] in un banchetto vajra,[460] ti soddisferemo.

---

458 Presumibilmente le due mani vengono avvicinate, in modo che le due punte degli indici si tocchino.

459 Insieme agli indici, che sono già estesi.

460 I cinque tipi di "carne" si riferiscono a carne umana, di 'elefante, bue, cane e cavallo, considerati tutti inappropriati da mangiare per le persone dell'epoca. Se questi esseri muoiono di morte naturale, la loro carne diventa una sostanza del samaya idonea. Le cinque amṛita, spesso tradotte come "nettari", devono essere assunte come sostanze del samaya senza avversione o desiderio saṃsārici, al fine di sradicare i pregiudizi. Si tratta di feci, urina, sangue, midollo e sperma. Il praticante dapprima dissolve le carni grossolane e le amṛita, le purifica con la meditazione sulla vacuità, poi le fa riapparire e infine le

སྐྱེ་གནས་དག་ལ་རེག་པས་གཙོ་བོ་མཆ་དང་ནུ་མ་ཟུང་དང་ངེས་པར་སེན་མོ་ འདེབས་པ་ཀྱུང་ རེ་ ༡ ༨ ༣ རེ (3.187.3)

Toccando il proprio luogo di nascita, una yoginī dice: "Sarai il mio uomo principale" o marito. Allo stesso modo, se una yogini afferra le sue labbra e i capezzoli, e graffia con le unghie questi particolari punti, esprime ugualmente che l'altro è il suo uomo principale [o marito].[461]

སོར་མོ་པན་ཚན་བཅིངས་ཤིང་གང་མོ་དང་ནི་མཐེ་བོ་བརྐང་པས་དག་ཚིག་བརྫོད་ པར་བྱེད་པ་ཡིན། རེ་ ༡ ༨ ༣ ༤ (3.187.4)

Quando le dita di entrambe le mani sono state reciprocamente unite e intrecciate,[462] e così connesse, estendendo da lì il dito medio e il pollice, si esprime che sta per aver luogo un banchetto del samaya [o vajra].

---

trasforma in autentica amṛita. Tuttavia, a meno che il praticante non abbia la capacità di eseguire effettivamente tale trasformazione, queste sostanze non contribuiscono al raggiungimento delle qualità illuminate. Questi e altri insegnamenti sull'argomento possono essere letti in *Perfect Conduct*, p. 116, oppure in *Buddhist Ethics*, pp. 472-473. Vale la pena menzionare che i praticanti avanzati combinano piccole quantità di queste sostanze del samaya in piccole pillole dure. Al giorno d'oggi, per la stragrande maggioranza dei praticanti nei monasteri e dei praticanti laici in Occidente, è comune utilizzare carne e alcol che possono essere acquistati nei negozi. Queste due sostanze servono come sostituti simbolici delle dieci sostanze menzionate sopra. Quando i praticanti sviluppano attaccamento nei confronti di questi sostituti simbolici e delle loro preferenze personali, possono vanificare lo scopo della pratica. Secondo Rinpoche, i praticanti senza una realizzazione superiore non devono preoccuparsi troppo di praticare letteralmente con le dieci sostanze tradizionali, le pillole o anche questi due sostituti comuni. Per superare l'attaccamento, è utile praticare con qualsiasi cibo o bevanda verso cui si nutra avversione. Per esempio, i vegani rigorosi possono provare il formaggio, i vegetariani possono provare un pezzo di prosciutto, chi mangia abitualmente carne può provare una patata; chi è attaccato alla vodka può provare i succhi di frutta, e così via.

461 Questi e altri passi che seguono trasmettono il carattere dell'attribuire potere alle donne in quel periodo, affinché fossero indipendenti nelle proprie scelte nel campo della sessualità.

462 Chiuse in un pugno a due mani.

Fino a questo punto si è trattato di mudrā rilassati e gioiosi. Ora vengono insegnati i mudrā [assertivi] utilizzati dalle yoginī.

མཚེ་བའི་དབས་ས་མཐེ་ཆུང་དང་ཉེ་སྒྱིང་ག་ཁ་ར་མཇུབ་མོ་འཇོགས་པ་རབ་ཏུ་གསལ་བར་བྱེད། རེ་༡༨༨་༢ (3.188.2)

Se, tra i canini superiori e inferiori della donna, viene inserito il mignolo e l'indice viene posto e mostrato verso il cuore e la bocca, ciò significa molto chiaramente: "Pericolo!"[463]

ལག་པའི་རྒྱབ་ཀྱིས་སྟོང་ཅིག་རེས་པར་རབ་ཏུ་བརྗོད་དེ་མཆན་ཏུ་ཕྱོགས་པས་འདག་ཅིག་འདག་ཅིག་གོ། རེ་༡༨༩་༡ (3.189.1)

[Alzando gli avambracci e] mostrando il dorso delle mani, si esprime certamente: "Non stare qui, vattene!"; invece, [alzando gli avambracci e] rivolgendo i palmi delle mani in avanti, si esprime: "Resta, resta!"

རྐང་པ་རབ་ཏུ་རྐྱོང་བས་གཉིད་དང་ཕུས་མོ་རྣང་དག་རྐྱོང་བ་བདག་ལ་ཞིན་ཏུ་དགའ་བ་གྱིས། རེ་༡༨༩་༣ (3.189.3)

Estendendo completamente la gamba si intende certamente "Puoi dormire qui", mentre estendendo entrambe le ginocchia "Sono molto felice."[464]

ཡན་ལག་ཀུན་ལ་རེག་པར་བྱེད་ཅིང་ཁ་ར་ལག་པ་གནས་པ་དག་ལ་འདས་པ་མེད་པའི། རེ་༡༨༩་༤ (3.189.4)

Se tutti i suoi arti vengono toccati con la mano sinistra e la stessa mano sinistra è appoggiata sulla bocca, coprendola, il significato è: "Sono sorvegliata dalle autorità e da altre persone

---

463   Questo segno segreto veniva probabilmente usato quando i nemici avrebbero potuto sentire un avvertimento verbale.

464   La segretezza lascia intendere che lei potesse attendersi con gioia qualcosa di più del semplice dormire.

[che sospettano che io sia una tantrika], quindi è meglio che non vada al banchetto."

ཕན་ཚུན་ལག་པ་བཅིངས་པས་བདག་གི་ཁྱིམ་དུ་དེ་རིང་འཁོར་ལོ་འདུས་པ་དག་ནི་ རྟོད་པོར་བྱེད། ར་ ༡ (༩༠་༡ (3.190.1)

Invece, congiungendo e intrecciando le mani, con il pollice e l'indice che sporgono dal centro, si dice: "Oggi, a casa mia, c'è un banchetto [vajra] e tu dovresti venire".

རྐང་པ་ལ་ནི་འཕྲུག་པར་བྱེད་ན་དེ་བཞིན་དུ་ནི་གྲི་རོལ་འདུས་པ་དག་ལ་འགྲོ་བ་ ཡོད། ར་ ༡ (༩༠་ ༣ (3.190.3)

Se si graffiano le gambe, compiendo questo gesto, si dice: "Sto andando a un banchetto fuori dal villaggio, e dovresti venire anche tu".

Questi erano i mudrā riguardanti i banchetti del samaya. Poi vengono insegnati i mudrā irati.

སྐྱེ་ནི་རང་གི་སོ་ཡིས་གཙོད་ན་མི་ཡི་ཕྱུགས་ཁྱོད་འདིར་ནི་ལྷུང་བར་བྱ་བ་རྟོད་པར་ བྱེད། ར་ ༡ (༩༡་༡ (3.191.1)

Quando uno yogī manca di rispetto a una delle messaggere a causa di un orgoglio inappropriato o quando qualcuno che non ha raggiunto poteri mostra il proprio mantra per contrastare quello irato di una yoginī, se una potente messaggera si taglia i capelli con i denti, ciò significa: "[Stupida] vacca, dovresti cadere per mano mia qui e ora!"[465]

---

465 Il presente passo e quello successivo mostrano alcune strategie di "autodifesa" per le prime praticanti tantriche. Ci ricordano della necessità di fornire alle donne un modo di proteggersi dai pregiudizi sociali della società, nel contesto tantrico di un approccio egualitario a molti livelli. È interessante notare che, quando il Kalkī Mañjushrī Yaśhas abbreviò questa sezione del tantra, volle mantenere questa parte per le yoginī,

མཆལ་ལ་སོ་ངེ་འདེབས་པར་བྱེད་ན་ཁྱོད་ཀྱི་རྒྱ་མ་ལྟོ་བར་གནས་འདི་བདག་གིས་
བཟའ་བར་བྱ། ར་ཀྱེ་ (3.191.4)

Se i suoi denti colpiscono le labbra, ciò significa "KYE! Cosa stai facendo, stupida vacca! Le interiora che stanno nel tuo ventre dovrebbero essere mangiate da me".

Se una yoginī potente mostra uno di questi segni irati, uno yogī che non ha realizzato un corrispondente potere farebbe meglio a non mostrare un mantra in risposta o a contrastarla in altri modi. Posizionando il palmo della mano sinistra sul cuore, girando il corpo verso sinistra, dovrebbe voltarsi completamente; e poi, con la mano sinistra che sale verso l'alto in modo sottomesso, dovrebbe andarsene. [...][466]

---

probabilmente perché a quel tempo Śhambhala stava appena iniziando un processo più ampio di trasformazione, essendo egli il primo Kalkī, "detentore della casta (vajra)", che unificò gli abitanti di Śhambhala al di là di pregiudizi di casta e simili. I due versi successivi, 3.191.2 e 3.191.3, sono simili.

466 La minaccia di ucciderli potrebbe essere letterale se il risultato finale per tutti quelli coinvolti fosse buono. Questa attività irata è connessa a un aspetto dei samaya tantrici che afferma che non si dovrebbe essere amorevoli verso gli esseri malevoli nel senso di facilitare la loro attività malvagia, bensì amorevoli nel senso di aiutarli a migliorare. Ciò viene attuato al meglio attraverso il potere della concentrazione meditativa che vede chiaramente i risultati del karma altrui, così da conoscere le esatte conseguenze di questo atto di liberazione. Come spiegato in *Perfect conduct*, il samaya segreto di "uccidere" mentre si libera la mente di un ostacolatore corrisponde alla natura pura dell'odio come samaya della famiglia vajra del Buddha Akṣhobhya. Quando i prerequisiti sono completi - si possiede il potere specifico acquisito attraverso la profondità della realizzazione meditativa oppure si è ricevuto il permesso dalla divinità o dal Lama radice e si agisce motivati da una grande compassione e così via - allora un'attività irata e compassionevole libera la coscienza di un grande ostacolatore del Dharma che non poteva essere domato e a cui non poteva essere portato beneficio attraverso mezzi pacifici. Un esempio specifico di questa attività irata è quando un Maestro Vajra prepara il terreno ed elimina gli ostacoli per il conferimento di un potenziamento. Se alcuni esseri invisibili non sono disposti a collaborare per il buon svolgimento del rituale, il Maestro Vajra, dopo aver fatto loro offerte e richieste pacifiche, li avvertirà delle conseguenze del loro comportamento disturbante. Nel caso in cui preferiscano non ascoltare tali avvertimenti, il Maestro

Vajra li separerà dai loro protettori, allontanandoli l'uno dall'altro, oppure li libererà direttamente, come descritto sopra. Tali attività compassionevoli attraverso mezzi irati per il bene degli esseri senzienti compaiono anche negli insegnamenti sūtrici del Grande Veicolo, come il *Sūtra of Skillful Means* (BDRC e-text UTIE0OP16440489A_10951_bo pp. 605-607), dove il Buddha racconta la seguente storia,

[605] Un tempo cinquecento mercanti desiderosi di profitto stavano navigando in mezzo a un grande oceano. Con loro, in quel viaggio, c'era anche un uomo malvagio, dedito a cattive azioni, abile con arco e armi, che si era unito segretamente per derubare gli altri viaggiatori. [606] Era su quella nave e progettava di assalire e sopraffare quei mercanti. Quel criminale pensava: "Porterò via tutte le ricchezze di queste persone e tornerò a Jambuling [India]". Tra quei viaggiatori c'era anche un capitano di nome Grande Cuore. Mentre dormiva, gli dèi che dimoravano in mezzo a quel grande oceano gli dissero in sogno ciò che segue. "Tra i tuoi compagni di viaggio su questa nave c'è un uomo con questo e quest'altro nome che sta pensando: 'Ruberò le ricchezze di tutti gli altri. Ucciderò tutti questi mercanti, porterò via le loro ricchezze e tornerò a Jambuling'. A causa di tali azioni, quest'uomo sarà colpito in modo atroce. Per la sua malvagità, sperimenterà una punizione insopportabile. Perché? Perché questi cinquecento mercanti dimorano tutti nella consapevolezza illuminata. Sono bodhisattva irreversibili. Se quest'uomo li uccidesse, [...] dovrebbe rimanere nei grandi inferni per il tempo necessario a ciascuno di questi bodhisattva per raggiungere la perfetta illuminazione, uno dopo l'altro. Capitano, trova un modo per evitare che quest'uomo vada all'inferno e che tutte queste persone vengano uccise". Allora il capitano si svegliò e rifletté [607] per sette giorni. [...] Conclude: "Non c'è altro modo per impedire a quest'uomo di uccidere i mercanti e di finire nei grandi inferni che ucciderlo". Poi pensò: "Se riferisco questo ai mercanti, lo uccideranno, animati da pensieri d'ira, e allora cadranno essi stessi nei grandi inferni. [...] Se lo uccido io, brucerò io stesso nei grandi inferni. Tuttavia lo ucciderò per ottenere un buon risultato per tutti gli altri". Così il Capitano Grande Cuore, [...] evitò che quei cinquecento mercanti bodhisattva e quella persona malvagia andassero nei grandi inferni, trafiggendo deliberatamente a morte quel futuro rapinatore con una lancia.

Il Buddha rivela che questa è una storia di una delle sue vite precedenti e racconta i buoni risultati per tutti gli interessati di questa uccisione compassionevole da parte del Capitano Grande Cuore:

'Per me, quella abilità nei mezzi e quella grande compassione bloccarono il saṃsāra per centomila eoni. Il ladro che morì rinacque nei regni celesti. I cinquecento mercanti saranno ora i cinquecento futuri Buddha di questo buon eone. Figlio di nobile famiglia, cosa ne pensi? Bloccare nascite e morti per centomila eoni grazie all'abilità nei mezzi e alla grande saggezza compassionevole [...] dovrebbe essere considerato un ostacolo causato dalle mie azioni passate? [...] Non vederlo in questo modo! Consideralo piuttosto come quella [...] abilità nei mezzi stessa.'

Nel significato definitivo del samaya tantrico dell'"uccidere", in cui il vero Sé degli esseri, o Sugatagarbha, non può mai essere distrutto, il samaya dell'"uccidere" significa recidere la mente dualistica interrompendo il flusso dei venti saṃsārici che scorrono nei canali laterali del corpo sottile, trasformandoli in venti di saggezza del canale centrale (Jamgön Kongtrül, *Buddhist Ethics*, p.253-254). Il significato definitivo di questo samaya per la pratica meditativa individuale è legato alle pratiche dello stadio di completamento dei Sei Vajra Yoga del *Kālachakra*, e non è opportuno parlarne qui.

Vajravega, una manifestazione irata di Kālachakra

Glossario

ABHIDHARMA, *mngon chos:* uno dei tre cesti (*Tripiṭaka*) degli insegnamenti del BUDDHA, che enfatizza la psicologia e la filosofia buddhista. Contiene una descrizione dell'universo, dei diversi tipi di esseri, delle tappe del cammino verso l'ILLUMINAZIONE, delle opinioni errate e così via, in termini di fenomeni realmente esistenti o dharma.

AKŞHOBYA, *mi bskyod pa:* un BUDDHA che è il signore di una delle CINQUE FAMIGLIE [tantriche] di BUDDHA. È il capo della famiglia VAJRA.

AMICO SPIRITUALE, *dge ba'i bzhes gnyen*: termine che indica un insegnante BUDDHISTA legato agli studenti da amicizia e valori comuni. I requisiti per essere un vero amico spirituale includono l'avere più qualità dello studente e l'avere sinceramente a cuore gli altri, oltre a molte altre cose. Tuttavia, i requisiti per essere un autentico amico spirituale sono meno numerosi di quelli richiesti per essere un autentico GURU tantrico o un MAESTRO VAJRA.

AMITĀBHA, *'od dpag med:* un BUDDHA che è il signore di una delle CINQUE FAMIGLIE [tantriche] di BUDDHA. È il capo della famiglia *Padma* o del LOTO.

AMOGHASIDDHI, *don yod grub pa:* un BUDDHA che è il signore di una delle CINQUE FAMIGLIE [tantriche] di BUDDHA. È il capo della famiglia KARMA o dell'azione.

AMṚITA, *bdud rtsi:* cibo o bevanda degli dèi che sconfigge la morte, elisir di "immortalità" che conferisce la realizzazione dell'eterno STATO NATURALE. Può riferirsi a qualsiasi sostanza che genera beatitudine, come i fluidi seminali nel contesto del sentiero del desiderio. Comunemente viene tradotto come "nettare".

ANTIDOTO, *gnyen po*, pratipakṣha:[467] rimedio, mezzo per sopprimere o abbandonare, in particolare i KLEŚHA, utilizzato nella tradizione buddhista dei SŪTRA. Per esempio, per abbandonare il desiderio sessuale, un praticante potrebbe pensare a parti del corpo ripugnanti oppure a come i corpi sessualmente desiderabili diventino cadaveri in decomposizione. Gli antidoti per la rabbia includono pensieri su come la rabbia possa portare alla rinascita nei regni inferiori.

ANUTTARA / ANUTTARAYOGA-TANTRA, *bla na med pa'i rgyud:* SUPREMO YOGA TANTRA. Classe tantrica che contiene il sentiero del desiderio. Vedere anche le QUATTRO CLASSI DEL TANTRA.

ANUYOGA, secondo dei tre yoga interiori e ottavo dei nove veicoli (yāna), secondo la classificazione della scuola NYINGMA. Enfatizza la MEDITAZIONE sui CANALI, sui VENTI interiori e sulle ESSENZE SOTTILI.

ARHAT, *dgra bcom pa:* colui che ha completamente sconfitto il nemico ovvero i KLEŚHA, il livello più alto raggiunto dai seguaci del veicolo della LIBERAZIONE INDIVIDUALE.

---

467 Nel glossario la maggior parte dei termini in sanscrito non sono in corsivo per differenziarli da quelli in tibetano.

ATIYOGA, il più alto dei tre yoga interiori e l'ultimo dei nove veicoli (yāna), secondo la scuola NYINGMA. È chiamato anche DZOGCHEN.

ATIŚHA, *a ti sha:* Dipaṃkara, grande studioso indiano che giunse in Tibet nel 1042 e promosse una grande purificazione del BUDDHISMO dell'epoca, durante la quale fondò la scuola *Kadampa.*

ATTACCAMENTO, *zhen pa:* incapacità di separarsi da una persona, una cosa o un'emozione desiderata, di solito esagerando le buone qualità dell'oggetto. Alla fine porta alla SOFFERENZA. **AUTOGENERAZIONE,** *bdag bskyed:* pratica del TANTRA che consiste nel visualizzare e generare se stessi come una DIVINITÀ illuminata.

AUTOGENERAZIONE, *bdag bskyed:* pratica del TANTRA che consiste nel visualizzare e generare se stessi come una DIVINITÀ illuminata.

AVALOKITEŚHVARA, *spyan ras gzigs:* nome di un BODHISATTVA, *Chenrezig* in tibetano, che rappresenta la COMPASSIONE di tutti i BUDDHA.

BANCHETTO DEL SAMAYA, RADUNO DEL SAMAYA, si veda BANCHETTO D'OFFERTA.

BANCHETTO D'OFFERTA, *tshogs kyi 'khor lo* (or *"tsok"*), gaṇachakra: un banchetto tantrico in cui si benedicono, si offrono e si consumano cibi e bevande trasformati in AMṚITA o nettare di saggezza. Come descritto in molti tantra e come praticato nella tradizione tantrica originale, alcune offerte di banchetti includevano pratiche quali danze, canti di realizzazione e unione sessuale come parte del sentiero del desiderio. L'unione sessuale non è presente nella tradizione monastica tibetana e nei SAṄGHA laici in Occidente, almeno per quanto riguarda la conoscenza pubblica. Per maggiori dettagli si vedano la nota 460 e l'Appendice II.

BANCHETTO VAJRA, si veda BANCHETTO D'OFFERTA.

BARDO, *bar do:* 1) più comunemente, lo stato intermedio di esistenza tra una vita e l'altra noto come "bardo del divenire"; 2) qualsiasi periodo di transizione incluso nei SEI BARDO.

BHAGA, grembo o vagina, nel TANTRA buddhista simboleggia lo spazio primordiale che è la fonte dei fenomeni.

BODHICHITTA, *byang chub sems:* la bodhicitta assoluta è la mente (*chitta*) dell'ILLUMINAZIONE (*bodhi*), la SAGGEZZA che conosce direttamente la natura della realtà. La bodhicitta relativa è l'atteggiamento dedicato al raggiungimento della BUDDITÀ per aiutare tutti gli ESSERI SENZIENTI. La bodhicitta relativa può essere di sola aspirazione oppure dell'impegno. La bodhicitta dell'impegno (*'jug pa'i byang chub kyi sems*) è la bodhicitta sostenuta dagli IMPEGNI DEL BODHISATTVA, che comprende la pratica effettiva delle SEI PERFEZIONI, in contrapposizione alla bodhicitta di aspirazione (*smon pa'i byang chub kyi sems*). Altri significati di bodhicitta legati al THIGLÉ sono spiegati ampiamente nella Parte quarta, capitolo 6.

BODHISATTVA, *byang chub sems dpa':* 1) un guerriero dell'ILLUMINAZIONE, un essere che lotta per la BUDDITÀ al fine di essere di massimo beneficio per tutti gli ESSERI SENZIENTI - qui, la natura guerriera è legata all'atteggiamento di non arrendersi mai di fronte alle difficoltà, fino al raggiungimento della piena illuminazione; 2) in generale, chi ha preso e mantiene gli impegni del BODHISATTVA, o chi agisce in conformità ad essi, avendo la LIBERAZIONE di tutti gli esseri come massima priorità; 3) più specificamente, un essere che ha preso in precedenza tali impegni e ha anche già raggiunto almeno l'indistruttibile BODHICITTA relativa del primo livello di bodhisattva

BUDDHA, *sangs rgyas:* Illuminato / Risvegliato / Onnisciente. Colui che ha purificato tutte le OSCURAZIONI e sviluppato tutte le buone qualità e i due tipi di onniscienza: conosce direttamente la natura ultima e l'estensione di tutti i fenomeni. Il termine "Buddha" si riferisce solitamente all'essere storico chiamato BUDDHA ŚHĀKYAMUNI ma, nei TRE TEMPI senza fine, c'è un numero infinito di Buddha che hanno raggiunto o raggiungeranno l'ILLUMINAZIONE.

BUDDHA-DHARMA, *sangs rgyas kyi chos:* 1) gli insegnamenti del BUDDHA (il DHARMA delle scritture); 2) le REALIZZAZIONI interiori ottenute praticando gli insegnamenti del Buddha (il DHARMA della realizzazione).

BUDDHA ŚHĀKYAMUNI, *sangs rgyas shā kya thub pa:* nome del BUDDHA storico, vissuto in India nel VI secolo a.C.

BUDDHISMO, *sangs rgyas kyi chos:* religione "istituita" dal BUDDHA ŚHĀKYAMUNI. Esiste una grande diversità di tradizioni buddhiste, che possono essere catalogate come SŪTRA o TANTRA, o come parte di uno dei TRE VEICOLI.

BUDDHISTA, *nang pa sangs rgyas pa:* una persona che ha preso rifugio nei Tre Gioielli e segue almeno uno dei TRE VEICOLI. In senso più ampio, chiunque abbia il BUDDHA-DHARMA come riferimento principale per il proprio cammino spirituale.

BUDDITÀ, *sangs rgyas [nyid]:* ILLUMINAZIONE completa o onniscienza, libera dagli estremi sia del SAṂSĀRA sia della pace individuale del NIRVĀṆA, detto anche nirvāṇa non dimorante; massimo livello di sviluppo di un essere, che ha eliminato per sempre tutte le OSTACOLI e le impronte karmiche, e ha sviluppato al massimo tutte le buone qualità e la SAGGEZZA.

BÖN, *bon:* religione nativa del Tibet, spesso considerata di stampo sciamanico. Sarebbe stata promulgata per la prima volta da Shenrab Miwo (*gshen rab mi bo*), fondatore del Bön nello Zhang Zhung, antico nome della provincia di Gugey nel Tibet occidentale, a ovest del lago Mānasarovar. È considerato un BUDDHA dai seguaci del Bön. Molti elementi dei rituali buddhisti tibetani sono tratti dal Bön. Il Bön moderno ha molto in comune con il BUDDHISMO tantrico e in particolare con la scuola NYINGMA.

CADUTA, *lhung ba:* una colpa dovuta alla trasgressione di un VOTO, di un impegno o di un SAMAYA. Il processo di purificazione varia notevolmente a seconda del veicolo, del livello di pratica e così via.

CANALE, *rtsa, nāḍi:* canale energetico in cui circola l'energia sottile o VENTO interiore. I canali principali "sinistro" e "destro" corrono dalle narici fino a quattro dita sotto l'ombelico, dove si uniscono al CANALE CENTRALE.

CANALE CENTRALE, *dbu ma,* avadhūti: canale energetico principale del CORPO SOTTILE o suo asse centrale. Inizia dalla fronte nello spazio tra le sopracciglia, risale all'indietro e sotto il cranio e poi scende verso il basso all'altezza dell'ombelico (e del palazzo segreto o più in basso). La sua descrizione esatta varia a seconda della pratica e della scuola. Si veda CANALE.

CHAKRA, *'khor lo:* Ruota, cerchio. Centro focale da cui si diramano CANALI secondari (energetici) dal CANALE CENTRALE.

CHAKRASAṂVARA, *bde mchog ['khor lo sdom pa]:* TANTRA della classe del SUPREMO YOGA TANTRA, e il suo yidam che mostra le fasi del percorso e la fruizione della SAGGEZZA di MAHĀSUKHA.

COGNIZIONE VALIDA, *tshad ma,* pramāṇa: ovvero "ragionamento valido". Mezzo per sperimentare o stabilire la conoscenza come vera e certa, detto anche, 1) *mngon sum tshad ma,* percezione diretta basata sulle sei coscienze o sull'intuizione yogica; 2) *rjes dpag gi tshad ma,* ragionamento logico o inferenza; 3) *lung tshad ma,* autorità scritturale o altra testimonianza affidabile.

COMPASSIONE, *thugs rje:* il desiderio che gli altri siano liberi dalla SOFFERENZA e dalle sue cause.

CONSORTE, *rig ma,* a.k.a MUDRĀ, *phyag rgya ma.* detta anche MUDRĀ, phyag rgya ma. In un contesto tantrico, un "partner" con cui si entra in unione per sperimentare la natura della realtà. Può trattarsi di un essere umano, un essere non umano, oppure una consorte visualizzata/generata. Si veda anche VIDYĀ CONSORT e la spiegazione dettagliata nella Parte quarta, capitoli 8 e 9.

CONSORTE VIDYĀ, *rig ma:* detta anche MUDRĀ. Consorte spirituale. Letteralmente, "consorte della conoscenza", ma vidyā ha una gamma unica di significati. Come prajñā, può significare sia la conoscenza mondana ordinaria sia la conoscenza spirituale. Può anche riferirsi alla ricerca o all'insegnamento della conoscenza, nel qual caso una vidyā è una consorte che apprende o insegna e che incarna la conoscenza appresa o insegnata. Si vedano le spiegazioni dettagliate su MUDRĀ e CONSORTI nella Parte quarta, capitoli 8 e 9.

CONTINUUM, *[sems] rgyud:* il flusso di fenomeni nella mente di un individuo, comprese le propensioni karmiche inconsce.

CORPO SOTTILE, *phra ba'i lus:* l'apparato di CANALI, VENTI e ESSENZE SOTTILI o GOCCE (*rtsa, rlung, thig le*) utilizzato nella pratica degli yoga dello STADIO DI COMPLETAMENTO, come presentato nel capitolo 2 del Kālachakra Tantra, il "Capitolo interno". Questo include varie sillabe seme autoesistenti e MAṆḌALA delle DIVINITÀ. Si dice che tutti gli aspetti del mondo esterno, come i cinque elementi e i moti ciclici dei pianeti e delle stelle, abbiano i loro equivalenti interni, come i principi elementari sottili e i movimenti ciclici dei venti interni attraverso i diversi chakra che governano le diverse fasi della vita e l'arrivo della morte al suo termine. Inoltre, anche il corpo mentale del BARDO è talvolta chiamato corpo sottile.

DHARMA, *chos:* dottrina, legge, verità. 1) ciò che impedisce la sofferenza, di solito riferito al BUDDHA-DHARMA; 2) qualsiasi fenomeno o oggetto di conoscenza (in questo libro scritto senza lettere maiuscole come "dharma"); 3) religione o conoscenza religiosa (scritto come "Dharma"); 4) realizzazione del sentiero e conseguente cessazione della sofferenza.

DHARMADHĀTU, *chos dbyings:* lo spazio onnipervadente o base di consapevolezza di tutti gli esseri che è la fonte di tutti i fenomeni del SAṂSĀRA e del NIRVĀṆA. Da questa realtà si manifestano i KĀYA dell'ILLUMINAZIONE e tutti i fenomeni convenzionali.

DHARMAKĀYA, *chos sku:* "Corpo di verità" di un BUDDHA, che incarna il DHARMA della realizzazione. La MENTE pura e onnisciente di un BUDDHA, risultato della piena trasformazione della MENTE. È l'aspetto illuminato del DHARMADHĀTU e la fonte di tutte le attività illuminate. Si riferisce anche all'aspetto della VACUITÀ DI ALTRO della BUDDITÀ. Si veda anche KĀYA.

DHARMA MUDRĀ, *chos kyi phyag rgya:* definito nella Parte quarta, capitolo 8.

DHARMARĀJAS, *chos rgyal:* re del Dharma in generale; in particolare, il titolo degli iniziali sette o otto re del Dharma di Śhambhala che precedettero il primo Kalkī di Śhambhala.

DIO, deva, *lha:* nel BUDDHISMO, si riferisce a un essere longevo, ma mortale, nell'ESISTENZA CICLICA, che risiede temporaneamente in uno "stato celeste" come risultato di un KARMA virtuoso.

DIVINITÀ, *lha:* la forma simbolica di un essere divino puro, manifestato dalla SAGGEZZA del BUDDHA. Forma meditativa del BUDDHA o ESSERE DELLA SAGGEZZA. A volte questo termine si riferisce a una divinità della ricchezza o a un protettore del DHARMA.

DOLPOPA SHERAB GYALTSEN, *dol po pa shes rab rgyal mtshan:* (1292 – 1361), maestro di grande valore e il più importante detentore del lignaggio della tradizione JONANG del BUDDHISMO tibetano. A lui si deve l'unione senza contraddizioni degli insegnamenti sūtrici dello ZHENTONG e dei lignaggi di pratica del KĀLACHAKRA TANTRA.

DZOGCHEN, *rdzogs chen:* pratica profonda della tradizione NYINGMA, nota anche come *Grande perfezione.*

DZOKDEN, 1) Età Perfetta, un periodo di pace e armonia all'inizio dei tempi; 2) una Seconda Età dell'Oro sulla Terra, come profetizzato nel KĀLACHAKRA TANTRA (si veda Età dell'Oro); 3) comunità di pratica Dzokden, una rete internazionale di individui, gruppi di pratica, istituti di formazione e centri di ritiro sotto la guida dell'autore.

EONE, *bskal pa:* "grande eone" indica la durata di vita di un singolo universo, dalla creazione alla distruzione; "piccolo eone" corrisponde a un ventesimo di un grande eone.

EROI ED EROINE, *dpa' bo dpa' mo:* può riferirsi rispettivamente a ḌĀKA e ḌĀKINĪ o a tantrici, uomini e donne, autentici o realizzati.

ESISTENZA CICLICA, *'khor ba:* ciclo di morte e rinascita, rinascita non controllata sotto il potere del KARMA. Questo processo nasce dall'IGNORANZA ed è caratterizzato dalla sofferenza. Può essere superato raggiungendo il NIRVĀṆA o la BUDDITÀ completa.

ESISTENZA INERENTE, *rang bzhin bden grub:* esistenza vera, obiettiva, autoalimentata, autosufficiente, indipendente, intrinseca e così via, un'idea errata proiettata sui fenomeni relativi. Tale presunta esistenza sarebbe indipendente da cause e condizioni, parti o dalla mente che la imputa, il che è autocontraddittorio per i fenomeni relativi.

ESSENZA SOTTILE, bindu, *thig le:* vedere ESSENZE ROSSE E BIANCHE e THIGLÉ.

ESSENZE ROSSE E BIANCHE, *khams dmar po dang, khams dkar po:* 1) il contributo maschile e femminile all'esistenza, in generale, come in occasione della generazione di un embrione, indicati in forma generalizzata come sperma e sangue (mestruale); 2) le essenze sottili maschili e femminili ovvero le gocce presenti nei CANALI del CORPO SOTTILE, in particolare i canali sinistro e destro accanto al CANALE CENTRALE. Il sinistro porta principalmente l'energia maschile bianca e il destro l'energia femminile rossa. In alcuni insegnamenti si dice che la posizione destra e sinistra di questi due canali sia invertita nelle donne. La padronanza di queste essenze fa parte delle pratiche avanzate dello STADIO DI COMPLETAMENTO. Si veda THIGLÉ.

ESSERE SENZIENTE, *sems can, 'gro ba:* (tras)migratore. Gli esseri che possiedono una MENTE contaminata da AFFLIZIONI o dalle loro impronte karmiche, vivono persi nell'ESISTENZA CICLICA senza alcun controllo sulle loro future rinascite.

ETÀ DELL'ORO [DI ŚHAMBHALA], *sham bha lha'i rdzogs ldan dus:* un periodo di pace e armonia sulla Terra che, secondo un'interpretazione letterale del KĀLACHAKRA esterno, durerà più di 1.000 anni dopo la "sconfitta dei barbari" da parte del venticinquesimo KALKĪ di ŚHAMBHALA, Raudra, in cui fioriranno gli insegnamenti del KĀLACHAKRA TANTRA.

FORMA VUOTA, (o Corpo di forma vuota), *strong gzugs [kyi sku]: specifico della pratica del KĀLACHAKRA, si riferisce alla percezione diretta di forme visive, suoni e così via che non sono percepiti come oggetti convenzionali. Sono considerati aspetti della NATURA DI BUDDHA. A partire dall'esperienza dei QUATTRO POTENZIAMENTI SUPERIORI, o attraverso la pratica yogica dei SEI VAJRA YOGA, esistono diversi stadi e livelli di percezione delle forme vuote. Nei contesti tantrici, il "corpo di forma vuota" si riferisce solitamente a un "corpo" non materiale che si manifesta attraverso una pratica diligente e si sviluppa nel "corpo della forma" (rupakāya) di un BUDDHA. Si veda KĀYA. A volte viene paragonato al corpo arcobaleno di altre pratiche tantriche.*

FRATELLI E SORELLE VAJRA, coloro che hanno preso il POTENZIAMENTO dallo stesso MAESTRO VAJRA o GURU, indipendentemente dal fatto che sia stato preso nello stesso momento o meno e che si tratti dello stesso potenziamento o meno. Ci sono molti livelli e l'importanza della relazione aumenta a seconda del tipo di potenziamento.

FRUIZIONE, *'bras bu:* 1) effetto di una causa; 2) ILLUMINAZIONE come risultato o obiettivo della pratica del sentiero BUDDHISTA. Secondo il GRANDE VEICOLO, l'illuminazione degli ARHAT del sentiero della LIBERAZIONE INDIVIDUALE è incompleta. Inoltre, gli stadi che portano alla piena ILLUMINAZIONE come detentori del Vajra sul sentiero del TANTRA sono leggermente diversi da quelli dei BODHISATTVA sul sentiero dei SŪTRA.

GAṆACHAKRA, si veda BANCHETTO D'OFFERTA.

GELUG(PA), *dge lugs [pa]:* "Cappelli gialli". Scuola della tradizione tibetana fondata da TSONGKHAPA. La sua enfasi principale è sull'etica e su una solida erudizione prima di una seria MEDITAZIONE, compreso lo studio dettagliato e la pratica dello STADIO DI GENERAZIONE. Il suo enorme SAṄGHA monastico è stato legato al potere politico in Tibet per molti secoli. Filosoficamente sostengono la vacuità del sé del secondo giro della ruota del Dharma, piuttosto che la vacuità di altro.

GENDÜN CHÖPEL, nato ad Amdo (1903-1951), è stato riconosciuto come un Lama Nyingma reincarnato e si è fatto monaco da adolescente, eccellendo nell'erudizione. Negli anni '30 si recò in India e rinunciò ai voti di ordinazione. Si interessò ai tentativi di liberazione dell'India dalla Gran Bretagna, alla sua arte e alla sua cultura. Scrisse molte opere su questi argomenti e creò dipinti e poesie, ma soprattutto ciò che catturò la sua attenzione fu la tradizione erotica indiana. Studiò sia i testi in questione che le tecniche da essi descritte. Il suo *Trattato sul desiderio* fu scritto nel 1939 ma pubblicato solo nel 1967. È uno dei pensatori più originali della storia tibetana.

GOCCE, si veda ESSENZA SOTTILE e THIGLÉ.

GRANDE BEATITUDINE, si veda MAHĀSUKH.

GRANDE VEICOLO, *theg pa chen po:* vedere il VEICOLO / SENTIERO DEL BODHISATTVA e TRE VEICOLI.

GURU, *bla ma:* nel BUDDHISMO, il termine Guru è usato di solito solo per gli insegnanti tantrici di alto livello o per i MAESTRI VAJRA. In Tibet, spesso vengono chiamati Lama, o "mio Lama". Essi fungono da amici o insegnanti

SPIRITUALI molto importanti. In realtà, non tutti i Lama sono considerati qualificati per essere un Guru radice o Guru principale, l'insegnante tantrico primario degli studenti o il MAESTRO VAJRA che conferisce loro i potenziamenti e le trasmissioni esperienziali. Un praticante può avere più di un Guru radice, anche se è più comune concentrare la propria devozione su uno specifico MAESTRO VAJRA qualificato come Guru radice che introduce gli studenti al sentiero tantrico e li guida lungo il percorso.

GURU RADICE, si veda GURU.

GURU YOGA, *bla ma'i rnal 'byor*: pratica che consiste nel vedere il proprio GURU come un BUDDHA - o, più specificamente, come l'incarnazione di tutti i BUDDHA - e nel fondere devotamente la propria mente con quella del GURU. Questa pratica è considerata la porta d'accesso al sentiero del TANTRA. È propedeutica allo STADIO DI GENERAZIONE.

HĪNAYĀNA, "Veicolo minore". Si veda VEICOLO DI LIBERAZIONE INDIVIDUALE.

IGNORANZA, due tipi di ignoranza sono fondamentali per il BUDDHA-DHARMA: 1) *ma rig pa*, l'ostruzione del conoscibile è l'ignoranza dello STATO NATURALE non duale e porta gli esseri a vedere i fenomeni come separati da un sé esistente apparentemente indipendente che li percepisce; 2) *gti mug*, tradotto anche come "stupidità" o "ignoranza", è un KLEŚHA. Con il desiderio e l'avversione, è uno dei TRE VELENI. Quando i fenomeni non suscitano né il desiderio né l'avversione che motivano la normale attività umana, la gti mug li ignora come irrilevanti o privi di significato.

ILLUMINAZIONE, *byang chub:* see BUDDITÀ.

IMPEGNO(I) / VOTO(I) DEL BODHISATTVA, *byang chub sems dpa'i sdom pa:* impegno di DHARMA a portare beneficio a se stessi e agli altri attraverso l'ILLUMINAZIONE. L'impegno implica un forte senso di responsabilità nel condurre tutti gli ESSERI SENZIENTI, senza eccezioni, all'ILLUMINAZIONE o nel dedicarsi a raggiungerla allo scopo di condurli alla stessa realizzazione. Ci sono diciotto impegni fondamentali e quarantasei impegni secondari del BODHISATTVA che orientano questo supremo impegno altruistico.

JONANG(PA), *jo nang [pa]:* tradizione o scuola del BUDDHISMO tibetano che combina lo studio della visione ZHENTONG MADHYAMAKA con la pratica dei SEI VAJRA YOGA dello STADIO DI COMPLETAMENTO DEL KĀLACHAKRA. I suoi maestri principali sono DOLPOPA SHERAB GYALTSEN e Jetsün TĀRANĀTHA. A causa di persecuzioni politiche durate secoli e per altri motivi, è rimasta una scuola piccola rispetto alle altre scuole del buddhismo tibetano.

JU MIPHAM, importante maestro tibetano nato a Derge (1846-1912), nel Tibet orientale. A quindici anni intraprese diciotto mesi di ritiro intensivo su Mañjuśrī. In seguito disse che da quel momento in poi fu sempre in grado di comprendere qualsiasi testo. Ricevette e padroneggiò anche innumerevoli insegnamenti e trasmissioni dai maestri del movimento non settario (*Rimé*) Jamyang Khyentsé Wangpo e Jamgön Kongtrül, e da altri maestri di tutte le tradizioni in tutto il Tibet.

JÑĀNA, *ye shes:* SAGGEZZA primordiale o incontaminata che percepisce la realtà non duale e non concettuale dell'ILLUMINAZIONE. A differenza di PRAJÑĀ, non è mai mondana o concettuale. Esistono molte suddivisioni, come le cinque o sei saggezze (si veda la nota 91) delle CINQUE o sei FAMIGLIE tantriche di BUDDHA, le saggezze della natura e dell'estensione dei fenomeni (*ji lta ba mkhyen pa'i ye shes* e *ji snyed pa mkyen pa'i ye shes*) e le due saggezze della MEDITAZIONE e della post-meditazione (*mnyam* *bzhag gi ye shes e rjes thob kyi ye shes).*

JÑĀNASATTVA, *ye shes sems dpa':* un vero e proprio essere di SAGGEZZA, o DIVINITÀ, che viene invitato a scendere e a unirsi alle proprie divinità visualizzate, chiamate "esseri dell'impegno" (SAMAYASATTVA).

KAGYÜ, *bka' brgyud:* scuola del BUDDHISMO tibetano, fondata da Marpa Chökyi Lodrö e Khyungpo Nyaljor (XI secolo). Chiamata "Lignaggio della pratica", la sua speciale pratica dello STADIO DI COMPLETAMENTO è il MAHĀMUDRĀ.

KALKĪ, *rigs ldan:* "Possessore della casta [Vajra]", un titolo speciale per alcuni dei DHARMARĀJA o re e regine del Dharma di ŚHAMBHALA. Secondo il KĀLACHAKRA, i bramini ṛiṣhi di Śhambhala furono potenziati come membri di un'unica casta vajra imparziale dal re del Dharma Mañjuśhrī Yaśhas, che divenne il primo della linea dei re Kalkī. Tutti i re e le regine del Dharma successivi sono considerati Kalkī. I re Kalkī sono profetizzati nel Kālachakra e le regine Kalkī nelle visioni e nelle trasmissioni ricevute dall'autore.

KARMA, *las:* azione, impulso. Anche l'impronta che l'azione lascia nel flusso mentale e le sue conseguenze. "La legge del karma: l'insegnamento secondo cui tutte le esperienze sono il risultato di propensioni impresse nel nostro flusso mentale da azioni precedenti. Le azioni virtuose portano alla felicità, quelle negative alla sofferenza e a stati spiacevoli, in questa e nelle successive vite.

KARMA MUDRĀ, *las kyi phyag rgya:* un essere reale umano o non umano che agisce come CONSORTE e che aiuta a generare grande beatitudine affinché il praticante possa dissolvere i VENTI interni karmici e realizzare la SAGGEZZA assoluta. Si veda anche CONSORTE, CONSORTE VIDYĀ e Parte quarta, capitoli 8 e 9.

KLEŚHAS, *nyon mongs:* afflizioni mentali, emozioni afflittive o oscuranti. Funzioni mentali contaminate che causano sofferenza. Se non vengono domate, disturbano la nostra pace mentale e ci spingono ad agire in modo dannoso verso gli altri e verso noi stessi. Quando vengono portate sul sentiero, sono messe al lavoro come parte dei mezzi abili del TANTRA. Le afflizioni principali sono suddivise in tre, cinque o sei. Queste OSCURAZIONI AFFLITTIVE sono distinte dalle OSCURAZIONI COGNITIVE, più sottili. Tutte le oscurazioni vengono abbandonate quando si raggiunge l'ILLUMINAZIONE. Si veda TRE VELENI, CINQUE VELENI e SEI KLEŚHA RADICE.

KĀLACHAKRA, *dus kyi 'khor lo:* letteralmente, "Ruota del Tempo". Nome della DIVINITÀ principale dell'omonimo TANTRA della classe del SUPREMO YOGA TANTRA. Costituisce la base della pratica principale della tradizione JONANG, i SEI VAJRA YOGA DEL KĀLACHAKRA. Questo tantra è stato insegnato dal BUDDHA e custodito nel REGNO PURO DEI BODHISATTVA di ŚHAMBHALA prima di apparire in India e in Tibet intorno al X secolo.

KĀYA, *sku:* corpo (onorifico). I KĀYA sono diverse sfere di manifestazione di un BUDDHA. La classificazione più comune comprende tre kāya, NIRMĀṆAKĀYA, SAMBHOGAKĀYA e DHARMAKĀYA. I primi due sono classificati sotto Rūpakāya, *gzugs sku,* corpo di forma di un BUDDHA. Il Nirmāṇakāya può essere percepito da tutti gli esseri senzienti e il Sambhogakāya dai BODHISATTVA di decimo livello. L'ultimo, il DHARMAKĀYA, è percepito solo dai Buddha. Un'ulteriore classificazione parla di quattro kāya, aggiungendo "Svabhavikakāya", il "corpo di natura" che rappresenta l'inseparabilità degli altri tre kāya.

LAMA, *bla ma:* 1) letteralmente significa qualcuno che è "pesante" di buone qualità; 2) in Tibet, si riferisce principalmente al proprio GURU o Guru principale, ad esempio "il mio Lama"; 3) può anche indicare un monaco o un praticante laico che ha una realizzazione spirituale superiore a quella dei monaci e degli studiosi ordinari (come un *Ghesce*) e può guidare gli studenti sul sentiero del TANTRA. Di solito il termine è usato per i maestri maschi, mentre alle donne vengono dati altri nomi per rappresentare il loro status, come *Khandrola* o *Jetsunma,* ma ci sono delle eccezioni; 4) comunemente si riferisce anche al leader principale ("il Lama") di una comunità spirituale, anche se ci sono altri Lama nella stessa comunità; 5) in alcuni lignaggi, tutti i praticanti sono chiamati Lama dopo aver completato certi impegni di pratica a lungo termine, come un ritiro di tre anni. Nella tradizione JONANG questo non è accettato, poiché tutti i monaci di solito partecipano a un ritiro di tre anni almeno una volta nella vita.

LIBERAZIONE, vedere NIRVĀṆA e ILLUMINAZIONE per i diversi significati in base al VEICOLO DI LIBERAZIONE INDIVIDUALE e al GRANDE VEICOLO rispettivamente.

LIBERAZIONE INDIVIDUALE [sentiero/veicolo], *so so thar pa'i [lam/ theg pa]:* anche chiamato Veicolo Fondamentale, sentiero di liberazione personale, Hīnayāna o Śhrāvakayāna. Sentiero buddhista che conduce alla LIBERAZIONE INDIVIDUALE dall'ESISTENZA CICLICA, che costituisce la base di tutti gli insegnamenti del BUDDHA. Accetta i fenomeni realmente esistenti, ma non la VACUITÀ dell'io individuale. La realizzazione di questo percorso è sufficiente per ottenere la libertà dall'ESISTENZA CICLICA, ma non per raggiungere la piena ILLUMINAZIONE.

LIṄGA, *linga*: anche chiamato VAJRA. Il pene in contesti tantrici.

LOTUS, *padma:* specificamente nel sentiero del desiderio, fa riferimento alla vagina e alle labbra.

MADHYAMAKA, *dbu ma:* Scuola della Via di Mezzo. Secondo i SŪTRA, profonda visione filosofica della VACUITÀ, che può essere la VACUITÀ DEL SÉ (RANG- TONG) o la VACUITÀ DI ALTRO (ZHENTONG), a seconda della scuola.

MAESTRO VAJRA, anche detto "maestro tantrico". Il livello più alto di un insegnante o maestro spirituale, qualificato per guidare i seguaci sul sentiero tantrico completo verso la piena illuminazione. Si veda GURU.

MAHĀMUDRĀ, *phyag rgya chen po:* Grande Sigillo, la Grande Consorte di FORMA VUOTA. La FRUIZIONE della pratica tantrica secondo le nuove scuole di traduzione.

MAHĀSIDDHA, *grub thob chen po:* grande SIDDHA.

MAHĀSUKHA, *bde ba chen po:* la grande beatitudine della FRUIZIONE del sentiero del TANTRA.

MAHĀYĀNA, *theg pa chen po:* Grande (mahā) veicolo (yāna). Si veda VEICOLO DEL BODHISATTVA.

MANTRA, *sngags:* 1) sillabe stabilite in sanscrito per proteggere la mente o compiere azioni particolari. Sono associate a energie specifiche. La recitazione dei mantra è tipicamente accompagnata da visualizzazioni specifiche; è fondamentale per la pratica dello STADIO DI GENERAZIONE; 2) "Mantra segreto" è usato come sinonimo di VAJRAYĀNA, TANTRA o TANTRAYĀNA. Si veda il sottocapitolo 2.2 per i significati più profondi.

MANTRA SEGRETO, *gsang sngags:* il termine tibetano più comune per TANTRA, TANTRAYĀNA o VAJRAYĀNA. Si veda TANTRAYĀNA e la nota 1.

MAṆḌALA, *dkyil 'khor*: letteralmente, centro e ambiente circostante. Il centro è l'essenza, mentre ciò che lo circonda è la rappresentazione di quel significato in mezzo ai fenomeni: 1) nel senso di maṇḍala illuminato, è una rappresentazione simbolica di una realtà illuminata attraverso una visualizzazione meditativa, di solito sotto forma di un palazzo con una o più DIVINITÀ presenti. I diversi cerchi di ornamento o aree del "palazzo" rappresentano differenti gradi di verità della realtà, e le DIVINITÀ rappresentano la consapevolezza pura di queste realtà. È un modello per comprendere i vari modi in cui si manifesta la NATURA DEL BUDDHA. Quando i praticanti ricevono un POTENZIAMENTO, il maestro VAJRA li introduce al maṇḍala illuminato specifico di quel potenziamento. Li aiuta a sviluppare una grande consapevolezza dei diversi aspetti illuminati del maṇḍala; 2) in altri contesti, come nella pratica dell'Offerta del Maṇḍala, un maṇḍala universale si riferisce ad una rappresentazione simbolica dell'intero universo mondano o di come l'universo è percepito dagli ESSERI SENZIENTI; 3) a volte significa regni o sfere, come in "i maṇḍala del corpo, della parola e della mente"; 4) in Guru Maṇḍala, indica l'ambiente di insegnamento creato dal GURU.

MEDITAZIONE, *sgom*: letteralmente, "abituare" o "familiarizzare". Abituarsi a stati mentali virtuosi, in particolare a svelare la mente illuminata. Si può dividere in ŚHAMATHA (meditazione di quiete che prepara la mente a sperimentare livelli più profondi della realtà) e VIPAŚHYANA (vedere chiaramente, o visione profonda, che impiega l'analisi o la percezione diretta della vacuità come antidoto all'IGNORANZA per raggiungere la LIBERAZIONE).

MENTE, *sems*: la mente è un'eterna continuità di esperienza di carattere non fisico. Opera a diversi livelli di sottigliezza: grossolano e sottile - entrambi relativi e concettuali - e molto sottile. Essendo un fenomeno non fisico, ha aspetti grossolani strettamente legati al cervello, ma aspetti sottili e sottilissimi che non lo sono. Si può dividere in menti primarie - quelle che usiamo per descrivere ciò che appare alla mente - e menti secondarie, usate per descrivere il modo in cui ci relazioniamo a queste apparizioni. Esistono otto forme di menti primarie: cinque tipi di coscienza sensoriale (legati ai cinque sensi) e tre tipi di coscienza mentale - la coscienza mentale grossolana, la coscienza illusoria e la coscienza fondamentale in cui sono immagazzinate le impronte karmiche. La mente relazionale può essere descritta come una consapevolezza con pensieri della varietà di fenomeni considerati come oggetti mentali, che li considera reali e raccoglie i semi karmici di tale percezione nella coscienza fondamentale. La mente molto sottile, la cui natura per i JONANAGPA è la NATURA DI BUDDHA, va oltre la coscienza fondamentale ed è legata alla consapevolezza incontaminata della realtà illuminata.

MERITI, *bsod nams:* raccolta di azioni virtuose pure o di potenziale positivo. Impronte di azioni positive nel flusso mentale, che portano alla felicità o a buone condizioni nelle rinascite future, rendono la mente più aperta alla saggezza e infine portano all'ILLUMINAZIONE. Le accumulazioni di MERITI e SAGGEZZA sono le due accumulazioni del sentiero verso l'ILLUMINAZIONE.

MUDRĀ, 1) sigillo; 2) consorte tantrico/a; 3) gesto tantrico (di solito con le mani). Per quanto riguarda il secondo significato, si veda anche CONSORTE, CONSORTE VIDYĀ e la spiegazione dettagliata nei capitoli 8 e 9 della Parte Quarta.

MUDRĀ DELLA SAGGEZZA, *ye shes phyag rgya:* una consorte tantrica visualizzata o generata. Per una descrizione approfondita si veda Parte quarta, capitolo 8.

MĀRA, *bdud:* 1) tutto ciò che interrompe il raggiungimento della

LIBERAZIONE, come un'influenza dannosa che crea ostacoli alla pratica e all'ILLUMINAZIONE; 2) mitologicamente, un dio potente che risiede nella più alta dimora del REGNO DEL DESIDERIO e i suoi seguaci; un maestro dell'illusione che tentò di impedire al BUDDHA di raggiungere l'illuminazione a Bodhgaya. 3) māra simboleggia l'attaccamento all'ego e LE OTTO PREOCCUPAZIONI MONDANE.

NATURA DEL BUDDHA, *[khams] de bzhin gshegs pa'i snying po*: Sugatagarbha o Tathāgatagarbha. Il potenziale innato di tutti gli ESSERI SENZIENTI di diventare un BUDDHA.

NIRMĀṆAKĀYA, *sprul sku:* "Corpo di emanazione" di un BUDDHA che può essere sperimentato dagli esseri comuni. Un'emanazione del SAMBHOGAKĀYA in forma fisica ordinaria. I Nirmāṇakāya sono manifestazioni fenomeniche che aiutano gli esseri, come un grande pesce in una carestia o le luci per chi si è perso in una foresta buia. Il Nirmāṇakāya è visto così com'è da chi ha abbastanza MERITI, gli altri vedono solo un essere ordinario. Il BUDDHA SHĀKYAMUNI è un esempio di Nirmāṇakāya supremo. Si dice che i Rinpoche tibetani siano nati Nirmāṇakāya. Si veda anche KĀYA.

NIRVĀṆA, stato al di là della sofferenza. Stato al di fuori dell'ESISTENZA CICLICA, raggiunto praticando il SENTIERO DI LIBERAZIONE INDIVIDUALE. Questo è distinto dalla BUDDITÀ completa o "nirvāṇa non dimorante", che è un'esperienza molto più profonda di piena illuminazione.

NYINGMA, *rnying ma:* la più antica tradizione buddhista tibetana, fondata da PADMASAMBHAVA. Oggigiorno enfatizzano la pratica dello DZOGCHEN.

NĀLANDĀ (UNIVERSITÁ DI), *na len dra:* importante università buddhista di Magadha, nell'attuale Bihar, in India, distrutta dagli invasori musulmani nel XII secolo. È stata una delle prime università del mondo.

ORGOGLIO DIVINO, *lha'i nga rgyal*: orgoglio non illusorio che considera se stessi come aventi la pura e indistruttibile NATURA DI BUDDHA. In particolare, nello STADIO DI GENERAZIONE, l'orgoglio divino è direttamente collegato alla visualizzazione dello YIDAM o DIVINITÀ, identificandosi con essa piuttosto che con la propria forma saṃsārica; ciò include la percezione dell'ambiente e dei piaceri come quelli della DIVINITÀ e del suo MAṆḌALA. È un metodo potente per purificare le concezioni ordinarie.

OSCURAZIONI (o **EMOZIONI**) **AFFLITTIVE**, See KLEŚHAS.

OSCURAZIONI, *sgrib:* le concezioni errate e i conseguenti stati mentali afflitti, che comprendono sia gli OSTACOLI AFFLITTIVI (o oscurazioni del NIRVĀṆA) sia i più sottili OSTACOLI COGNITIVI (noti anche come oscurazioni della BUDDITÀ).

OSCURAZIONI COGNITIVE, *she's grib:* oppure OSCURAMENTO DELLE COGNIZIONI. Queste includono tutti i concetti dualistici di soggetto, oggetto e azione, e altre macchie o idee più sottili che impediscono l'onniscienza. Ad esempio, il pensiero che la nostra sofferenza sia separata da quella degli altri è un'idea dualistica sbagliata che può essere superata praticando il sentiero del BODHISATTVA. Una delle DUE OSCURAZIONI assieme all'oscurazione delle EMOZIONI AFFLITTIVE/KLEŚHA, *nyon sgrib*. Entrambe vengono superate con il raggiungimento della BUDDITÀ.

PADMASAṂBHAVA, *padma 'byung gnas,* conosciuto anche come "Guru Rinpoche": grande MAESTRO VAJRA indiano, che giunse in Tibet nell'anno 817 d.C. e diffuse gli insegnamenti tantrici. Con i suoi potenti SIDDHI allontanò le forze del male che ostacolavano il BUDDHISMO in Tibet e trasformò le divinità locali avverse in protettori del DHARMA. Si dice che sia nato su un fiore di loto in Uḍḍiyana (*o rgyan*), un Paese a nord-ovest dell'antica India, oggi Pakistan.

PERCEZIONE PURA, *dag snang:* visione sacra fondamentale per tutti gli aspetti del TANTRA, compreso l'atteggiamento verso il GURU e i propri compagni nel percorso tantrico (FRATELLI E SORELLE VAJRA), la visualizzazione delle divinità e così via. Al livello più alto, il praticante impara a percepire l'intero mondo e i suoi contenuti come un regno puro illuminato, visualizzando i KĀYA e le CINQUE SAGGEZZE. In primo luogo, si raggiunge una sufficiente stabilizzazione nella percezione pura attraverso la pratica devozionale verso il GURU, poi, dopo aver ricevuto il POTENZIAMENTO, si pratica visualizzando se stessi e tutti gli altri esseri come divinità illuminate, il mondo esterno come il MAṆḌALA illuminato, tutti i suoni come il MANTRA della divinità, tutti i pensieri come la mente illuminata della divinità e così via.

POTENZIAMENTO, *dbang,* abhiṣheka: conferimento, da parte di un maestro tantrico o di un MAESTRO VAJRA, del permesso e del potere potenziale specifico di praticare una determinata parte del TANTRA per mezzo di un rituale, che di solito implica l'impegno a mantenere specifici SAMAYA o impegni tantrici. Esistono diversi livelli di potenziamento. Viene anche comunemente tradotto come "iniziazione". In sostanza, il potenziamento aiuta gli studenti a connettersi con la propria NATURA DI BUDDHA.

PRAJÑĀ, *shes rab:* conoscenza superiore, consapevolezza discriminante della realtà, che comprende 1) la conoscenza pratica ordinaria, il ragionamento logico e la comprensione scientifica; e 2) la percezione diretta e non concettuale della VACUITÀ come modo in cui le cose sono nella realizzazione illuminata dalla perfezione di prajñā. Una delle SEI PERFEZIONI. Si veda SAGGEZZA.

PRAJÑĀPĀRAMITĀ, *shes rab kyi pha rol tu phyin pa:* Perfezione di PRAJÑĀ. Anche il nome di una divinità femminile.

PROTETTORE DEL DHARMA, *chos skyong:* guardiano degli insegnamenti del BUDDHA, che protegge la loro trasmissione dall'essere diluita o distorta; protegge anche i praticanti autentici. 1) protettori mondani: divinità ordinarie, spiriti e così via, vincolati con giuramento da un MAESTRO VAJRA tantrico; 2) protettori della saggezza non mondani: manifestazioni di BUDDHA o BODHISATTVA in forma irata.

PRĀTIMOKṢHA, *so so thar pa:* meta del Veicolo Minore, con i precetti e i voti stabiliti dal BUDDHA per monache, monaci e praticanti laici. Si veda LIBERAZIONE INDIVIDUALE.

PŪJĀ, *mchod pa:* cerimonia di culto, con estese offerte fisiche o mentali ai GURU, alle DIVINITÀ, ai BUDDHA, ai BODHISATTVA e così viah.

RAGIONAMENTO VALIDO, *tshad ma*, pramāṇa: si veda COGNIZIONE VALIDA.

RANGTONG, *rang stong:* vacuità del sè o VACUITÀ intrinseca.

REGNO DEL DESIDERIO, *'dod khams:* uno dei TRE REGNI all'interno dell'ESISTENZA CICLICA, dove gli esseri desiderano e godono dei cinque oggetti sensoriali esterni (forma, suono, olfatto, tatto e gusto) e dove si sperimenta la sofferenza che ne deriva. È composto dai SEI REGNI (compresi gli dèi del regno del desiderio).

REGNO DELLA FORMA, *gzugs khams:* stato di ESISTENZA CICLICA in cui non si sperimenta alcuna sofferenza. Gli esseri che vi si trovano hanno rinunciato al godimento degli oggetti sensoriali esterni, ma sono ancora attaccati alla forma interna del proprio corpo e della propria MENTE.

REGNO PURO, *dag pa'i zhing:* un regno puro di BUDDHA è un regno al di fuori dell'ESISTENZA CICLICA dove risiedono i BUDDHA, i BODHISATTVA e i praticanti con sufficiente MERITI e FEDE indistruttibile. Le condizioni sono favorevoli alla pratica del BUDDHA-DHARMA e al raggiungimento dell'ILLUMINAZIONE. Il "Buddhismo delle Terre Pure" è una tradizione MAHĀYĀNA che enfatizza i metodi per rinascere in regni come Sukhāvati, il regno puro di Amitābha. ŚHAMBHALA è un regno puro di bodhisattva; i praticanti tantrici pregano di rinascere lì se non ottengono la LIBERAZIONE in questa vita o nei BARDO. A Śhambhala ci sono tutte le condizioni per progredire rapidamente verso l'illuminazione in una sola vita attraverso gli insegnamenti del KĀLACHAKRA. Un regno di bodhisattva fa ancora parte dell'esistenza ciclica e questo permette agli ESSERI SENZIENTI di rinascere lì più facilmente che in un regno di Buddha.

REGNO SENZA FORMA, *gzugs med khams:* il più alto regno di meditazione dell'ESISTENZA CICLICA. Gli esseri che vi si trovano hanno rinunciato alla forma e all'attaccamento ai piaceri della forma, ed esistono solo all'interno del proprio flusso mentale. La loro MENTE è ancora legata da un sottile desiderio e attaccamento agli stati mentali e a un Sé personale. Pertanto, quando il buon KARMA della concentrazione meditativa di questi esseri si esaurisce, essi rinascono nei regni inferiori del SAṂSĀRA.

RIFUGIO, *skyabs:* prendere rifugio significa affidare il proprio sviluppo spirituale ai Tre Gioielli e così avere protezione dall'ESISTENZA CICLICA. A livello della realtà relativa, ciò significa prendere il BUDDHA come maestro, il DHARMA come insegnamento e il SAṄGHA come comunità che pratica e incarna le qualità dell'insegnamento. Nel TANTRA, in particolare, prendere rifugio nel GURU è la radice del sentiero; inoltre, si prende rifugio nelle divinità illuminate, nei BODHISATTVA, nelle ḌĀKINĪ, nei ḌĀKA e nei protettori del DHARMA. A livello della realtà assoluta, prendere rifugio significa svelare la propria NATURA DI BUDDHA e raggiungere la piena BUDDITÀ come natura delle cose. Gli oggetti tradizionali di rifugio sono rappresentazioni sacre di vari aspetti della propria NATURA DI BUDDHA.

RINPOCHE, *rin po che:* gioiello, Colui che è prezioso, spesso riferito a un importante LAMA reincarnato, o a volte solo un titolo di rispetto verso il maestro spirituale.

RINUNCIA, *nges 'byung:* determinazione a raggiungere la liberazione ovvero a uscire dalle sofferenze dell'ESISTENZA CICLICA, senza più ATTACCAMENTO e brama dei piaceri dell'ESISTENZA CICLICA che portano alla sofferenza e alle AFFLIZIONI. In origine, gli insegnamenti del BUDDHA si concentravano sul sentiero monastico della rinuncia. In altri insegnamenti del GRANDE VEICOLO e del TANTRA, egli insegnò come la piena ILLUMINAZIONE potesse essere raggiunta dai praticanti laici, il che implica livelli più profondi di rinuncia, come l'autore espone in questo libro.

SAGGEZZA, in contrapposizione all'informazione, alla conoscenza o alla tecnica, la saggezza è definita come la capacità di usare la conoscenza per contemplare e agire in modo produttivo. Il BUDDHISMO distingue la saggezza mondana provvisoria e concettuale dalla saggezza definitiva non concettuale della realizzazione illuminata. Si dice che la più alta saggezza mondana sia quella del sentiero che conduce alla saggezza definitiva. Questa include il ragionamento che stabilisce la VACUITÀ e le tecniche e la condotta che producono la realizzazione illuminata della vacuità come modo in cui le cose sono. Tuttavia, quando i praticanti si aggrappano al ragionamento e alla condotta yogica come fini a se stessi, questi ultimi non conducono alla realizzazione a lungo termine; in tal caso, sono difetti, piuttosto che saggezza. Saggezza è comunemente usato per tradurre PRAJÑĀ (*shes rab*) e JÑĀNA (*ye shes*).

SAKYA, *sa skya:* scuola del BUDDHISMO tibetano, fondata da Khon Könchok Gyelpo (XI secolo). La loro pratica principale è il Lamdré. I Sakya hanno governato in Tibet per oltre 100 anni prima che il potere secolare passasse ai Dalai Lama della tradizione GELUG.

SAMAYA, *dam tshig:* nel TANTRA, legame o vincolo sacro, oppure impegno tra GURU e studente, e anche tra studenti (FRATELLI E SORELLE VAJRA), che enfatizza la PERCEZIONE PURA. Si parla spesso di "samaya segreti" o "impegni tantrici segreti" che si stabiliscono con il Guru durante il POTENZIAMENTO. Devono essere mantenuti il più puri possibile per portare beneficio a se stessi e agli altri. L'autore elenca i samaya del KĀLACHĀKRA in *Unveiling Your Sacred Truth - Vol. 3* (spesso tradotti come "voti tantrici")

SAMAYA MUDRĀ, *dam tshig gi phyag rgya:* spiegato nella Parte quarta, capitolo 8.

SAMBHOGAKĀYA, *longs spyod rdzogs pa'i sku:* "corpo di godimento", o corpo di beatitudine, di un BUDDHA, che solo i BODHISATTVA che hanno raggiunto il decimo livello di Bodhisattva possono percepire e dal quale emanano forme NIRMĀṆAKĀYA a beneficio degli altri esseri senzienti. La forma tangibile della SAGGEZZA di un Buddha, il risultato della trasformazione della parola. Il Buddha insegnò il *Kālachākra Tantra* nella forma Sambhogakāya della DIVINITÀ KĀLACHĀKRA. Si veda anche KĀYA.

SAMĀDHI, *ting nge 'dzin:* in generale, stabilizzazione meditativa o concentrazione. Coinvolgimento in un unico punto nella MEDITAZIONE in cui l'oggetto della meditazione e il praticante sono vissuti come inseparabili e non distinguibili. Poiché esistono molti tipi di samādhi, il termine non implica un'elevata REALIZZAZIONE o conseguimento da parte del praticante. È anche il nome del sesto dei SEI VAJRA YOGA del KĀLACHAKRA.

SAṂSĀRA, *'khor ba:* si veda ESISTENZA CICLICA.

SAṄGHA, *dge 'dun*: comunità spirituale. Uno dei tre gioielli del BUDDHISMO insieme a BUDDHA e DHARMA. Non c'è pieno raggiungimento della BUDDITÀ senza il sostegno di un Saṅgha. Ciascun individuo si unisce al livello di Saṅgha adatto al suo attuale stadio di sviluppo spirituale: 1) in senso lato, l'intera comunità dei BUDDHISTI, comprendente monache, monaci e laici, fino ai BODHISATTVA di alto livello; 2) i Saṅgha ordinati: monache e monaci (sono necessari almeno quattro monaci perché un gruppo sia considerato un Saṅgha); 3) Ārya Saṅgha, esseri realizzati che hanno sperimentato la VACUITÀ e hanno stabilizzato tale realizzazione, come gli ARHAT e i BODHISATTVA che hanno raggiunto almeno il primo livello di bodhisattva; 4) in un contesto moderno, per Saṅgha si intende spesso un gruppo di praticanti legati a uno specifico maestro, a uno specifico lignaggio o a uno specifico centro buddhista; si riuniscono per praticare, per fare volontariato in attività organizzative e così via.

SENTIERO DEL BODHISATTVA / VEICOLO DEL BODHISATTVA, ovvero il Grande Veicolo o MAHĀYĀNA. A differenza del VEICOLO DELLA LIBERAZIONE INDIVIDUALE, la motivazione principale dei praticanti del Grande Veicolo è quella di porre fine alle sofferenze di tutti gli esseri portandoli all'ILLUMINAZIONE. Accettano la VACUITÀ sia del Sé personale che dei fenomeni relativi.

SENTIERO DEL TANTRA / VEICOLO DEL TANTRA, si veda
TANTRAYĀNA.

SHÉPÉ DORJÉ o **LELUNG SHÉPÉ DORJÉ**, *sle lung bzhad pa'i rdo rje* (1697-
1740): importante maestro delle scuole GELUG e NYINGMA, noto per il suo
stile di vita tantrico. È famoso soprattutto per i suoi scritti sull'origine dei
vari protettori del DHARMA, intitolati *Life Stories of an Ocean of Oath-Bound
Protectors of the Teachings* (Storie di vita di un oceano di protettori legati
con giuramento degli insegnamenti). È stato uno dei primi maestri a
rivelare le pratiche legate a *Gesar di Ling*.

SIDDHA, *grub thob:* persona realizzata che ha raggiunto un livello significativo di SIDDHI.

SIDDHI, in generale, un termine comune per indicare realizzazioni spirituali significative. I siddhi ordinari o comuni sono siddhi relativi o poteri
miracolosi che di solito non possono essere spiegati con la comprensione
logica. Sebbene esistano elenchi tradizionali di siddhi ordinari, il loro
numero effettivo è ben superiore. Queste realizzazioni possono essere
ottenute praticando diverse tradizioni. Per siddhi straordinari o non
comuni si intende il raggiungimento dell'ILLUMINAZIONE attraverso la
pratica del BUDDHA- DHARMA.

SIGNORA MESSAGGERA, *pho nya ma:* nome poetico per una CONSORTE
tantrica o MUDRĀ che trasmette il messaggio di realizzazione attraverso
la beatitudine.

SOFFERENZA, *sdug bsngal:* qualsiasi condizione insoddisfacente, riferita al
dolore fisico e mentale. Tutte le situazioni problematiche e l'insoddisfazione
che fanno parte della natura mutevole e condizionata dell'ESISTENZA
CICLICA. La sofferenza si supera raggiungendo il NIRVĀṆA e la PIENA

ILLUMINAZIONE.

STADIO DI COMPLETAMENTO, *rdzogs rim:* stadio finale della pratica del SUPREMO YOGA TANTRA, che prevede l'uso di mezzi abili per raggiungere la BUDDITÀ. Nel KĀLACHAKRA, questo stadio può essere suddiviso in sei rami, chiamati i SEI VAJRA YOGA.

STADIO DI GENERAZIONE, *bskyed rim:* nel SUPREMO YOGA TANTRA, stadio della pratica in cui si visualizza mentalmente se stessi come una divinità illuminata e l'ambiente circostante come il MAṆḌALA della divinità. Si medita su forme, suoni, pensieri e così via come se avessero rispettivamente la natura pura della forma, del mantra e della saggezza della divinità. Si veda la voce ORGOGLIO DIVINO e PERCEZIONE PURA.

STATO NATURALE, *gnas lugs:* il modo in cui le cose sono realmente. Lo stato naturale dei fenomeni prima dell'imposizione sugli stessi di distorsioni concettuali illusorie.

STHAVIRA, *gnas brtan:* 1) monaco anziano o venerabile; 2) *gnas brtan pa:* scuola Sthavira, una delle quattro scuole fondamentali dei seguaci del veicolo della LIBERAZIONE INDIVIDUALE. Era divisa in diversi rami, di cui solo uno, chiamato THERAVĀDA, è tuttora esistente.

SUGATAGARBHA, *bde gshegs snying po:* nel terzo giro della ruota del DHARMA e nel TANTRA, indica la natura assoluta e realmente esistente della mente e dei fenomeni, con le sue innumerevoli qualità di BUDDHA, anch'esse realmente esistenti. Sugatagarbha è spesso usato per riferirsi alla NATURA DI BUDDHA. Realizzarla appieno significa ottenere l'ILLUMINAZIONE completa.

SUPREMO YOGA TANTRA, *bla na med pa'i rgyud:* anche chiamato

Anuttarayoga-Tantra, Anuttara Tantra o Anuttara. La classe tantrica più alta che comprende il sentiero del desiderio. Tantra buddhisti come *Kālachakra, Chakrasaṃvara* o *Guhyasamāja* appartengono a questa classe tantrica. Vedi anche QUATTRO CLASSI DEL TANTRA.

SÉ, *bdag:* il sé illusorio, o ego, del saṃsāra. Come tutti i fenomeni dualistici dell'ESISTENZA CICLICA, non esiste veramente. Gli aderenti allo ZHENTONG, come DOLPOPA, affermano che, mentre l'io saṃsārico manca di vera esistenza, il "vero Sé", il SUGATAGARBHA o BUDDITÀ, esiste veramente.

SĀDHANA, *sgrub thabs:* metodo tantrico per attualizzare se stessi come BUDDHA per il quale si è ricevuto il POTENZIAMENTO; anche un testo rituale tantrico che definisce una particolare pratica di MEDITAZIONE, come una solida linea guida o una cornice adeguata per la pratica. La pratica formale della sādhana aiuta il tantrico a stabilizzare e aumentare l'esperienza della propria vera natura percepita durante il POTENZIAMENTO. Quando i diversi aspetti e significati della sādhana sono integrati nel continuum del praticante, si è in grado di applicare principi simili in diverse esperienze di vita al di là della pratica formale, come nel caso del sentiero del desiderio.

SĀṄKHYA, *grangs can*: scuola di filosofia indiana. Si dice che, nel Kālachakra Tantra, il BUDDHA abbia preso in prestito termini dal Sāṅkhya nei suoi insegnamenti affinché fossero più accessibili al suo pubblico vedico di Śhambhala. Il Sāṅkhya vede la realtà come composta da due principi indipendenti, il *puruṣha* (coscienza-testimone) e la *prakṛiti* (materia o struttura), ma include molti aspetti della mente. La prakṛiti non manifesta è un equilibrio inattivo e inconsapevole di tre guṇa (qualità): *sattva* (luce o potere spirituale), *raja* (energia) e *tamas* (oscurità o inerzia). Quando la prakṛiti entra in contatto con il puruṣha, la prakṛiti si evolve in ventitré tattva, aspetti dell'essere:

l'intelletto (buddhi, mahat), l'ego (*ahamkara*), la mente (*manas*), le cinque capacità sensoriali, le cinque capacità d'azione e i cinque elementi sottili (*tanmatra*) da cui si sviluppano i cinque "elementi grossolani" (terra e così via). In un essere vivente, jiva, il puruṣha, è legato alla prakṛiti.

SŪTRA, *mdo:* discorso, orazione, ecc. del BUDDHA registrato in forma scritta dai suoi seguaci.

SŪTRAYĀNA, *mdo'i theg pa:* veicolo dei SŪTRA, anche "sentiero essoterico o comune". Si riferisce sia alla LIBERAZIONE INDIVIDUALE che ai GRANDI VEICOLI combinati, escludendo e contrapponendosi quindi al TANTRAYĀNA (il "sentiero esoterico o non comune").

TANTRA, *rgyud:* letteralmente, "continuità" o "flusso". La continuità o l'intreccio sono mantenuti per tutta la pratica che non utilizza ANTIDOTI per eliminare alcun fenomeno mentale: 1) si riferisce ai sistemi di MEDITAZIONE descritti nei testi tantrici con insegnamenti esoterici che non si trovano nel SŪTRAYĀNA e richiedono il POTENZIAMENTO da parte di un GURU o VAJRA tantrico; 2) più specificamente, una scrittura tantrica.

TANTRAYĀNA, *rgyud kyi theg pa:* TANTRA, MANTRA SEGRETO e VAJRAYĀNA. Il veicolo o sentiero tantrico. I praticanti tantrici hanno lo stesso obiettivo dei praticanti del VEICOLO DEL BODHISATTVA: raggiungere la piena ILLUMINAZIONE per il bene di tutti gli ESSERI SENTIENTIENTI. Il sentiero tantrico offre mezzi abili per raggiungere questo obiettivo molto più rapidamente. Si veda anche TANTRA.

TANTRIKA, *sngags pa, gsang sngags 'dzin pa:* praticante del tantra.

THANGKA, *thang ka:* dipinto in stile tibetano su stoffa che può essere arrotolato come una pergamena. I templi tibetani tradizionali espongono sulle pareti varie thangka di divinità tantriche.

THERAVĀDA, letteralmente "la tradizione degli Anziani". Scuola buddhista del VEICOLO DI LIBERAZIONE INDIVIDUALE diffusa nel Sud-est asiatico e nello Śhrī Laṅka. Si veda STHAVIRA.

THIGLÉ, *thig le:* di solito si riferisce a ESSENZE SOTTILI o gocce, con vari gradi e classificazioni a seconda del contesto. Si veda l'esempio dettagliato nella Parte quarta, capitolo 6.

TILOPA, NĀROPĀ, MARPA, AND MILAREPA, *ti lo, mar pa, mi la:* le prime figure altamente realizzate della successione che sarebbe diventata la scuola KAGYÜ. Ognuno di loro ha una biografia ben nota.

TORMA, *gtor ma:* torta di offerta usata nei rituali tantrici.

TRASMISSIONE, *ngo sprod:* in senso più elevato, indicare con qualsiasi mezzo il significato esperienziale di un certo insegnamento; per esempio, il GURU indica lo STATO NATURALE allo studente durante il quarto Potenziamento Superiore del SUPREMO YOGA TANTRA. In italiano, il termine spesso si riferisce semplicemente a una trasmissione orale di testi di DHARMA (in questo caso non necessariamente fatta dal Guru). Le trasmissioni sono considerate autentiche se l'insegnante ha ricevuto in precedenza la stessa trasmissione da un lignaggio ininterrotto o per rivelazione diretta.

TRULKHOR, *yantra yoga, 'khrul 'khor:* esercizi yogici speciali del TANTRA per favorire una rapida realizzazione spirituale. Si trovano nelle pratiche dello STADIO DI COMPLETAMENTO, ma alcuni insegnanti spiegano alcuni di questi esercizi come parte della pratica yogica generale, al di fuori del contesto dello stadio di completamento.

TSOK, *tshogs [kyi 'khor lo]:* si veda BANCHETTO D'OFFERTA.

TSONGKHAPA, *rje tsong kha pa:* grande studioso e maestro tibetano (1357-1419), fondatore della scuola tibetana GELUG.

TUMMO, *gtum mo:* speciale calore interiore generato nella pratica del yoga tantra dei CANALI, dei VENTI e delle ESSENZE SOTTILI. Per i JONANGPA fa parte dei SEI VAJRA YOGA DEL KĀLACHAKRA.

TĀRANĀTHA, yogī, maestro e studioso di alto livello della tradizione JONANG (1575-1635). Uno dei riferimenti più importanti del BUDDHISMO tibetano; i suoi scritti sono considerati incomparabili dai maestri di lignaggio di varie scuole. Scrisse sulla storia del buddhismo in India basandosi sul ricordo della sua vita passata come MAHĀSIDDHA indiano Kṛiṣhṇāchārya (Kānhapa). Grazie al suo approccio Rimé (non settario), fu in grado di sostenere molteplici lignaggi di diverse scuole di buddhismo tibetano.

ULTIMO, *mthar thug:* lo stato finale, il punto di vista o la realizzazione raggiunti attraverso il percorso buddhista, la cui comprensione varia a seconda delle scuole. Gli ZHENTONGPA dicono che il punto di vista ultimo percepisce i fenomeni della VERITÀ ASSOLUTA. I PRĀSAṄGIKA, che non accettano i fenomeni della verità assoluta, potrebbero dire che il punto di vista ultimo percepisce la realtà illuminata, al di là delle distinzioni tra apparenza e VACUITÀ, e così via.

VACUITÀ, *stong pa nyid:* ci sono molte categorie a seconda dell'insegnamento e del contesto. La più importante per questo libro è la distinzione tra: 1) vacuità del sé / RANGTONG in tibetano - vacuità dei fenomeni relativi della propria ESISTENZA INERENTE; e 2) vacuità di altro / ZHENTONG in tibetano - vacuità di qualsiasi altra cosa che non sia il SUGATAGARBHA assoluto (vedi VERITÀ ASSOLUTA). Entrambe confutano tutti i fenomeni concettuali e dualistici. Inoltre, entrambe affermano che la piena realizzazione della vacuità è l'ILLUMINAZIONE. La loro descrizione della realtà illuminata è meno diversa di quanto possa sembrare unicamente dalle loro distinzioni, ma il senso di "vacuità" è diverso. Per gli Zhentongpa, la verità assoluta o BUDDITÀ non è considerata vuota di sé.

VAJRA, *rdo rje:* indistruttibile, diamante, adamantino. In particolare, uno scettro rituale (*dorjé*) che simboleggia la mente del BUDDHA, le CINQUE SAGGEZZE, la grande beatitudine e la qualità maschile dell'ILLUMINAZIONE. Insieme alla campana, simboleggia l'unione di metodo e saggezza, beatitudine immutabile e forma vuota, maschile e femminile. In particolari testi tantrici, indica anche il liṅga o il pene.

VAJRASATTVA, *rdo rje sems dpa':* un BUDDHA rappresentato come una divinità bianca con vari ornamenti, di solito legato a pratiche di purificazione come la recitazione del MANTRA di cento sillabe con visualizzazioni. Il KĀLACHAKRA è unico nel presentare la famiglia del Buddha Vajrasattva come la sesta famiglia di Buddha che rappresenta la natura inseparabile di tutte le CINQUE FAMIGLIE DI BUDDHA; in questo contesto, Vajrasattva è di colore blu ed è collegato al CHAKRA sessuale.

VAJRAYĀNA, *rdo rje theg pa:* veicolo (vajra) indistruttibile (yāna). Sinonimo di TANTRA, TANTRAYĀNA e MANTRA SEGRETO. Si veda TANTRA.

VEICOLO FONDAMENTALE, PERCORSO DI LIBERAZIONE INDIVIDUALE / VEICOLO INDIVIDUALE.

VEICOLO MINORE: si veda VEICOLO / SENTIERO DI LIBERAZIONE INDIVIDUALE.

VENTI, *rlung*, prāṇa: flussi di energie che scorrono nei canali interni del CORPO SOTTILE.

VENTI INTERNI, *nang gi rlung*: si veda VENTI.

VERITÀ ASSOLUTA, *don dam bden pa*: ovvero la verità ultima o definitiva. Una delle DUE VERITÀ, l'altra è la VERITÀ RELATIVA. È definita in modo diverso dai diversi sistemi di principi buddhisti. 1) *Vaibhāṣhika*: fenomeni non composti e indistruttibili, alcuni dei quali sono materiali e tutti dualistici; 2) *Sautrāntika*: dharma dualistici con una propria natura intrinseca, conosciuti dalla percezione, quindi stabiliti da una cognizione valida senza dipendere da significati imputati; 3) *Chittamātra* (Solo Mente): mente "assoluta" concettualmente descrivibile e fenomeni puri perfettamente stabiliti dal ragionamento e dalla consapevolezza della SAGGEZZA incontaminata; secondo le scuole MADHYAMAKA superiori, la logica di questi tre ha dei limiti; 4a) *Prāsaṅgika Madhyamaka* (RANGTONG, visione GELUGPA, per esempio): poiché nessun fenomeno è in grado di sostenere un esame logico per la verità assoluta, non ci sono, in questo senso, fenomeni assoluti. Se ci fossero, sarebbero concettuali; 4b) *Zhentong* Madhyamaka (visione JONANGPA): la saggezza dei BUDDHA, il SUGATAGARBHA, la mente assoluta, e i fenomeni da essa percepiti sono ciò che è realmente esistente e assoluto - le affermazioni sul puro relativo sono giustificate dalla realizzazione della percezione pura non duale o non concettuale. Poiché tali affermazioni non sono soggette all'analisi della verità assoluta, si dice che la verità della realizzazione trascende i concetti e l'espressione. In questo senso, la verità assoluta si riferisce a 1) alla BUDDITÀ; 2) alla natura ultima della realtà nota come "sublime VACUITÀ"; 3) alla saggezza che realizza direttamente quella vacuità; 4) ai fenomeni percepiti da quella SAGGEZZA DI BUDDHA; 5) alla nostra NATURA DI BUDDHA, vera natura fondamentale o potenziale di ILLUMINAZIONE, e così via. Queste affermazioni sono giustificabili per il

Madhyamaka perché sono utili per realizzare gli scopi del mondo, il più grande dei quali è il raggiungimento dell'illuminazione.

VERITÀ RELATIVA, *kun rdzob:* verità convenzionale o illusoria (in contrapposizione alla VERITÀ ASSOLUTA) come appare ai sei sensi degli ESSERI SENZIENTI, che implica la dualità di sé e dell'altro e l'interdipendenza causale dei fenomeni.

VERITÀ ULTIMA, si veda VERITÀ ASSOLUTA.

VINAYA, *'dul ba:* disciplina monastica. Regole che disciplinano la condotta di monache e monaci.

VIRTÙ, *dge ba:* azioni buone che portano a risultati positivi in questa vita o nelle rinascite future, secondo il principio karmico di causa e effetto. Per natura, sono prive di egoismo. Le virtù sono contaminate o impure quando le buone azioni del corpo, della parola e della mente vengono compiute senza un'adeguata comprensione della natura non duale della realtà. In questo caso il risultato positivo sarà limitato a risultati a breve termine. La pratica delle azioni virtuose porta all'accumulazione di MERITI.

VITTORIOSO, *rgyal ba:* un BUDDHA che ha raggiunto l'obiettivo del sentiero superando o vincendo la contaminazione dei KLEŚHA e delle DUE OSCURAZIONI.

VIŚHVAMĀTĀ, *vishva ma ta:* aspetto femminile dell'unione di KĀLACHAKRA o divinità YAB-YUM, che rappresenta la SAGGEZZA e la FORMA VUOTA, conosciuta in breve come la CONSORTE ultima di KĀLACHAKRA.

VOTI TANTRICI, *dam tshig sdom pa:* si veda SAMAYA.

VOTO, *sdom pa:* un impegno sacro a beneficio di noi stessi e degli altri, suddiviso in tre livelli o TRE VOTI: PRĀTIMOKṢHA o voti di LIBERAZIONE INDIVIDUALE, impegni del BODHISATTVA e impegni dei SAMAYA TANTRICI.

VUOTO MUDRĀ, *stong pa nyid kyi phyag rgya:* Un tipo di CONSORTE tantrica definito nella Parte Quarta, capitolo 8.

YAB YUM, divinità tantriche padre-madre raffigurate in una unione sessuale sacra che rappresenta la non-dualità o l'inseparabilità degli aspetti maschile e femminile, come i mezzi abili e la prajñā, o la grande beatitudine e la vacuità, e così via.

YIDAM, *yi dam:* abbreviazione di yid kyi dam tshig, "SAMAYA della mente". Divinità illuminata o BUDDHA nella forma SAMBHOGAKĀYA usata nella meditazione tantrica come il KĀLACHAKRA, il CHAKRASAṂVARA e così via.

ZHENTONG, *gzhan stong:* conosciuto anche come Zhentong MADHYAMAKA o Grande Via di Mezzo. È considerato dai maestri JONANGPA e da alcuni maestri di altre scuole tibetane come il più alto di tutti gli approcci filosofici buddhisti. Letteralmente, significa "altro-vacuità" o "vacuità di altro", poiché tutti i fenomeni illusori sono vuoti di per sé, ma la NATURA DI BUDDHA è piena di qualità illuminate realmente esistenti e vuota di qualsiasi altro fenomeno. Lo Zhentong Madhyamaka non rifiuta il Rangtong Madhyamaka in relazione alla loro comune comprensione della VERITÀ RELATIVA, ma si differenzia da essa principalmente nel senso che per lo Zhentongpa la NATURA DI BUDDHA, l'ILLUMINAZIONE, le qualità illuminate e così via esistono veramente come VERITÀ ASSOLUTA.

ŚHAMBHALA, *sham bha la:* regno puro umano sottile che contiene la pienezza degli insegnamenti del KĀLACHAKRA. Il re SUCHANDRA di ŚHAMBHALA chiese a BUDDHA ŚHĀKYAMUNI di insegnare questo TANTRA; da allora, gli insegnamenti del KĀLACHAKRA hanno trasformato quel regno in un luogo sottile di perfetta pace e felicità. Si veda REGNO PURO.

ḌĀKA, *dpa' bo:* equivalente maschile di ḌĀKINĪ.

ḌĀKINĪ, *mkha' 'gro ma, dpa' mo:* Di solito un essere tantrico femminile non umano che protegge gli insegnamenti tantrici e i praticanti autentici; sono esseri mondani oppure esseri altamente realizzati. Può anche riferirsi alle donne in generale che hanno raggiunto la realizzazione diretta della VACUITÀ con la MENTE DI CHIARA LUCE o che hanno una forte propensione a farlo.

Glossario delle liste

(CINQUE) FAMIGLIE DEL BUDDHA, *rigs lnga:* 1) Famiglia Padma (loto), sovrano Amitābha che incarna la saggezza primordiale della discriminazione; 2) Famiglia Vajra, sovrano Akṣhobhya, saggezza come uno specchio della consapevolezza primordiale; 3) Famiglia Ratna (gioiello), sovrano Ratnasambhava, saggezza primordiale dell'uguaglianza; 4) Famiglia Karma (azione), sovrano Amoghasiddhi, saggezza onnicomprensiva; 5) Famiglia Buddha, sovrano Vairochana, saggezza incontaminata del DHARMADHĀTU. I loro colori variano a seconda del sistema tantrico.

CINQUANTUNO FATTORI MENTALI, *sems byung nga gcig*: **Cinque fattori mentali onnipresenti**: 1) sensazione o sentimento; vedanā; *tshor ba*; 2) percezione o discriminazione; saṃjña; *'du shes*; 3) intenzione; chetanā; *sems pa*; 4) contatto; sparśha; *reg bya*; 5) impegno mentale o attenzione; manaskāra; *yid byed*. **Cinque fattori che determinano l'oggetto**: 1) aspirazione o interesse; chanda; *'dun pa*; 2) convinzione o apprezzamento; adhimokṣha; *mos pa*; 3) consapevolezza; smṛiti; *dran pa*; 4) concentrazione o assorbimento meditativo; samādhi; *ting nge 'dzin*; 5) saggezza o conoscenza superiore; prajñā; *shes rab*. **Sei afflizioni mentali di base o kleśha**: 1) ignoranza; avidyā; *ma rig pa*; 2) attaccamento o desiderio; rāga; *'dod chags*; 3) avversione o rabbia; pratigha; *kong khro*; 4) orgoglio; māna;

nga rgyal; 5) dubbio; vichikitsā; *tshom*; 6) opinioni errate; dṛiṣhṭi; *lta ba.*
Venti afflizioni mentali derivate o sussidiarie o kleśha: 1) furore o rabbia; krodha; *khro ba*; 2) risentimento; upanāha; *'khon du 'dzin pa*; 3) ostilità o dispetto; pradāśha; *'tshig pa*; 4) nocività o crudeltà; vihiṃsā; *rnam par 'tshe ba*; 5) gelosia; īrśhya; *phrag dog*; 6) inganno o raggiro; śhāṭhya; *g. yo*; 7) ipocrisia o finzione; māyā; *sgyu*; 8) mancanza di pudore personale; āhrīkya; *ngo tsha med pa*; 9) mancanza di coscienza o disprezzo per gli altri; anapatatrāpya; *khrel med pa*; 10) dissimulazione; mrakśha; *'chab pa*; 11) avarizia, mātsarya; *ser sna*; 12) autoinfatuazione; mada; *rgyags pa*; 13) mancanza di fede, āśhraddhya; *ma dad pa*; 14) pigrizia; kausīdya; *le lo*; 15) disattenzione; pramāda; *bag med pa*; 16) dimenticanza; muṣhitasmṛtitā; *brjed ngas*; 17) non introspezione o disattenzione; asaṃprajanya; *shes bzhin min pa*; 18) letargia; styāna; *rmug pa*; 19) eccitazione; auddhatya; *rgod pa*; 20) distrazione; vikṣhepa; *rnam par g. yeng ba.* **Undici fattori mentali virtuosi**: vedi elenco precedente. Quattro fattori mentali variabili: 1) sonno; middha; *gnyid*; 2) rimpianto; kaukṛitya; *'gyod pa*; 3) individuazione o concezione grossolana; vitarka; *rtog pa*; 4) discernimento; *dpyod pa.*

CINQUE CHAKRA, *'khor lo lnga:* Nel Buddhismo tantrico di solito le seguenti ruote di canali o centri energetici, 1) la ruota della fronte, *dpral bar bde ba'i 'khor lo*; 2) la ruota della grande beatitudine alla corona, *gtsug tor du bde chen 'khor lo*; 3) la ruota del godimento alla gola, *mgrin par longs spyod rd- zogs pa'i 'khor lo*; 4) la ruota del Dharma al cuore, *snying gar chos kyi 'khor lo*; 5) e quattro dita sotto l'ombelico, la ruota dell'emanazione, *lte bar sprul pa'i 'khor lo.* Nel sistema KĀLACHAKRA si usano sei chakra, i cinque di cui sopra e 6) la ruota che mantiene la beatitudine nel luogo segreto, *gsang gnas bde skyong 'khor lo.*

CINQUE ELEMENTI, *'byung po lnga:* 1) terra, *sa*; 2) acqua, *chu*; 3) fuoco, *me*; 4) vento, *rlung*; e 5) spazio, *nam mkha'*. Questi elementi hanno qualità sia grossolane che sottili che determinano il modo in cui il corpo e la MENTE si dissolvono al momento della morte.

CINQUE SAGGEZZE, *ye shes lnga:* vedi CINQUE FAMIGLIE DI BUDDHA.

CINQUE VELENI, *dug lnga*: 1) attaccamento o desiderio, *'dod chags*; 2) avversione o rabbia, *zhe sdang*; 3) ignoranza, *gti mug*; 4) orgoglio, *nga rgyal*; 5) gelosia, *phrag dog*.

DIECI NON-VIRTÙ, *mi dge ba bcu:* **tre del corpo**: 1) uccidere, *srog gcod*; 2) rubare, *ma byin len*; 3) condotta sessuale scorretta, *log g.yem*; **quattro di parola**: 4) mentire, *rdzun smra ba*; 5) parole divisorie, *phra ma*; 6) parole dure, *tshig rtsub*; 7) chiacchiere inutili o oziose, *ngag 'chal'*; **tre della mente**: 8) cupidigia, *brnab sems*; 9) cattiva volontà o malizia, *gnod sems*; 10) visione errata, *log lta*.

DUE OSCURAZIONI, *sgrib gnyis*: 1) oscuramenti afflittivi (di KLEŚHA), *nyon mongs pa'i sgrib*; e 2) OSTACOLI COGNITIVI. Vedi OSCURAZIONI.

DUE VERITÀ, *bden pa gnyis:* 1) VERITA' RELATIVA (o verità convenzionale), *kun rdzob bden pa*; e 2) VERITA' ASSOLUTA (o verità ultima o definitiva), *don dam bden pa*.

LE QUATTRO SCONFITTE: Le quattro *Pārājika* (Quattro Sconfitte) per le quali è obbligatoria l'espulsione dal SAṄGHA monastico e non c'è modo per i monastici di ripristinare i propri voti: 1) rapporti sessuali; 2) furto; 3) omicidio; 4) false affermazioni (di realizzazione).

OTTANTA TIPI DI STATI CONCETTUALI ED EMOTIVI: Classificazione dei KLEŚHA secondo il TANTRA. Secondo il commentario di Longchenpa (*sems nyid ngal gso*), dopo che i quattro elementi si sono dissolti l'uno nell'altro nel processo di morte o nell'assorbimento meditativo, alla fine la mente sperimenta la luminosità della SAGGEZZA incontaminata nel centro del cuore. A quel punto sorgono le quattro luminosità del DHARMAKĀYA, le saggezze incontaminate di (1) risplendere, (2) aumentare, (3) raggiungere e (4) raggiungere pienamente. Con la saggezza del "risplendere", trentatré pensieri derivanti dall'avversione cessano. Secondo la Lampada abbreviata dell'azione (Āryadeva, cap. 4, f78A4), questi sono: 1) la non-passione, *'dod chags dang bral ba*; 2) la non-passione intermedia, *'dod chags dang 'bral ba bar ma*; 3) la non-passione estrema, *shin tu 'dod chags dang 'bral ba*; 4) l'andare mentale, *gang yid kyis 'gro ba dang*; 5) il venire mentale, *'ong ba*; 6) la sofferenza, *mya ngan*; 7) sofferenza intermedia, *mya ngan bar ma*; 8) sofferenza estrema, *shin tu ma ngan tu 'gyur pa*; 9) pace, *zhi ba*; 10) pensieri discorsivi, *rnam par rtog pa*; 11) paura, *'jigs pa*; 12) paura intermedia, *'jigs pa bar ma*; 13) paura estrema, *shin tu 'jigs pa*; 14) brama, *sred pa*; 15) brama intermedia, *sred pa bar ma*; 16) brama estrema, *shin tu sred pa*; 17) attaccamento, *nye bar len pa*; 18) la non virtù, *mi dge ba*; 19) la fame, *bkres pa*; 20) la sete, *skom pa*; 21) il sentimento, *tshor ba*; 22) il sentimento intermedio, *tshor ba bar ma*; 23) il sentimento estremo, *shin tu tshor ba*; 24) l'apprendente, *rig pa po*; 25) l'appreso, rig pa; *'dzin pa'i gzhi* [è presentato come un'elencazione separata, ma ha più senso se è parte dell'ultima o se viene omesso, come da Longchenpa]; 26) discriminazione, *so sor rtog pa*; 27) vergogna, *ngo tsha shes pa*; 28) amorevolezza, *brtse ba*; 29) amorevolezza intermedia, *brtse ba bar ma*; 30) amorevolezza estrema, *shin tu brtse ba*; 31) ansia, *dogs pa dang bcas pa*; 32) accaparramento, *sdud pa*; 33) gelosia, *phrag dog*. Allora la saggezza del risplendere si dissolve nella saggezza dell'aumentare. Grazie a questa saggezza, i quaranta pensieri derivanti dalla passione cessano. Secondo la Lampada abbreviata dell'azione (f78A6) essi sono: 1) desiderio, *chags pa*; 2) brama, *kun* *tu chags pa*; 3) gioia, *dga' ba*; 4) gioia intermedia, *dga' ba 'bar ma*; 5) gioia estrema, *shin tu dga' ba*; 6) rigioire, *rangs pa*; 7) allegria, *rab tu mgu ba*; 8) meraviglia, *ngo mtshar*; 9) ridere, *dgod pa*; 10) soddisfazione, *tshim pa*; 11) abbracciare, *'khyud pa*; 12) baciare, *'o byed pa*; 13) succhiare, *'jib pa*; 14) fermezza, *brtan pa*; 15) perseveranza, *brtson pa*; 16) arroganza, *khengs pa*; 17) azione, *bya ba*; 18) amicizia, *dbrog pa*; 19) potere, *stobs*; 20) entusiasmo, *spro ba*; 21) intraprendere ciò che è difficile, *dka ba la sbyor ba*; 22) intraprendere ciò che è di difficoltà intermedia, *dka ba la sbyor ba bar ma*; 23) intraprendere ciò che è di difficoltà suprema, *shin tu dka ba la sbyor ba*; 24) ira, *drag pa*; 25) civetteria, *rnam par sgeg pa*; 26) animosità, *'gras pa*; 27) virtù, *dge ba*; 28) parole chiare, *tshig gsal*; 29) verità, *bden pa*; 30) non verità, *mi bden pa*; 31) certezza, *nges pa*; 32) non aggrapparsi, *nye bar mi len pa*; 33) essere un donatore, *sbyin pa po*; 34) incoraggiare gli altri, *bskul ba*; 35) coraggio, *dpa ba*; 36) spudoratezza, *ngo tsha med pa*; 37) ingannevolezza, *sgyu zin pa*; 38) attrattiva, *gdug pa*; 39) malizia, *mi srun pa*; 40) grande disonestà, *gya gyu che ba*, che fa esattamente quaranta. Allora la saggezza dell'aumento si dissolve nella saggezza del raggiungimento. Grazie a questa saggezza, i sette pensieri derivanti dall'ignoranza cessano. Secondo la Lampada abbreviata dell'azione (f78B:2) essi sono: 1) passione intermedia/attaccamento, *chags pa bar ma* [Longchenpa dice "ottusità", *bying ba*]; 2) dimenticanza, *brjed ngas pa*; 3) confusione, *'khrul pa*; 4) non avere nulla da dire, *mi smra ba*; 5) tristezza, *skyo ba*; 6) pigrizia, *le lo*; 7) dubbio, *the tshom*. [Questi 80 si dissolvono come si dissolvono i venti interiori, corrispondenti ai tre assorbimenti dell'aspetto bianco, dell'aumento rosso e del raggiungimento nero].

OTTO GRANDI MAESTRIE, *dbang phyug chen po brgyad:* Otto buone qualità "ordinarie": 1) buone qualità della forma sottile, *gzugs phra ba'i yon tan*; 2) buone qualità della forma grossolana, *gzugs rags pa'i yon tan*; 3) galleggiamento, *yang ba'i yon tan*; 4) pervasività, *khyab pa'i yon tan*; 5) iventare sincero e genuino, *yang dag thob pa'i yon tan*; 6) chiarezza brillante, *rab tu gsal ba'i yon tan*; 7) stabilità, *brtan pa'i yon tan*; 8) l'insorgere della soddisfazione totale, *'dod dgu 'byung ba'i yon tan.*

OTTO PREOCCUPAZIONI MONDANE, *jig rten chos brgyad:* Ovvero "otto dharma mondani". *Attaccamento* a: 1) guadagno o ricchezza; 2) piacere, comodità o divertimento; 3) riconoscimento o status; 4) lode; e *avversione* per: 5) la perdita; 6) il dolore o le difficoltà; 7) l'essere ignorati o l'insignificanza; 8) la critica o la vergogna.

OTTO SCIENZE [dell'India antica], *rig gnas bco brgyad:* 1) musica, *rol mo*; 2) tecniche sessuali, *'khrig 'thabs*; 3) modi di vivere, *so tshis*; 4) enumerazione, *grang can*; 5) grammatica, *sgra*; 6) medicina, *gso ba*; 7) sistemi religiosi, *chos lugs*; 8) artigianato e manifattura, *bzo ba*; 9) tiro con l'arco, *'phong spyod*; 10) argomentazione logica, *gtan tshig*; 11) prova logica, *sbyor ba*; 12) implicazione, *rang gi bcas pa*; 13) ricordare ciò che si è sentito, *thos pa dran pa*; 14) astronomia, *skar ma'i dpyad;* 15) astrologia, *rtsis*; 16) illusioni, *mig 'phrul*; 17) vite precedenti, *sngon rabs*; 18) storia, *sngon byung brjod.*

QUATTRO GIOIE, *dga' ba bzhi:* 1) Gioia, *dga' ba*; 2) Gioia suprema, *mchog dga'*; 3) Gioia speciale, *khyad dga'*; 4) Gioia innata, *lhan skyes dga' ba.* Si veda la Parte quarta, capitolo 8.

QUATTRO KĀYA: vedere KĀYA.

QUATTRO MEZZI PER RACCOGLIERE DISCEPOLI (ATTIRARE ALTRI /STUDENTI), *bsdu ba'i dngos po bzhi:* 1) essere generosi, *shyin pa*; 2) parlare in modo piacevole o gradevole, *snyan par smra ba*; 3) insegnare una condotta benefica in accordo con i bisogni degli individui, *don spyod pa*; e 4) l'uniformità di intenti nell'agire in accordo con ciò che si insegna, *don mthun pa.*

QUATTRO POTENZIAMENTI [SUPERIORI], *dbang bzhi:* 1) Potenziamento del vaso, *bum dbang*; 2) Potenziamento del segreto, *gsang dbang*; 3) Potenziamento della saggezza, *shes rab ye shes dbang*; 4) Quarto o Potenziamento della parola, *tshig dbang, bzhi pa'i dbang*.

SEDICI GIOIE, *dga' ba bcu drug*: Le quattro gioie sono combinate da 1.1 (Gioia della Gioia) a 4.4 (Gioia Innata della Gioia Innata), vedi QUATTRO GIOIE e sottocapitolo 4.8.2.

SEI CHAKRA: Vedi CINQUE CHAKRA.

SEI KLEŚHA RADICE / EMOZIONI AFFLITTIVE / AFFLIZIONI MENTALI; *rtsa nyon drug*: 1) l'ignoranza; avidyā; *ma rig pa*; 2) l'attaccamento o il desiderio; rāga; *'dod chags*; 3) l'avversione o la rabbia; pratigha; *kong khro*; 4) l'orgoglio; māna; *nga rgyal*; 5) il dubbio; vichikitsā; *the tshom*; 6) le opinioni errate; dṛiṣhṭi; *lta ba*.

SEI PERFEZIONI, *pha rol tu phyin pa drug:* 1) generosità, *sbyin pa*; 2) disciplina etica, *tshul khrims*; 3) pazienza, *bzod pa*; 4) sforzo gioioso o diligenza, *brtson 'grus*; 5) concentrazione meditativa, *bsam gtan*; e 6) saggezza, *shes rab*.

SEI VAJRA YOGA, *sbyor ba drug:* : Le pratiche del sistema KĀLACHAKRA di Alto Yoga Tantra che coinvolgono i CANALI energetici, i VENTI interiori e le ESSENZE SOTTILI, che è alla base della FASE DI COMPLETAMENTO come praticato dalla tradizione JONANG. Questi sei yoga comprendono sei serie specifiche di pratiche yogiche profonde eseguite in sequenza: 1) ritiro; pratyāhāra, *sor sdud*; 2) stabilizzazione meditativa; dhyāna; *bsam gtan*; 3) controllo della forza vitale o potere; prānāyāma; *srog rtsol*; 4) ritenzione; dhāraṇā; *'dzin pa*; 5) ricordo; anusmṛiti; *rjes dran*; and 6) assorbimento meditativo; samādhi; *ting nge 'dzin*. Questa serie di sei non deve essere confusa con i Sei Dharma di Nāropā o Niguma, spesso tradotti come Sei Yoga. Si veda *Sacred Truth — Book 3*, dell'autore, pp 276-292.

TREDICI OFFESE CON RIMPIANTO (dei precetti del vinaya), *lhag ma bcu gsum gyi sdom khrims nyes pa:* sono chiamate *Saṅghādisesa*, "coinvolgere la comunità (Saṅgha) nelle fasi iniziali (ādi) e successive (sesa)". Poiché i primi cinque sono di natura sessuale, sono rilevanti per la discussione dell'autore in questo libro: 1) provocare intenzionalmente l'emissione di sperma, o far sì che qualcun altro lo provochi [con mezzi diversi dal rapporto sessuale, che è una delle QUATTRO SCONFITTE], tranne che durante un sogno; 2) avere un contatto corporeo lussurioso con una donna che si percepisce come donna; 3) fare un commento lussurioso a una donna sul suo loto o sul suo ano, o sul suo rapporto sessuale; 4) dire a una donna che il suo rapporto sessuale con un monaco maschio sarebbe vantaggioso in qualsiasi modo; 5) fare da intermediario per organizzare un matrimonio, una relazione o un'assegnazione tra un uomo e una donna che non sono sposati tra loro; 6) costruire - o far costruire - una capanna intonacata senza sponsor, destinata al proprio uso, senza aver ottenuto l'approvazione della comunità monastica, in un luogo disturbato o senza spazio adeguato, o superando le misure standard; 7) costruire - o far costruire - una capanna da uno sponsor, destinata al proprio uso, senza aver ottenuto l'approvazione della comunità monastica, in un luogo disturbato o senza spazio adeguato, o superando le misure standard. 8) accusare falsamente un bhikkhu (monaco ordinato a pieno titolo) di aver commesso un reato di sconfitta (*pārājika*) nella speranza di farlo spogliare; 9) senza fare dichiarazioni false distorcere intenzionalmente le prove accusando un *bhikkhu* di aver commesso un reato di *pārājika*, nella speranza di farlo spogliare; 10) persistere - dopo la terza proclamazione di un rimprovero formale nella comunità monastica - nel prendere una posizione filosofica, da solo o con un gruppo, che potrebbe portare allo scisma; 11) persistere - dopo la terza proclamazione di un rimprovero formale nella comunità monastica - nel sostenere un potenziale scismatico; 12) persistere - dopo la terza proclamazione di un rimprovero formale nella comunità monastica - nel resistere all'ammonizione; 13) persistere - dopo la terza proclamazione di un rimprovero formale nella comunità monastica - nel criticare un bando emesso contro se stessi.

TRE GIRI DELLA RUOTA DEL DHARMA, *chos kyi 'khor lo rim pa gsum*: 1) primo giro che enfatizza gli insegnamenti del VEICOLO DI LIBERAZIONE INDIVIDUALE; 2) secondo giro che enfatizza gli insegnamenti del MAHĀYĀNA SŪTRA sulla VACUITÀ del sé e dei fenomeni; 3) terzo e ultimo giro che enfatizza il significato definitivo dei sūtra e degli insegnamenti del TANTRA sulla NATURA DEL BUDDHA veramente esistente e vuota di qualsiasi altra cosa. Alcune scuole considerano la seconda svolta come la svolta definitiva, ma questo viene rifiutato da DOLPOPA e dai suoi adepti.

TRE REAMI, *khams gsum:* 1) REAME DEL DESIDERIO, *'dod khams*; 2) REAME DELLA FORMA, gzugs khams; e 3) REAME SENZA FORMA, *gzugs med pa'i khams.*

TRE TEMPI, *dus gsum*: 1) passato, *'das pa*; 2) presente, *da lta ba*; e 3) futuro, *ma 'ongs pa.*

TRE VEICOLI, *theg pa gsum*: 1) Veicolo degli uditori, Śhrāvakayāna (lo stesso della LIBERAZIONE INDIVIDUALE), *nyan thos kyi theg pa*; 2) Veicolo dei Pratyekabuddha, Pratyekabuddhayāna, *rang sangs rgyas kyi theg pa*; 3) il Grande Veicolo (che include MAHĀYĀNA e spesso anche TANTRAYĀNA o VAJRAYĀNA), *theg pa chen po*; o 1) HINAYĀNA (lo stesso di LIBERAZIONE INDIVIDUALE), *theg chung*; 2) Grande Veicolo (mahāyāna), *theg chen*; e 3) tantrayāna o vajrayāna.

TRE VELENI, *dug gsum*: Kleśhas di 1) attaccamento o desiderio, *'dod chags*; 2) avversione, aggressività o rabbia, *zhe sdang*; e 3) ignoranza, *gti mug*.

TRE VOTI: 1) voto di PRATIMOKṢHA (LIBERAZIONE INDIVIDUALE), *so so thar pa'i sdom pa*; 2) impegni o voti del BODHISATTVA, *byang chub sems dpa'i sdom pa*; e 3) SAMAYA o voti tantrici, *dam tshig gi sdom pa*.

UNDICI FATTORI MENTALI VIRTUOSI, *dge ba bcu gcig*: 1) la fede; śhraddhā; *dad pa*; 2) la vergogna morale o la dignità; *hri; ngo tsha shes pa*; 3) il timore della sregolatezza o correttezza; apatrāpya; *khrel yod pa*; 4) il non attaccamento; *alobha; ma chags pa*; 5) la non aggressione o il non odio; *adveṣha; zhe dang med pa*; 6) non ignoranza o non illusione; amoha; *gti mug med pa*; 7) diligenza; vīrya; *brtson 'grus*; 8) flessibilità mentale, praśhrabdhi; *shin tu sbyang ba*; 9) coscienziosità o introspezione; apramāda; *bag yod pa*; 10) equanimità; upekṣhā; *btang snyoms*; 11) non violenza; avihiṃsā; *rnam par mi 'tshe ba*.

VENTI AFFLIZIONI SUSSIDIARIE (o KLEŚHA), upa-kleśha, *nye nyon nyi shu*: vedi QUINDICI FATTORI MENTALI.

BIBLIOGRAFIA[468]

Fonti Tibetane, Sūtra e Tantra[469]

Cakrasaṃvara Tantra Abbreviato,[470] *Rgyud kyi rgyal po dpal bde mchog nyung ngu, zhes bya ba Tantrarāja śrī laghusaṁbara nāma*, D0368 Kangyur, rgyud ka 213b1-246b7

Cakrasaṃvara Tantra Radice: vedi Cakrasaṃvara Tantra Abbreviato.

Detti minori del Vinaya, *‘Dul ba phran tshegs kyi gzhi*, D0006 Kangyur, ‘dul ba, tha 1b1-da 333a7.

Guhyasamāja Tantra, *De bzhin gshegs pa thams cad kyi sku gsung thugs kyi gsang chen gsang ba ‘dus pa zhes bya ba brtag pa’i rgyal po chen po, Sarvatathāgata kāya vāk citta rahasyo guhyasamāja nāma mahā kalparāja*, D0443, rgyud, ca 90a1-157b7.

---

468 BDRC Buddhist Digital Resource Center; D sde ge.

469 La maggior parte delle citazioni presenti in questo libro sono state tradotte così come compaiono nella versione tibetana inedita di quest'opera dell'autore.

470 Altrove nel libro abbiamo modificato "c" in "ch;" "ch" in "cch;" "ṣ" in "ṣh;" "ś" in "śh;" e "ṛ" in "ṛi" per agevolare la pronuncia a chi non ha familiarità con i segni diacritici sanscriti. Tale criterio non è stato seguito nella bibliografia che segue.

Lotus Sūtra, *Dam pa'i chos pad ma dkar po zhes bya ba theg pa chen po'i mdo, Saddharma puṇḍarīka nāma mahāyāna sūtra.* D0113 Kangyur, mdo sde, ja 1b1-180b7.

Sūtra dei mezzi abili, *'Phags pa thabs mkhas pa zhes bya ba theg pa chen po'i mdo, Ārya upāyakauśalya nāma mahāyāna sūtra,* D0261 Kangyur, mdo sde, za 283b2-310a7. BDRC Etext UTIE0OP16440489A_10951_bo, accesso Marzo 27, 2023.

Sūtra del diamante, *'Phags pa shes rab kyi pha rol tu phyin pa rdo rje gcod pa zhes bya ba they pa chen po'i mdo, Ārya vajracchedikā nāma prajñāpāramitā mahāyāna sūtra,* D0016 Kangyur, shes phyin, ka 121a1-132b7.

Sūtra della Perfezione della Saggezza in Diciottomila Strofe, *'Phags pa shes rab kyi pha rol tu phyin pa khri brgyad stong pa zhes bya ba theg pa chen po'i mdo, Daśa sāhasrikā prajñāpāramitā sūtra,* D0010 Kangyur, shes phyin, ga 1b1-206a7.

Vasta Distesa di Gioco, *'Phags pa rgya cher rol pa zhes bya ba they pa chen po'i mdo, Ārya lalitavistara nāma mahāyāna sūtra,* D0095, mdo sde, kha 1b1-216b7.

Trattati in tibetano

Amoghavajra, Don yod rdo rje: *Oral Instructions on Entering Into the Yoga of Suchness through Passionate Union, Rjes chags kyi sbyor bas de kho na nyid kyi rnal 'byor la 'jug pa'i man ngag, Anukampopakramatattvayogāvatāropadeśa nāma,* D1745 Tengyur, rgyud, sha, 113b2-116a3. Adarshah.org etext, accesso March 8, 2023.

Lelung Shépé Dorjé, sle lung bzhad pa'i rdo rje:

Longchenpa, *klong chen rab 'byams pa dri med 'od zer:*

Nāgārjuna, klu grub: *Precious Garland, Rgyal po la gtam bya rin po che'i phreng ba, Rājaparikathāratnāvali,* D4158 Tengyur, spring yig, ge, 107a1-126a4.

Surūpa, gzugs bzang: *'Dod pa'i bstan bcos zhes bya ba, Kama* Śāstra *nāma,* D2500 Tengyur, volume 53, rgyud, zi, 274b7-277a7.
Āryadeva, 'phags pa lha: *Abbreviated Lamp of Action, Spyod pa bsdus pa'i sgron ma, Caryāmelāpakapradīpa,* D1803 Tengyur, rgyud, ngi, 57a2-106b7.

Tsongkhapa, Jé, *Extensive Explanation of the Abridged Cakrasaṃvara Tantra, Clarifying all the Hidden Points, Bde mchog bsdus pa'i rgyud kyi rgya cher bshad pa sbas pa'i don kun gsal ba,* in *The Complete Works of Je Tsongkhapa, Rje tsong kha pa'i gsung 'bum,* 18 volumes, Adarshah.org etext, location 8.10.145a, accesso Mar. 12, 2023.
— *Clear Points of the Path of Means, Thabs lam gyi gnad 'ga 'zhig gsal bar byed pa'i man ngag thabs lam snying bcud khams khul nas 'tshol bsdu zhus pa'i dpe rnying dpe dkon,* BDRC scan purl.bdrc.io/resource/ MW3PD982_D6A2D5. Accesso Mar. 20, 2023.

Tāranātha: *Brilliant Clarity of Union, Zab lam rdo rje rnal 'byor gyi rnam par bshad pa rgyas par bstan pa zung 'jug rab tu gsal ba chen po zhes bya ba bzhugs so.* BDRC scan W22276-v4, accesso Nov. 3, 2022.
— *Eliminating the Torment of Peoples' Sexual Desire:* (Author listed as 'ol dga' rje drung 03 bzhad pa'i rdo rje), *Rgyo 'dod skyes bu'i gdung sel,* BDRC scan W8LS19933, accesso Feb. 21, 2023.
— *Snying thig ya bzhi* (dar thang glog klad par ma), BDRC: e-text UTIE0OPI7944B80B_I1KG12052, accesso Mar. 7, 2023.
— *Theg pa mtha' dag gi don gsal bar byed pa grub pa'i mtha' rin po che'i mdzod,* BDRC e-text lccw.0424, vol 15, accesso March 7, 2023.

– Treatise on the Protectors: Dam can bstan srung rgya mtsho'i rnam par thar pa cha shas tsam brjod pa legs bshad, 2 volumes, Leh: T.S. Tashigang. BDRC scan W1kG9276 [s.l]: [s.n], accesso Febbraio 17, 2023.

Fonti non tibetane

al-Nefzawi, Muhammad ibn Muhammad, *Perfumed Garden of Sensual Delight, Al-fī nuzhaï al-ḫāṭir:* Tr. Richard Francis Burton, 1886, disponibile online at https://www.sacred-texts.com/sex/garden

Bailey, Cameron, *A Feast of Scholars: The Life and Works of* Sle lung Bzhad pa'i rdo rje, thesis, Faculty of Oriental Studies, Wolfson College Oxford, England, pdf disponibile a https://www.academia.edu/68203543/A_feast_for_scholars_the_life_and_works_of_Sle_lung_Bzhad_pa_i_rdo_rje

Baker, Ian, *The Heart of the World: A Journey to the Last Secret Place.* New York: Penguin Press, 2004. (Contiene una traduzione del testo di Lelung Shépé Dorjé's *Account of a Journey to Pemakö*.)

Bhikkhu-vibhanga, Traduzione inglese delle regole del vinaya: https://www.wisdomlib.org/buddhism/book/vinaya-pitaka-1.bhikkhu-vi-bhanga/d/doc227039.html

Battersby, Matilda, per l'*Independent* [news digitali] Lunedì 20 Settembre, 2010 00:00: [basato su] il documentario dell'ex giornalista dell dell? Independent Sarah Harris sulle prostitute dei templi indiani.

Bowker, John, *The Concise Oxford Dictionary of World Religions*, Oxford University Press: Data di pubblicazione cartacea: 2000 Print ISBN-13: 9780192800947. Data di pubblicazione online: 2003, eISBN: 780191727221.

Dowman, Keith tr., *The Divine Madman: The Sublime Life and Songs of Drukpa Kunley, Brag-phug Dge-bśes Dge-'dun-rin-chen*, United States: Dawn Horse Press, 1980.

Gendün Chöpel, *The Passion Book, a Tibetan Guide to Love and Sex*, Lopez D.S. and Thupten Jinpa tr., Chicago; London: The University of Chicago Press, 2018.

Jamgön Kongtrül, International Translation Committee founded by the V.V. Kalu Rinpoche tr. ed., *Buddhist Ethics*, New York: Snow Lion Publications, 1998.

Ju Mipham, Note-commentario su Abridged Kālacakra Tantra, BDRC scansioni W23468v17img231. 929, v18img3-977, accesso August 13, 2022, rivisto 2023, tr. Rime Lodrö (Ives Waldo), e-file non pubblicato.

Lelung Shépé Dorjé, *sle lung bshad pa'i rdo rje*:
  – *Journey to Pemakö*. Per la traduzione, vedi Baker, Ian, 2004.
  – *Life:* vedi Cameron Bailey, *A Feast for Scholars*.

Longchenpa, *The Great Chariot*, un commentario di *The Great Perfection: The Comfort and Ease of Mind*, tr. Rimé Lodrö (Ives Waldo) non pubblicato, e-file, elettronico.

Nālandā Translation Committee under the direction of Chögyam Trungpa Rinpoche tr., *The Life of Marpa the Translator,* Shambhala Publications: Boulder CO, 1982.

Ngari Panchen and Pema Wangyi Gyalpo, *Perfect Conduct: Ascertaining the Three Vows*, Commentario di H.H. Dudjom Rinpoche, tr. Khenpo Gyurme Samdrub and Sangye Khandro, Wisdom Publications: Boston, 1996.

Padoux, André, *The Hindu Tantric World, an Overview*, University of Chicago Press: Chicago and London, 2017.

Robinson, James B. tr., *Buddha's Lions, the Lives of the Eighty-four Mahasiddhas*, Dharma Publishing: Berkeley CA, 1979. Tradotto da Smon grub shes rab tr, *grub thob brgyad cu rtsa bzhi'i chos skor,* New Delhi: Chophel Legdan, 1973, una traduzione del *Caturaśitisiddhapravṛtti* di Abhayadatta. *Il libro contiene il testo tibetano.*

Shar Khentrul Rinpoche (Jamphel Lodrö),

– *Liturgia di Potenziamento dei Re del Dharma e dei Kalkī di Śhambhala del Nord, insieme ai Principi e alle Principesse Kalkī,* intitolata "The Heroic Courage of Spiritual Warriors of Great Power," Dzokden: San Francisco, 2022.

– *I quattro potenziamenti superiori — Una guida per entrare nello stadio di completamento del Kālachakra,* pubblicato per la prima volta da Tibetan Buddhist Rimé Institute: Belgrave, Australia, 2016. (Questo opuscolo è accessibile solo a coloro che hanno ricevuto questi potenziamenti dall'autore).

– *Tesoro nascosto del sentiero profondo,* Tibetan Buddhist Rimé Institute: Belgrave Australia, seconda edizione, 2016.

– *Ocean of Diversity,* Buddhist Rimé Institute: Belgrave Australia, 2015.

– *Il regno di Śhambhala: Una visione completa per il perfezionamento dell'umanità,* Ubaldini Editore, 2022.

– *I sette potenziamenti di un bambino in crescita — Una guida per entrare nello stadio di generazione del Kālachakra,* Tibetan Buddhist Rimé Institute: Belgrave, 2016. (Questo opuscolo è accessibile solo a coloro che hanno ricevuto questi potenziamenti dall'autore).

– *Sādhana dei Re del Dharma di Śhambhala,* Dzokden: San Francisco, 2022.

– *Unveiling Your Sacred Truth, Books 1-3,* Tibetan Buddhist Rimé Institute: Belgrave Australia, 2017.

Sleeman W.H., *The Thugs or Phansigars of India, comprising a history of the rise and progress of that extraordinary fraternity of assassins; Compiled by Original and Authentic Documents published by Sleeman, Superintendent of Thug Police,* Carey and Hart: Philadelphia, 1839.

The Hevajra Tantra, a Critical Study, volumes I and II, Oxford University Press: London, 1959.

Taylor, P. M., *Confessions of a Thug.* London: Richard Bentley, 1858.

Vātsyāyana, *Kāma Sūtra,* secondo o terzo secolo. Il colophon recita: "Questo trattato fu composto, secondo i precetti delle scritture, per il beneficio del mondo, da Vātsyāyana, mentre conduceva la vita di uno studente religioso a Benares e interamente dedito alla contemplazione della Divinità. Quest'opera non deve essere usata meramente come strumento per soddisfare i nostri desideri. Una persona che conosce i veri principi di questa scienza, che preserva il suo Dharma (virtù e merito religioso), il suo Artha (ricchezza mondana) e il suo Kama (piacere o gratificazione sensuale), e che ha riguardo per i costumi della gente, è certa di dominare i sensi. In breve, una persona intelligente e sapiente che si dedica al Dharma e all'Artha e anche al Kama, senza diventare schiava delle sue passioni, otterrà successo in tutto ciò che potrà fare." Traduzione inglese, *Complete Kāma Sūtra, the first unabridged modern translation of the classic Indian text,* tr. Alain Danielou, Park Street Press:Rochester VT, 1994.

L'autore

Khentrul Rinpoche Jamphel Lodrö è il fondatore e direttore spirituale di Dzokden. Rinpoche è autore di molti libri tra cui Unveiling Your Sacred Truth (Svela la tua sacra verità), The Great Middle Way: Clarifying the Jonang View of Other-Emptiness (La grande via di mezzo: Chiarire la visione Jonang della vacuità di altro), Una vita più felice e Il tesoro nascosto del Sentiero Profondo.

Rinpoche ha trascorso i primi 20 anni della sua vita pascolando yak e recitando mantra sugli altipiani del Tibet. Ispirato dai bodhisattva, ha lasciato la sua famiglia per studiare in una varietà di monasteri sotto la guida di oltre venticinque maestri di tutte le tradizioni buddhiste tibetane. Grazie al suo approccio non settario, si guadagnò il titolo di Maestro Rimé (imparziale) e fu identificato come la reincarnazione del famoso Maestro Kalachakra Ngawang Chözin Gyatso. Benché al centro dei suoi insegnamenti ci sia il riconoscimento che c'è un grande valore nella diversità di tutte le tradizioni spirituali che si trovano in questo mondo, Rinpoche si concentra sulla tradizione Jonang-Shambhala. Gli insegnamenti del Kalachakra (ruota del tempo) tramandati dai Kalki di Shambhala, contengono metodi profondi per armonizzare il nostro ambiente esterno con il mondo interiore del corpo e della mente. Questo tantra è collegato direttamente al karma della nostra terra per realizzare l'Età dell'Oro di pace e armonia (Dzokden). Khentrul Rinpoche ha dedicato la sua vita a diffondere questi preziosi insegnamenti in quante più lingue possibili a livello globale, in modo da poter veramente trasformare il nostro mondo, una persona alla volta, dall'interno all'esterno.

Shar Khentrul Jamphel Lodrö

La visione di Rinpoche

Dzokden è stato fondato con lo scopo esplicito di sostenere Khentrul Rinpoche nel realizzare la sua visione di una maggiore pace e armonia in questo mondo. Mentre la nostra comunità continua a crescere e svilupparsi, sempre più persone vengono coinvolte in questo straordinario progetto.

Per dare un'idea della portata della visione di Rinpoche, esponiamo qui di seguito otto obiettivi che riflettono le priorità a breve e lungo termine di Rinpoche:

Obiettivi immediati

In ultima analisi la felicità genuina e duratura è possibile solo attraverso una profonda trasformazione personale. Ora più che mai abbiamo bisogno di metodi per sviluppare la nostra saggezza e realizzare il nostro più grande potenziale. È per questo motivo che Rinpoche attribuisce una così grande priorità alla conservazione del lignaggio Jonang del Kalachakra. Questi sono i quattro modi in cui Rinpoche si propone di farlo:

1. **Creare opportunità di connessione con un lignaggio autentico e completo del Kalachakra in stretta collaborazione con meditatori nel remoto Tibet.** Il nostro obiettivo è quello di realizzare tutti i supporti che consentano di praticare il Kalachakra

secondo quanto trasmesso dagli autentici maestri del lignaggio che hanno preservato questa tradizione per migliaia di anni.

Lo facciamo commissionando statue e dipinti, scrivendo libri e portando questi insegnamenti in tutto il mondo. Poniamo particolare enfasi sul garantire l'autenticità del nostro materiale, attingendo alla profonda esperienza di meditatori altamente realizzati che dedicano la propria vita a queste pratiche.

2. **Istituire centri di ritiro internazionali per lo studio e la pratica del Kalachakra.** Al fine di integrare gli insegnamenti nella nostra mente è fondamentale avere l'opportunità di impegnarsi in periodi di pratica intensiva. Stiamo lavorando per creare l'infrastruttura necessaria che consentirà ai membri della nostra comunità di impegnarsi in un ritiro sia a breve che a lungo termine. Ciò include l'acquisto di terreni e la costruzione delle strutture necessarie per condurre ritiri di gruppo e in isolamento. Il nostro obiettivo a lungo termine è quello di sviluppare una rete di centri in tutto il mondo, formando così una comunità globale in grado di supportare una vasta gamma di praticanti.

3. **Tradurre e pubblicare i testi unici e rari dei maestri di Kalachakra.** Il sistema del Kalachakra è stato argomento di innumerevoli testi nel corso della lunga storia del Tibet. Finora solo una piccola parte di questi testi è stata tradotta e resa accessibile in Occidente. Sebbene i testi teorici siano importanti, miriamo a concentrarci in particolare sulle istruzioni pratiche che possano guidare i praticanti a un'esperienza più profonda di questi straordinari insegnamenti.

4. **Sviluppare strumenti e programmi per un'esperienza di apprendimento strutturata.** Avendo gruppi di studenti distribuiti in tutto il mondo, riteniamo che sia importante sfruttare al massimo la tecnologia moderna per facilitare il processo di apprendimento. Il nostro obiettivo è quello di sviluppare una solida piattaforma educativa

online che consenta alla nostra comunità internazionale di accedere a programmi di studio di qualità intuitivi, strutturati e coinvolgenti.

Obiettivi a lungo termine

Mentre ciascuno di noi lavora per raggiungere la massima pace e armonia nella propria mente, non dobbiamo perdere di vista il fatto che viviamo nel contesto più ampio di un mondo caratterizzato da un'incredibile diversità. Gli individui danno origine a una varietà di credenze e pratiche che a loro volta modellano il modo in cui ci relazioniamo e interagiamo l'un l'altro. In questa realtà interdipendente è vitale trovare strategie praticabili per promuovere maggiore tolleranza e rispetto. Per questo motivo, Rinpoche propone quattro aree specifiche di azione:

1. **Promuovere lo sviluppo di una filosofia Rimé attraverso il dialogo con altre tradizioni.** Desiderando di far parte in maniera costruttiva di una società pluralistica, dobbiamo imparare i modi per conciliare le nostre differenze. A tal fine, miriamo ad aiutare le persone a sviluppare le qualità positive che promuovono un atteggiamento di rispetto reciproco, apertura a nuove idee e il desiderio di superare la nostra ignoranza.

2. **Sviluppare esempi da seguire altamente realizzati offrendo supporto finanziario a praticanti motivati.** Al fine di garantire l'autenticità delle nostre tradizioni spirituali, è indispensabile che ci siano persone che attualizzino le più alte realizzazioni. Pertanto miriamo a creare un programma di finanziamento di borse di studio che faciliti i praticanti motivati che desiderano dedicare la propria vita allo sviluppo spirituale, indipendentemente dal loro sistema di pratica. Aiutare le persone a realizzare gli insegnamenti fa sì che questi diventino modelli di riferimento positivi per coloro che li circondano, ispirando e guidando le generazioni a venire.

3. **Attuare il grande potenziale delle praticanti femminili sviluppando programmi di formazione specializzati.** La cultura tibetana ha una lunga storia nella coltivazione di maestri altamente realizzati attraverso la formazione intensiva di coloro che sono riconosciuti per avere un grande potenziale. Purtroppo la ricerca del potenziale si è concentrata principalmente sui candidati maschi. Rinpoche ritiene che sia sempre più importante disporre di figure di riferimento femminili altamente realizzate che possano contribuire a portare un maggiore equilibrio nel nostro mondo. Per questo motivo stiamo lavorando per sviluppare un programma di formazione specifico per offrire alle donne l'opportunità di realizzare il loro potenziale spirituale. Il nostro obiettivo è progettare un percorso di studio specializzato e l'infrastruttura finanziaria per supportare pienamente tutti gli aspetti della loro istruzione.

4. **Promuovere una maggiore flessibilità mentale e una più ampia comprensione della realtà attraverso i moderni programmi educativi.** In un mondo in rapida evoluzione, dobbiamo rivedere il tipo di competenze che stiamo insegnando ai nostri figli. Le rigide strutture del passato spesso non sono adeguate per preparare gli studenti alle sfide che dovranno affrontare durante la loro vita. Miriamo a sviluppare una varietà di programmi educativi che possano aiutare i bambini a diventare più flessibili e capaci di adattarsi al contesto che li circonda. Una parte importante di questi programmi è quella di sviluppare una maggiore consapevolezza del ruolo che la nostra mente gioca nelle nostre esperienze quotidiane. Miriamo anche a riformare il sistema educativo monastico per accrescere la sua rilevanza nel mondo moderno.

Come potete offrire il vostro supporto?

Quanto detto non sarà possibile senza il vostro sostegno e la vostra partecipazione. Per una visione di questa portata serve una grande quantità di meriti e di generosità da parte di molti benefattori nell'arco di molti anni. Se desiderate offrire il vostro supporto non esitate a contattarci.

Dzokden
3436 Divisadero Street
San Francisco, California 94123
United States of America
www.dzokden.org

www.ingramcontent.com/pod-product-compliance
Lightning Source LLC
Chambersburg PA
CBHW051506050726
47594CB00010B/3983